I0759611

CÓMO FUNCIONA LA TECNOLOGÍA

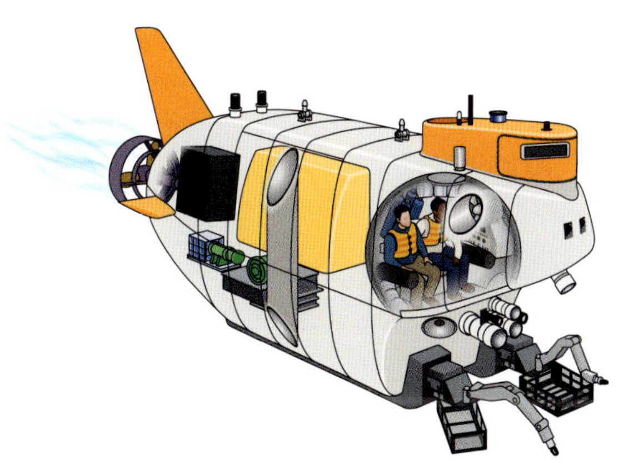

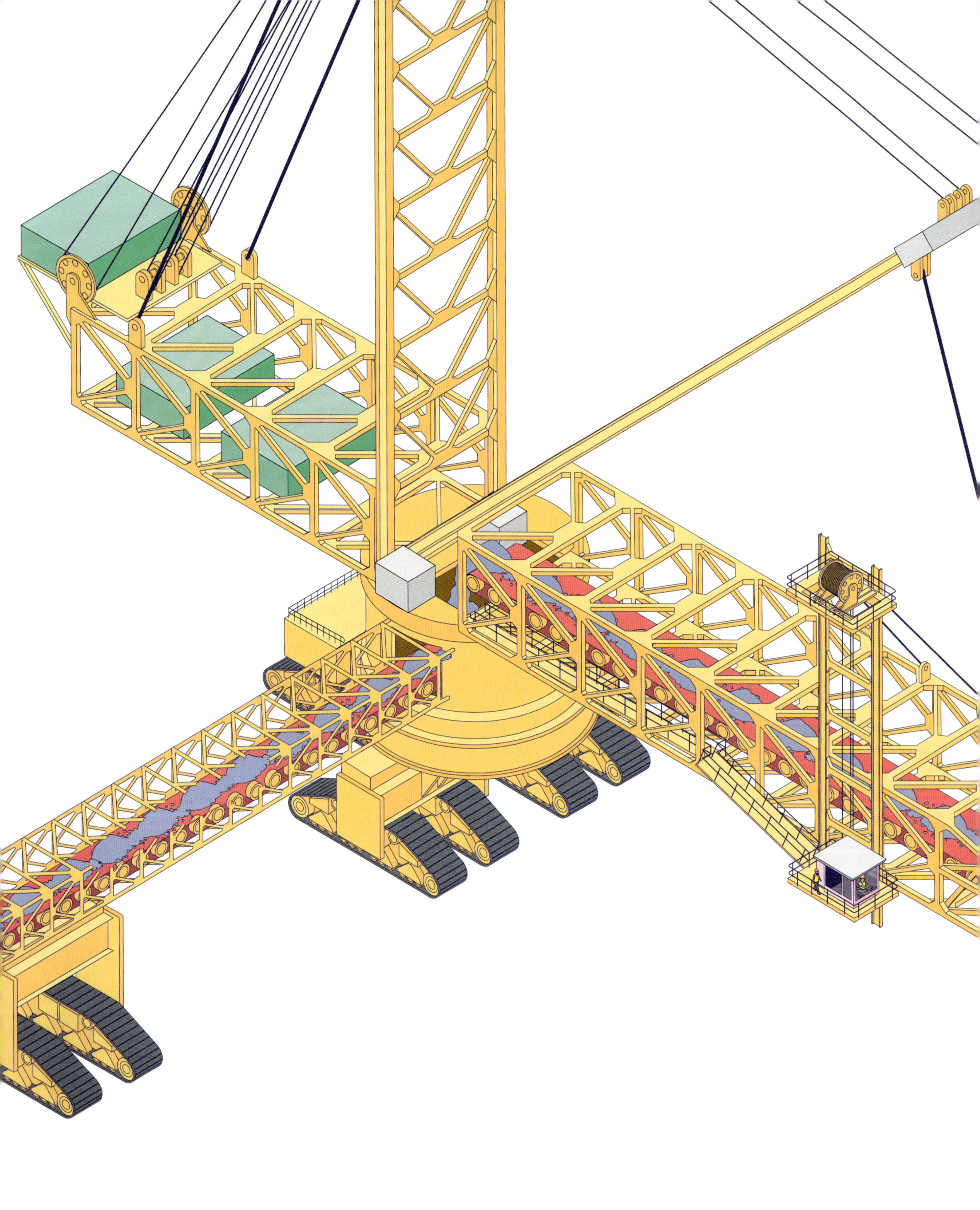

CÓMO FUNCIONA LA TECNOLOGÍA

Edición sénior Peter Frances
Edición de proyecto artístico Francis Wong, Steve Woosnam-Savage
Edición Bharti Bedi, Wendy Horobin, Hannah Westlake
Edición de arte Stephen Bere, Mik Gates, Simon Murrell
Asistencia en edición Emily Kho
Asistencia en diseño Noor Ali
Responsable editorial Ángeles Gavira Guerrero
Edición de arte sénior Michael Duffy

Ilustración Peter Bull, Edwood Burn, Mark Clifton, Dan Crisp, Mark Franklin, Julian@KJA-artists, Max@KJA-artists, Simon Tegg
Documentación fotográfica Ridhima Sikka

Edición de proyecto Umesh Singh Rawat
Producción sénior Ben Radley

Diseño de cubierta sénior Suhita Dharamjit
Coordinación de cubierta sénior Priyanka Sharma Saddi
Dirección de desarrollo de diseño de cubierta Sophia MTT

Dirección de arte Max Pedliham, Karen Self
Dirección editorial Jonathan Metcalf, Liz Wheeler
Dirección Liz Gough
Dirección de diseño Phil Ormerod

COLABORACIONES
Jack Challoner, Clive Gifford, Tom Jackson, Hilary Lamb

ASESORÍA
Roger Bridgman

DE LA EDICIÓN EN ESPAÑOL
Servicios editoriales Miguel Ángel Mazón
Traducción Manuel Barroso López y Scheherezade Surià
Revisión Julieta Brufman
Coordinación de proyecto Marina Alcione Olmos
Dirección editorial Elsa Vicente

Publicado originalmente en Gran Bretaña en 2024 por Dorling Kindersley Limited DK, 20 Vauxhall Bridge Road, London SW1V 2SA

004-339226-Sep/2025

ISBN: 979-8-2171-3003-0

Impreso y encuadernado en China.

www.dkespañol.com

Este libro se ha impreso con papel certificado por el Forest Stewardship Council™ como parte del compromiso de DK por un futuro sostenible.
Para más información, visita www.dk.com/uk/ information/sustainability

Contenidos

Tecnología del cuerpo

Tecnología personal y doméstica

Energía e industria

Tecnología del transporte

Tecnología espacial

Si miras detenidamente las ilustraciones de este libro, hallarás detalles divertidos o inesperados.

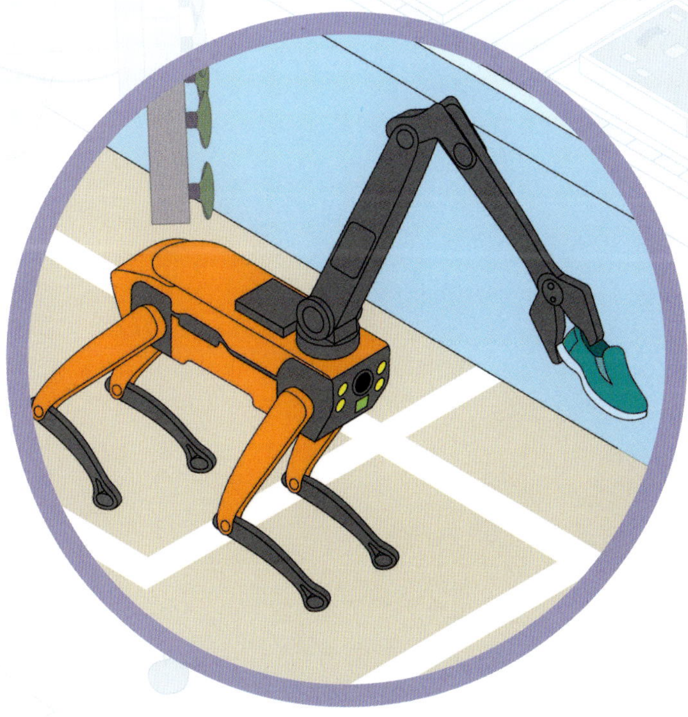

Tecnología del cuerpo

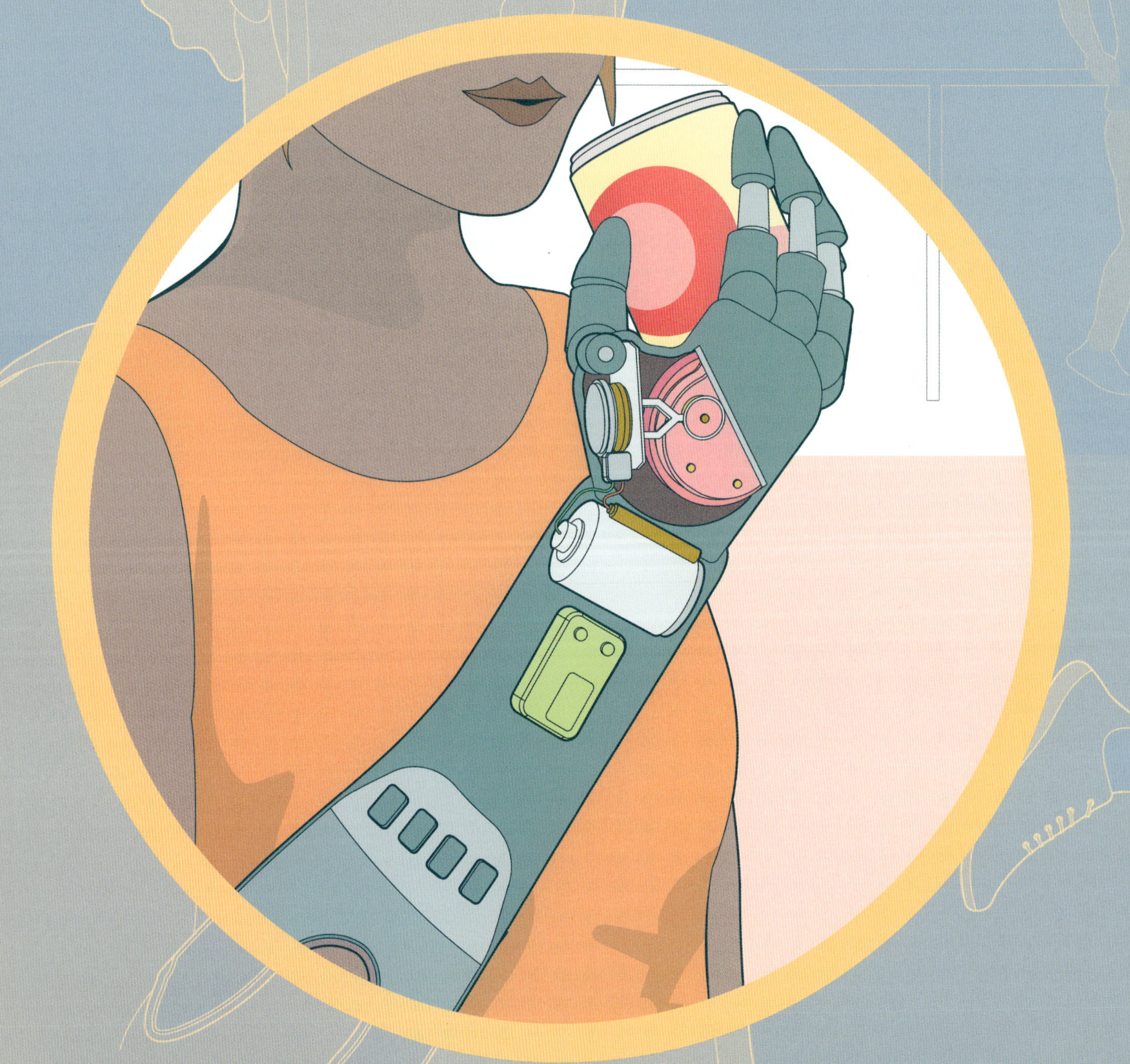

A menudo, la tecnología sale al rescate cuando nuestro cuerpo deja de funcionar de manera adecuada. En cuanto el médico ha localizado el problema (suele hacerlo con ayuda de escáneres y otros dispositivos), puede entrar en juego otra tecnología, desde nuevos miembros a partes del cuerpo impresas en 3D.

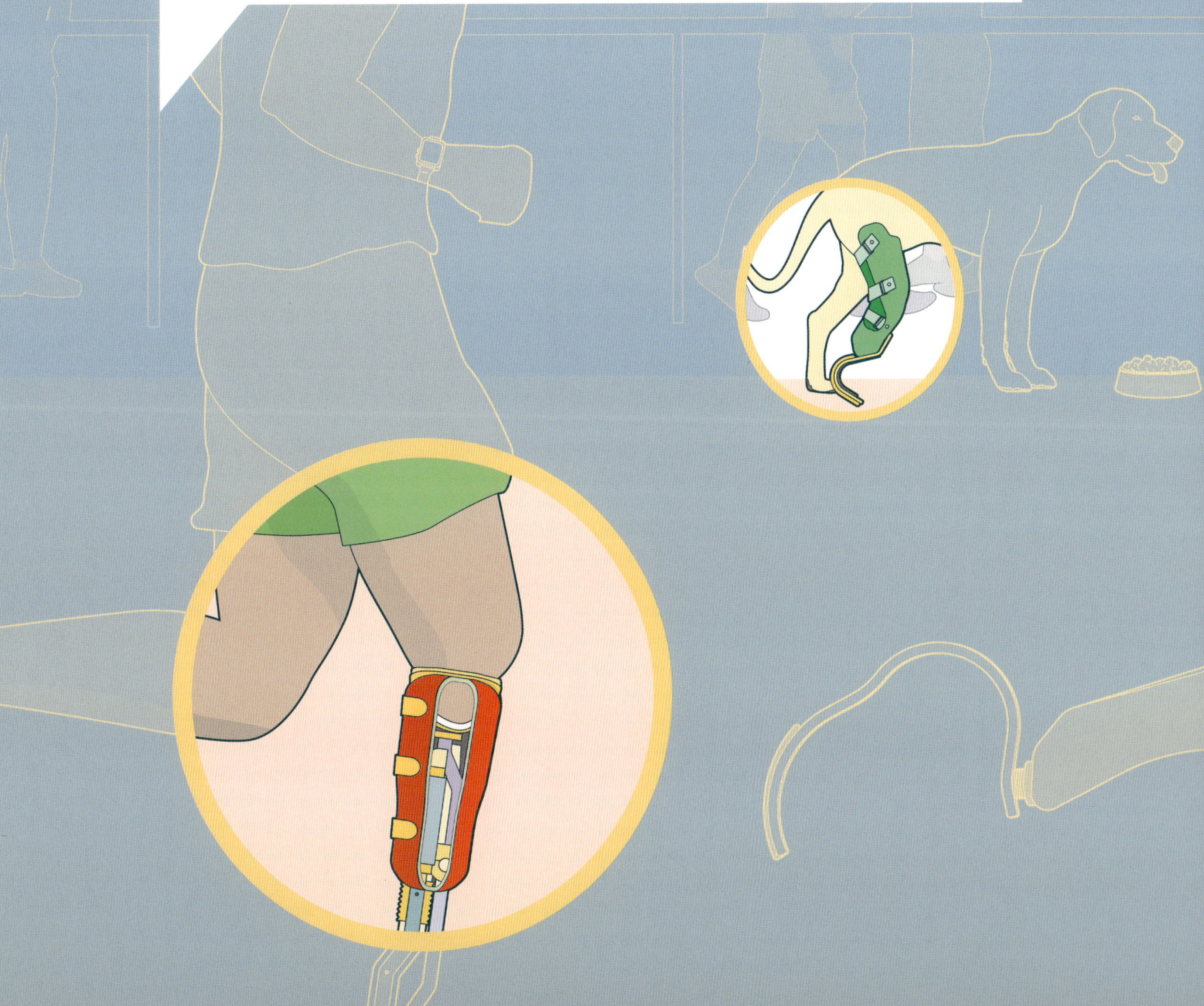

Monitorizar el cuerpo

La tecnología desempeña un papel importante a la hora de monitorizar las funciones corporales de los pacientes de un hospital mientras esperan un tratamiento o se recuperan de una operación. También se utiliza para examinar muestras de sangre, orina, otros fluidos corporales o heces en los laboratorios médicos. Los resultados de estas pruebas ayudan a los médicos a diagnosticar la enfermedad de sus pacientes.

Un glóbulo rojo contiene unos 270 millones de moléculas de hemoglobina.

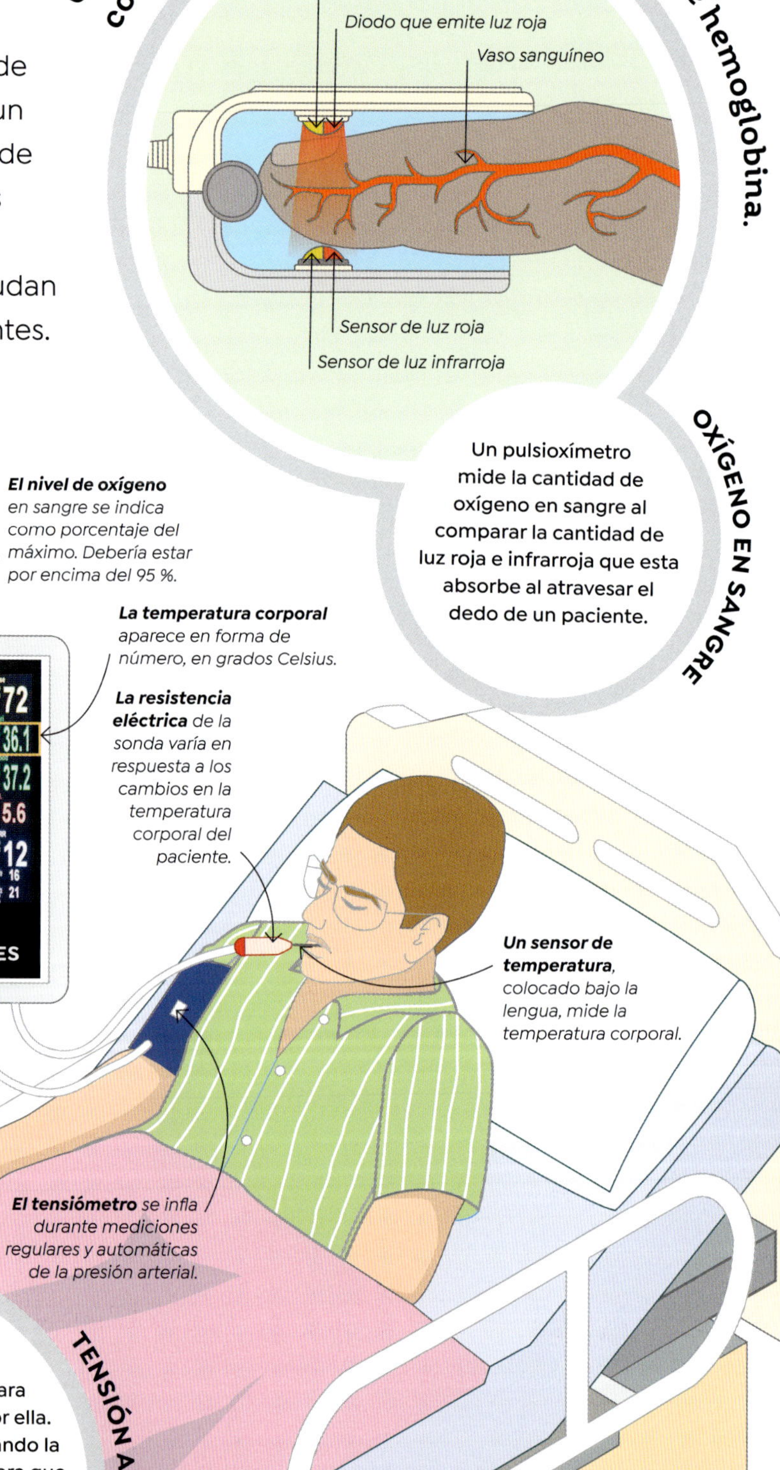

OXÍGENO EN SANGRE

Un pulsioxímetro mide la cantidad de oxígeno en sangre al comparar la cantidad de luz roja e infrarroja que esta absorbe al atravesar el dedo de un paciente.

COMPROBAR CONSTANTES VITALES

Las constantes vitales son mediciones de las funciones básicas del cuerpo que nos proporcionan pistas útiles sobre la afección de un paciente. En cuidados intensivos, los pacientes están conectados a un dispositivo que monitoriza sus constantes vitales de manera continua.

La frecuencia cardíaca *la representa un ECG que ofrece un trazado visual de los latidos del corazón.*

La frecuencia respiratoria *aparece como un número que indica las respiraciones por minuto.*

La tensión arterial *se indica con dos cifras, llamadas tensión sistólica y diastólica.*

El nivel de oxígeno *en sangre se indica como porcentaje del máximo. Debería estar por encima del 95 %.*

La temperatura corporal *aparece en forma de número, en grados Celsius.*

La resistencia eléctrica *de la sonda varía en respuesta a los cambios en la temperatura corporal del paciente.*

Un sensor de temperatura*, colocado bajo la lengua, mide la temperatura corporal.*

Un pulsioxímetro *enganchado al dedo del paciente contiene sensores que miden la tensión arterial y las frecuencias cardíaca y respiratoria.*

El tensiómetro *se infla durante mediciones regulares y automáticas de la presión arterial.*

DOCTOR

TENSIÓN ARTERIAL

El brazalete del tensiómetro aprieta la arteria principal del brazo para que la sangre deje de correr por ella. Luego la suelta lentamente. Cuando la tensión es aún lo bastante alta para que la sangre tenga que presionar la pared de la arteria para abrirla, tienen lugar vibraciones. Un sensor del brazalete mide estas vibraciones, y un *software* las convierte en mediciones de tensión arterial.

Se aprieta la arteria y hace que la sangre deje de correr

El latido del corazón impulsa la sangre a través de la arteria y hace que vibre su pared

La sangre fluye libre, sin vibraciones

Brazo del paciente

Se infla el brazalete

Se reduce la presión del brazalete

Se libera la presión del brazalete

ANÁLISIS DE MICROORGANISMOS

Los laboratorios médicos cuentan con dispositivos para identificar bacterias causantes de enfermedades. Antes de estudiar una muestra, a menudo hay que incrementar el número de bacterias, un proceso llamado cultivo.

1 ***La muestra*** *que contiene las bacterias se coloca en una placa de cultivo usando instrumental esterilizado.*

2 *Se coloca* ***la placa*** *dentro de una máquina llamada incubadora, que está a la temperatura ideal para el crecimiento de microorganismos.*

Todas las placas *han sido esterilizadas y contienen un sustrato de cultivo.*

3 ***La muestra*** *se observa bajo el microscopio. A veces se tiñe antes con color para poder ver con mayor facilidad los distintos tipos de bacterias.*

4 ***El personal de laboratorio*** *envía al médico la información sobre los tipos de bacteria que han encontrado en las muestras, incluyendo a veces una imagen digitalizada de las bacterias.*

Un científico *decide qué pruebas deberían llevarse a cabo y ayuda a determinar los resultados.*

INCUBADORA

CULTIVOS

MICROSCOPIO

IMAGEN DIGITALIZADA

CIENTÍFICA

ANÁLISIS DE SANGRE

Al estudio de la sangre se le llama hematología. Los análisis de sangre pueden utilizarse para determinar muchas causas distintas de enfermedad.

Un analizador bioquímico *lleva a cabo análisis químicos de muestras de sangre y de orina (ver panel, debajo).*

El contador hematológico *mide rápidamente la concentración de diferentes glóbulos sanguíneos; especialmente los glóbulos blancos, que son un signo de infección.*

Las muestras *se cargan en la máquina dentro de tubitos. Un código de barras contiene la información del paciente.*

La máquina *puede procesar varias muestras a la vez.*

Una auxiliar de laboratorio *manipula con cuidado las muestras y las carga en las máquinas adecuadas.*

ANALIZADOR BIOQUÍMICO

CONTADOR HEMATOLÓGICO

AUXILIAR DE LABORATORIO

TÉCNICO

CÓMO FUNCIONA UN COLORÍMETRO

Varios dispositivos diferentes que llevan a cabo análisis médicos cuentan con un colorímetro. Este aparato puede medir la concentración de una serie de químicos en fluidos corporales como la sangre y la orina. Cada químico absorbe unos colores más que otros, y cuanto mayor es su concentración, mayor es la absorción.

El colimador pone en paralelo los rayos de luz

La luz que se transmite alcanza un detector, que la convierte en una señal eléctrica

La fuente de luz emite luz de color

El prisma divide la luz en colores distintos

La muestra transmite, refleja y absorbe longitudes de onda de luz seleccionadas

La concentración del químico se muestra de manera digital

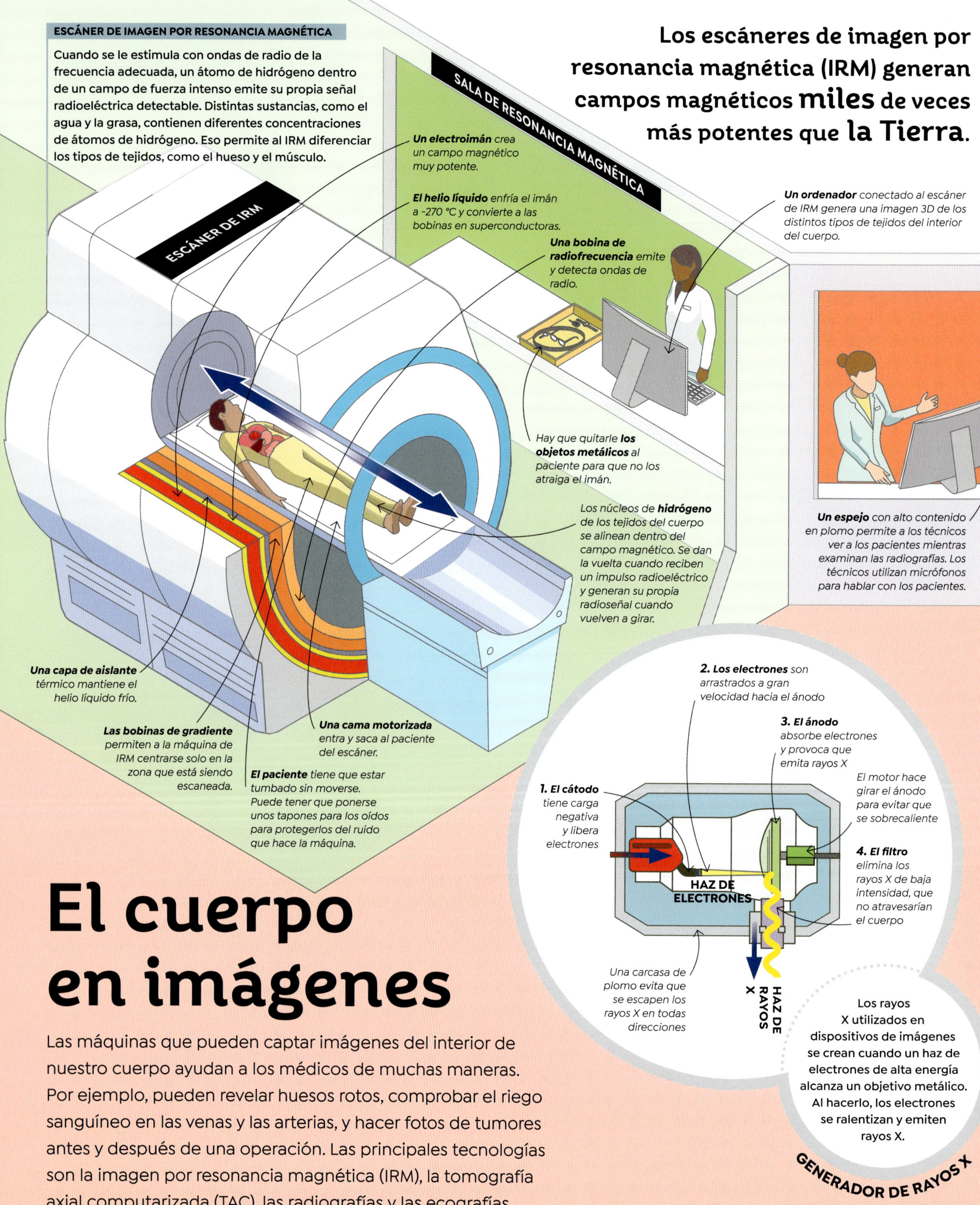

El cuerpo en imágenes

Las máquinas que pueden captar imágenes del interior de nuestro cuerpo ayudan a los médicos de muchas maneras. Por ejemplo, pueden revelar huesos rotos, comprobar el riego sanguíneo en las venas y las arterias, y hacer fotos de tumores antes y después de una operación. Las principales tecnologías son la imagen por resonancia magnética (IRM), la tomografía axial computarizada (TAC), las radiografías y las ecografías.

SALA DE TÉCNICOS

Los técnicos que manejan los equipos de diagnóstico suelen trabajar en una sala aislada, en parte porque algunos dispositivos de imagen, como los equipos de rayos X, emiten radiación.

__Un ordenador__ conectado a la TAC une las imágenes 2D para generar una imagen 3D.

__Algunos equipos antiguos de rayos X__, en vez de imágenes digitales, generan imágenes sobre película fotográfica.

Esta TAC muestra la ubicación y el alcance de la lesión en el cerebro de un paciente tras haber sufrido un derrame cerebral. Aquí aparecen los huesos de color blanco y la hemorragia sanguínea en rojo.

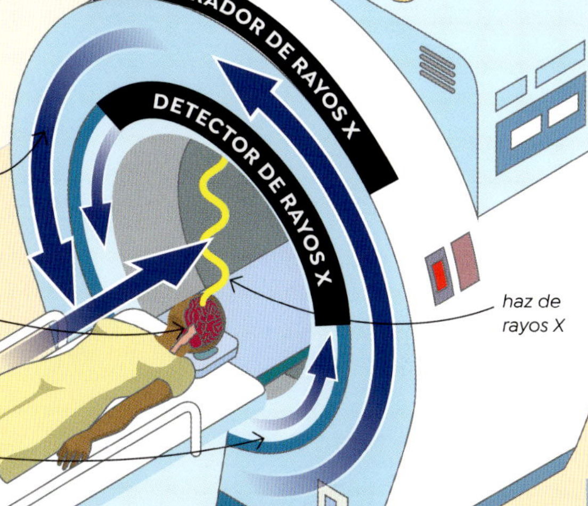

__1 El generador de rayos X__ gira alrededor del paciente y envía un haz de rayos X a su alrededor.

__2 El paciente__ está tumbado sobre una cama motorizada que se mueve mínimamente hacia delante tras cada escaneo.

__3 El detector,__ que también gira para mantenerse frente a la fuente, capta los rayos X que han atravesado al paciente. Envía una señal digitalizada al ordenador.

TAC

Un ordenador crea trocitos de imágenes en 2D de los tejidos del interior del cuerpo del paciente, mientras que la TAC envía un haz de rayos X que le atraviesan el cuerpo en muchos ángulos distintos.

GENERADOR DE RAYOS X

DETECTOR DE RAYOS X

__El generador de rayos X__ sube y baja por la columna vertebral controlado por los técnicos.

__1 El generador de rayos X__ genera un haz de radiación, que se dirige directamente al cuerpo del paciente.

__2__ Los tejidos de diferentes densidades absorben __la radiación de los rayos X__ en distinta medida.

__3 El detector contiene__ una placa que capta los rayos X que la atraviesan y crea una señal digital que se envía a la sala de control.

__La mesa__ se desplaza sobre su eje horizontal, lo que permite colocar al paciente en la posición correcta bajo el detector.

__La mesa__ está hecha de materiales que permiten que los rayos X la atraviesen hasta el detector que hay debajo.

MÁQUINA DE RAYOS X

Los rayos X son un tipo de radiación. Su enorme energía les permite penetrar en los tejidos del cuerpo. Los tejidos más densos, como huesos o tumores, absorben más radiación de rayos X que los tejidos blandos, como la piel o el músculo, y aparecen de color blanco en las radiografías.

ULTRASONIDO

Un dispositivo de ultrasonidos genera ondas de sonido que son demasiado agudas para que las capte el oído humano, y luego recoge los ecos de las ondas tras alcanzar los tejidos del interior del cuerpo de un paciente. Los escáneres de ultrasonido son especialmente útiles para monitorizar el corazón, los vasos sanguíneos o el desarrollo de un feto.

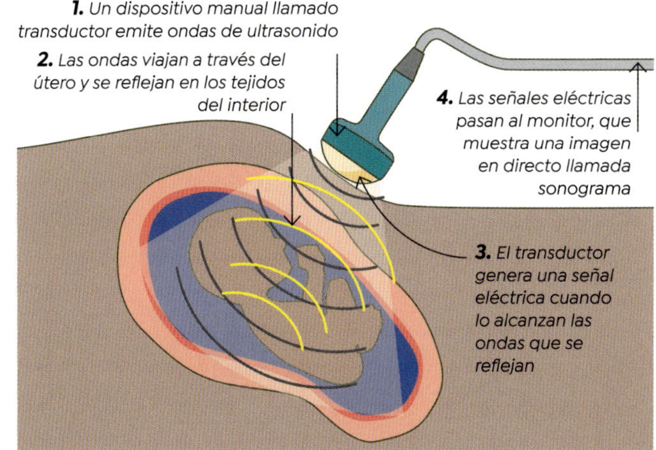

__1.__ Un dispositivo manual llamado transductor emite ondas de ultrasonido

__2.__ Las ondas viajan a través del útero y se reflejan en los tejidos del interior

__3.__ El transductor genera una señal eléctrica cuando lo alcanzan las ondas que se reflejan

__4.__ Las señales eléctricas pasan al monitor, que muestra una imagen en directo llamada sonograma

ROBOTS QUIRÚRGICOS

A pesar de su nombre, un robot quirúrgico no lleva a cabo operaciones por sí solo, sino que lo controla un cirujano. Una herramienta sofisticada le proporciona al cirujano una magnífica vista en 3D y a menudo dispone de varios brazos que pueden desplazarse en fracciones de un milímetro. El robot puede incluso atenuar el temblor de manos del cirujano.

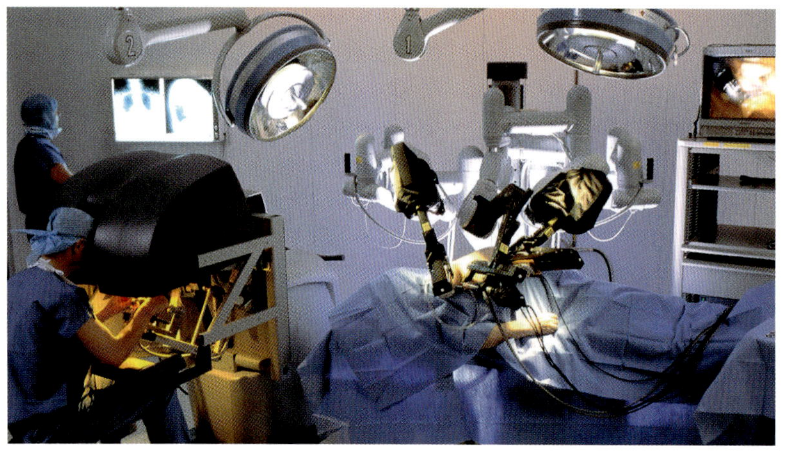

ANESTÉSICOS

Los fármacos anestésicos que mantienen al paciente inconsciente se le pueden administrar en forma de vapores a través de mascarillas o en forma de líquido intravenoso con una jeringuilla (como se ve aquí).

Jeringa con fármaco anestésico

Panel de control y pantalla

El mecanismo, accionado por un motor, mueve el émbolo y controla el caudal del líquido

ANESTESISTA

Un anestesista monitoriza las constantes vitales del paciente asegurándose de que el paciente permanece inconsciente. También ayuda a controlar el dolor antes, durante y después de una intervención.

***La pantalla** muestra las concentraciones de gases anestésicos que se están administrando al paciente y también puede mostrar las de los gases exhalados.*

MONITOR DE GASES ANESTÉSICOS

***Los caudalímetros** muestran las tasas de suministro de aire, de oxígeno y de vapor anestésico, como el óxido nitroso.*

***Un monitor de constantes vitales** muestra la frecuencia cardíaca y respiratoria, el nivel de presión arterial y de oxígeno, y la temperatura (ver pág. 10).*

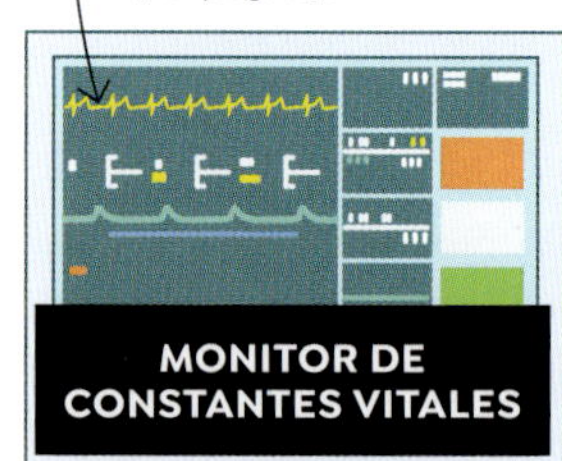

CARRO DE ANESTESIA

***Los manómetros** muestran la presión de los gases suministrados al paciente. Si la presión se desploma, suena la alarma.*

***Una mascarilla** garantiza que el paciente inhala la mezcla de gases.*

***La mesa de operaciones** está fija al suelo, pero puede colocarse en distintas posiciones.*

PACIENTE

Como en cualquier intervención quirúrgica, durante una cirugía laparoscópica los pacientes deben permanecer inconscientes, para que no sientan dolor y no se muevan.

MESA DE OPERACIONES

ENDOSCOPIO RÍGIDO

Para operar en el abdomen, los cirujanos utilizan un endoscopio rígido para visualizar la zona e introducen el instrumental a través de tubos finos y rígidos llamados trócares.

Tubo de succión

El endoscopio rígido entra por una pequeña incisión

Trócar

Se infla el abdomen con CO_2 para apartar los órganos

Cirugía laparoscópica

La cirugía laparoscópica consiste en realizar procedimientos quirúrgicos en el interior del cuerpo de un paciente sin tener que practicar grandes incisiones en la piel o los músculos. El cirujano puede ver lo que está haciendo gracias a un instrumento llamado endoscopio, insertándolo a través de una pequeña incisión en la garganta o los intestinos.

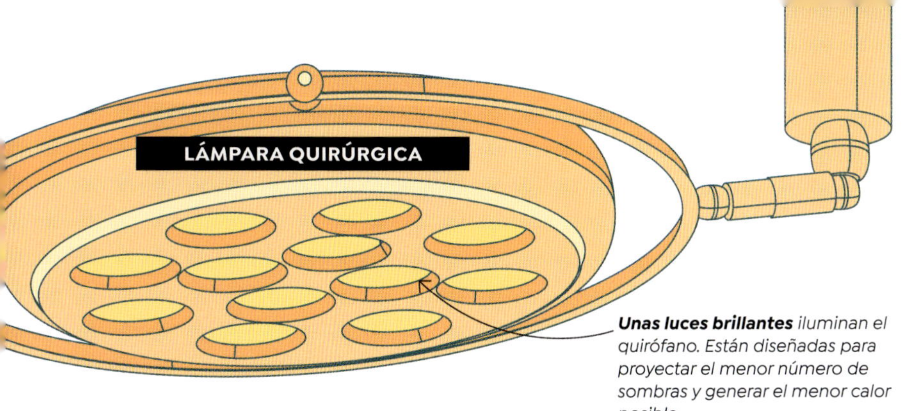

LÁMPARA QUIRÚRGICA

Unas luces brillantes *iluminan el quirófano. Están diseñadas para proyectar el menor número de sombras y generar el menor calor posible.*

Se ven claramente ***dos relojes****. Muestran la hora del día y el tiempo que ha pasado desde que comenzó la operación.*

PANTALLA DE ENDOSCOPIA

Una pantalla muestra una imagen digital en directo creada por una señal transportada desde el interior del cuerpo a través de las fibras de vidrio que hay dentro del tubo endoscópico.

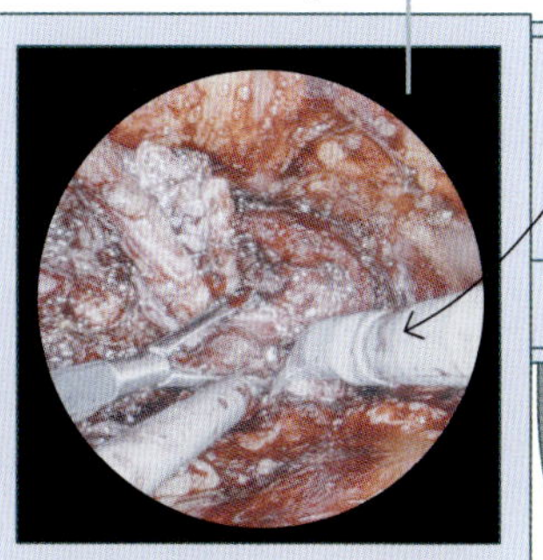

La imagen endoscópica *muestra una visión de alta resolución de la zona de la cirugía.*

La luz del endoscopio *recorre las fibras de vidrio hasta un sensor de imágenes.*

El endoscopio *tiene un control de dirección que permite al cirujano mover la punta del endoscopio.*

CARRO DE ENDOSCOPIA

CIRUJANO

El cirujano lleva a cabo la intervención y también dirige al resto del personal del quirófano.

ENFERMERA QUIRÚRGICA

Las principales tareas de una enfermera quirúrgica son las de controlar el instrumental quirúrgico y entregárselo al cirujano cuando lo necesite.

Una pequeña incisión *es más rápida de curar y deja una cicatriz más pequeña que un corte más grande.*

El agua esterilizada *se usa para limpiar el punto de entrada de los endoscopios y el instrumental quirúrgico.*

INSTRUMENTAL QUIRÚRGICO

El instrumental quirúrgico se utiliza para hacer incisiones o manipular tejidos corporales. Para prevenir infecciones graves, es vital que el instrumental esté esterilizado y que el quirófano se mantenga completamente limpio.

Una sábana estéril *cubre al paciente para evitar que se extienda una infección.*

Un trócar *es un dispositivo de acceso que realiza una pequeña incisión. A continuación, se pasa un instrumento quirúrgico a través de su centro hueco.*

Las gasas esterilizadas *absorben la sangre y demás fluidos.*

CARRO DE INSTRUMENTAL QUIRÚRGICO

Reparar el cuerpo

En ocasiones, una parte del cuerpo que ha sufrido daño, se ha perdido en un accidente o por una enfermedad, o se ha desgastado por el uso, se puede arreglar o sustituir por un dispositivo llamado implante. Con la elección adecuada de materiales, un implante puede hacer que esa parte del cuerpo vuelva a funcionar y dure muchos años.

Cada año se realizan en EE. UU. más de 450.000 trasplantes de cadera.

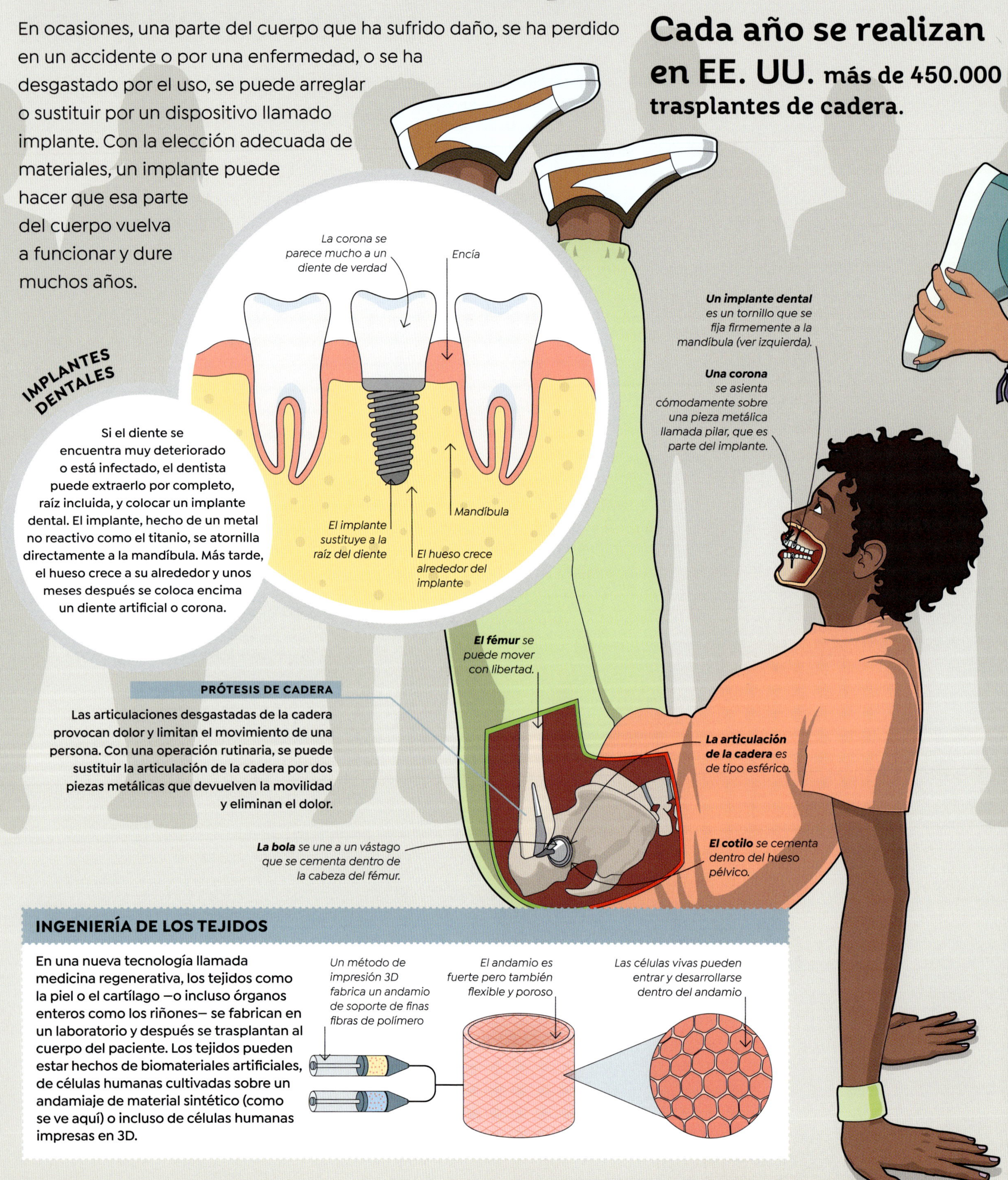

ESTENTS

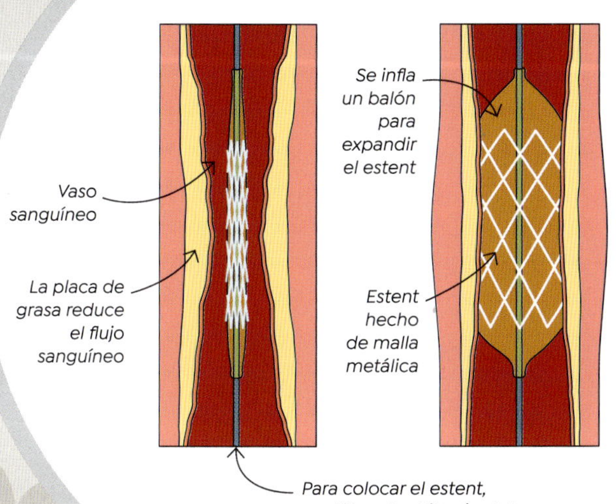

A medida que envejecemos, en el interior de las arterias se forman unos depósitos de grasas, llamados placas, que reducen el flujo sanguíneo. En una intervención de rutina, un cirujano puede insertar un tubo metálico llamado estent para mantener la arteria abierta. El estent se inserta en la arteria y luego se empuja hacia la ubicación de la placa y se expande utilizando un globo inflable.

*Se corta el extremo de **la tibia** y se sustituye por el componente tibial.*

***Un espaciador plástico** fijado al componente tibial permite el juego de la nueva articulación y actúa como cojín entre los dos huesos.*

PRÓTESIS DE RODILLA

Los huesos de la articulación de la rodilla están recubiertos de cartílago en los extremos para protegerlos. Si este se desgasta, el hueso también acaba desgastándose. La cirugía de prótesis de rodilla disminuye el dolor y aumenta la movilidad.

***La articulación de la rodilla** funciona como una bisagra.*

***El componente femoral** es una pieza metálica cementada en el extremo del fémur.*

*Durante la cirugía, se corta el extremo del **fémur** y se reemplaza por el componente femoral.*

MARCAPASOS

Un marcapasos consiste en un pequeño dispositivo electrónico a pilas conectado al corazón que lo ayuda a latir al ritmo adecuado.

*Se implanta **un marcapasos bicameral** debajo de la clavícula y tiene dos sondas.*

***La sonda ventricular** detecta la actividad del corazón y alimenta de señales eléctricas la cavidad inferior del corazón o ventrículo.*

***La sonda atrial** detecta la actividad del corazón y envía señales eléctricas a la cavidad superior del corazón o atrio.*

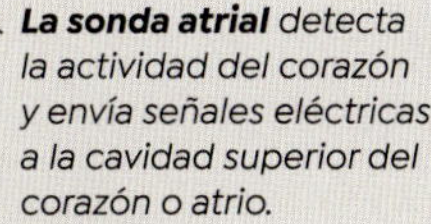

***Las prótesis de hombro** no son tan habituales como las de cadera o las de rodilla, pero funcionan del mismo modo.*

PIEL ARTIFICIAL

Un tipo de ingeniería de tejidos que hace décadas que se lleva utilizando es la piel artificial. Este material, que contiene la proteína colágeno, estimula el crecimiento de las células cutáneas cuando se aplica sobre la piel con quemaduras graves.

VÁLVULAS CARDÍACAS ARTIFICIALES

La mayoría de las válvulas cardíacas artificiales se componen de aletas metálicas dentro de un anillo metálico recubierto de tejido. Pero algunas, como la que mostramos aquí, utilizan las válvulas cardíacas de un cerdo en vez de aletas metálicas.

Nuevas extremidades

La tecnología proporciona sustitutos artificiales, conocidos como prótesis, para brazos y piernas que se han amputado como resultado de un accidente o una enfermedad. Las prótesis se llevan utilizando durante cientos de años. Los modelos modernos se benefician de una gama de nuevos materiales de alto rendimiento y, en algunos casos, de procesadores informáticos. Esto proporciona a las personas amputadas aún más control, comodidad y libertad.

La destreza y la sensibilidad de nuestras manos hace que sean las prótesis más difíciles de fabricar. Los diseños modernos cuentan con motores y retroalimentación sensorial (ver pág. siguiente).

DISEÑO DE MANOS

BRAZO PROTÉSICO

Muchas de las prótesis de brazo modernas funcionan con señales eléctricas de los músculos del usuario para controlar los movimientos de la muñeca y los dedos. Algunas incluso envían señales al cerebro desde los sensores de la mano.

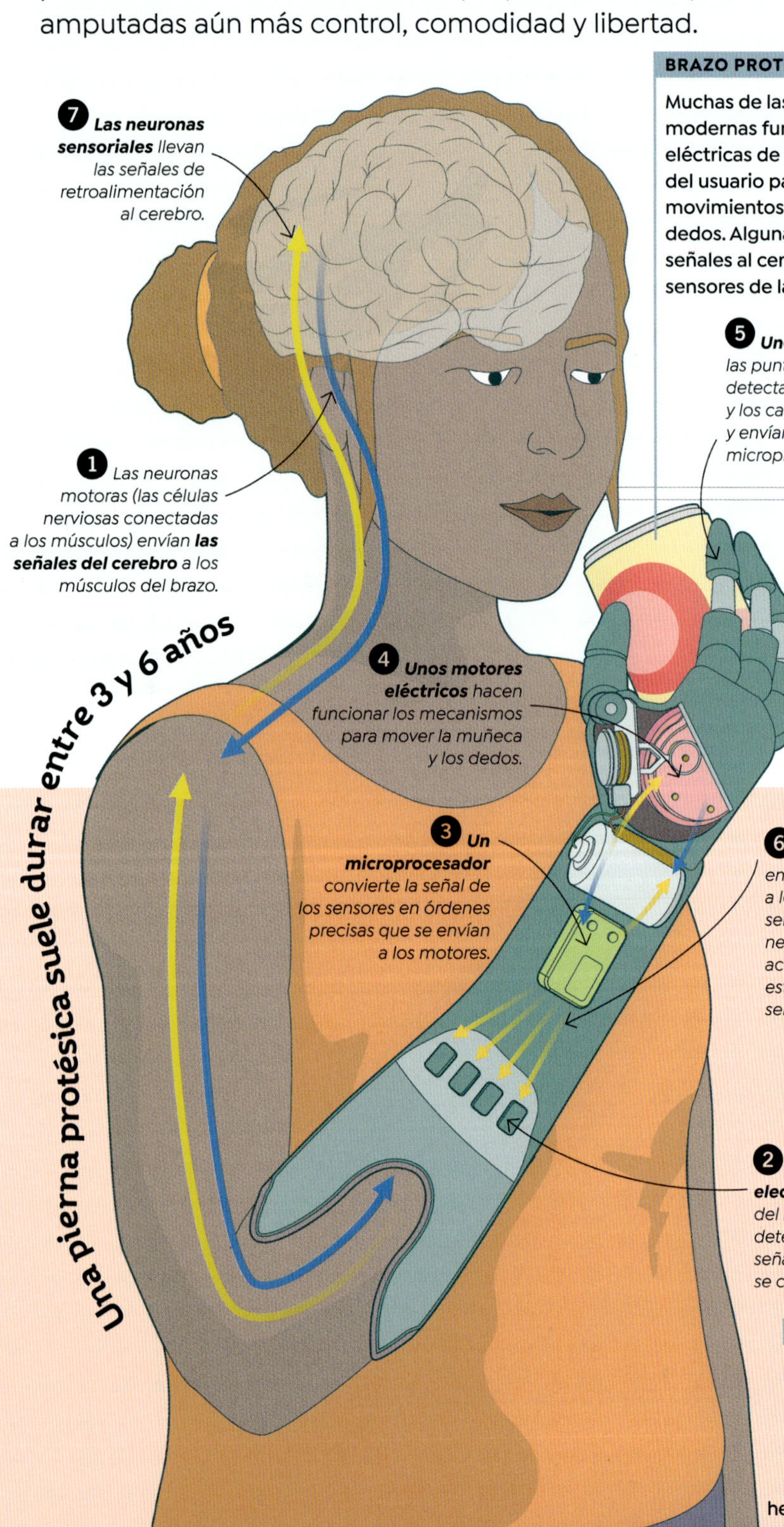

5 ***Unos sensores*** *en las puntas de los dedos detectan la vibración y los cambios de presión y envían señales al microprocesador.*

6 ***El microprocesador*** *envía señales desde la mano a lo largo de las neuronas sensoriales (células nerviosas que se activan con estímulos sensoriales).*

2 ***Los sensores electrónicos*** *de la piel o del interior de los músculos detectan y amplifican las señales cuando los músculos se contraen.*

Se coloca un ***revestimiento de gel o de silicona*** *en el interior del encaje que lo hace más cómodo de llevar.*

El encaje *distribuye el peso del usuario y absorbe los golpes.*

Un pistón *absorbe los golpes moviéndose hacia arriba por la pierna.*

El pilón *se puede hacer más corto o más largo dependiendo de la altura de la persona.*

El pie *cuenta con una estructura de resorte que absorbe energía y la libera hacia arriba para impulsar a la persona hacia delante.*

MECANISMO DE LA PIERNA PROSTÁTICA

Las piernas prostáticas tienen que ser resistentes para soportar el peso del usuario y ayudar a amortiguar las fuerzas, pero no deben ser muy pesadas, por eso a menudo están hechas de fibra de carbono o de titanio.

RETROALIMENTACIÓN SENSORIAL

Cuando una persona pierde un miembro, no solo pierde los músculos y los huesos, sino también las terminaciones nerviosas que proporcionan información sobre el mundo exterior. Esa información suele pasar por los nervios a una parte del cerebro llamada córtex somatosensorial. Utilizando sensores electrónicos y mecánicos en las puntas de los dedos y en la muñeca de una mano protésica, que envían señales a través de esos mismos nervios, se pueden recuperar las sensaciones de presión, vibración, textura y calor de la mano perdida. Esto es especialmente importante en la mano, donde el control del movimiento de los dedos es crucial para muchas de las tareas cotidianas.

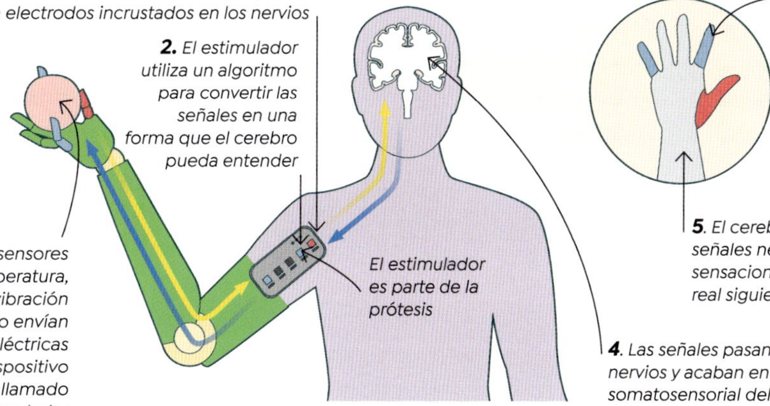

1. *Los sensores de temperatura, presión y vibración de la mano envían señales eléctricas a un dispositivo llamado estimulador*

2. *El estimulador utiliza un algoritmo para convertir las señales en una forma que el cerebro pueda entender*

3. *El estimulador envía las señales que genera a electrodos incrustados en los nervios*

El estimulador es parte de la prótesis

4. *Las señales pasan por los nervios y acaban en el córtex somatosensorial del cerebro*

5. *El cerebro interpreta las señales nerviosas y percibe sensaciones como si la mano real siguiera presente*

El cerebro aprende a asociar los diferentes patrones de señales con las distintas sensaciones de la mano

Aprender a caminar *con una extremidad nueva conlleva tiempo y esfuerzo, así como la ayuda de un especialista.*

A menudo, ***un animal que pierde una pata*** *puede caminar solo con tres, pero una prótesis mejora su movilidad.*

AJUSTAR LOS MIEMBROS

Los especialistas médicos llamados protésicos diseñan y ajustan las prótesis. Más adelante, los fisioterapeutas ayudan a los pacientes a acostumbrarse a sus prótesis.

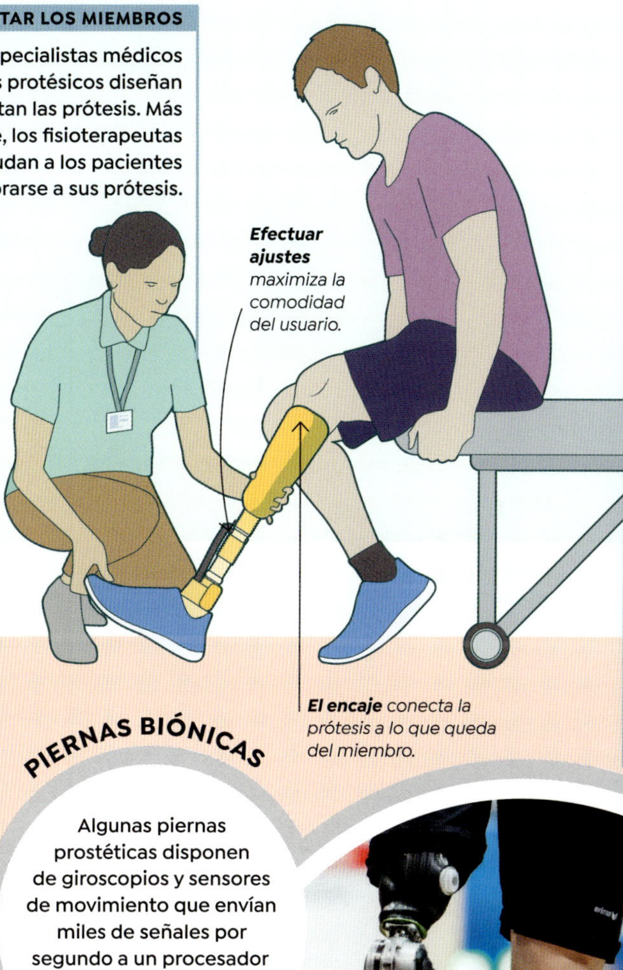

Efectuar ajustes *maximiza la comodidad del usuario.*

El encaje *conecta la prótesis a lo que queda del miembro.*

PRÓTESIS DE CARRERA

Para correr, muchos amputados llevan unas láminas flexibles que almacenan y liberan energía. La prótesis hace el trabajo que de otro modo harían los músculos del pie y la parte inferior de las piernas.

Un soporte *mantiene sujeta la prótesis de carrera al encaje.*

La curva almacena *energía cuando el corredor presiona hacia abajo y luego la libera para propulsar al corredor hacia delante.*

La prótesis *está compuesta de hasta 90 capas de fibra de carbono, lo que la hace más resistente.*

PIERNAS BIÓNICAS

Algunas piernas prostéticas disponen de giroscopios y sensores de movimiento que envían miles de señales por segundo a un procesador que planifica los movimientos de la extremidad.

Diariamente se llevan a cabo entre 300 y 500 amputaciones en todo el mundo.

MUELLES EN SUS PISADAS

El rendimiento de los atletas paralímpicos ha mejorado desde la invención de las prótesis de fibra de carbono. Las láminas flexibles, basadas en las patas traseras de los guepardos, imitan los tendones del felino, que lo impulsan hacia delante al correr. Los atletas siguen necesitando trabajar su potencia muscular puesto que cuesta mucho mantener las prótesis en equilibrio y requieren de una técnica de carrera especial. Los velocistas utilizan prótesis en forma de J, mientras que los corredores de largas distancias usan una en forma de C. Las prótesis de salto tienen unas puntas más largas que les confieren un mayor impulso ascendente.

El peso del atleta recae sobre la prótesis

La prótesis almacena energía

COMPRESIÓN

El atleta utiliza los músculos para equilibrarse

La energía se transfiere a la punta de la prótesis

TRANSFERENCIA DE ENERGÍA

El empuje impulsa al atleta hacia delante

La prótesis comienza a absorber energía para la siguiente zancada

PROPULSIÓN

maXed
TH AFRICA

Conectar con el cerebro

Las señales nerviosas naturales de nuestro cuerpo son eléctricas, lo que posibilita que los dispositivos electrónicos se comuniquen directamente con el cerebro humano. Los dispositivos implantados en los ojos o los oídos pueden devolver parcialmente la visión o la audición a una persona, mientras que las interconexiones cerebro-ordenador pueden permitir a una persona con parálisis controlar aparatos como ordenadores, brazos robóticos o sillas de ruedas motorizadas.

IMPLANTES DE RETINA

Algunas personas han sufrido daños o han perdido las células sensibles a la luz llamadas fotorreceptores que tenemos en los ojos. En un implante de retina, se sustituyen estas células por un sensor electrónico (ver pág. 50) que envía señales a través de los nervios al cerebro.

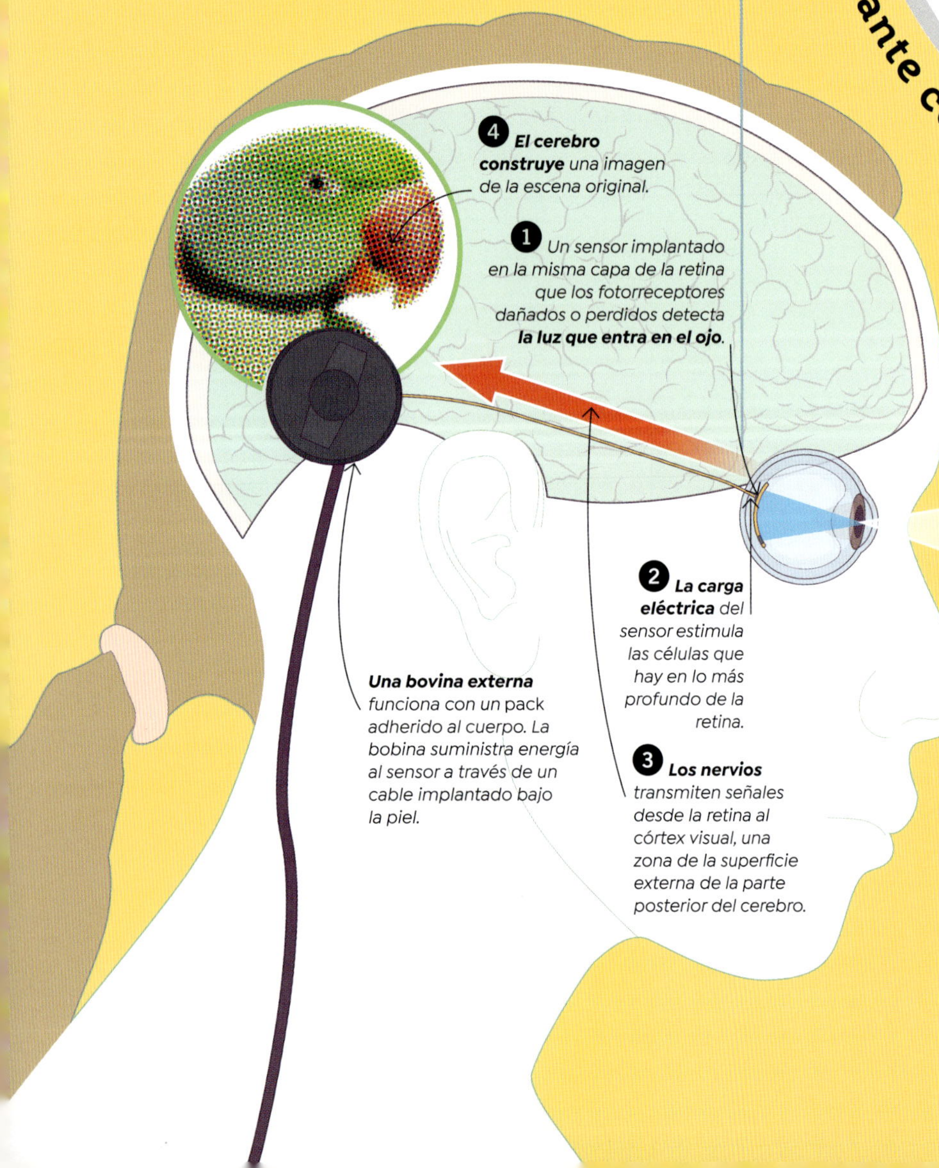

RECUPERAR LA AUDICIÓN

Un implante coclear tiene dos partes. Un micrófono y un transmisor en la parte exterior del cráneo detectan y procesan el sonido, y envían señales a un receptor instalado en el interior de este que estimula los nervios de la cóclea.

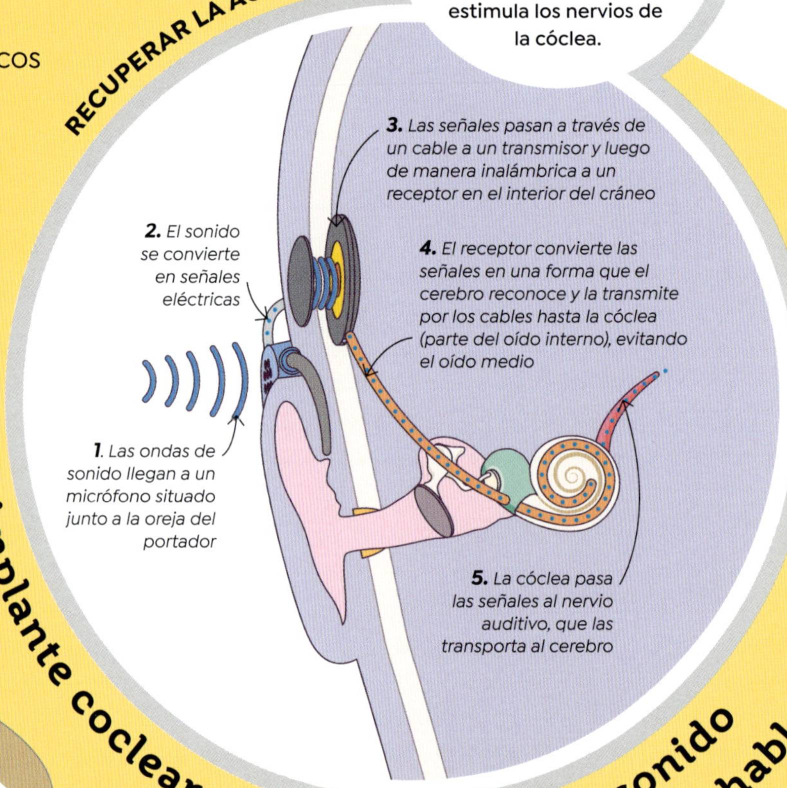

Un implante coclear puede potenciar el sonido que reconoce como habla.

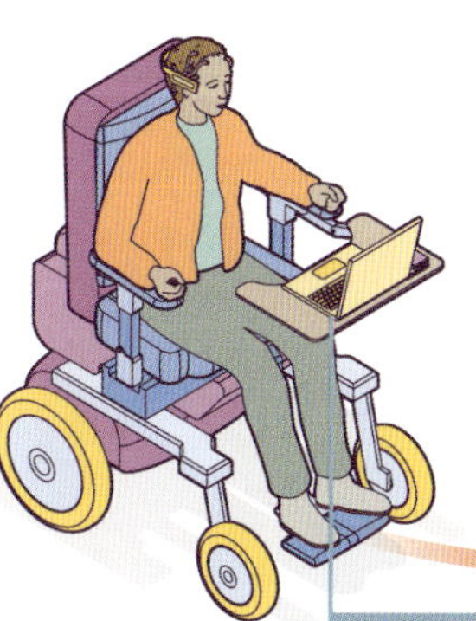

1 Unos electrodos en el interior del sensor externo que detectan actividad cerebral detectan **las señales eléctricas del cerebro**.

2 **Las señales del sensor externo** se envían a un portátil o a un procesador instalado en la silla de ruedas, donde se traducen en instrucciones de movimiento.

3 **Los motores de las ruedas** reciben las instrucciones de movimiento y ajustan la velocidad y la dirección de la silla de ruedas.

INTERFACES NEURONALES

Aunque son aún algo experimental, las interfaces neuronales permiten a una persona con parálisis comunicarse directamente con un ordenador. La actividad eléctrica cerebral, por lo general detectada con electrodos en el cuero cabelludo, se procesa y se envía a un ordenador, que puede usarse para controlar una silla de ruedas.

Electrodo de platino que detecta actividad cerebral

El cable transporta las señales desde los electrodos

El andamio metálico se expande hasta 8 mm de diámetro

El electrodo de estent es un avance reciente en la tecnología de interfaz neuronal. Este tubito metálico se inserta en una arteria y se empuja hasta una parte específica del cerebro. Cuando está en posición, el tubo se expande para mantener el vaso sanguíneo abierto, y un electrodo empieza a leer la actividad cerebral cercana.

PRÓTESIS DE RETINA CON GAFAS

Algunos implantes de retina reciben señales de una cámara integrada en unas gafas. Un ordenador procesa las señales de la cámara y las envía de manera inalámbrica al implante, que a su vez las envía por el nervio óptico hasta el cerebro.

La imagen mental es mucho menos precisa que la de una persona sin problemas en la vista.

5 **Los impulsos nerviosos** viajan hasta el córtex visual en la parte posterior del cerebro, donde se construye una imagen mental de la escena.

4 **Un implante** en la superficie de la retina envía señales a las capas más profundas de esta, evitando las células dañadas. Las señales se convierten en impulsos nerviosos.

3 **La información** se envía a un receptor implantado detrás de la oreja o integrado en las gafas. Luego pasa a la retina.

2 **La información se envía** a un procesador integrado en el cuerpo que la convierte en un dibujo de píxeles.

1 **Una videocámara** implantada en unas gafas captura una imagen.

ESTIMULACIÓN CEREBRAL PROFUNDA

Se utiliza un tratamiento llamado estimulación cerebral profunda para tratar algunas afecciones cerebrales, sobre todo aquellas que provocan temblores involuntarios, como el párkinson y la epilepsia. Los electrodos implantados en ciertas zonas del cerebro generan impulsos eléctricos que afectan a la actividad cerebral. El nivel de estimulación eléctrica suele controlarse con un dispositivo implantado bajo la piel del pecho del paciente.

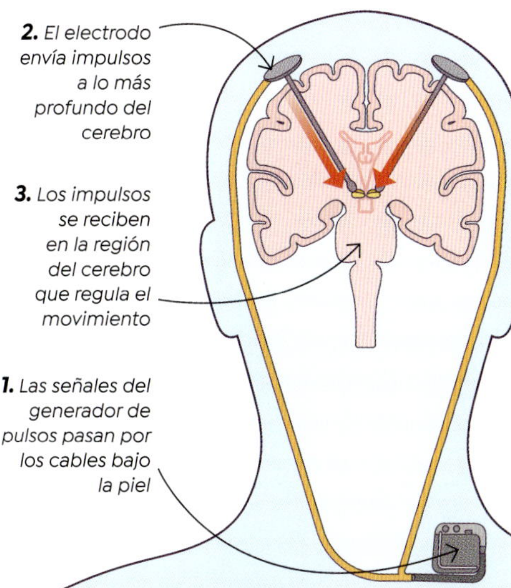

Vacunas

Una vacuna es un medicamento que puede evitar que una persona contraiga una enfermedad infecciosa. Funciona entrenando al sistema inmune de la persona para que reconozca los patógenos (virus o bacterias) que provocan la enfermedad y luego fabrican unas proteínas llamadas anticuerpos que bloquean, desactivan o matan a los patógenos antes de que la infección pueda arraigar.

UN VIRUS QUE SE PROPAGA

La infección se desarrolla cuando las bacterias, virus u hongos se reproducen dentro del cuerpo. En esta imagen microscópica, los diminutos virus que causan el COVID-19 (rojo) aparecen abandonando una célula renal.

En el siglo XIV, la peste negra, provocada por una bacteria, **mató a un tercio** de la población europea.

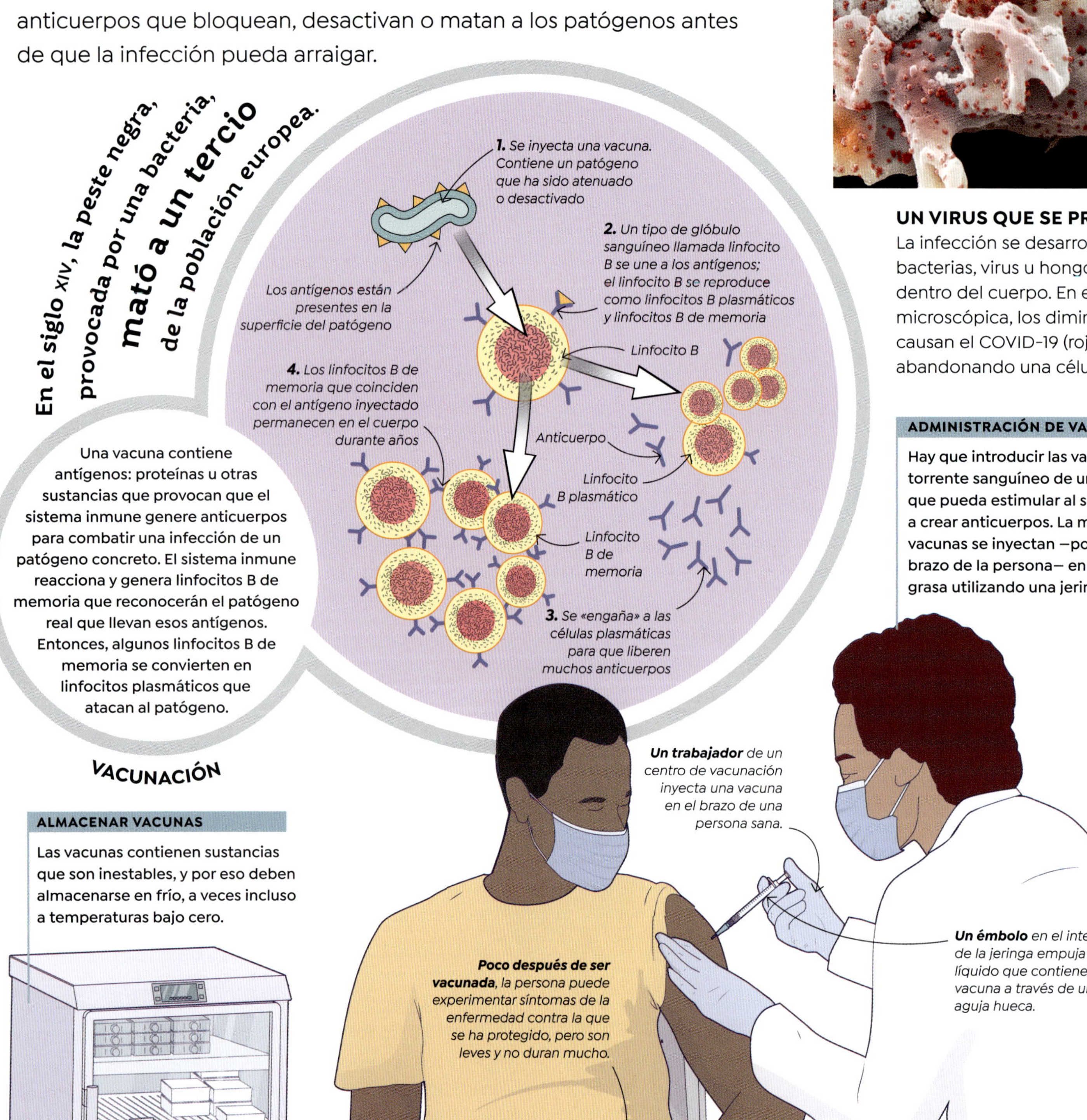

Una vacuna contiene antígenos: proteínas u otras sustancias que provocan que el sistema inmune genere anticuerpos para combatir una infección de un patógeno concreto. El sistema inmune reacciona y genera linfocitos B de memoria que reconocerán el patógeno real que llevan esos antígenos. Entonces, algunos linfocitos B de memoria se convierten en linfocitos plasmáticos que atacan al patógeno.

ADMINISTRACIÓN DE VACUNAS

Hay que introducir las vacunas en el torrente sanguíneo de una persona para que pueda estimular al sistema inmune a crear anticuerpos. La mayoría de las vacunas se inyectan —por lo general en el brazo de la persona— en el músculo o en la grasa utilizando una jeringa hipodérmica.

ALMACENAR VACUNAS

Las vacunas contienen sustancias que son inestables, y por eso deben almacenarse en frío, a veces incluso a temperaturas bajo cero.

VACUNAS DE ARN

A diferencia de otras, las nuevas vacunas de ARN (ácido ribonucleico) no liberan una proteína antígena, sino que proporcionan instrucciones en código genético para fabricar antígenos. Una vez dentro del cuerpo, las propias células de este siguen el código y fabrican los antígenos, de manera que el cuerpo crea la reacción inmune necesaria.

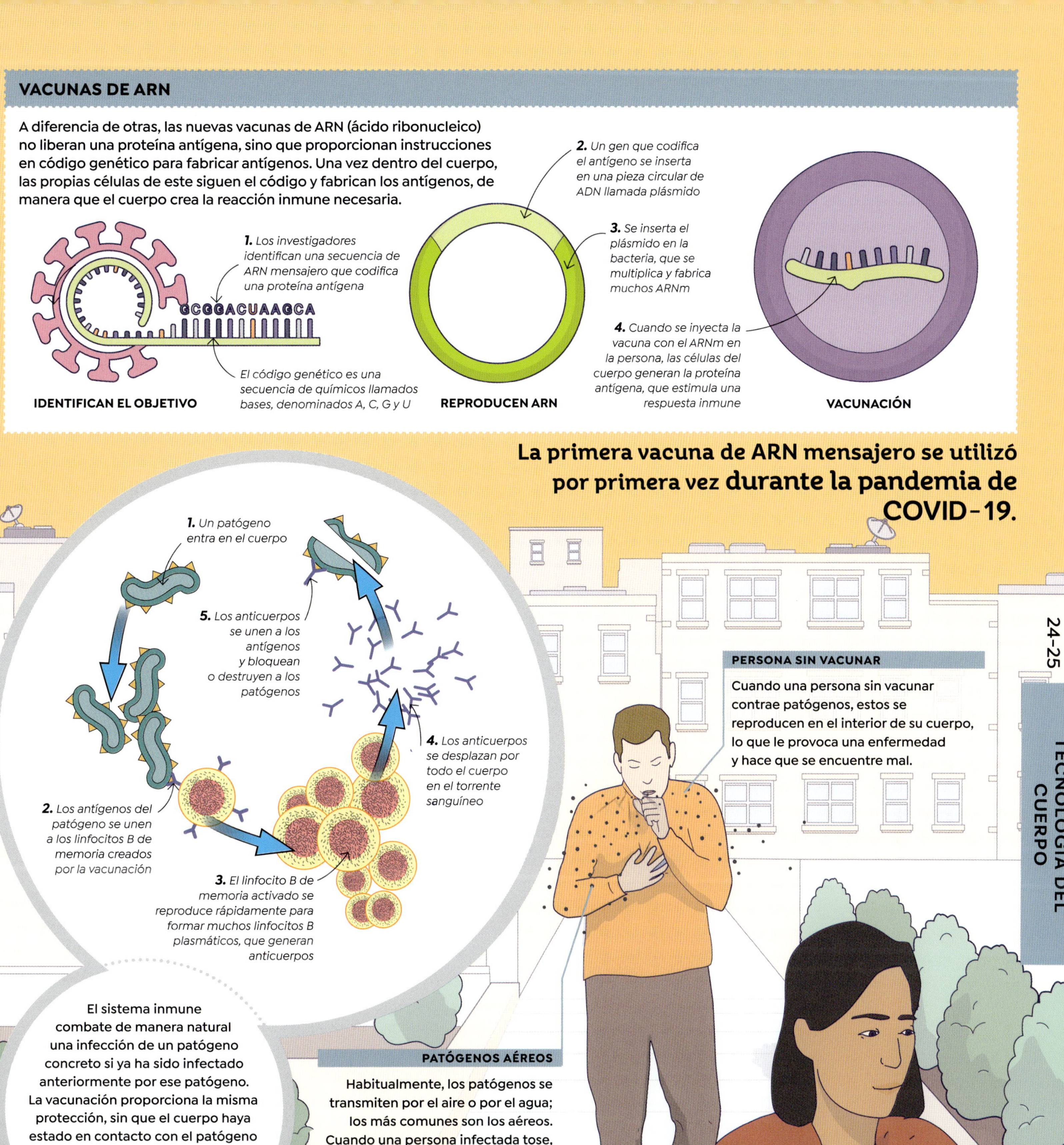

La primera vacuna de ARN mensajero se utilizó por primera vez durante la pandemia de COVID-19.

COMBATIR LA INFECCIÓN

El sistema inmune combate de manera natural una infección de un patógeno concreto si ya ha sido infectado anteriormente por ese patógeno. La vacunación proporciona la misma protección, sin que el cuerpo haya estado en contacto con el patógeno o haya sufrido la enfermedad que causa este. Si el patógeno es letal, la vacuna puede salvar la vida de la persona.

PERSONA SIN VACUNAR

Cuando una persona sin vacunar contrae patógenos, estos se reproducen en el interior de su cuerpo, lo que le provoca una enfermedad y hace que se encuentre mal.

PATÓGENOS AÉREOS

Habitualmente, los patógenos se transmiten por el aire o por el agua; los más comunes son los aéreos. Cuando una persona infectada tose, expulsa patógenos en microgotas, que pueden ser respirados por otra persona.

PERSONA VACUNADA

Una persona vacunada no desarrollará la enfermedad porque su sistema inmune está listo para combatir a los patógenos, evitando que se reproduzcan y deteniendo de ese modo la infección.

Un hogar moderno está lleno de tecnología, desde los sistemas que suministran agua limpia y controlan la temperatura del aire hasta las aplicaciones que permiten encender las luces cuando no hay nadie en casa y las alarmas que nos avisan de que algo se está quemando en la cocina.

Tecnología personal y doméstica

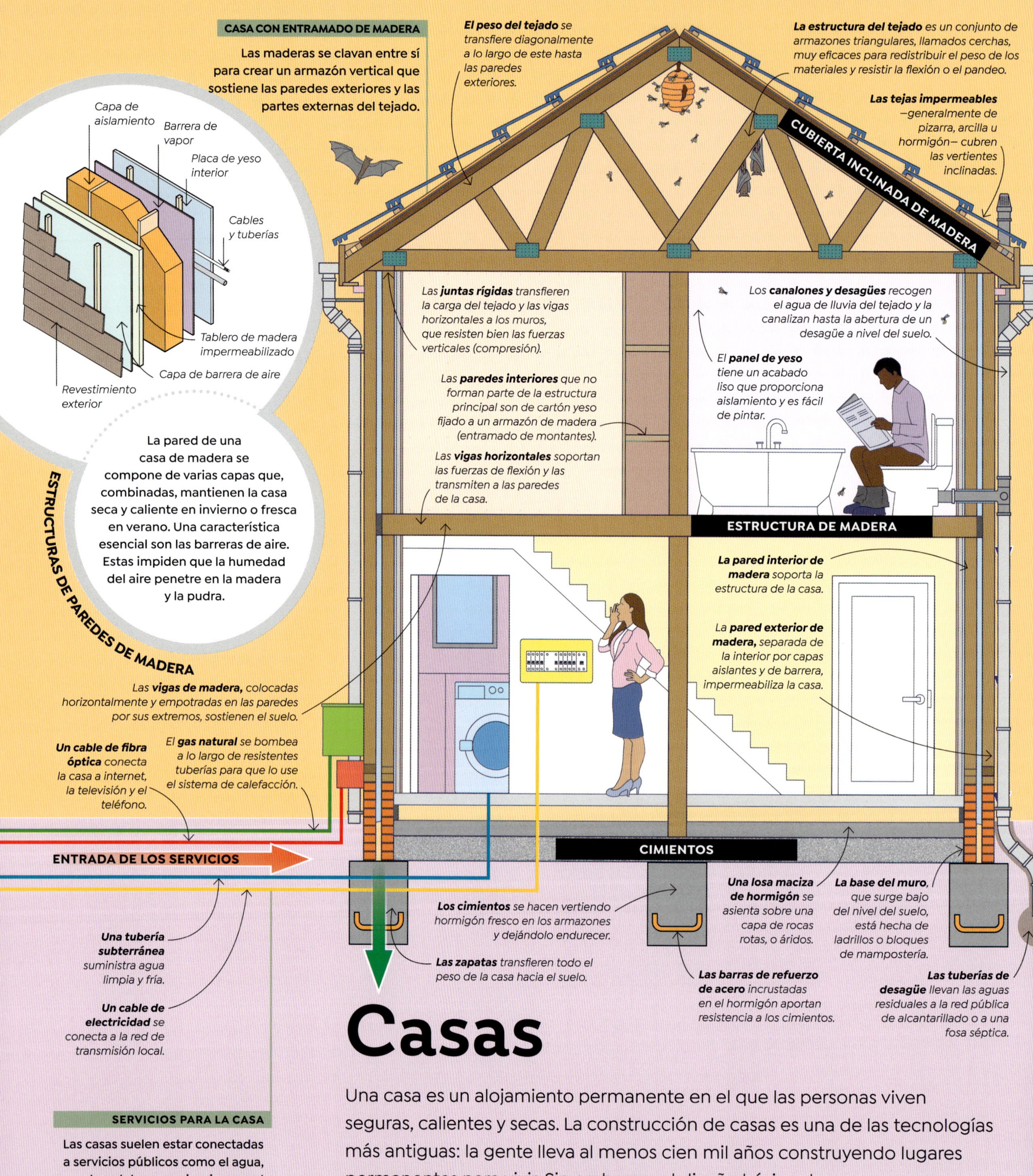

Casas

Una casa es un alojamiento permanente en el que las personas viven seguras, calientes y secas. La construcción de casas es una de las tecnologías más antiguas: la gente lleva al menos cien mil años construyendo lugares permanentes para vivir. Sin embargo, el diseño básico de una casa —con puerta, ventanas y paredes que sostienen un tejado— no ha cambiado mucho en todo este tiempo.

SERVICIOS PARA LA CASA

Las casas suelen estar conectadas a servicios públicos como el agua, la red de comunicaciones y el suministro eléctrico. Las aguas residuales se evacuan a través de una alcantarilla.

RESISTENCIA A LOS TERREMOTOS

Algunas construcciones tradicionales están diseñadas para resistir terremotos. Las vigas de madera de este tejado de una casa de Afganistán se encajan mediante un sistema de ranuras. No hacen falta clavos, tornillos ni otras fijaciones rígidas para mantenerlas unidas. El tejado es fuerte pero flexible y se balancea durante los terremotos sin resquebrajarse ni derrumbarse.

ALDEA FLOTANTE

Para algunas casas, las inundaciones son un riesgo importante, y una forma sencilla de evitar daños es levantar todo el edificio del suelo con pilotes resistentes, lo que permite que el agua pase por debajo. Sin embargo, todo este pueblo de Tailandia está construido sobre pilotes para facilitar el acceso de los pescadores al agua.

CASA DE LADRILLO

Los ladrillos son bloques duros de arcilla cocida, todos de un tamaño estándar. Los ladrillos se colocan en hileras y se pegan con una pasta llamada mortero.

TEJADO A UN AGUA

El tejado está revestido de *zinc anticorrosivo. Tiene una ligera pendiente para evitar que se acumule el agua de lluvia.*

Los ***paneles solares*** *del tejado convierten la luz solar en electricidad para abastecer los servicios de la casa.*

Las ventanas de doble acristalamiento *ayudan a mantener la casa aislada y permiten la entrada de luz natural.*

Un canalón *recoge el agua que fluye del tejado y la canaliza hacia una tubería vertical que la lleva a un desagüe a ras del suelo.*

Un dintel de hormigón *soporta la carga por encima de la ventana y la transmite hacia abajo.*

Un dintel formado por una viga de acero *soporta el peso por encima del portal.*

PARED HUECA DE LADRILLO

Una cámara rellena de aislante, espuma o aire *impide que el calor atraviese la pared.*

El muro exterior *es de ladrillo, que a menudo se recubre con productos químicos impermeabilizantes.*

El muro interior de mampostería*, construido con bloques de hormigón y ceniza, suele quedar oculto.*

Una capa antihumedad *por encima del nivel del suelo impide que la humedad de la tierra suba por el muro.*

Los cimientos *por debajo del nivel del suelo soportan el peso de la estructura superior y transmiten la carga hacia el suelo.*

CIMIENTOS

El agua de lluvia *recogida por los desagües desemboca en el alcantarillado público.*

Una losa de hormigón armado *soporta el peso de la casa.*

Una membrana de caucho *pasa por debajo de la casa para impedir que la humedad suba desde el suelo.*

HORMIGÓN ARMADO

El hormigón aguanta bien el peso de un edificio, pero se agrieta con facilidad. La mezcla puede reforzarse añadiendo un entramado de barras de acero.

Una casa construida con un diseño de bajo consumo energético puede consumir entre un 75 % y un 95 % menos de energía que la media de las casas nuevas de EE. UU.

Suministro de agua

Una casa moderna necesita agua limpia y fría. Se suministra a través de una tubería, denominada cañería principal, que discurre por debajo de la calle. Una vez dentro, el agua se canaliza hasta la cocina, los baños y el lavadero, donde se utiliza para beber, cocinar, lavar y limpiar. El agua sucia se elimina mediante desagües conectados a la red pública de alcantarillado.

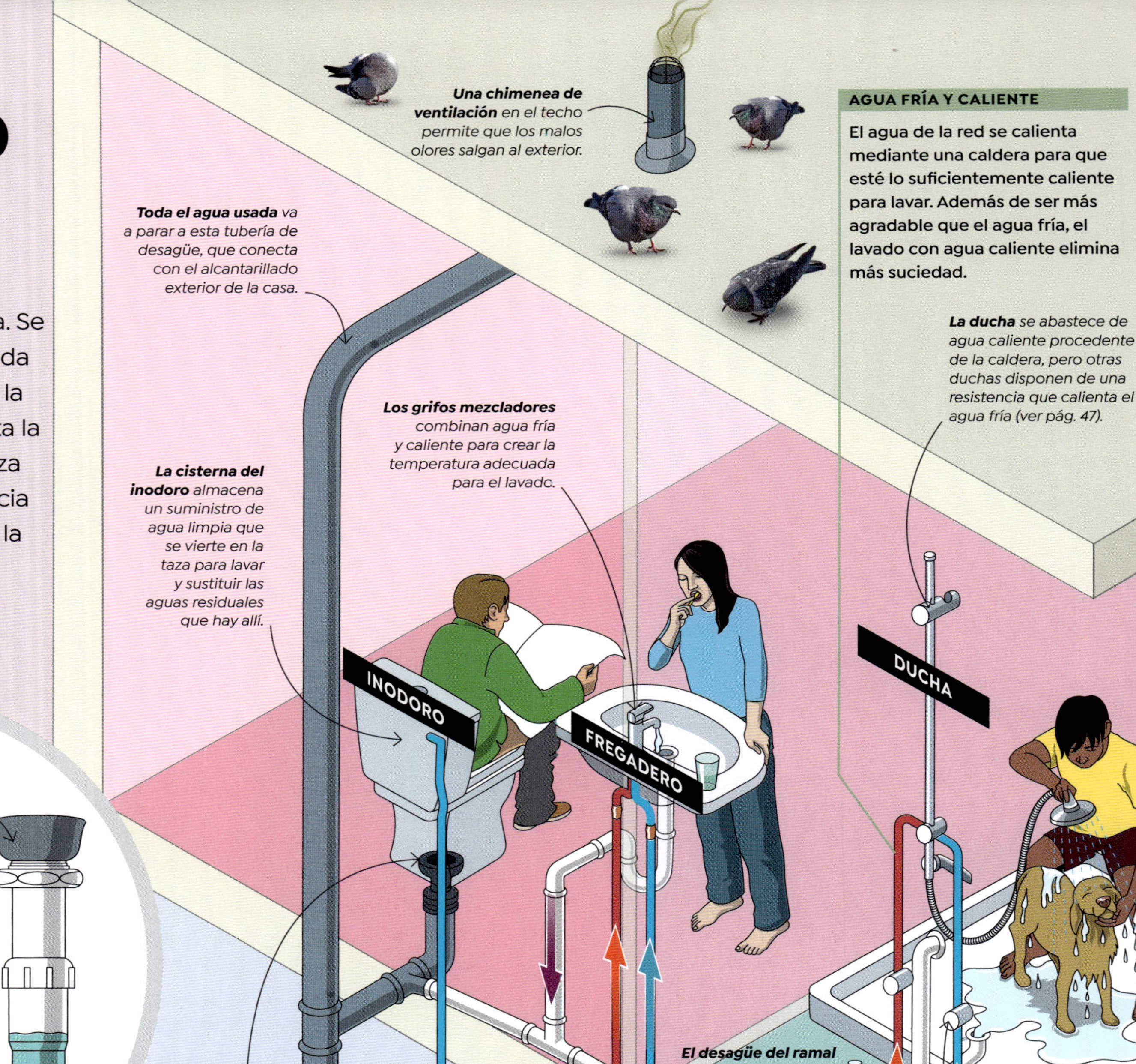

AGUA FRÍA Y CALIENTE

El agua de la red se calienta mediante una caldera para que esté lo suficientemente caliente para lavar. Además de ser más agradable que el agua fría, el lavado con agua caliente elimina más suciedad.

CODOS EN U

La primera parte de un desagüe es un tubo en forma de U lleno de agua. Su función principal es evitar que los malos olores vuelvan a subir por el tubo de desagüe y salgan por el tapón.

El agua usada se drena por el orificio superior

El codo en U se atornilla a otras tuberías

Los olores de la tubería de desagüe no pueden traspasar el agua atrapada

Agua atrapada en la sección curva

La mayor alcantarilla del mundo, bajo la ciudad japonesa de Kasukabe, tiene unos 100 km de longitud.

FOSA SÉPTICA

Algunas casas de zonas remotas están demasiado lejos para conectarse a la red de alcantarillado local. En este caso, las aguas residuales se recogen en una gran fosa séptica enterrada en las proximidades. La fosa está diseñada para recoger los residuos sólidos y permitir que el agua se filtre gradualmente en el suelo. Cuando la fosa se llena de sólidos, estos se sacan con una bomba y se retiran para su tratamiento.

1. Las aguas residuales se desaguan de la casa en el primer compartimento

2. Los residuos sólidos se depositan en el fondo

3. Las bacterias ayudan a limpiar el agua

4. El agua limpia pasa al siguiente compartimento

5. El agua se filtra lentamente en el suelo

PARQUES ACUÁTICOS

Las piscinas y toboganes de los parques acuáticos se abastecen de agua que se limpia constantemente. Los gérmenes del agua se eliminan con productos químicos, como el cloro.

FREGADERO

El fregadero de la cocina proporciona agua para cocinar y beber.

LAVAVAJILLAS

La mayoría de los lavavajillas solo tienen una toma de agua fría. Calientan el agua en el interior para lavar los platos.

La tubería de aguas residuales es más ancha que otras tuberías para que los residuos se evacuen más rápidamente.

Un conducto de humos transporta los gases de escape de la caldera al exterior de la casa.

Las válvulas de aislamiento de la lavadora detienen el flujo de agua cuando es necesario.

Un contador controla el consumo de agua.

LAVADORA

SECADORA

CALDERA

La combustión del gas calienta el agua.

Un termostato mantiene la temperatura.

SUMINISTRO DE RED

TUBERÍA DE DESAGÜE

Las aguas residuales se evacuan al alcantarillado público.

Una tubería de suministro lleva el agua a la casa. Si es necesario, se puede cerrar una válvula para cortar el agua.

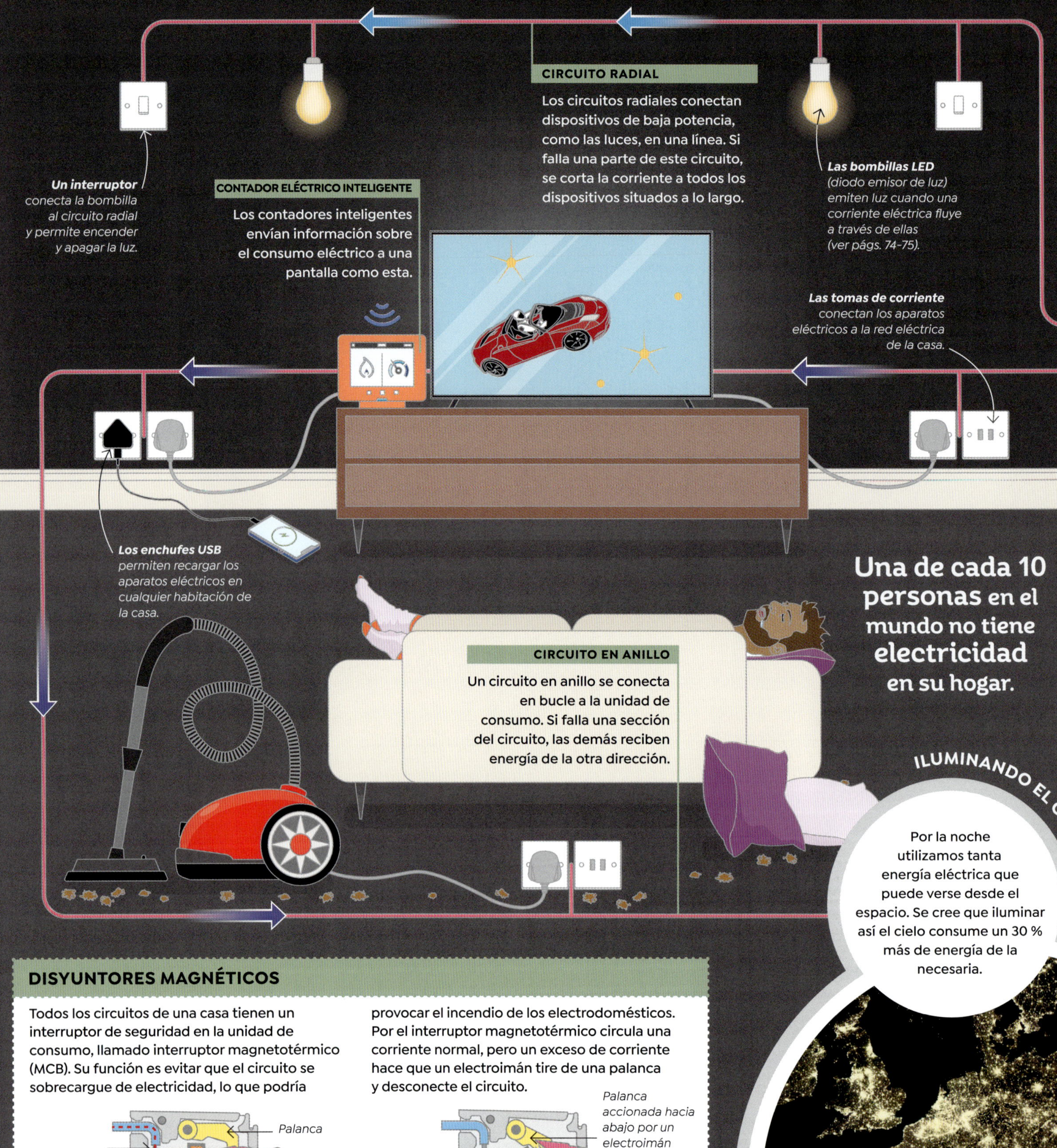

CIRCUITO RADIAL

Los circuitos radiales conectan dispositivos de baja potencia, como las luces, en una línea. Si falla una parte de este circuito, se corta la corriente a todos los dispositivos situados a lo largo.

CONTADOR ELÉCTRICO INTELIGENTE

Los contadores inteligentes envían información sobre el consumo eléctrico a una pantalla como esta.

CIRCUITO EN ANILLO

Un circuito en anillo se conecta en bucle a la unidad de consumo. Si falla una sección del circuito, las demás reciben energía de la otra dirección.

Una de cada 10 personas en el mundo no tiene electricidad en su hogar.

ILUMINANDO EL CIELO

Por la noche utilizamos tanta energía eléctrica que puede verse desde el espacio. Se cree que iluminar así el cielo consume un 30 % más de energía de la necesaria.

DISYUNTORES MAGNÉTICOS

Todos los circuitos de una casa tienen un interruptor de seguridad en la unidad de consumo, llamado interruptor magnetotérmico (MCB). Su función es evitar que el circuito se sobrecargue de electricidad, lo que podría provocar el incendio de los electrodomésticos. Por el interruptor magnetotérmico circula una corriente normal, pero un exceso de corriente hace que un electroimán tire de una palanca y desconecte el circuito.

Palanca
El contacto deja pasar la corriente por el interruptor magnetotérmico
Electroimán
La corriente eléctrica sale del disyuntor

EL DISYUNTOR ESTÁ ACTIVADO

Palanca accionada hacia abajo por un electroimán
Circuito roto al perderse el contacto
Se puede levantar el interruptor para restablecer el disyuntor

EL DISYUNTOR HA SALTADO

Electricidad

La electricidad es la forma de energía que alimenta la mayoría de nuestras tecnologías. Una casa tiene su propio suministro de electricidad procedente de una red eléctrica (ver págs. 96-97). Dentro de la casa, el suministro eléctrico se distribuye de habitación en habitación a través de circuitos de cables ocultos detrás de las paredes y en el techo.

Los rayos contienen una enorme cantidad de electricidad, que puede causar daños al pasar del aire a la superficie terrestre. Para reducir el riesgo en los edificios altos, se instalan pararrayos que atraen la corriente eléctrica y la conducen de forma segura por el exterior del edificio hasta el suelo, donde deja de ser peligrosa.

PARARRAYOS

Múltiples circuitos *en muchas habitaciones reciben energía del cuadro eléctrico.*

CUADRO ELÉCTRICO

A veces llamado caja de fusibles, es donde se reparte el suministro eléctrico de la red para enviarlo a las distintas partes de la casa.

Un botón de prueba *sirve para comprobar que el RCD funciona correctamente.*

Cada circuito *tiene su propio interruptor de seguridad, llamado disyuntor magnético, interruptor magnetotérmico o MCB.*

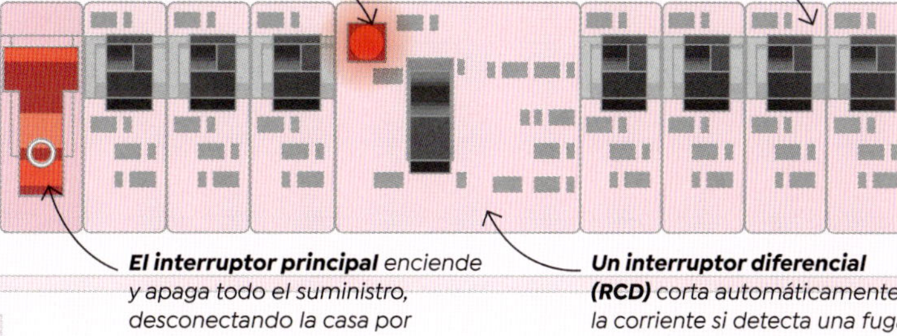

El interruptor principal *enciende y apaga todo el suministro, desconectando la casa por completo si es necesario.*

Un interruptor diferencial (RCD) *corta automáticamente la corriente si detecta una fuga de electricidad a tierra.*

La toma de corriente *lleva la corriente eléctrica a la unidad de consumo.*

El cable neutro *completa el circuito que se conecta a la red eléctrica.*

Un contador *registra cuánta energía se ha consumido. Un contador inteligente transmite los datos a una pantalla en el hogar y a la compañía eléctrica.*

La toma de tierra *impide que las partes metálicas de los electrodomésticos entren en tensión y provoquen una descarga.*

El cabezal de servicio *es donde el cable de red se conecta al cableado de la casa. Está alojado en una caja resistente a la intemperie.*

Un cable de red *suministra electricidad desde la red eléctrica.*

CONTADOR

CABEZAL DE SERVICIO

Calefacción

La tecnología de calefacción se encarga de calentar el aire del interior de una vivienda. Hay varios tipos de sistemas de calefacción, como los que calientan agua en una caldera y la transportan por las habitaciones mediante una red de tuberías. El agua desprende calor en cada habitación por la que pasa.

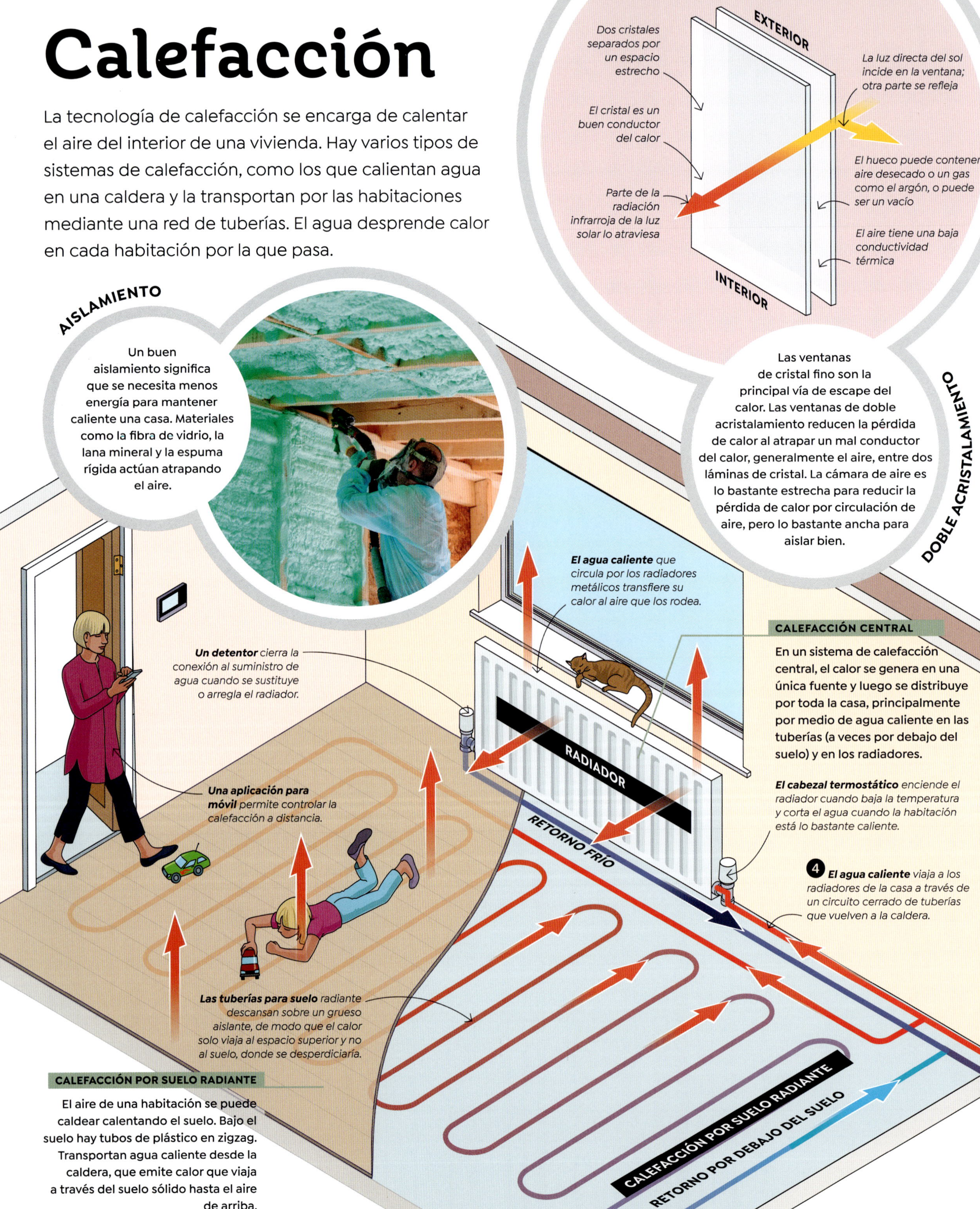

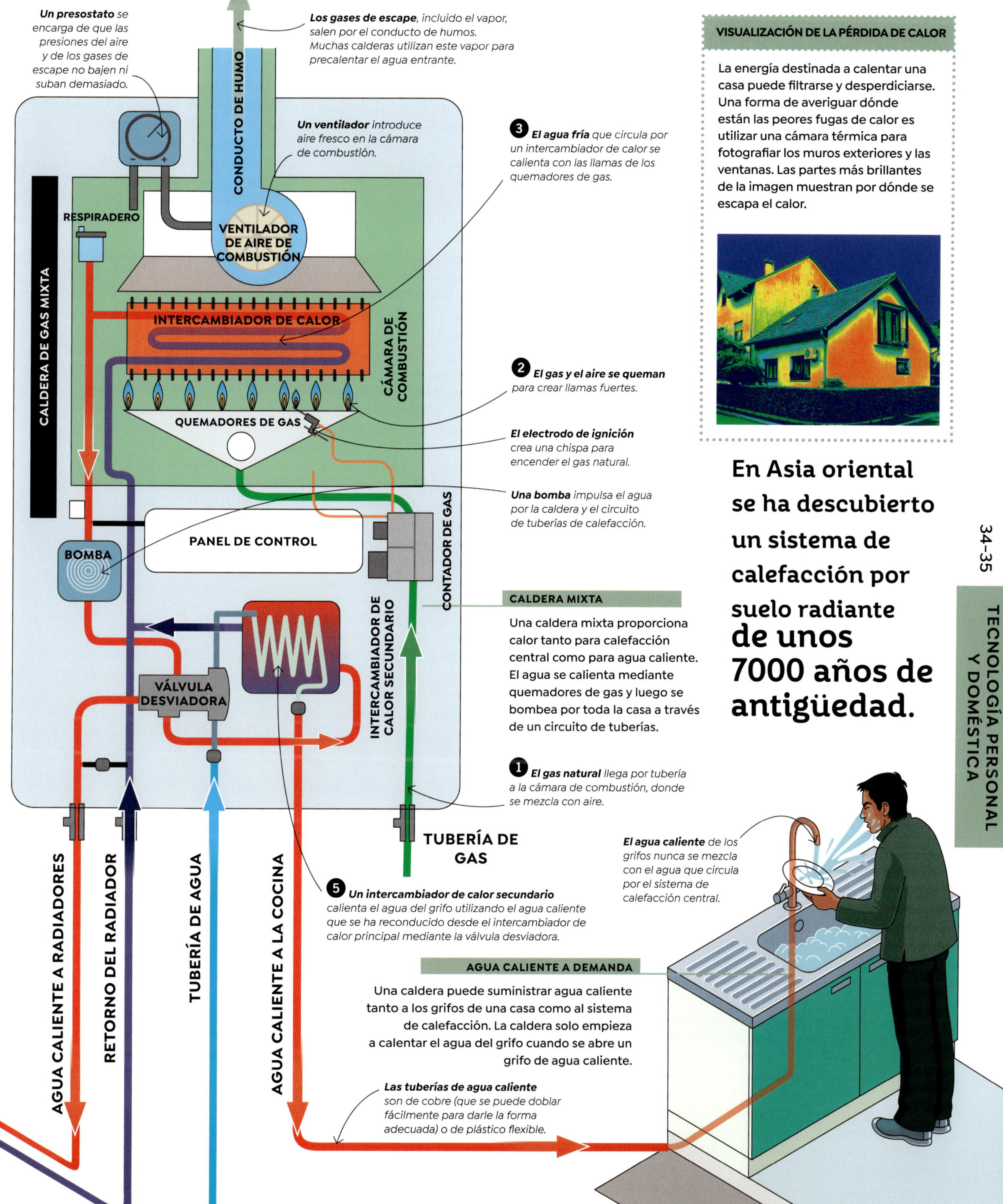

VISUALIZACIÓN DE LA PÉRDIDA DE CALOR

La energía destinada a calentar una casa puede filtrarse y desperdiciarse. Una forma de averiguar dónde están las peores fugas de calor es utilizar una cámara térmica para fotografiar los muros exteriores y las ventanas. Las partes más brillantes de la imagen muestran por dónde se escapa el calor.

En Asia oriental se ha descubierto un sistema de calefacción por suelo radiante de unos 7000 años de antigüedad.

CALDERA MIXTA

Una caldera mixta proporciona calor tanto para calefacción central como para agua caliente. El agua se calienta mediante quemadores de gas y luego se bombea por toda la casa a través de un circuito de tuberías.

AGUA CALIENTE A DEMANDA

Una caldera puede suministrar agua caliente tanto a los grifos de una casa como al sistema de calefacción. La caldera solo empieza a calentar el agua del grifo cuando se abre un grifo de agua caliente.

Bombas de calor

Como su nombre indica, una bomba de calor es un dispositivo que traslada el calor de un lugar a otro. Un frigorífico es un tipo de bomba de calor que elimina el calor no deseado para enfriar su interior. En las bombas de calor aerotérmicas y geotérmicas, el mismo sistema funciona a la inversa para calentar una casa a una temperatura agradable. Las bombas de calor son una forma energéticamente eficiente de calentar un hogar.

RECICLAJE DE FRIGORÍFICOS

Los frigoríficos deben reciclarse con cautela porque los más antiguos pueden contener un refrigerante, llamado gas hidrofluorocarbono, que es un potente gas de efecto invernadero.

CÓMO FUNCIONA

El calor es la energía que hace que los átomos y las moléculas de una sustancia se muevan. Una bomba de calor absorbe calor y lo vuelve a expulsar haciendo que un refrigerante líquido se evapore y luego se condense una y otra vez.

LÍQUIDO A GAS

El líquido absorbe energía térmica al evaporarse, lo que produce refrigeración.

Las moléculas de un líquido están más comprimidas que las de un gas.

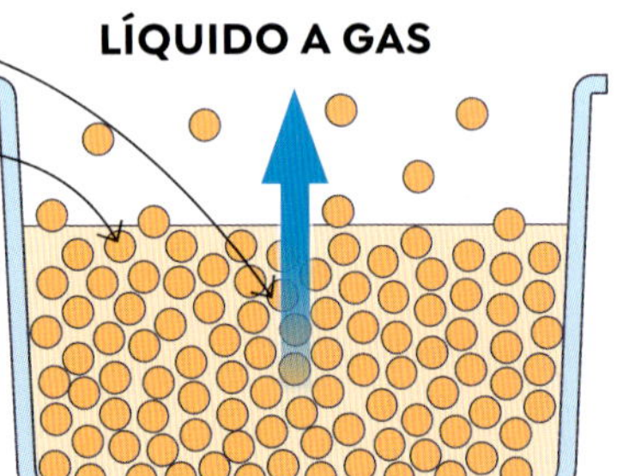

EVAPORACIÓN

Cuando se reduce la presión de un líquido, este puede convertirse en gas. La energía que necesitan sus moléculas para escapar del líquido procede de su entorno, lo que las enfría.

GAS A LÍQUIDO

La compresión de las moléculas aumenta su temperatura.

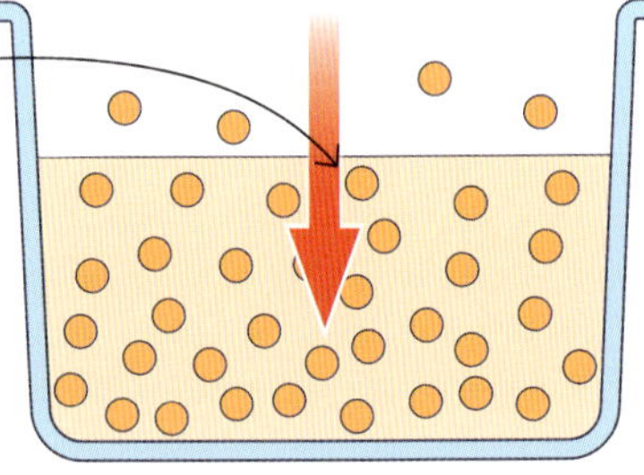

CONDENSACIÓN

Al comprimir un gas en un espacio más pequeño, sus moléculas se juntan y se condensan en un líquido caliente. El líquido desprende entonces su calor adicional.

BOMBA DE CALOR AEROTÉRMICA

Una bomba de calor aerotérmica recoge el calor del aire exterior de una casa y lo transfiere al aire interior. Aunque utiliza electricidad, no necesita quemar petróleo ni gas, por lo que es menos perjudicial para el medio ambiente.

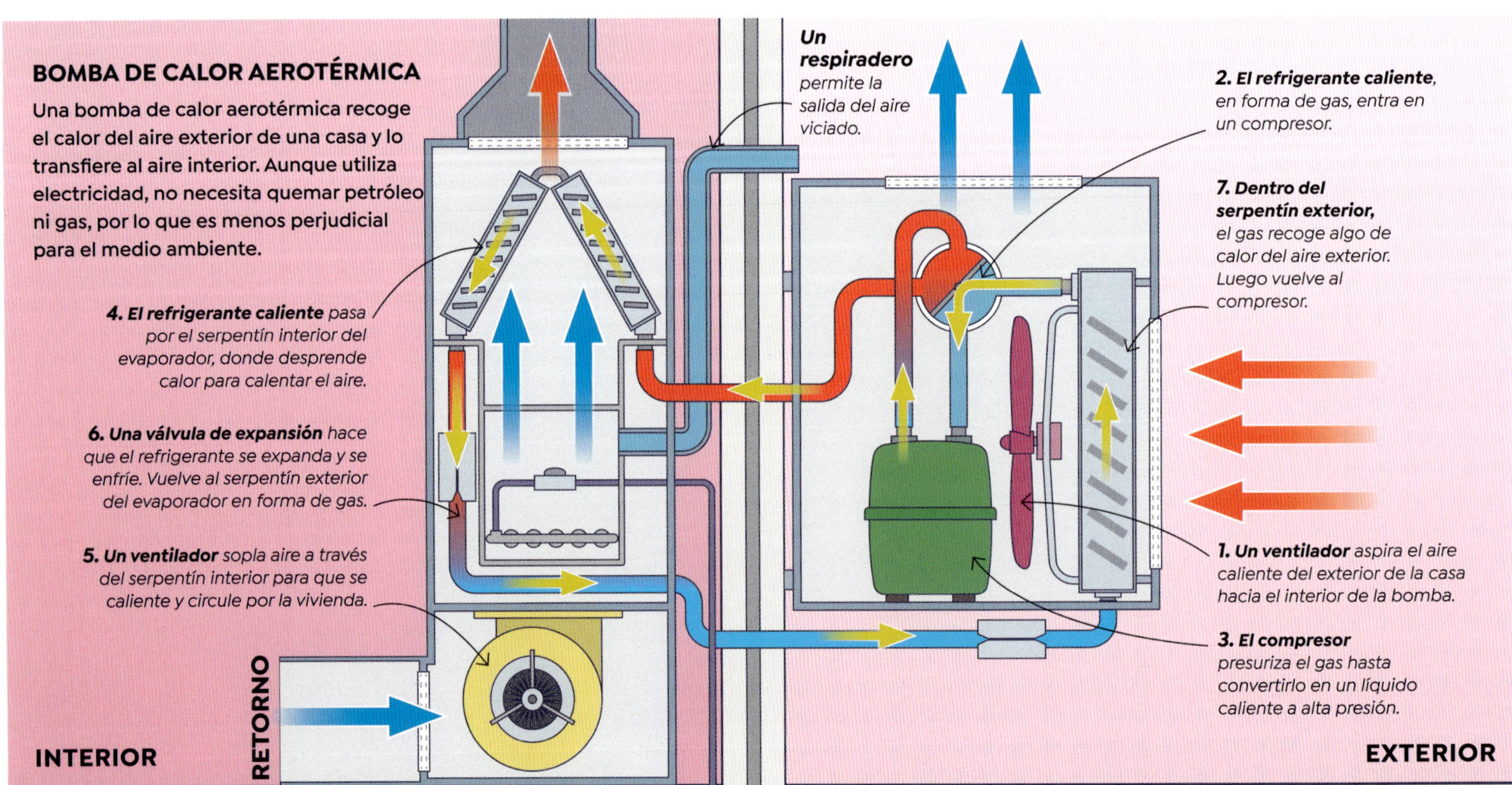

BOMBA DE CALOR GEOTÉRMICA

Una bomba de calor geotérmica recoge el calor del subsuelo y lo libera en la superficie, a través de radiadores o una red de tuberías bajo el suelo, para calentar una vivienda. Este tipo de bomba de calor comprime los gases refrigerantes para aumentar aún más la temperatura.

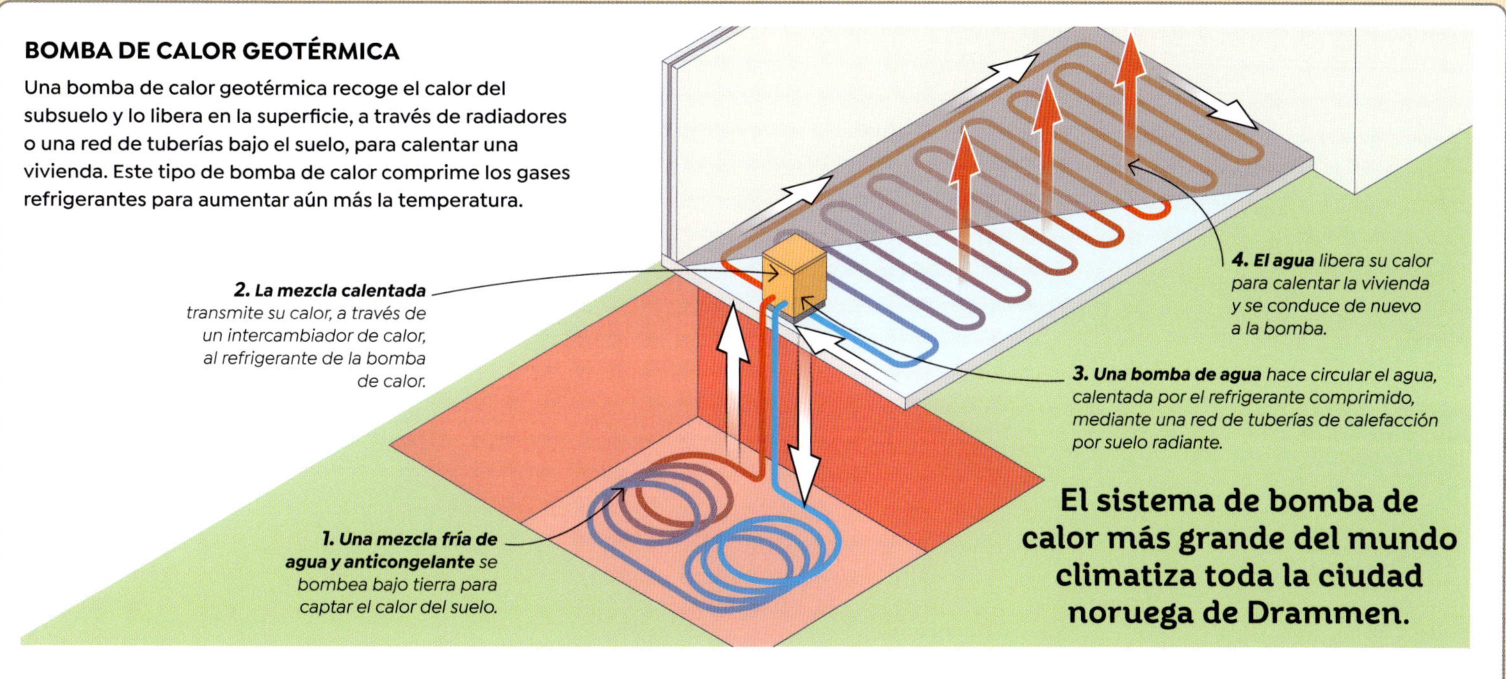

El sistema de bomba de calor más grande del mundo climatiza toda la ciudad noruega de Drammen.

FRIGORÍFICO

Un frigorífico es una bomba de calor que extrae el calor de sus compartimentos interiores para que los alimentos se mantengan fríos y frescos. El calor extraído del interior se bombea al aire que rodea el frigorífico.

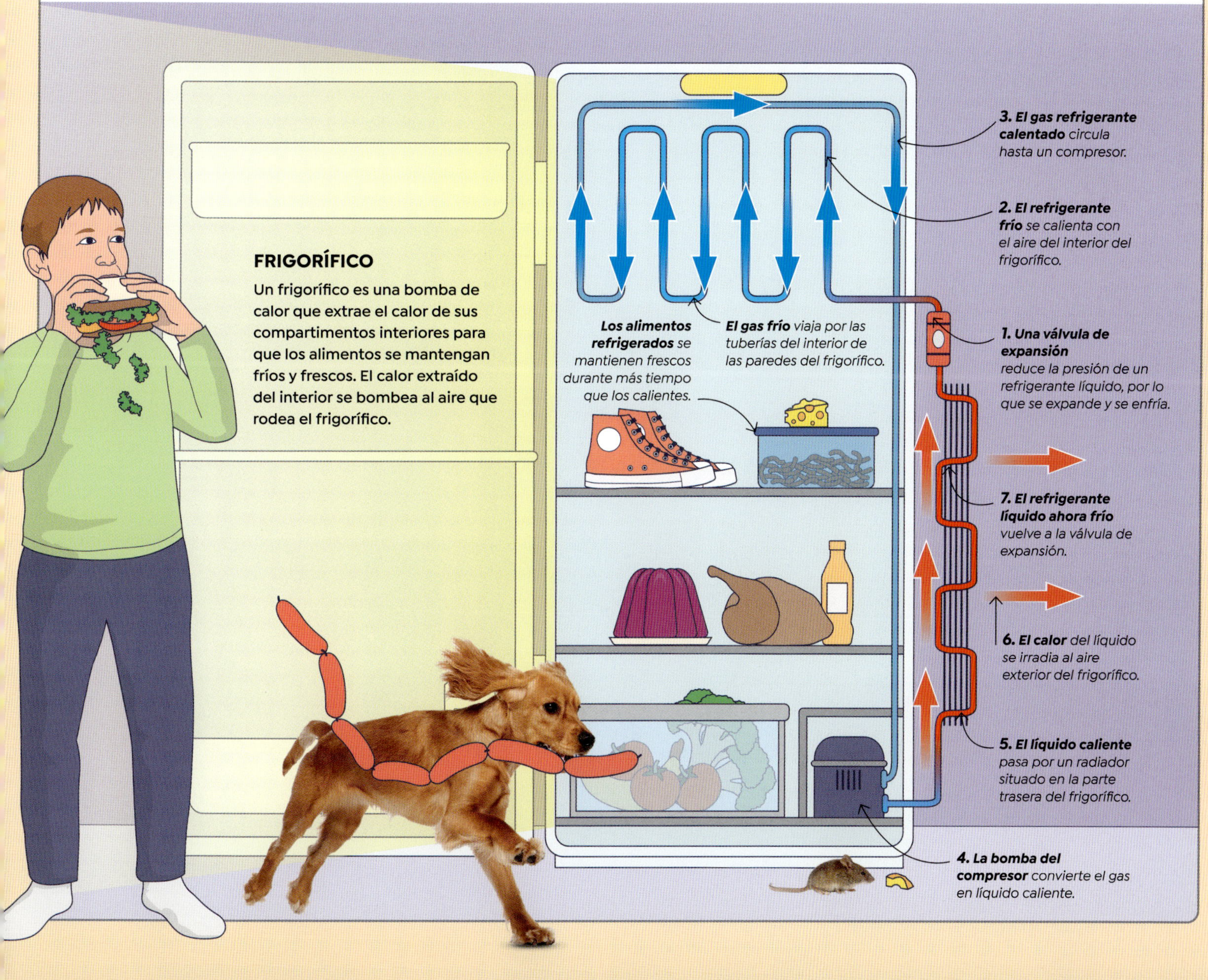

Los alimentos refrigerados *se mantienen frescos durante más tiempo que los calientes.*

El gas frío *viaja por las tuberías del interior de las paredes del frigorífico.*

1. Una válvula de expansión *reduce la presión de un refrigerante líquido, por lo que se expande y se enfría.*

2. El refrigerante frío *se calienta con el aire del interior del frigorífico.*

3. El gas refrigerante calentado *circula hasta un compresor.*

4. La bomba del compresor *convierte el gas en líquido caliente.*

5. El líquido caliente *pasa por un radiador situado en la parte trasera del frigorífico.*

6. El calor *del líquido se irradia al aire exterior del frigorífico.*

7. El refrigerante líquido ahora frío *vuelve a la válvula de expansión.*

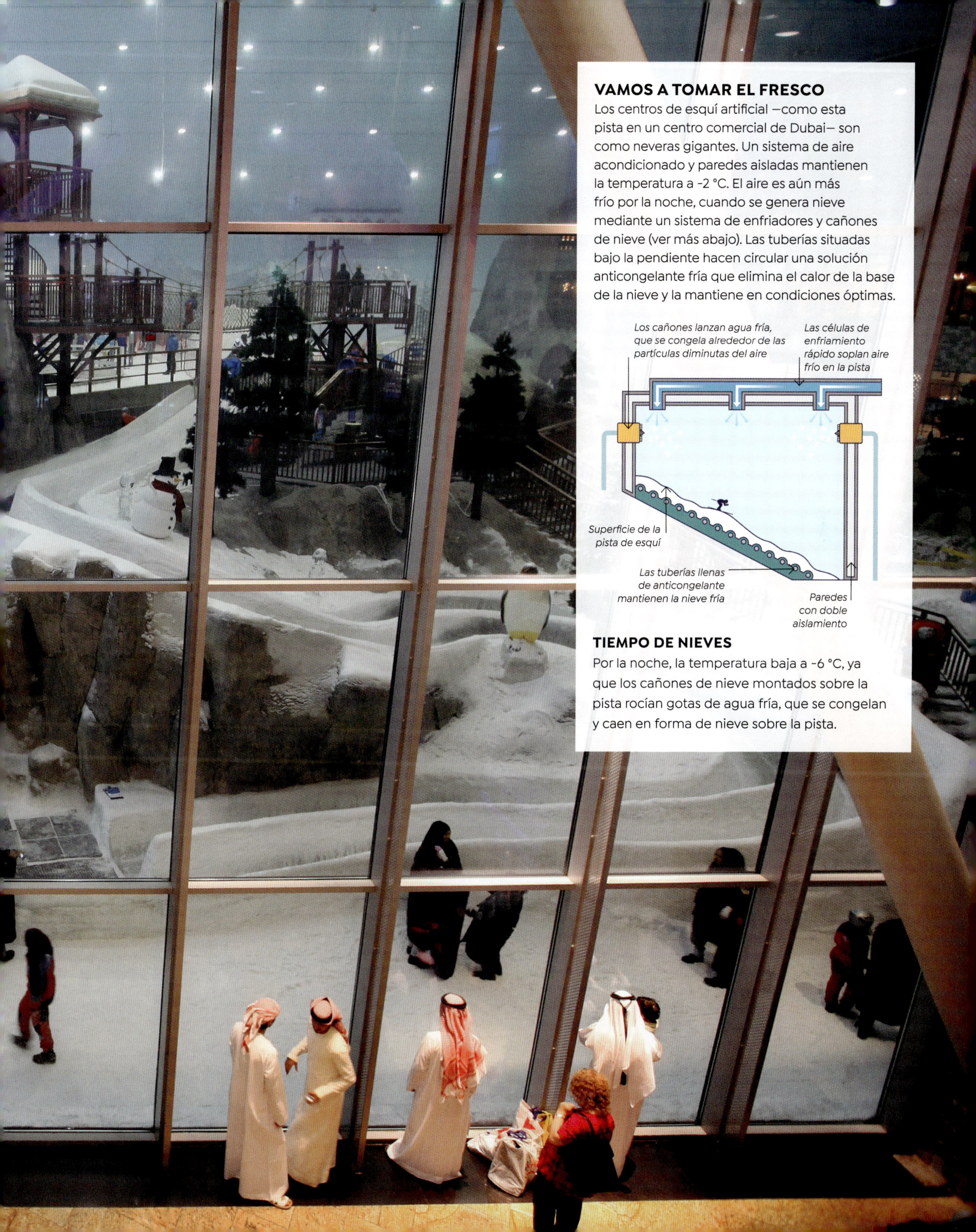

VAMOS A TOMAR EL FRESCO

Los centros de esquí artificial —como esta pista en un centro comercial de Dubai— son como neveras gigantes. Un sistema de aire acondicionado y paredes aisladas mantienen la temperatura a -2 °C. El aire es aún más frío por la noche, cuando se genera nieve mediante un sistema de enfriadores y cañones de nieve (ver más abajo). Las tuberías situadas bajo la pendiente hacen circular una solución anticongelante fría que elimina el calor de la base de la nieve y la mantiene en condiciones óptimas.

TIEMPO DE NIEVES

Por la noche, la temperatura baja a -6 °C, ya que los cañones de nieve montados sobre la pista rocían gotas de agua fría, que se congelan y caen en forma de nieve sobre la pista.

Suministro de aire

Los edificios grandes y modernos tienen un suministro de aire interno. En lugar de que el aire entre por las ventanas abiertas, se bombea por todo el edificio a través de un sistema de ventilación. El sistema de suministro de aire ayuda a controlar la temperatura, utilizando el aire acondicionado (AC) para enfriar las habitaciones si es necesario. El sistema también elimina la humedad.

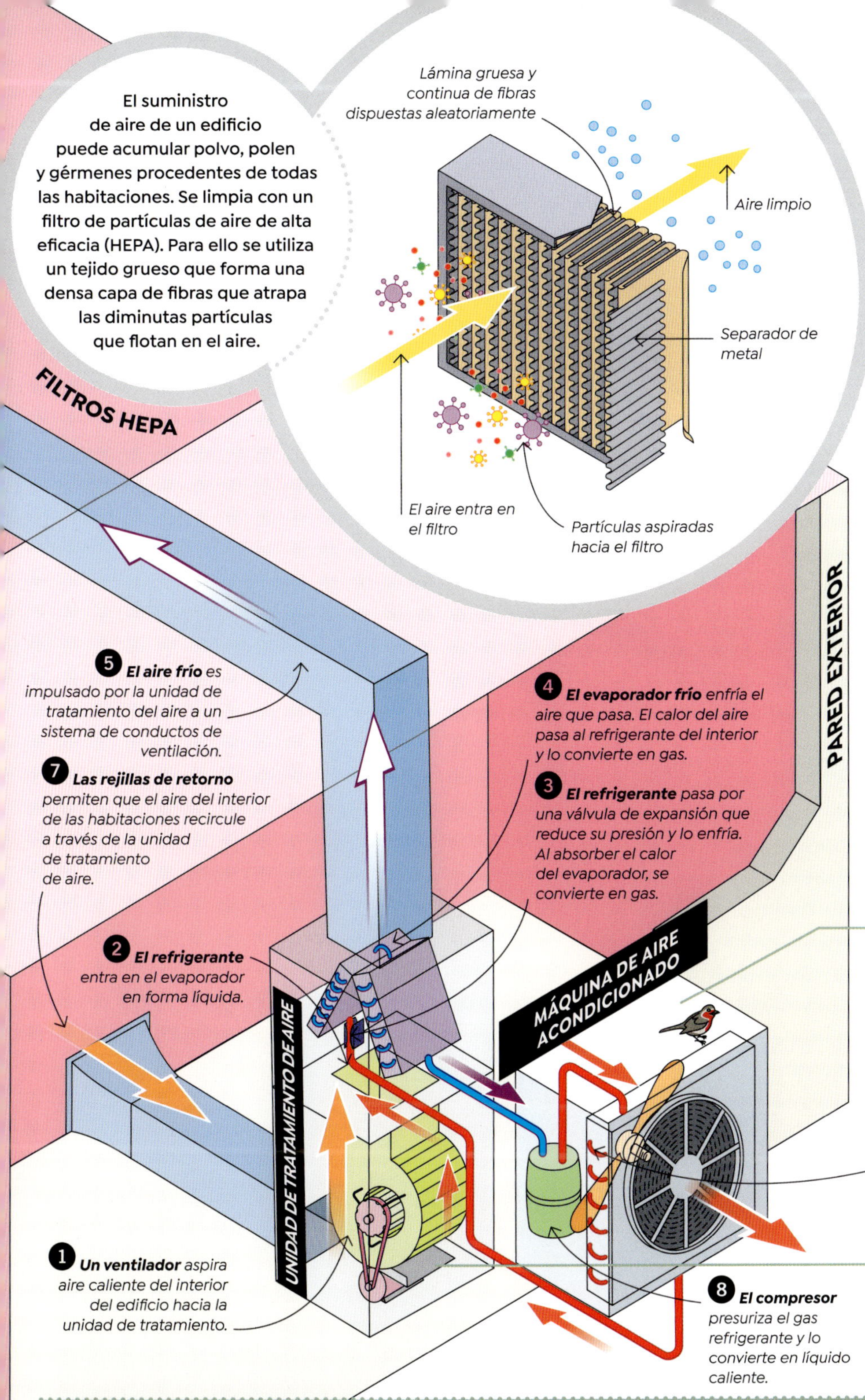

FILTROS HEPA
El suministro de aire de un edificio puede acumular polvo, polen y gérmenes procedentes de todas las habitaciones. Se limpia con un filtro de partículas de aire de alta eficacia (HEPA). Para ello se utiliza un tejido grueso que forma una densa capa de fibras que atrapa las diminutas partículas que flotan en el aire.
Lámina gruesa y continua de fibras dispuestas aleatoriamente
Aire limpio
Separador de metal
El aire entra en el filtro
Partículas aspiradas hacia el filtro
PARED EXTERIOR
MÁQUINA DE AIRE ACONDICIONADO
UNIDAD DE TRATAMIENTO DE AIRE
1 Un ventilador aspira aire caliente del interior del edificio hacia la unidad de tratamiento.
2 El refrigerante entra en el evaporador en forma líquida.
3 El refrigerante pasa por una válvula de expansión que reduce su presión y lo enfría. Al absorber el calor del evaporador, se convierte en gas.
4 El evaporador frío enfría el aire que pasa. El calor del aire pasa al refrigerante del interior y lo convierte en gas.
5 El aire frío es impulsado por la unidad de tratamiento del aire a un sistema de conductos de ventilación.
7 Las rejillas de retorno permiten que el aire del interior de las habitaciones recircule a través de la unidad de tratamiento de aire.
8 El compresor presuriza el gas refrigerante y lo convierte en líquido caliente.
9 Los serpentines de condensación permiten que el refrigerante suelte algo de calor al exterior. Luego vuelve a la válvula de expansión para repetir el ciclo.

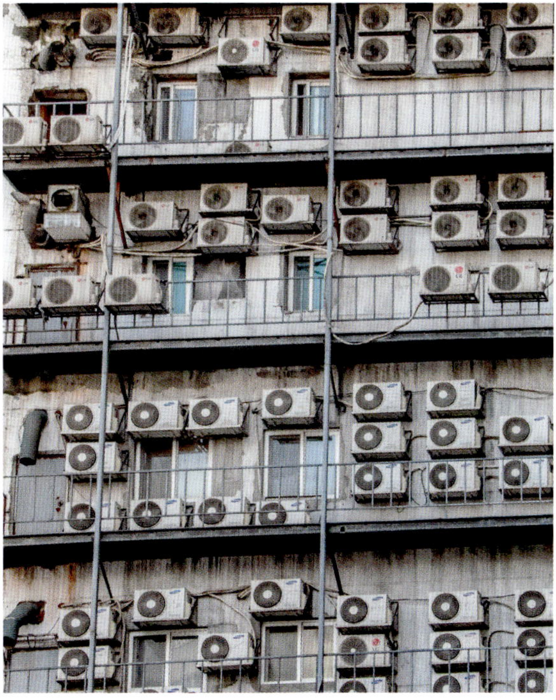

GRAN CONSUMO ELÉCTRICO

A medida que el cambio climático calienta el mundo, cada vez más hogares necesitan aire acondicionado para mantenerse frescos. Sin embargo, una quinta parte del suministro eléctrico mundial abastece ya a los sistemas de aire acondicionado.

MÁQUINA DE AIRE ACONDICIONADO

Una máquina de aire acondicionado funciona como un frigorífico. Una sustancia llamada refrigerante, que cambia fácilmente entre líquido y gas, se bombea a través de un sistema cerrado de tuberías. El aire se enfría al pasar por las tuberías. El calor del aire se transmite al refrigerante, que a su vez lo transfiere al aire del exterior del edificio.

UNIDAD DE TRATAMIENTO DE AIRE

Este sistema de suministro de aire funciona con dos unidades. La unidad de tratamiento sopla aire frío por toda la casa y devuelve aire caliente para que lo enfríe la unidad de aire acondicionado. También puede calentar el aire si es necesario.

IONIZACIÓN DEL AIRE

Algunos tipos de polvo y gérmenes pueden eliminarse del aire utilizando un ionizador. Cuando las moléculas de oxígeno pasan por la máquina, reciben una carga eléctrica (se ionizan). Las moléculas cargadas (iones) entran en contacto con el polvo y otras partículas y también se cargan. Esto hace que el polvo se adhiera a las superficies en lugar de ser respirado.

Moléculas de oxígeno con carga eléctrica
IONIZADOR

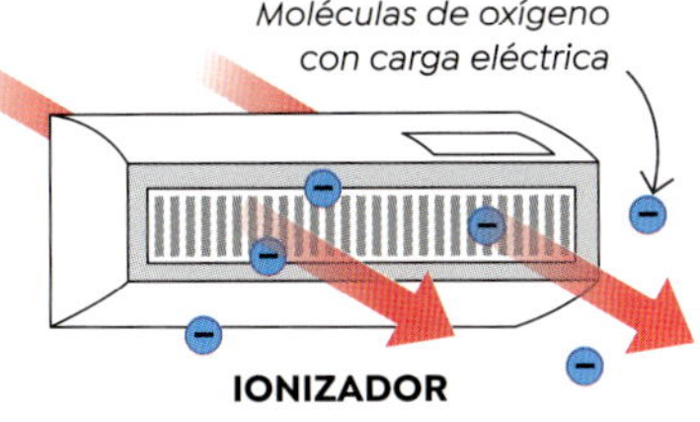

EL OXÍGENO SE CARGA
La electricidad de alto voltaje ioniza las moléculas de oxígeno del aire y les da una carga eléctrica negativa.

Los iones se adhieren al polvo

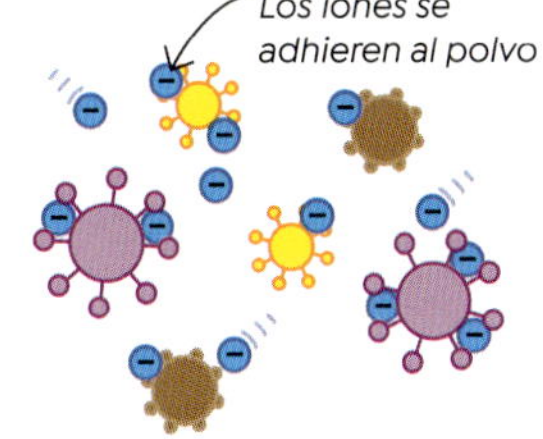

CONTAMINANTES ATRAPADOS
Los iones de oxígeno se ven atraídos por el polvo del aire y las partículas de gérmenes, y esto hace que la suciedad también se cargue.

El polvo se carga eléctricamente

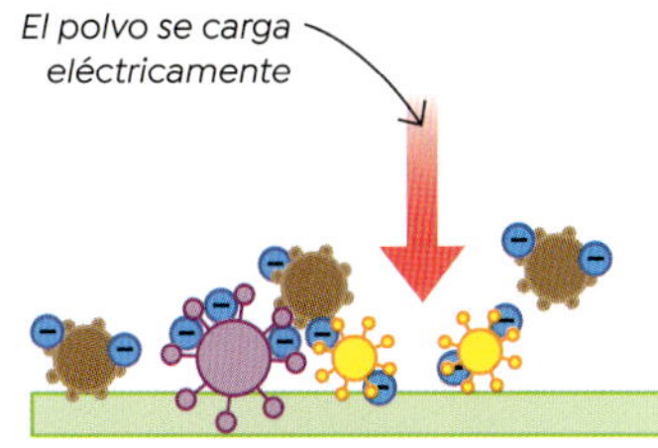

CAEN AL SUELO
Las partículas cargadas son atraídas hacia las paredes y el suelo, donde son más fáciles de limpiar.

CERRADURAS CILÍNDRICAS

La forma más común de seguridad doméstica es la cerradura, que utiliza un pestillo metálico robusto para mantener la puerta firmemente cerrada. La cerradura solo puede abrirse con una llave que tenga la misma forma. El tipo más común de cerradura es el bombín cilíndrico. La llave empuja hacia arriba unos pasadores accionados por resorte, cada uno de ellos dividido en un punto diferente, de modo que las divisiones se alinean y permiten que el cilindro gire.

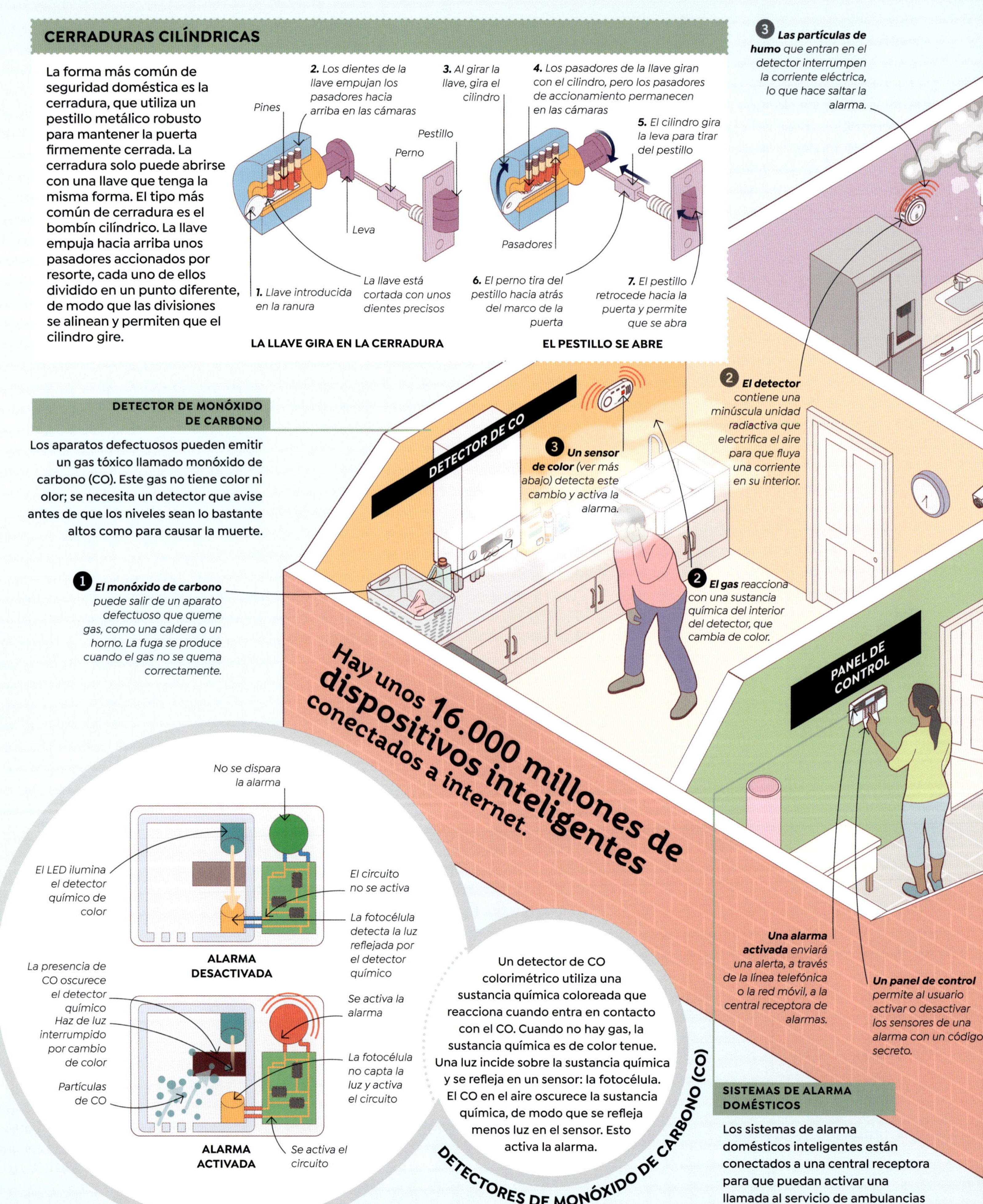

DETECTOR DE MONÓXIDO DE CARBONO

Los aparatos defectuosos pueden emitir un gas tóxico llamado monóxido de carbono (CO). Este gas no tiene color ni olor; se necesita un detector que avise antes de que los niveles sean lo bastante altos como para causar la muerte.

Hay unos 16.000 millones de dispositivos inteligentes conectados a internet.

DETECTORES DE MONÓXIDO DE CARBONO (CO)

Un detector de CO colorimétrico utiliza una sustancia química coloreada que reacciona cuando entra en contacto con el CO. Cuando no hay gas, la sustancia química es de color tenue. Una luz incide sobre la sustancia química y se refleja en un sensor: la fotocélula. El CO en el aire oscurece la sustancia química, de modo que se refleja menos luz en el sensor. Esto activa la alarma.

SISTEMAS DE ALARMA DOMÉSTICOS

Los sistemas de alarma domésticos inteligentes están conectados a una central receptora para que puedan activar una llamada al servicio de ambulancias o bomberos en caso necesario.

Seguridad doméstica

Se emplean varios tipos de tecnología para mantener a salvo nuestro hogar y nuestros bienes. Las cerraduras mantienen cerradas puertas y ventanas. Dentro de una casa, los detectores y alarmas advierten de situaciones peligrosas, como incendios o intrusos.

ALARMA DE HUMO

DETECTOR DE HUMO

Un detector de humo avisa a tiempo de un incendio. Cuando detecta humo, hace sonar una sirena o un timbre.

1 ***Un incendio*** *desprende diminutas partículas de hollín que se mezclan con el aire y forman humo.*

Las cámaras *graban vídeos de cada habitación, que también pueden verse en directo en una pantalla a través de una aplicación.*

Una lente multifocal *capta la radiación infrarroja de una zona amplia.*

La radiación infrarroja *es invisible a simple vista.*

SENSORES DE MOVIMIENTO

1. *El intruso emite radiación infrarroja*

3. *El sensor detecta cambios en las emisiones infrarrojas*

La lente del sensor divide la habitación en zonas

2. *La radiación infrarroja se eleva en dos zonas*

No hay fluctuación de temperatura en las zonas desocupadas

Los intrusos que se mueven dentro de una casa pueden ser detectados por sensores infrarrojos pasivos. El sensor no escanea la habitación, sino que detecta la radiación infrarroja (calor) y cómo cambia con el tiempo. El cuerpo de un intruso está más caliente que la habitación, y el sensor hace sonar la alarma cuando detecta un objeto caliente en movimiento.

ALARMA DE INTRUSIÓN

Las alarmas de intrusión están diseñadas tanto para disuadir de entrar como para detectar entradas no autorizadas en una vivienda.

SENSOR DE MOVIMIENTO

Por la noche, *un sensor de movimiento encenderá una luz cuando detecte movimiento.*

Los timbres inteligentes *tienen una cámara para grabar quién visita la casa y transmitir vídeo en directo por internet.*

SISTEMAS DE SEGURIDAD A DISTANCIA

Algunas cámaras de seguridad domésticas están conectadas a internet. Cuando una persona está fuera de casa, puede ver el interior de la vivienda a través de la señal de vídeo de las cámaras.

MICROONDAS

Los microondas calientan los alimentos rápidamente con potentes ondas electromagnéticas llamadas microondas. La energía de las ondas es absorbida por el agua de los alimentos, lo que hace que se calienten.

TRANSFERENCIA DE CALOR

El calor puede transferirse de tres formas, y la tecnología culinaria las utiliza todas. Una parrilla caliente emite radiación infrarroja, ondas invisibles de calor que inciden sobre los alimentos. La conducción transfiere calor entre sustancias en contacto directo. Por último, la convección crea corrientes arremolinadas en el agua y el vapor, que propagan el calor a todas las partes del alimento.

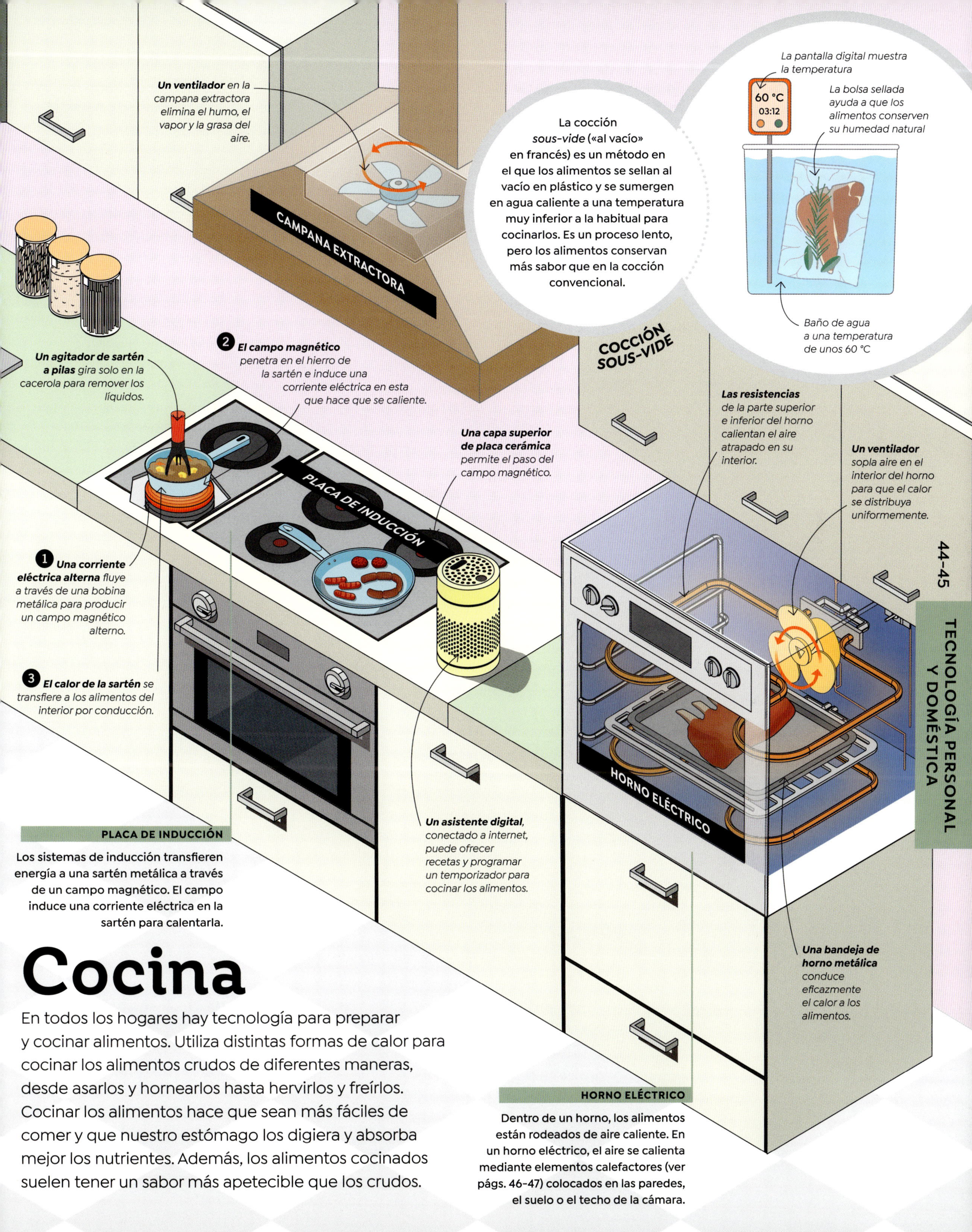

La cocción *sous-vide* («al vacío» en francés) es un método en el que los alimentos se sellan al vacío en plástico y se sumergen en agua caliente a una temperatura muy inferior a la habitual para cocinarlos. Es un proceso lento, pero los alimentos conservan más sabor que en la cocción convencional.

PLACA DE INDUCCIÓN

Los sistemas de inducción transfieren energía a una sartén metálica a través de un campo magnético. El campo induce una corriente eléctrica en la sartén para calentarla.

Cocina

En todos los hogares hay tecnología para preparar y cocinar alimentos. Utiliza distintas formas de calor para cocinar los alimentos crudos de diferentes maneras, desde asarlos y hornearlos hasta hervirlos y freírlos. Cocinar los alimentos hace que sean más fáciles de comer y que nuestro estómago los digiera y absorba mejor los nutrientes. Además, los alimentos cocinados suelen tener un sabor más apetecible que los crudos.

HORNO ELÉCTRICO

Dentro de un horno, los alimentos están rodeados de aire caliente. En un horno eléctrico, el aire se calienta mediante elementos calefactores (ver págs. 46-47) colocados en las paredes, el suelo o el techo de la cámara.

Resistencias

Un elemento calefactor o resistencia es un dispositivo que transforma la energía eléctrica en calor. El calor es una forma de energía que procede del movimiento de los átomos. Cuando una corriente eléctrica circula por un cable, hace que los electrones se muevan y los átomos vibren, provocando así el calentamiento del cable. La cantidad de calor aumenta con la corriente y con lo que se llama la resistencia del cable (cuánto se opone al flujo de corriente). Para controlar la intensidad y hacer que el elemento se caliente o se enfríe, se utiliza este componente llamado resistencia.

Aislante

El óxido de magnesio *del interior de la cubierta es un buen conductor del calor, pero un mal conductor de la electricidad.*

Cubierta exterior metálica, a menudo de acero inoxidable.

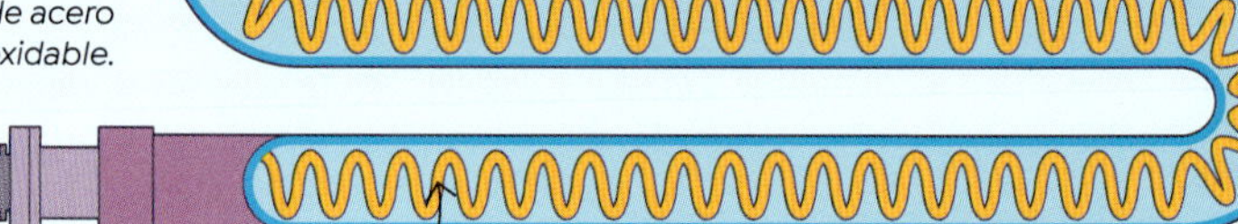

El alambre *se enrolla para que ocupe poco espacio y emita la cantidad adecuada de calor.*

Un terminal metálico *conecta el elemento calefactor a la fuente de alimentación y al resto del circuito, que puede incluir una resistencia para aumentar o disminuir el calor.*

CÓMO FUNCIONA

Un elemento calefactor es un cable eléctrico. El metal debe elegirse con cuidado para que no se caliente demasiado ni brille ni se dilate demasiado cuando está caliente. La corriente eléctrica es peligrosa cuando entra en contacto con el agua, por eso las resistencias de aparatos como los hervidores de agua van envueltas en una cubierta protectora.

La primera comida que se preparó en un horno eléctrico consistió en una tarta de manzana y un pastel de chocolate.

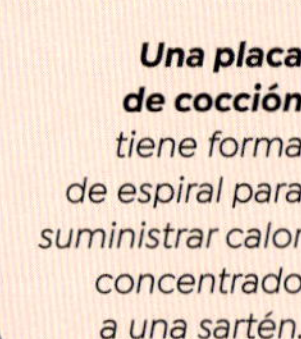

RESISTENCIA TUBULAR

Una resistencia situada en la parte superior de un horno eléctrico produce un calor alto y directo, como una parrilla o *grill*. Los alimentos suelen colocarse cerca de esta resistencia para calentarlos rápidamente.

Una placa de cocción *tiene forma de espiral para suministrar calor concentrado a una sartén.*

3. Un sensor mide *la temperatura en el interior del horno.*

1. El horno *se enciende y la temperatura se ajusta con un dial.*

PLACA DE COCCIÓN

HORNO

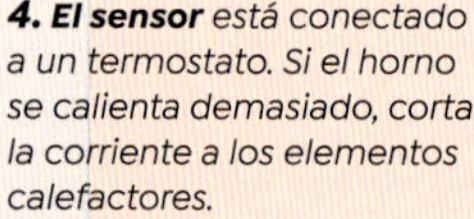

4. El sensor *está conectado a un termostato. Si el horno se calienta demasiado, corta la corriente a los elementos calefactores.*

La parrilla *situada en la parte superior del horno produce un calor directo elevado.*

2. La corriente eléctrica *llega a las resistencias, que se encienden y calientan el aire del interior del horno.*

La resistencia *situada en la parte inferior del horno produce un calor relativamente bajo.*

COCINA ELÉCTRICA

Una cocina totalmente eléctrica suele tener dos resistencias para calentar el aire del interior del horno. Otros elementos de la placa de cocción transfieren el calor a las ollas. Suelen estar recubiertos de cristal, cerámica o metal para facilitar su limpieza.

PLANCHA DE VAPOR

La resistencia transfiere el calor a una placa base metálica, que se utiliza para presionar la ropa. Un termostato corta el suministro de corriente si la temperatura es demasiado alta.

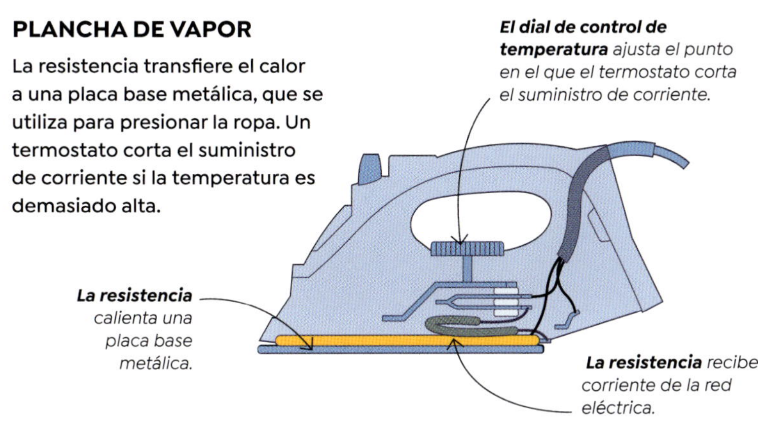

DUCHA ELÉCTRICA

El agua fría entra en una ducha eléctrica y se calienta al pasar por una resistencia antes de salir por el cabezal de ducha.

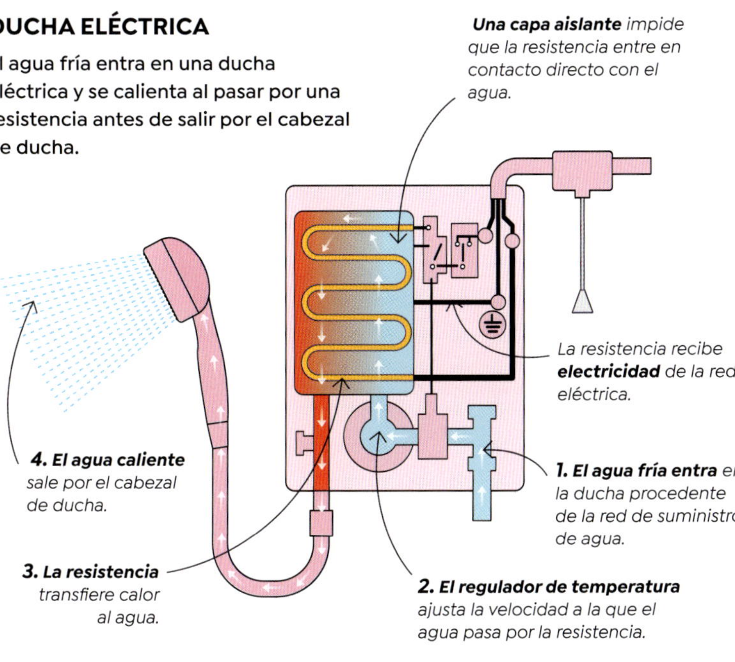

VENTILADOR CALEFACTOR

Los calefactores eléctricos sencillos constan únicamente de una resistencia y una cubierta protectora. Se puede calentar una habitación más rápidamente añadiendo un ventilador, que introduce aire frío en el calefactor, pasa por la resistencia y vuelve a salir a una temperatura más alta.

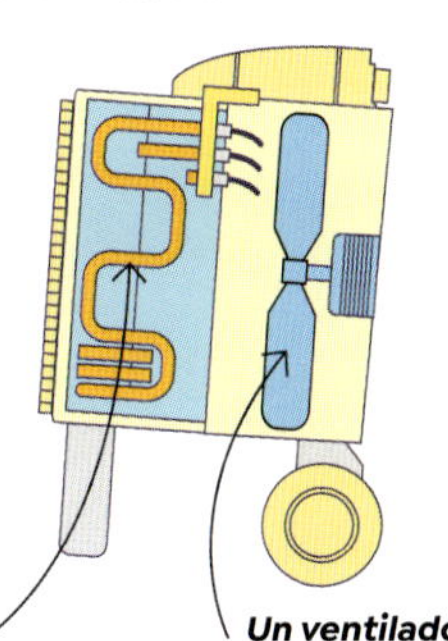

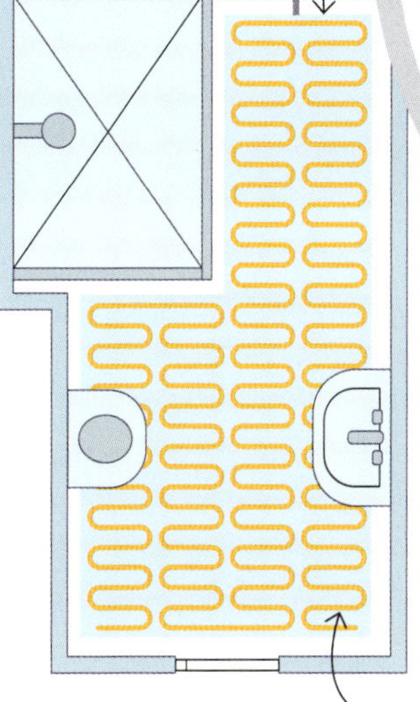

INSTALACIÓN DE UNA ESTERA CALEFACTORA

La bobina de alambre se pega a la estera de plástico para mantenerla en su posición antes de colocar el suelo. La bobina se envuelve en un material impermeable para protegerla de la humedad.

CALEFACCIÓN POR SUELO RADIANTE

Algunos tipos de calefacción por suelo radiante utilizan electricidad para calentar el suelo, que a su vez caldea el ambiente de la habitación. Debajo del suelo hay una alfombra de plástico conductora del calor, que se calienta mediante una bobina de alambre.

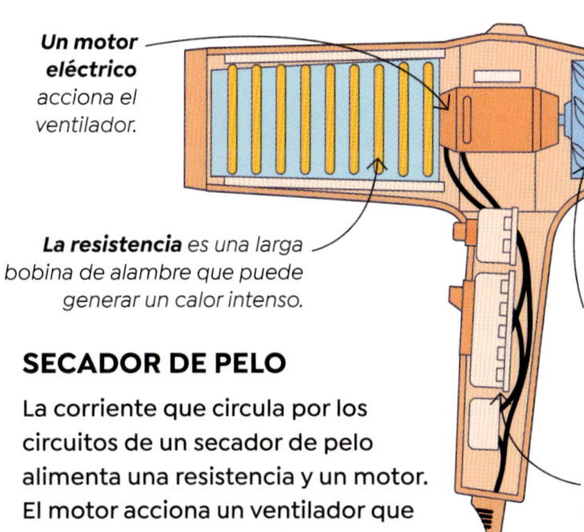

SECADOR DE PELO

La corriente que circula por los circuitos de un secador de pelo alimenta una resistencia y un motor. El motor acciona un ventilador que aspira el aire y lo empuja sobre un elemento calefactor, antes de que salga por la boquilla.

1. El pan *se coloca en una bandeja y se baja con una palanca.*

3. Un electroimán *mantiene la bandeja en su sitio hasta que el temporizador termina y suelta la bandeja.*

2. Al bajar la bandeja *se completa un circuito y permite el paso de corriente a la resistencia.*

TOSTADORA

TOSTADORA

La resistencia de una tostadora está formada por alambres de nicromo. El pan permanece en la tostadora hasta que un mecanismo temporizador lo suelta. Algunas tostadoras también tienen una resistencia variable para controlar la resistencia del cable.

La tostadora eléctrica se inventó en 1893.

Lavavajillas y lavadoras

Lavar la ropa y fregar los platos a mano son tareas agotadoras, pero también se pueden hacer a máquina. Las lavadoras mezclan la ropa sucia con agua caliente y jabón y luego la remueven para eliminar la suciedad. Los lavavajillas utilizan un chorro de agua caliente y potentes productos químicos para desprender la comida de la cubertería y la vajilla.

SECADORAS

Las secadoras son máquinas que aceleran el proceso de secado de la ropa. La ropa húmeda se coloca dentro de un tambor metálico giratorio. Mientras la ropa da vueltas, el tambor expulsa aire caliente. El calor hace que el agua de la ropa se convierta en vapor. Este aire húmedo se expulsa fuera de la máquina, por lo que la ropa se seca cada vez más.

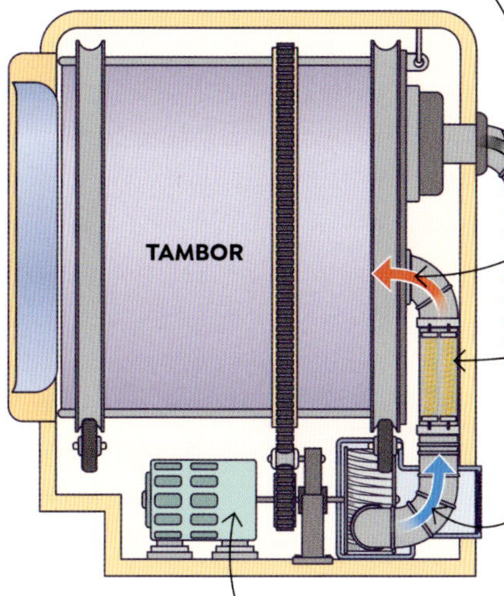

Aire húmedo expulsado por la manguera de ventilación

TAMBOR

El aire caliente entra en el tambor

La resistencia calienta el aire

El aire frío entra en la máquina

El motor y la correa de transmisión hacen girar el tambor

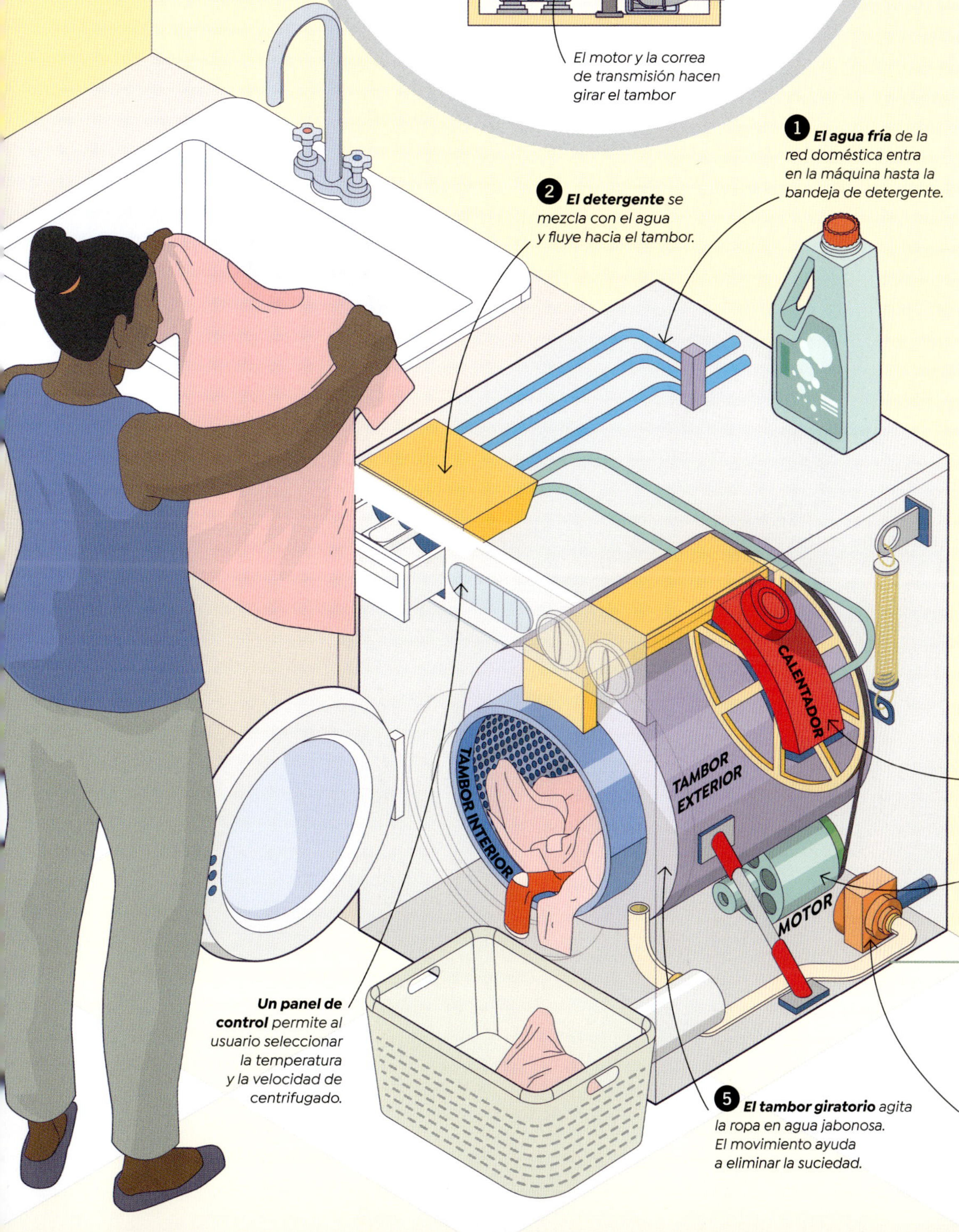

CÓMO FUNCIONA EL DETERGENTE

El agua no basta para limpiar la ropa sucia: necesita la ayuda química del detergente. El detergente puede arrancar la suciedad, mezclarla con el agua y retirarla.

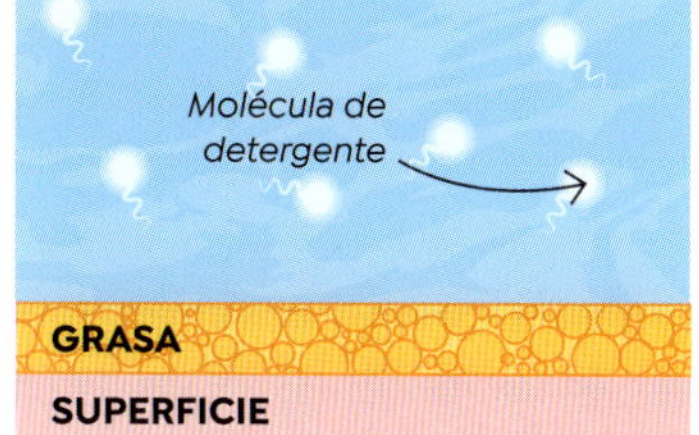

EL DETERGENTE DISUELVE

Una molécula de detergente tiene dos extremos. El agua atrae al extremo de la «cabeza», pero los aceites y las grasas atraen al extremo de la «cola».

SE ADHIERE A LA MANCHA

Las moléculas de la cola se mezclan con el material graso y aceitoso que provoca la suciedad o una mancha al adherirse a la superficie de un tejido.

DESPRENDE LA SUCIEDAD

El agua en movimiento anima a la molécula de la cabeza a separar la cola aceitosa del tejido y a introducirla en el agua para su aclarado.

LAVADORA

Las lavadoras utilizan un motor eléctrico para hacer girar un tambor lleno de ropa sucia. Cuando se añade agua jabonosa calentada por un calentador, el movimiento de centrifugado elimina la suciedad.

1 ***El agua fría*** *de la red doméstica entra en la máquina hasta la bandeja de detergente.*

2 ***El detergente*** *se mezcla con el agua y fluye hacia el tambor.*

3 ***Un calentador eléctrico*** *calienta la mezcla de agua y detergente a medida que entra en el tambor.*

4 ***Un motor eléctrico*** *hace girar una correa, que conecta el motor al tambor interior con la ropa.*

5 ***El tambor giratorio*** *agita la ropa en agua jabonosa. El movimiento ayuda a eliminar la suciedad.*

6 ***Una bomba*** *elimina el agua sucia. A continuación, el tambor gira a gran velocidad para expulsar la última gota de agua.*

Un panel de control *permite al usuario seleccionar la temperatura y la velocidad de centrifugado.*

CALENTADOR

TAMBOR EXTERIOR

TAMBOR INTERIOR

MOTOR

Jardines

Un jardín necesita muchos cuidados, pero la tecnología puede simplificar la tarea. Los sistemas de riego abastecen de agua al césped y las plantas, y los cortacéspedes y podadoras eliminan las plantas no deseadas. Además de hacer una labor útil, la tecnología también puede amenizar el tiempo que pasamos en el jardín.

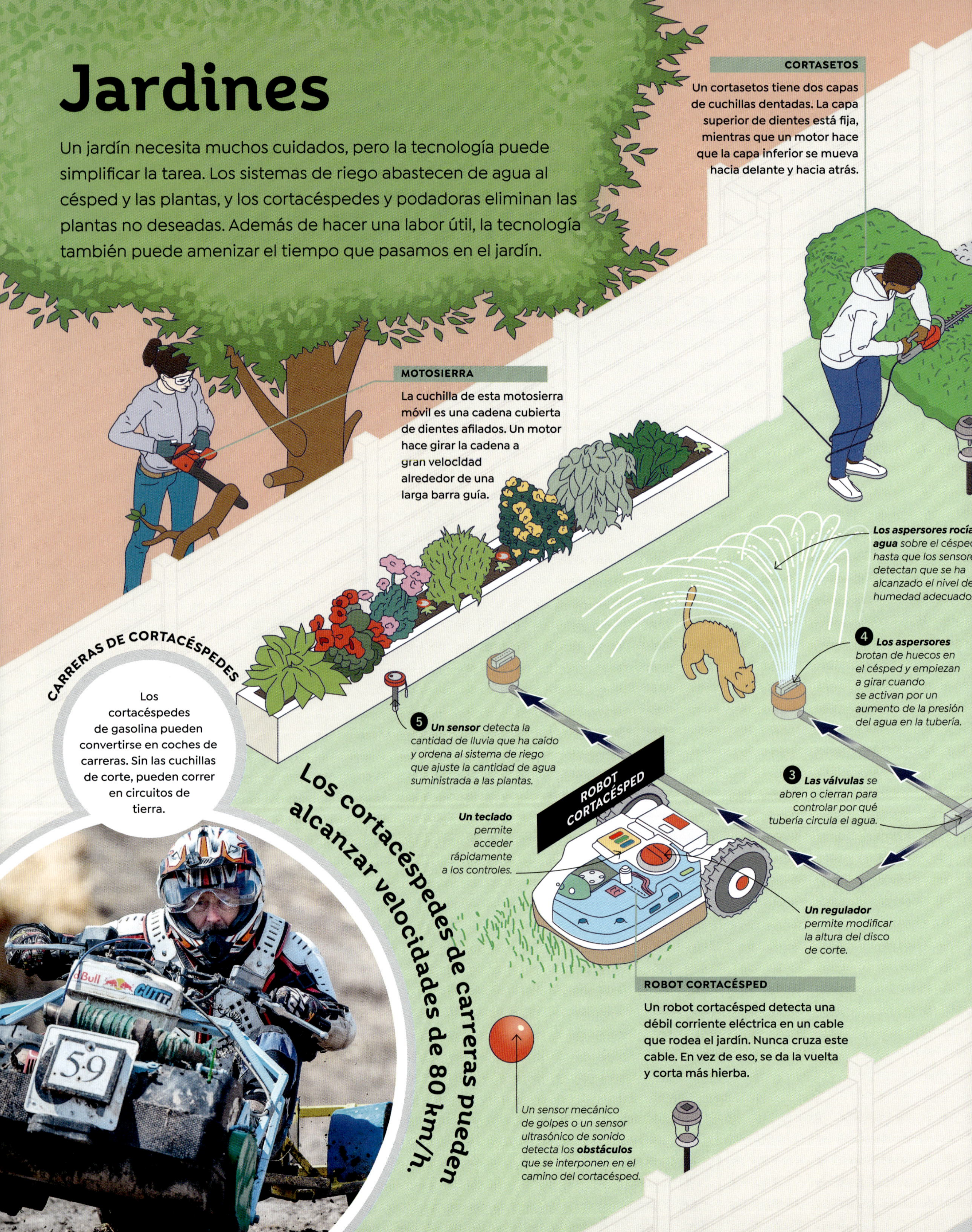

Un respiradero en la parte superior permite que salga el humo.

BARBACOA

❸ *Una parrilla permite que el aire caliente llegue a todos los lados de los alimentos para que se cocinen uniformemente.*

❷ *El aire caliente queda atrapado en el interior por una tapa cerrada y circula alrededor de los alimentos para cocinarlos.*

❶ *El aire frío entra por la parte inferior de la barbacoa para alimentar el fuego.*

BARBACOA

Para cocinar alimentos en el jardín se utiliza una parrilla o barbacoa de carbón. Los alimentos se cocinan directamente con el calor del carbón encendido o con el aire caliente que queda atrapado en el interior cuando se cierra la tapa.

❶ *Una aplicación para móvil permite a los usuarios programar el sistema de riego.*

❷ ***La unidad de control** permite que el agua entre en diferentes tuberías según una programación.*

SISTEMA DE RIEGO

Un sistema de riego automático envía agua a determinadas partes del jardín a horas preestablecidas. Esto permite al jardinero establecer un plan de riego.

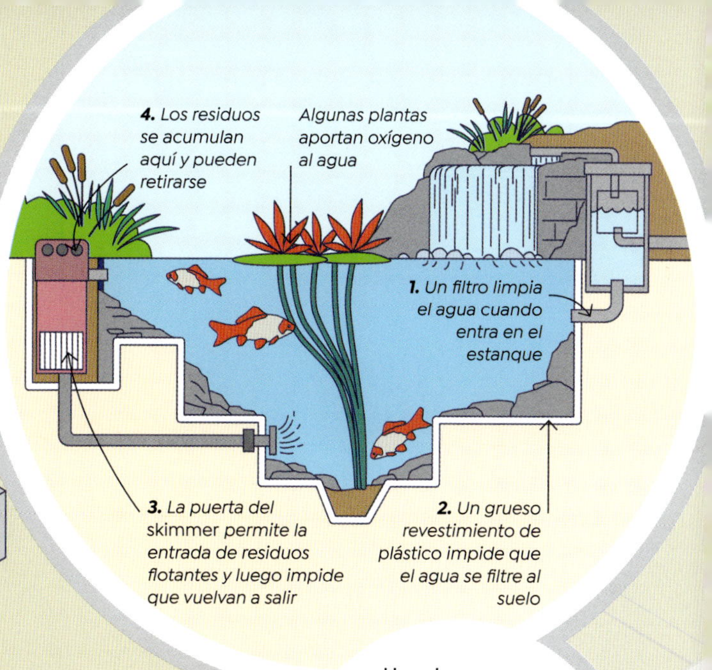

4. Los residuos se acumulan aquí y pueden retirarse

Algunas plantas aportan oxígeno al agua

1. Un filtro limpia el agua cuando entra en el estanque

3. La puerta del skimmer permite la entrada de residuos flotantes y luego impide que vuelvan a salir

2. Un grueso revestimiento de plástico impide que el agua se filtre al suelo

ESTANQUES DE JARDÍN

Un estanque es un refugio para la fauna del jardín. Para mantener un hábitat saludable, los estanques necesitan un flujo constante de agua. Los filtros limpian el agua cuando entra en el estanque y los *skimmers* eliminan los residuos que puedan caer.

***Los conductos** pueden enterrarse bajo el césped y los parterres para que no se vean.*

RIEGO

HIDROLIMPIADORA

Las hidrolimpiadoras se utilizan en las zonas exteriores duras, como los patios. Un compresor aumenta la presión del agua del grifo para que salga pulverizada en forma de chorro potente.

***Un motor eléctrico** acciona el sistema de bombeo de la hidrolimpiadora.*

***El chorro** es lo bastante fuerte como para eliminar el barro y el moho que hacen que el suelo sea peligrosamente resbaladizo.*

***Pequeñas luces inalámbricas** que funcionan con energía solar.*

***Los residuos nuevos** se cargan en la parte superior del compostador.*

***Los residuos más viejos** se han convertido en compost, que se extrae a través de una trampilla situada en la parte inferior.*

COMPOSTADOR

Dentro de un compostador, los residuos del jardín y la cocina se descomponen y forman una mezcla rica en nutrientes llamada compost, que puede echarse a la tierra para hacerla más fértil.

TECHOS VERDES

Un techo verde es un jardín que crece en lo alto de un edificio y no en el suelo. Este tipo de tejado suele cubrirse de césped, pero también pueden plantarse otras plantas pequeñas sin raíces profundas. Se necesitan varias capas protectoras bajo el suelo para evitar que el agua o las raíces dañen el tejado.

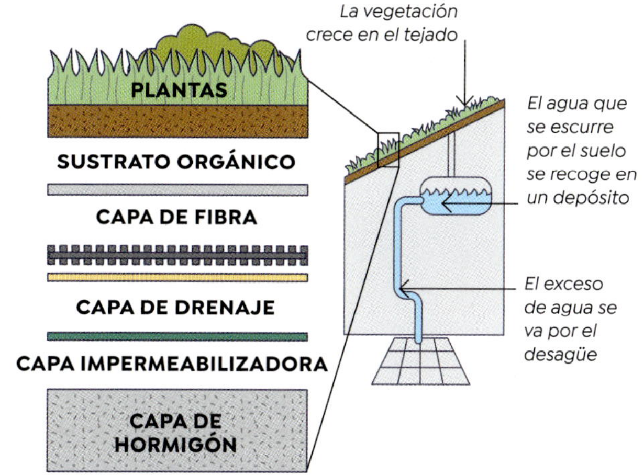

EL JARDÍN DEL FUTURO

Los Jardines de la Bahía de Singapur albergan enormes árboles artificiales. Cubiertos de plantas vivas, también captan la luz del sol para obtener energía solar y el agua de lluvia para producir energía hidroeléctrica. Una de sus principales funciones es eliminar el aire caliente de las casas botánicas del parque. Al hacerlo, aspiran aire que ha sido enfriado por tuberías de agua bajo el pavimento, lo que crea una agradable brisa para los viandantes.

Y SE HIZO LA LUZ

Los superárboles generan electricidad mediante paneles solares y una turbina hidráulica. Esto permite encender todas las luces del árbol.

Ropa deportiva

La ropa es una de las tecnologías más antiguas. La gente lleva decenas de miles de años tapándose el cuerpo para abrigarse y por pudor. Las prendas de hoy en día se fabrican con técnicas avanzadas para que duren mucho tiempo y sean baratas. Algunas de las prendas más innovadoras están concebidas para aquellas actividades al aire libre que llevan a las personas a lugares duros e inhóspitos.

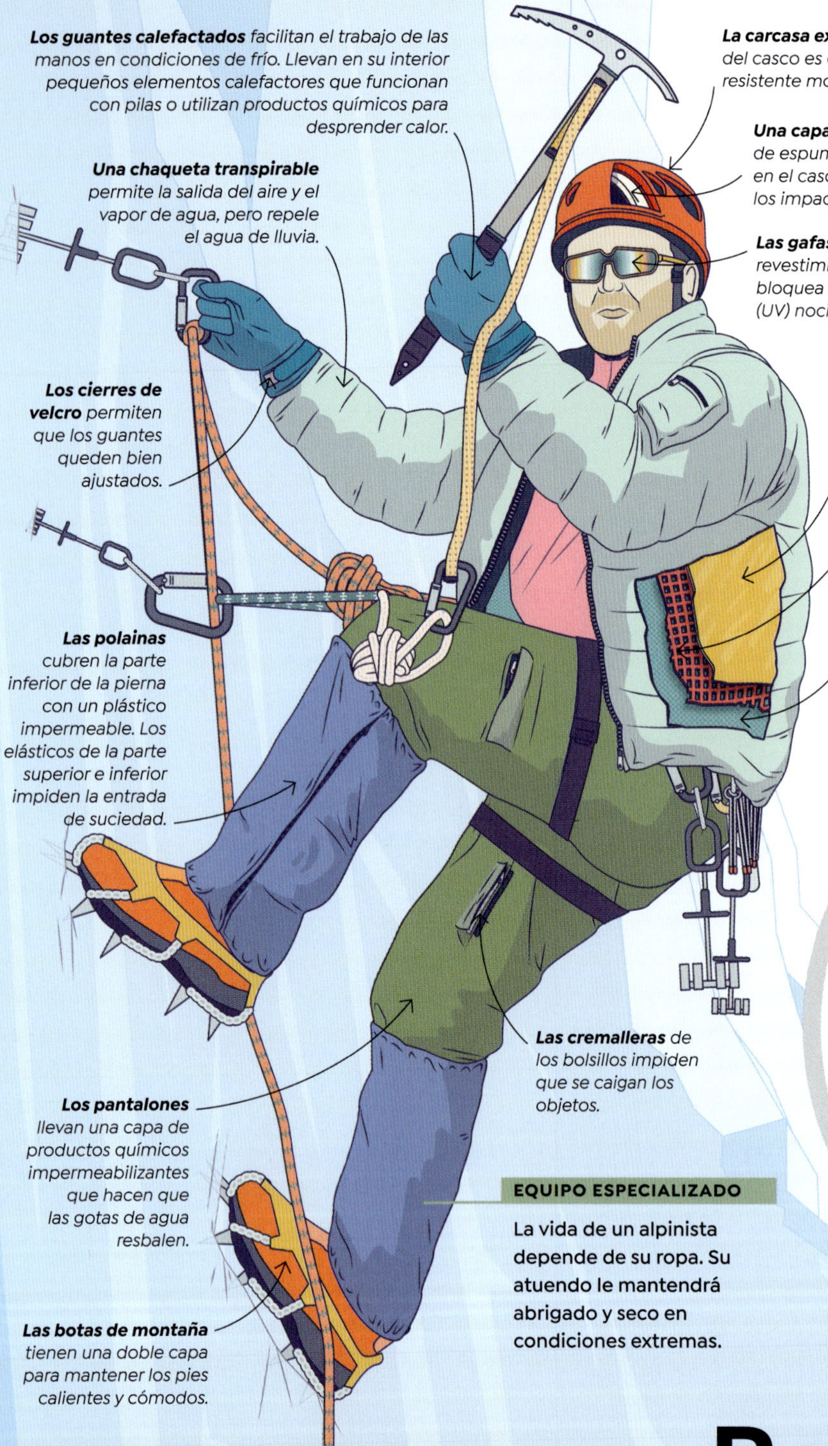

Los guantes calefactados *facilitan el trabajo de las manos en condiciones de frío. Llevan en su interior pequeños elementos calefactores que funcionan con pilas o utilizan productos químicos para desprender calor.*

Una chaqueta transpirable *permite la salida del aire y el vapor de agua, pero repele el agua de lluvia.*

Los cierres de velcro *permiten que los guantes queden bien ajustados.*

Las polainas *cubren la parte inferior de la pierna con un plástico impermeable. Los elásticos de la parte superior e inferior impiden la entrada de suciedad.*

Los pantalones *llevan una capa de productos químicos impermeabilizantes que hacen que las gotas de agua resbalen.*

Las botas de montaña *tienen una doble capa para mantener los pies calientes y cómodos.*

La carcasa exterior *del casco es de plástico resistente moldeado.*

Una capa interior *de espuma blanda en el casco absorbe los impactos.*

Las gafas de sol *llevan un revestimiento químico que bloquea la luz ultravioleta (UV) nociva.*

Una capa protectora *amortigua una capa de membrana porosa que hay debajo.*

Una capa de membrana *perforada con pequeños orificios permite que el sudor salga en forma de vapor de agua.*

Un forro interior suave *hace que la chaqueta sea cómoda de llevar.*

Las cremalleras *de los bolsillos impiden que se caigan los objetos.*

EQUIPO ESPECIALIZADO

La vida de un alpinista depende de su ropa. Su atuendo le mantendrá abrigado y seco en condiciones extremas.

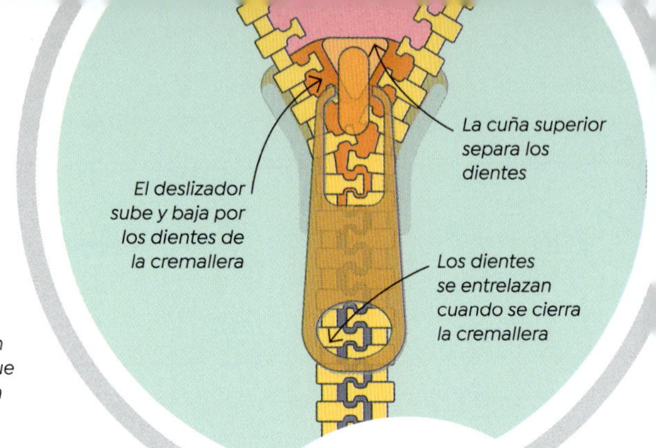

CREMALLERAS

El deslizador sube y baja por los dientes de la cremallera

La cuña superior separa los dientes

Los dientes se entrelazan cuando se cierra la cremallera

El sistema de cierre de la cremallera es resistente y rápido de desabrochar. Tiene dos tiras de dientes entrelazados. El deslizador tiene una cuña superior que fuerza la separación de los dientes cuando se tira hacia abajo. Las cuñas inferiores empujan los dientes para que vuelvan a juntarse cuando el deslizador se mueve hacia arriba.

GANCHOS Y BUCLES

Ganchos gruesos

Múltiples bucles

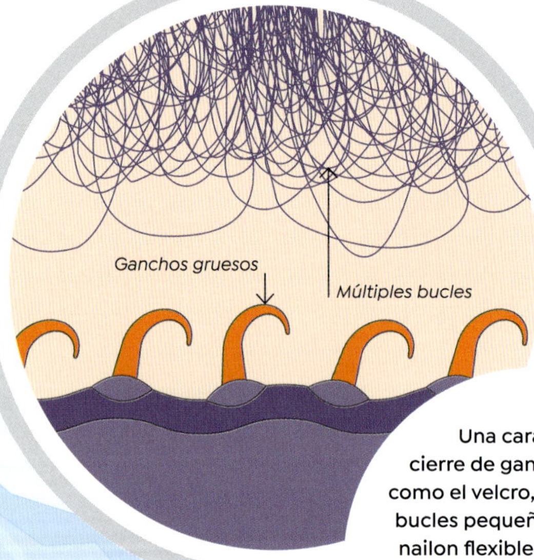

Una cara de un cierre de gancho y bucle, como el velcro, tiene muchos bucles pequeños hechos de nailon flexible. La otra tiene ganchos más gruesos que se fijan cuando se presionan en los bucles, lo que hace que las dos caras se unan. Un tirón fuerte las separa.

CÓMO SE FABRICAN LOS TEJIDOS

Los tejidos están hechos de muchos hilos pequeños unidos entre sí. Los métodos tradicionales entrecruzan los hilos o los tejen en bucles. Los hilos artificiales modernos se unen mediante calor para que se fundan en una sola capa.

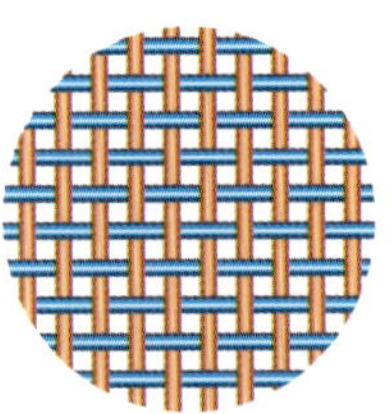

TEJIDO PLANO

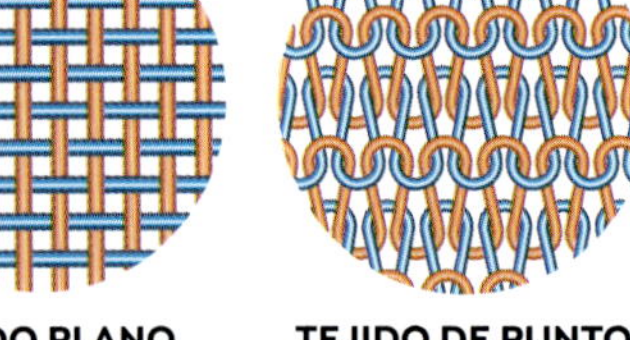

TEJIDO DE PUNTO

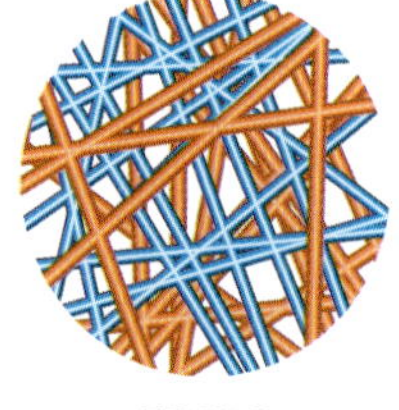

TEJIDO TERMOADHERIDO

TRAJE DE ALAS
Los brazos y las piernas de un traje de alas están unidos por una cincha que atrapa el viento, de modo que el practicante puede maniobrar mientras cae. Está hecha de nailon ripstop, reforzado con capas entrecruzadas para que un agujerito no se abra y se haga más grande.

Imagen digital

Las cámaras imitan el funcionamiento del ojo humano. Utilizan una lente para enfocar la luz y obtener imágenes nítidas del mundo exterior. A continuación, las imágenes enfocadas son detectadas por algún tipo de superficie sensible a la luz. En la imagen digital, el detector, o sensor, convierte el patrón de luz directamente en un archivo informático digital. De inmediato, esa imagen o vídeo puede verse en pantalla y editarse, o compartirse con otras personas.

Cada año se capturan alrededor de 1,5 billones de fotos digitales, más del 90 % de ellas con el móvil.

CÓMO FUNCIONA

Hay dos tipos de sensores en las cámaras digitales: CCD y CMOS. Ambos convierten partículas de luz (fotones) en electrones que crean corrientes eléctricas. Los sensores CCD son más lentos y consumen más energía, pero también suelen producir imágenes con mayor resolución y colores más precisos.

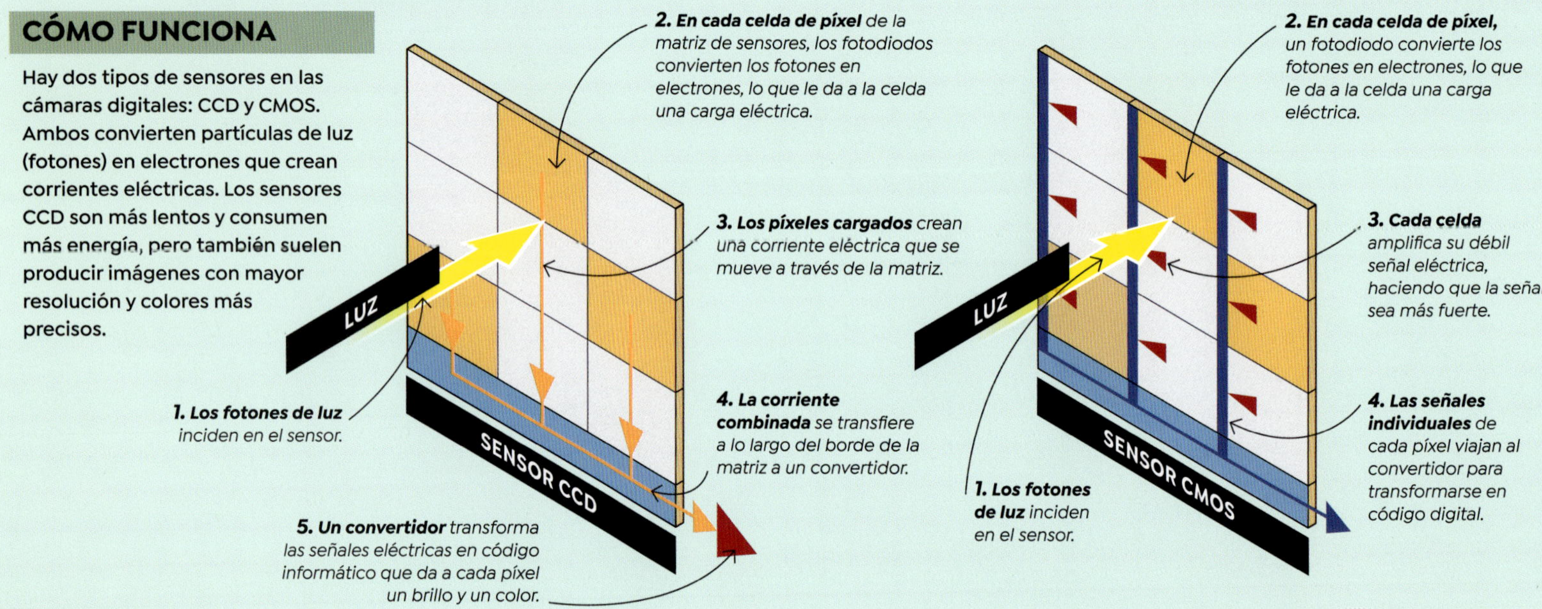

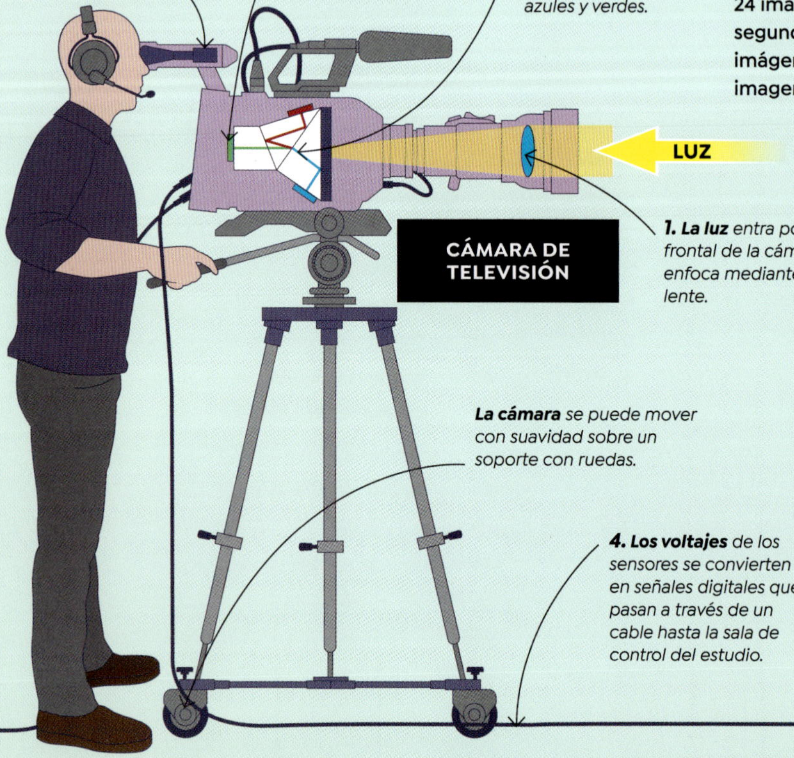

***Un visor** ayuda al operador a encuadrar la toma.*

***3. Los tres haces** se dirigen a tres sensores separados.*

***2. El divisor de haz** separa la luz en componentes rojos, azules y verdes.*

LUZ

CÁMARA DE TELEVISIÓN

***1. La luz** entra por la parte frontal de la cámara y se enfoca mediante una lente.*

***La cámara** se puede mover con suavidad sobre un soporte con ruedas.*

***4. Los voltajes** de los sensores se convierten en señales digitales que pasan a través de un cable hasta la sala de control del estudio.*

CÁMARA DE VÍDEO

Un vídeo se compone de al menos 24 imágenes fijas mostradas cada segundo. El cerebro fusiona las imágenes individuales en una imagen en movimiento.

CÁMARAS EN MARTE

Los róveres de Marte están equipados con varias cámaras digitales. Algunas se utilizan para observar el terreno que hay delante del vehículo y advertir de la presencia de obstáculos. Otras muestran a los científicos en la Tierra cómo es el planeta rojo. Las detalladas imágenes digitales se convierten en señales de radio y se transmiten a la Tierra a través de un satélite que orbita Marte.

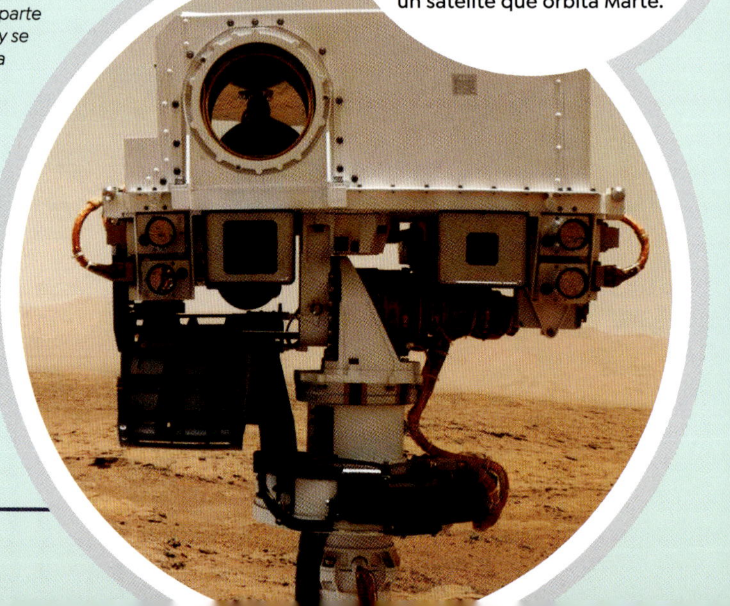

CÁMARA DIGITAL SLR

SLR significa «réflex de una lente». Este diseño permite al fotógrafo mirar una escena a través del mismo objetivo que capturará la imagen. Las cámaras SLR son las mejores para encuadrar una foto o un vídeo con precisión y tienen otros controles precisos.

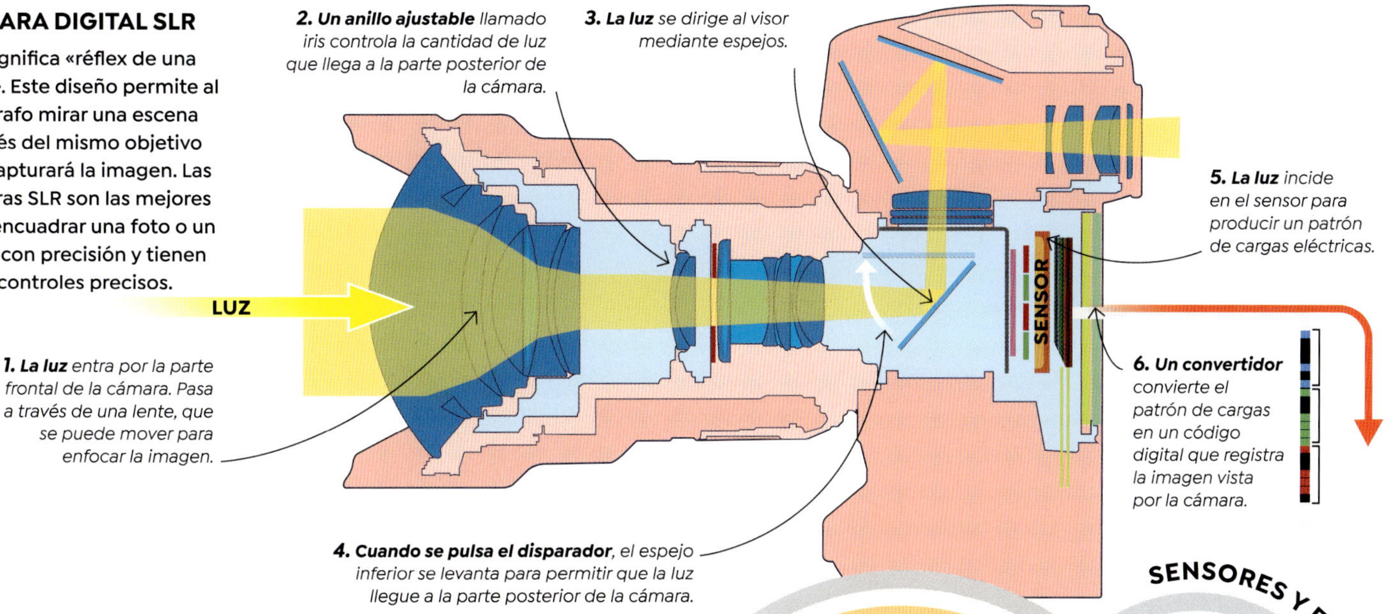

LUZ

__1. La luz__ entra por la parte frontal de la cámara. Pasa a través de una lente, que se puede mover para enfocar la imagen.

__2. Un anillo ajustable__ llamado iris controla la cantidad de luz que llega a la parte posterior de la cámara.

__3. La luz__ se dirige al visor mediante espejos.

__4. Cuando se pulsa el disparador__, el espejo inferior se levanta para permitir que la luz llegue a la parte posterior de la cámara.

__5. La luz__ incide en el sensor para producir un patrón de cargas eléctricas.

SENSOR

__6. Un convertidor__ convierte el patrón de cargas en un código digital que registra la imagen vista por la cámara.

TELÉFONO INTELIGENTE

Las cámaras principales de un móvil están orientadas hacia atrás, pero la cámara para selfis está orientada hacia delante, apuntando al usuario. Las diminutas cámaras utilizan detectores CMOS, ya que estos requieren alrededor de 100 veces menos energía de la batería que los CCD.

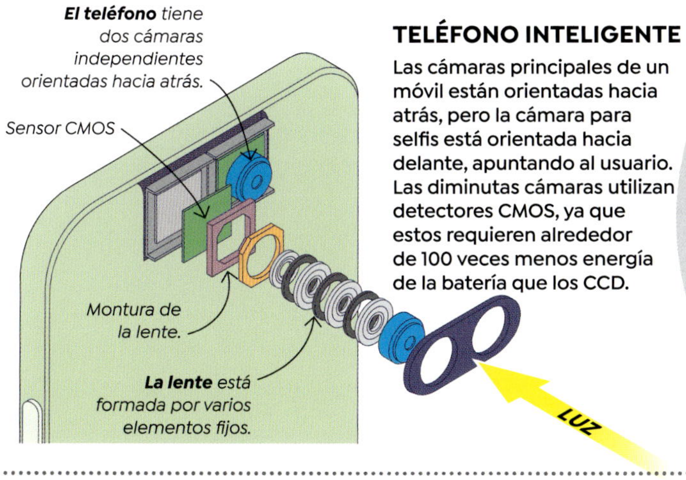

__El teléfono__ tiene dos cámaras independientes orientadas hacia atrás.

Sensor CMOS

Montura de la lente.

__La lente__ está formada por varios elementos fijos.

LUZ

SENSORES Y FILTROS DE COLOR

Las imágenes en color se crean utilizando filtros. Los filtros solo permiten que un color atraviese el píxel que hay detrás. Estos datos se añaden al código digital de la imagen.

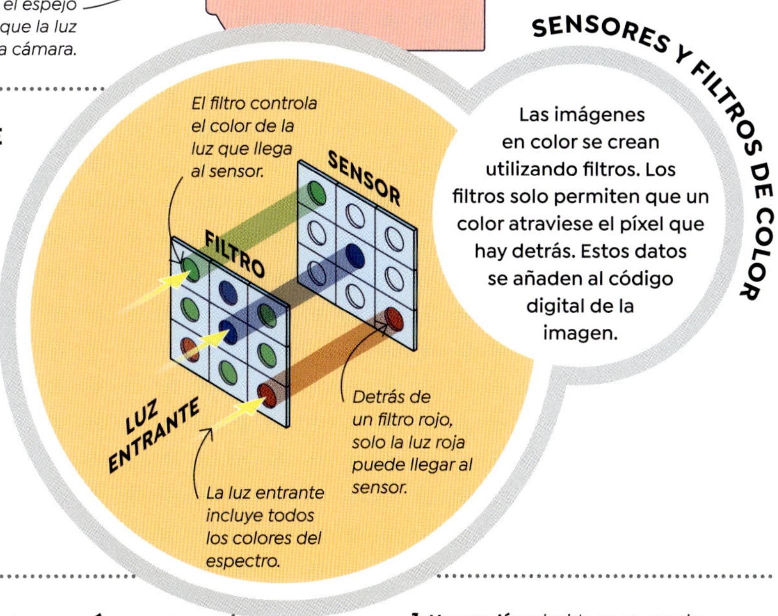

El filtro controla el color de la luz que llega al sensor.

SENSOR

FILTRO

LUZ ENTRANTE

La luz entrante incluye todos los colores del espectro.

Detrás de un filtro rojo, solo la luz roja puede llegar al sensor.

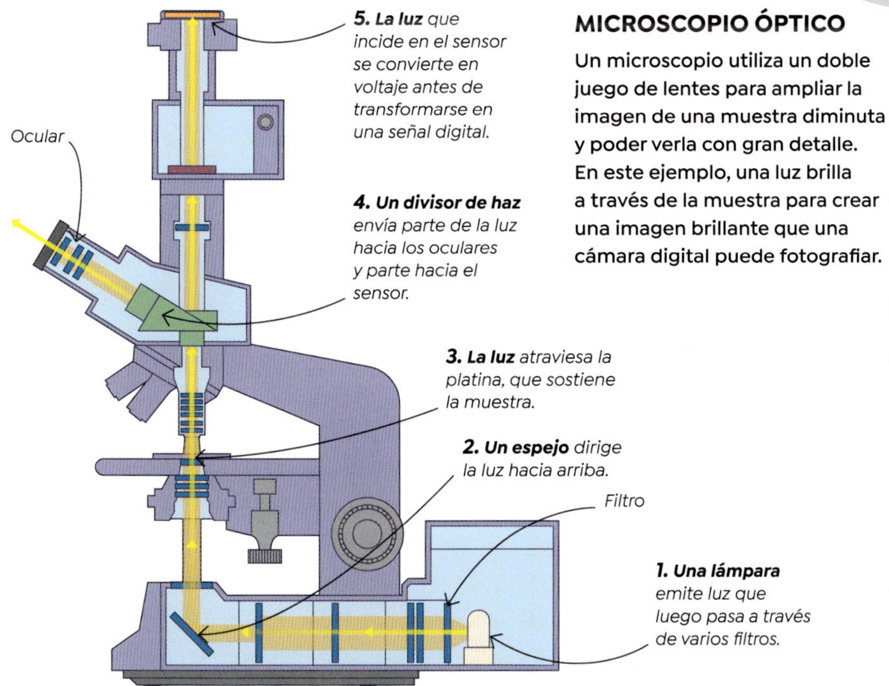

MICROSCOPIO ÓPTICO

Un microscopio utiliza un doble juego de lentes para ampliar la imagen de una muestra diminuta y poder verla con gran detalle. En este ejemplo, una luz brilla a través de la muestra para crear una imagen brillante que una cámara digital puede fotografiar.

__1. Una lámpara__ emite luz que luego pasa a través de varios filtros.

__2. Un espejo__ dirige la luz hacia arriba.

__3. La luz__ atraviesa la platina, que sostiene la muestra.

__4. Un divisor de haz__ envía parte de la luz hacia los oculares y parte hacia el sensor.

__5. La luz__ que incide en el sensor se convierte en voltaje antes de transformarse en una señal digital.

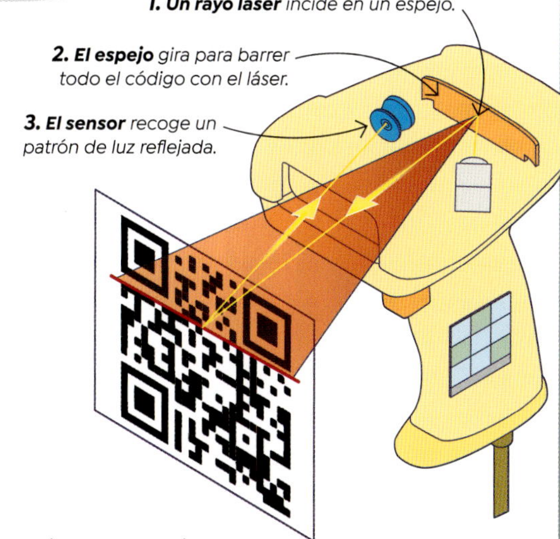

__1. Un rayo láser__ incide en un espejo.

__2. El espejo__ gira para barrer todo el código con el láser.

__3. El sensor__ recoge un patrón de luz reflejada.

ESCÁNER DE CÓDIGO QR

Un código QR (por «respuesta rápida») es una etiqueta de información con un patrón único de cuadrados negros. El escáner barre un haz láser a través del código. La luz se refleja solo en las áreas blancas. El escáner también reconoce códigos de barras, que solo tienen líneas verticales.

Impresoras y escáneres

La impresora es uno de los periféricos de salida más comunes. Su función es hacer una copia en papel y tinta de las palabras o imágenes digitales almacenadas en un ordenador y mostradas en una pantalla. Un escáner hace lo contrario. Convierte lo que esté en papel en una imagen digital hecha de píxeles que el *software* del ordenador puede mostrar, editar y compartir con otros dispositivos.

ESCÁNER PLANO

Un escáner captura los patrones impresos en papel. Los documentos con texto e imágenes impresos se colocan boca abajo sobre la superficie de cristal para documentos.

IMPRESORA DE INYECCIÓN DE TINTA

Para hacer impresiones en color baratas se utiliza una impresora de inyección de tinta. Esta crea patrones a partir de diminutos puntos de tinta que salen disparados del papel por unas boquillas.

TEXTO A PARTIR DE IMÁGENES

Los ordenadores utilizan un sistema llamado reconocimiento óptico de caracteres (OCR) para convertir una imagen escaneada de texto en un documento de texto completo que puede editarse en pantalla. Este proceso consta de tres etapas principales. Funcionan mejor con texto impreso, pero los sistemas OCR más sofisticados también pueden leer palabras escritas a mano.

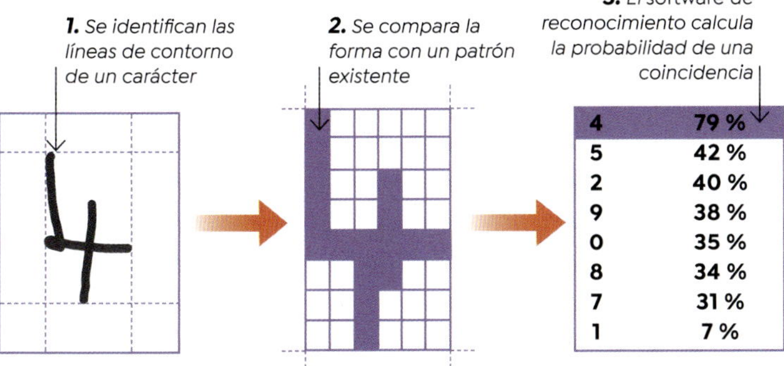

4	79 %
5	42 %
2	40 %
9	38 %
0	35 %
8	34 %
7	31 %
1	7 %

IMPRESIÓN EN COLOR

Una impresora genera diminutos puntos de color que varían en tamaño o espaciado. En una especie de ilusión óptica, el ojo los interpreta como si formaran una imagen homogénea.

ORDENADOR PORTÁTIL

Los escáneres y las impresoras se controlan mediante un ordenador. Antes de imprimir, un archivo digital se muestra en pantalla y se ajusta al tamaño y la forma adecuados.

IMPRESORA LÁSER

En una impresora láser, el patrón que se imprime en el papel se crea mediante un láser. Las impresoras láser imprimen en blanco y negro rápidamente.

1 ***Un ordenador portátil*** *envía a la impresora a través de wifi el patrón que debe producirse.*

2 ***Un rodillo tira de una hoja de papel en blanco*** *de la bandeja.*

3 ***El tambor de impresión*** *recibe una carga eléctrica positiva, que se aplica mediante un circuito en la impresora.*

4 ***Un láser*** *«pinta» el patrón enviado por el ordenador en un tambor de impresión conductor. El tambor se descarga en todos los puntos en los que incide el láser.*

5 ***El tóner cargado positivamente****, procedente del cartucho, se adhiere solo a la imagen no cargada del tambor.*

6 ***El tóner del tambor*** *se transfiere al papel en blanco a medida que pasa por el tambor de impresión.*

7 ***Un fusor caliente*** *funde el tóner en el papel y fija el patrón en la página.*

8 ***El documento final*** *sale por la bandeja de la parte superior de la impresora.*

Un espejo orientable *controla la dirección del láser.*

El tóner *es un polvo fino y seco compuesto por partículas de plástico y agentes colorantes.*

Las impresoras más grandes *tienen bandejas de papel de diferentes tamaños.*

CARTUCHO DE TÓNER

TAMBOR DE IMPRESIÓN

FUSOR

CANALES WIFI

La señal wifi se debilita cuanto más lejos está un dispositivo del rúter. Los datos se envían como ondas de radio a través de una antena que utiliza las bandas de 2,4 y 5 GHz. Cada banda se compone de varios intervalos más pequeños llamados canales. Esto hace que la comunicación sea más rápida y permite que muchos dispositivos se conecten al mismo tiempo utilizando diferentes canales. Hay 14 canales en el espectro de 2,4 GHz, y 24 en el de 5 GHz.

Hogares inteligentes

Una casa moderna tiene muchos dispositivos inteligentes que se encargan de tareas sencillas. Se pueden controlar a distancia por internet y programar para que gestionen el hogar. Junto con la inteligencia artificial, también pueden responder a situaciones cambiantes, como el mal tiempo o una entrega que llega cuando no hay nadie en casa.

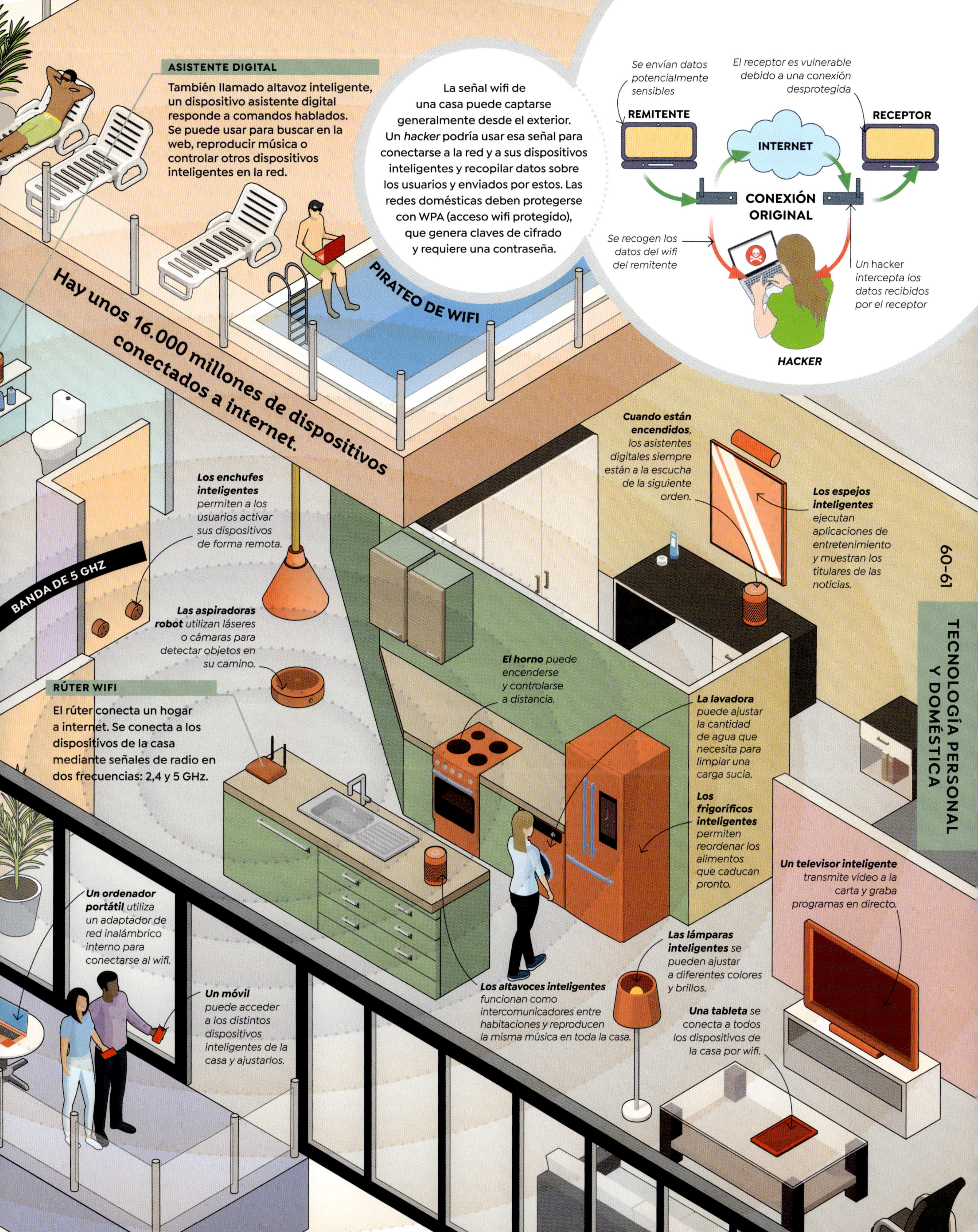
ASISTENTE DIGITAL
También llamado altavoz inteligente, un dispositivo asistente digital responde a comandos hablados. Se puede usar para buscar en la web, reproducir música o controlar otros dispositivos inteligentes en la red.
La señal wifi de una casa puede captarse generalmente desde el exterior. Un *hacker* podría usar esa señal para conectarse a la red y a sus dispositivos inteligentes y recopilar datos sobre los usuarios y enviados por estos. Las redes domésticas deben protegerse con WPA (acceso wifi protegido), que genera claves de cifrado y requiere una contraseña.
Se envían datos potencialmente sensibles
REMITENTE
El receptor es vulnerable debido a una conexión desprotegida
RECEPTOR
INTERNET
CONEXIÓN ORIGINAL
Se recogen los datos del wifi del remitente
Un hacker intercepta los datos recibidos por el receptor
HACKER
PIRATEO DE WIFI
Hay unos 16.000 millones de dispositivos conectados a internet.
Los enchufes inteligentes permiten a los usuarios activar sus dispositivos de forma remota.
BANDA DE 5 GHZ
Las aspiradoras robot utilizan láseres o cámaras para detectar objetos en su camino.
RÚTER WIFI
El rúter conecta un hogar a internet. Se conecta a los dispositivos de la casa mediante señales de radio en dos frecuencias: 2,4 y 5 GHz.
Cuando están encendidos, los asistentes digitales siempre están a la escucha de la siguiente orden.
Los espejos inteligentes ejecutan aplicaciones de entretenimiento y muestran los titulares de las noticias.
El horno puede encenderse y controlarse a distancia.
La lavadora puede ajustar la cantidad de agua que necesita para limpiar una carga sucia.
Los frigoríficos inteligentes permiten reordenar los alimentos que caducan pronto.
Un televisor inteligente transmite vídeo a la carta y graba programas en directo.
Un ordenador portátil utiliza un adaptador de red inalámbrico interno para conectarse al wifi.
Un móvil puede acceder a los distintos dispositivos inteligentes de la casa y ajustarlos.
Los altavoces inteligentes funcionan como intercomunicadores entre habitaciones y reproducen la misma música en toda la casa.
Las lámparas inteligentes se pueden ajustar a diferentes colores y brillos.
Una tableta se conecta a todos los dispositivos de la casa por wifi.

LLAMADAS POR SATÉLITE

En algunas partes del mundo no hay cobertura de red móvil, por lo que los móviles normales no pueden enviar ni recibir llamadas. En este caso se necesita un teléfono por satélite.

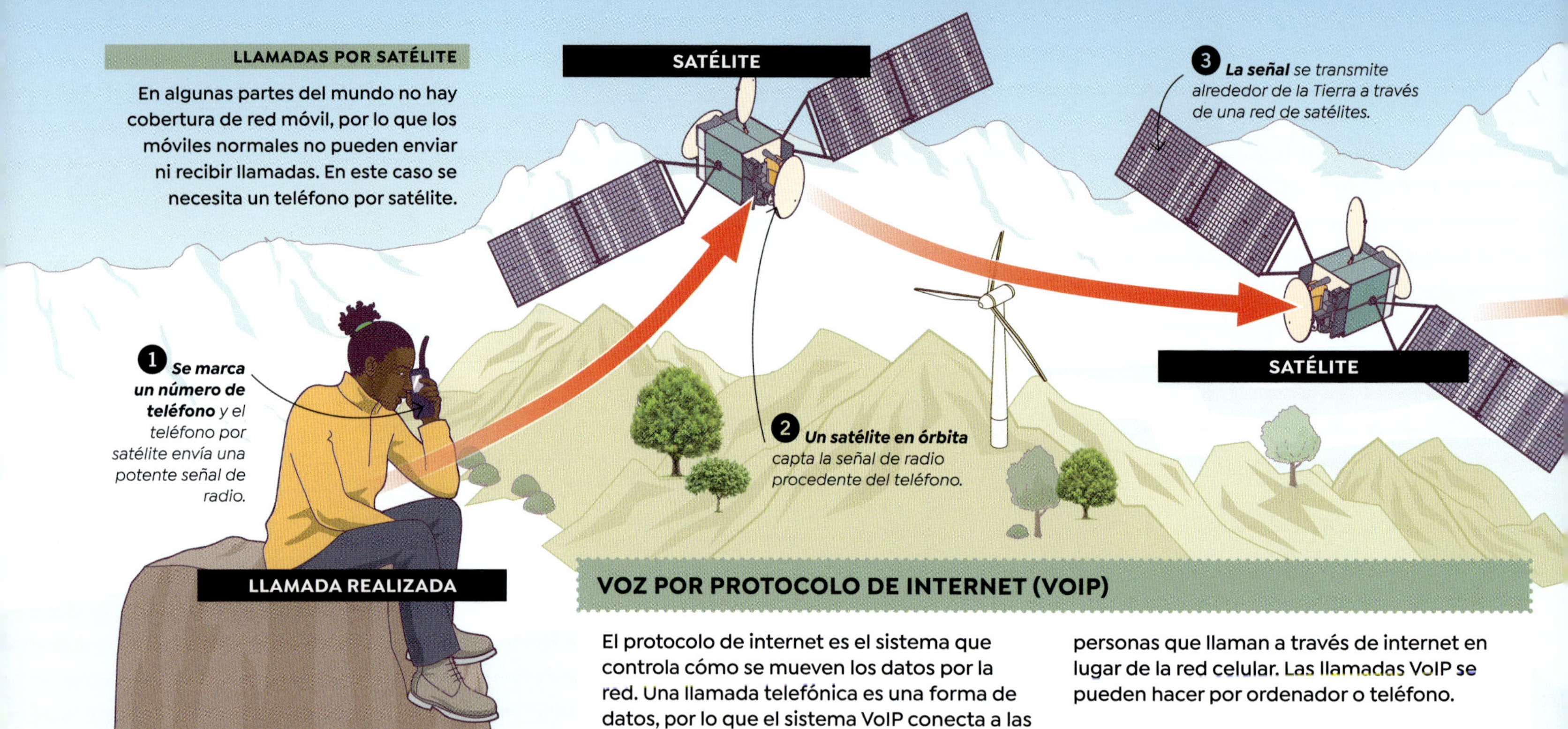

SATÉLITE

1 ***Se marca un número de teléfono*** *y el teléfono por satélite envía una potente señal de radio.*

2 ***Un satélite en órbita*** *capta la señal de radio procedente del teléfono.*

3 ***La señal*** *se transmite alrededor de la Tierra a través de una red de satélites.*

SATÉLITE

LLAMADA REALIZADA

La primera llamada telefónica se hizo en 1876.

VOZ POR PROTOCOLO DE INTERNET (VOIP)

El protocolo de internet es el sistema que controla cómo se mueven los datos por la red. Una llamada telefónica es una forma de datos, por lo que el sistema VoIP conecta a las personas que llaman a través de internet en lugar de la red celular. Las llamadas VoIP se pueden hacer por ordenador o teléfono.

DISPOSITIVO EMISOR VOIP → AUDIO CONVERTIDO EN DATOS → PAQUETES DE DATOS VIAJAN → DATOS CONVERTIDOS EN AUDIO → DISPOSITIVO RECEPTOR VOIP

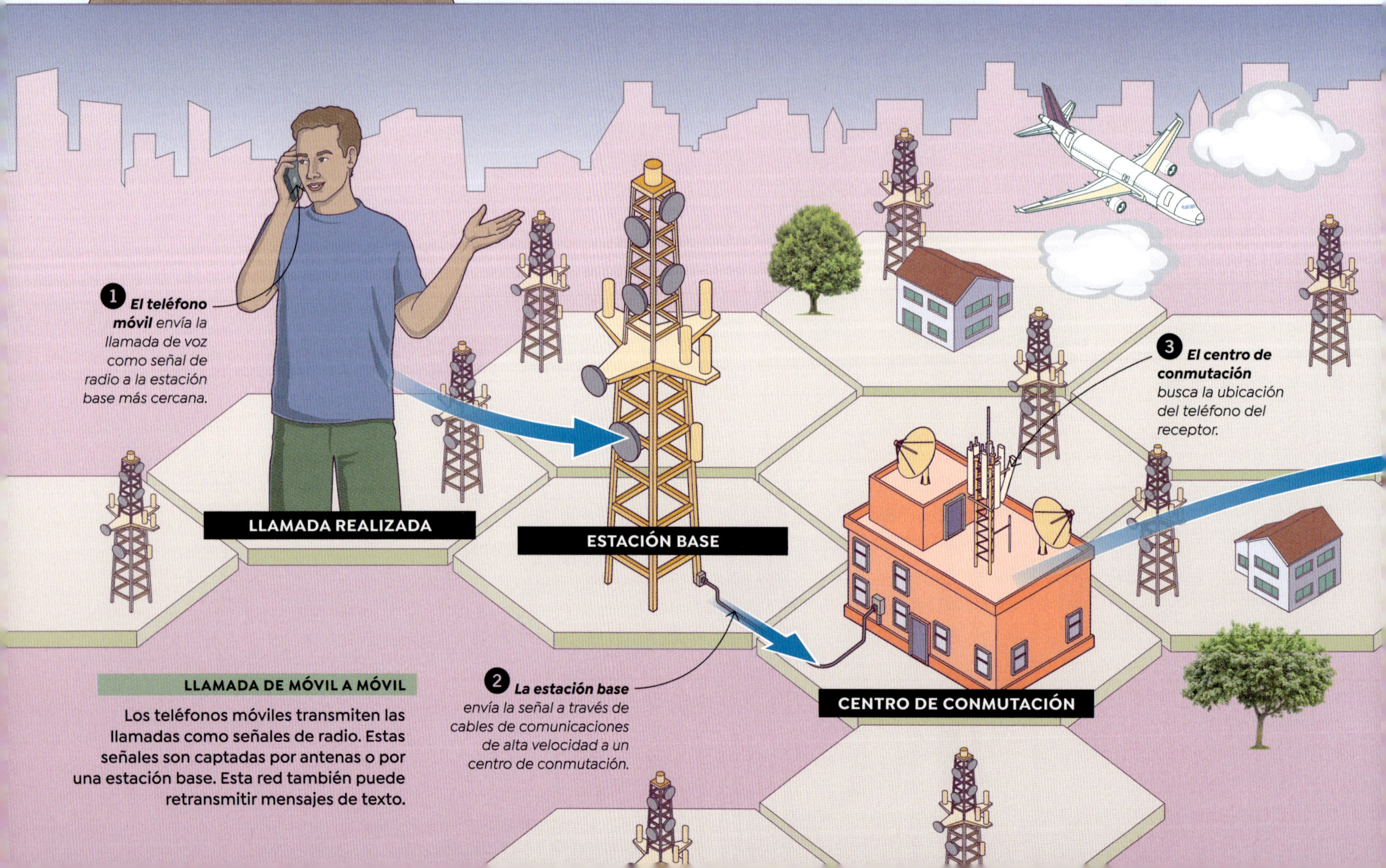

LLAMADA DE MÓVIL A MÓVIL

Los teléfonos móviles transmiten las llamadas como señales de radio. Estas señales son captadas por antenas o por una estación base. Esta red también puede retransmitir mensajes de texto.

LLAMADA REALIZADA

1 ***El teléfono móvil*** *envía la llamada de voz como señal de radio a la estación base más cercana.*

ESTACIÓN BASE

2 ***La estación base*** *envía la señal a través de cables de comunicaciones de alta velocidad a un centro de conmutación.*

CENTRO DE CONMUTACIÓN

3 ***El centro de conmutación*** *busca la ubicación del teléfono del receptor.*

Llamadas telefónicas

La tecnología telefónica permite que las personas mantengan una conversación, aunque estén a miles de kilómetros de distancia. Las llamadas modernas se hacen principalmente a través de una red celular en la que el terreno está dividido en celdas hexagonales. Cada celda tiene una antena de radio que envía y recibe llamadas de los teléfonos de esa zona.

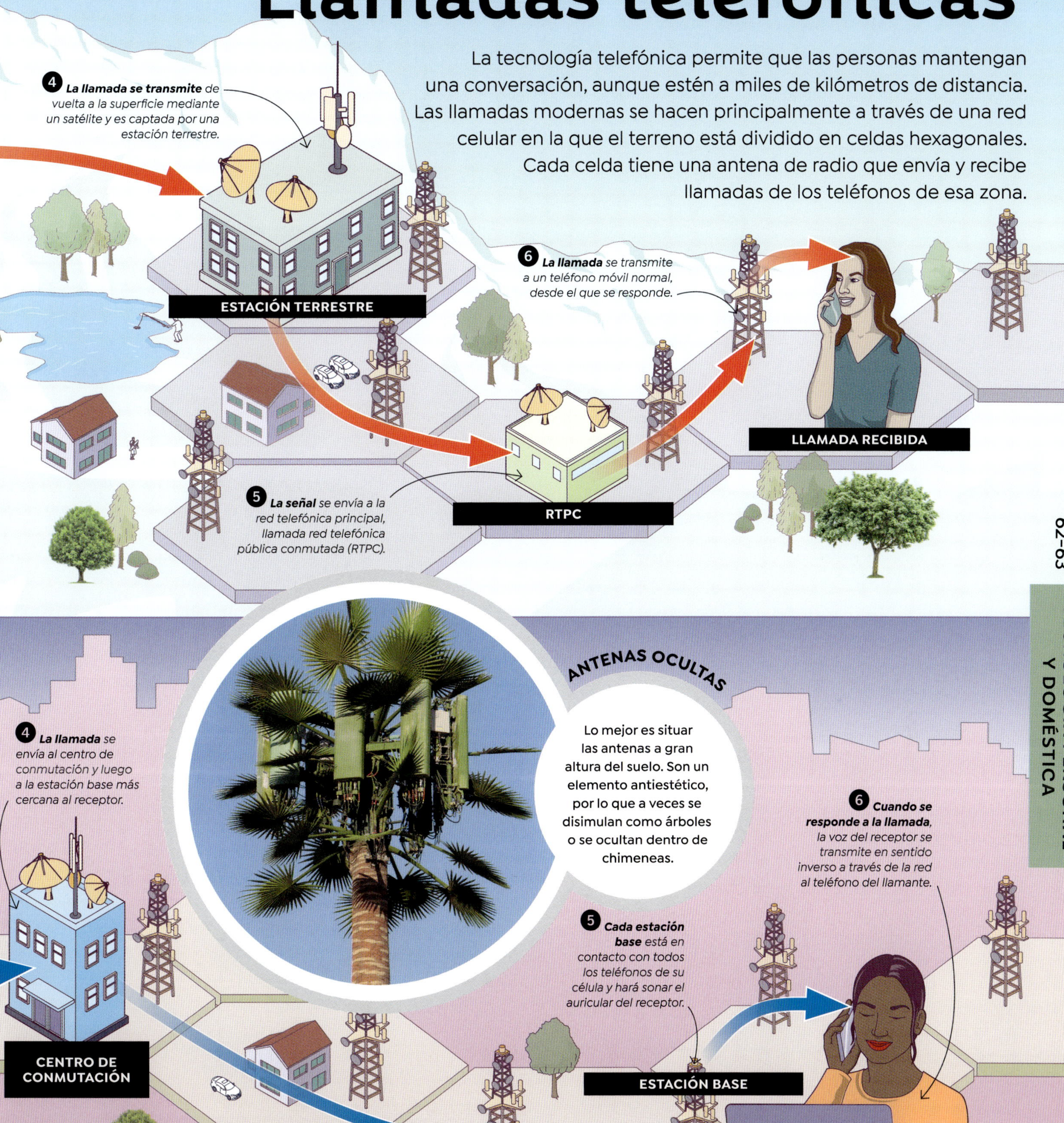

Hora y lugar

Los relojes de pared y de pulsera funcionan con osciladores. Un oscilador es algo que se mueve a un ritmo constante y, por lo tanto, puede utilizarse para medir el paso del tiempo. Poder medir el tiempo con precisión es muy útil. Los relojes no solo evitan que la gente llegue tarde (o temprano), sino que también se utilizan para medir el rendimiento de otras máquinas, como la velocidad de un coche. Además, la tecnología relojera también nos indica en qué parte del mundo nos encontramos.

A medida que el áncora y la rueda de escape se desacoplan, también empujan el péndulo y hacen que siga oscilando.

El minutero gira 12 veces más rápido que el horario.

El tren de engranajes controla el movimiento de las manecillas.

La rueda de escape gira un diente por cada oscilación del péndulo.

El cable está enrollado alrededor del cilindro y debe rebobinarse regularmente a mano para levantar el peso.

ESFERA DEL RELOJ

ÁNCORA

RUEDA PRINCIPAL

VARILLA DEL PÉNDULO

PESO

PESO DEL PÉNDULO

4 Con cada oscilación del péndulo, los dos lados de un componente llamado áncora detienen y sueltan alternativamente la rueda de escape. Esto produce el sonido de «tic-tac».

2 La velocidad a la que gira la rueda principal y cae el peso se controla mediante otro engranaje llamado rueda de escape.

5 El movimiento del áncora hace que la rueda de escape y, por tanto, la rueda principal, giren a ritmos precisos.

6 Un conjunto de engranajes, llamado tren de engranajes, transfiere el movimiento de la rueda principal a las manecillas de la esfera del reloj.

Cuanto más larga sea la varilla o el cable del péndulo, más lentamente oscilará.

1 El peso cae y hace girar un engranaje llamado rueda principal.

3 Un péndulo oscilante controla la rotación de la rueda de escape. El péndulo oscila a una velocidad constante, que depende solo de su longitud.

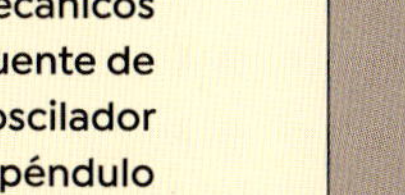

RELOJ MECÁNICO

Los relojes mecánicos no tienen fuente de alimentación. El oscilador del reloj, un péndulo oscilante, se mueve gracias a la energía de un peso que cae y al que hay que dar cuerda regularmente.

RELOJES ATÓMICOS

Los relojes más precisos de todos utilizan el movimiento de los átomos como oscilador. Los relojes atómicos como este de Alemania pierden aproximadamente 1 segundo cada 100 millones de años.

Los relojes altos e independientes con péndulos accionados por pesos suelen estar alojados en una caja de madera.

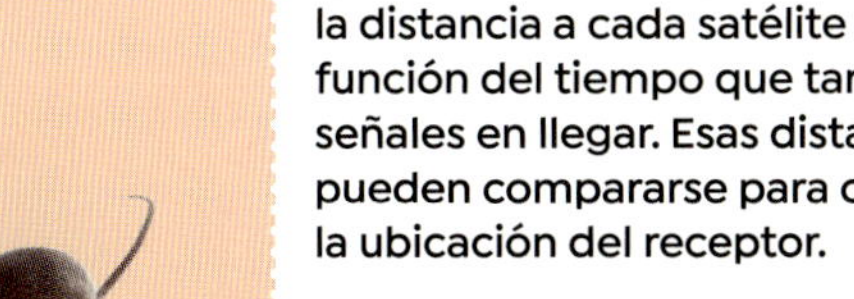

NAVEGACIÓN POR SATÉLITE

La navegación por satélite utiliza una red de satélites que orbitan la Tierra siguiendo una ruta conocida con precisión. Cada segundo, el satélite sabe exactamente dónde se encuentra y envía una señal de radio con su ubicación y la hora actual. En la Tierra, un receptor capta las señales de los satélites que están sobre él y calcula la distancia a cada satélite en función del tiempo que tardan sus señales en llegar. Esas distancias pueden compararse para calcular la ubicación del receptor.

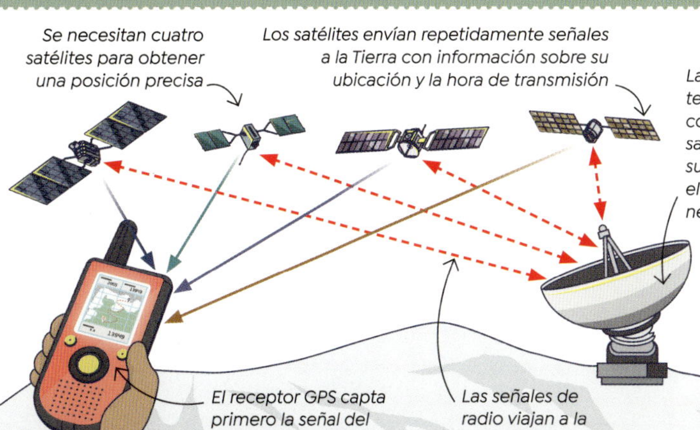

El mundo de los videojuegos

Cada día, en todo el mundo, más de tres mil millones de personas juegan a videojuegos, y esta es la segunda actividad doméstica más popular después de ver la televisión. Las consolas tienen unos potentes procesadores que permiten a los jugadores interactuar con una escena realista y muy dinámica.

PANTALLA DEL PROYECTOR

Las imágenes de un proyector se muestran en una pantalla blanca brillante que refleja la luz procedente del proyector.

VIDEOCONSOLA

Un procesador informático rápido dentro de la consola crea las imágenes en movimiento en la pantalla que responden cada vez que los jugadores utilizan los mandos.

Esta consola híbrida *tiene su propia pantalla, pero también permite jugar en un sistema de visualización más grande.*

La placa de circuitos *alberga el procesador.*

La pantalla táctil *se apaga cuando la consola está conectada a la base.*

El mando *es extraíble.*

Con los botones*, los jugadores pueden interactuar con los juegos y las aplicaciones.*

Un ventilador *enfría los componentes.*

Una batería *alimenta el mando cuando se ha extraído.*

Los altavoces estéreo *se apagan automáticamente cuando la consola está en la base.*

BASE

Una base *carga la consola y la conecta a una pantalla.*

SEGUIMIENTO OCULAR

Los últimos cascos de RV siguen los ojos del jugador gracias a la luz infrarroja invisible que reflejan sus globos oculares. Esto permite saber exactamente qué parte de la escena está mirando el jugador. El procesador añade el máximo de detalles a la escena en ese lugar y deja el resto de la pantalla más borroso. Esto ahorra energía y hace que el juego vaya más rápido.

1. *Un LED emite luz infrarroja (IR)*

2. *Un espejo que refleja solo luz infrarroja dirige la luz al ojo*

3. *La luz infrarroja se refleja en el ojo, luego en el espejo, y la detecta una cámara*

OJO

PANTALLA

Una lente enfoca la luz visible de la pantalla al ojo

La luz visible de la pantalla puede atravesar el espejo de infrarrojos

Los sensores de movimiento *de los auriculares detectan los movimientos de la cabeza del jugador y modifican la pantalla para adaptarse a ellos.*

CASCO DE REALIDAD VIRTUAL (RV)

Un casco de RV tiene una pantalla para cada ojo del jugador. Pueden proyectar juegos en 3D mostrando a cada ojo una imagen ligeramente distinta.

Los cascos *tienen auriculares estéreo para que el jugador se sumerja en el juego.*

El jugador ve a través del casco *un mundo virtual en 360 grados.*

Se han adaptado mandos de consola para controlar drones y robots quirúrgicos.

RETROALIMENTACIÓN SENSORIAL

Los mandos de videojuegos producen una retroalimentación táctil para que los jugadores sientan lo que ocurre en el juego. Esto se consigue, por ejemplo, añadiendo motores a los botones de disparo del mando. El motor mueve el gatillo mediante un engranaje en espiral llamado tornillo sin fin. La retroalimentación crea una mayor resistencia, de modo que el jugador tiene que presionar más fuerte, o hace que el gatillo se mueva de un lado a otro para añadir más detalles a la experiencia del jugador.

PROYECTOR DLP

La mayoría de los proyectores utilizan un procesado digital de luz (DLP) para crear imágenes brillantes que llenan una pantalla. Cada imagen está formada por píxeles diminutos.

MANDOS ACCESIBLES

Las personas con movilidad reducida tienen dificultades con los mandos de videojuegos estándar. Sin embargo, ahora es posible adaptar los mandos con botones, *trackpads* y *joysticks* para acomodarlos a su forma de moverse. Estos dispositivos especiales se conectan a un centro de control para que funcionen como un mando estándar.

Micrófonos y altavoces

El sonido que detectan nuestros oídos está formado por ondas de aire comprimido y expandido. Un micrófono convierte ese sonido en una señal eléctrica con el mismo patrón de ondas. Un altavoz funciona al revés. Convierte la señal eléctrica en ondas sonoras audibles.

MICRÓFONO

1. *El sonido atraviesa la estructura y golpea un diafragma, haciendo que este vibre al ritmo de la onda sonora.*

2. *El movimiento del diafragma mueve una bobina de alambre enrollada alrededor de un imán. Esto crea una corriente eléctrica.*

3. *Las variaciones onduladas de la corriente que se transmiten al amplificador coinciden con las variaciones de presión de la onda sonora.*

AMPLIFICADOR

4. *La señal del micrófono se amplifica para que sea lo bastante potente para hacer funcionar un altavoz.*

5. *La señal amplificada se envía al altavoz.*

ALTAVOZ

6. *La corriente pasa por una bobina alrededor de un imán en el altavoz. Crea una fuerza magnética, de modo que la bobina y el imán se empujan y tiran el uno del otro.*

7. *El movimiento de la bobina hace pulsar un diafragma de papel ligero.*

8. *El diafragma palpitante empuja el aire, reproduciendo la onda sonora captada por el micrófono.*

CÓMO FUNCIONA

La tecnología de audio (es decir, de sonido) utiliza electroimanes para generar una señal. En un micrófono, la onda sonora empuja un imán hacia delante y hacia atrás, lo que induce una corriente eléctrica. Esta corriente es la señal. La corriente hace que un imán pulse dentro del altavoz, y ese pulso mueve el aire, produciendo el sonido.

FILTROS ANTIPOP

Un filtro antipop es un tejido en forma de red que absorbe los ruidos de estallido que se producen cuando las personas dicen o cantan ciertos sonidos, como la «p» y la «b», y que pueden estropear una grabación.

1. *Las ondas sonoras golpean la placa frontal, que se mueve libremente hacia delante y hacia atrás.*

2. *La distancia entre las placas frontal y posterior cambia, coincidiendo con el ritmo del sonido.*

3. *La carga eléctrica almacenada en las placas se libera en forma de pulsos de corriente a medida que se mueve la placa frontal.*

4. *La corriente eléctrica de las placas forma la señal de salida que se envía al equipo de grabación.*

Para recargar las placas se utiliza una pila.

MICRÓFONO DE CONDENSADOR

Los cantantes profesionales utilizan un micrófono de condensador para grabar con nitidez. Tiene un par de placas metálicas cargadas muy juntas. Las placas funcionan como un condensador, que es un dispositivo que retiene una carga eléctrica. El sonido entrante desplaza las placas para que liberen la carga en forma de corriente eléctrica.

ESTUDIO DE GRABACIÓN DOMÉSTICO

El sonido de una grabación en directo puede convertirse en señales de audio digitales y almacenarse como un archivo en un ordenador. Los ordenadores también pueden generar sus propias señales de sonido, sin necesidad de grabación en directo. En un estudio de grabación, el software de edición y una mesa de mezclas pueden manipular y ensamblar ambos tipos de sonido en una sola pista que puede reproducirse a través de altavoces.

Se utiliza un software de edición de sonido *para combinar muchos sonidos digitales para que se reproduzcan en el momento y el ritmo adecuados.*

***La música** se almacena como archivos de audio digital que se pueden visualizar en pantalla.*

***El Bluetooth** conecta los auriculares al ordenador.*

***Una mesa de mezclas** ajusta con precisión el volumen, el tono y el ritmo de cada sonido.*

***Los auriculares** son altavoces que cubren los oídos y reducen el ruido de fondo.*

***Se utiliza un micrófono** para añadir voces a la pista.*

***Se utiliza un teclado** para crear riffs, melodías y ritmos para cualquier sonido digital.*

El ser humano puede oír sonidos que vibran entre 20 y 20.000 veces por segundo.

INSONORIZACIÓN

Los estudios de grabación utilizan espuma insonorizante en las paredes para absorber los sonidos. Así se evita que el eco rebote y estropee la grabación.

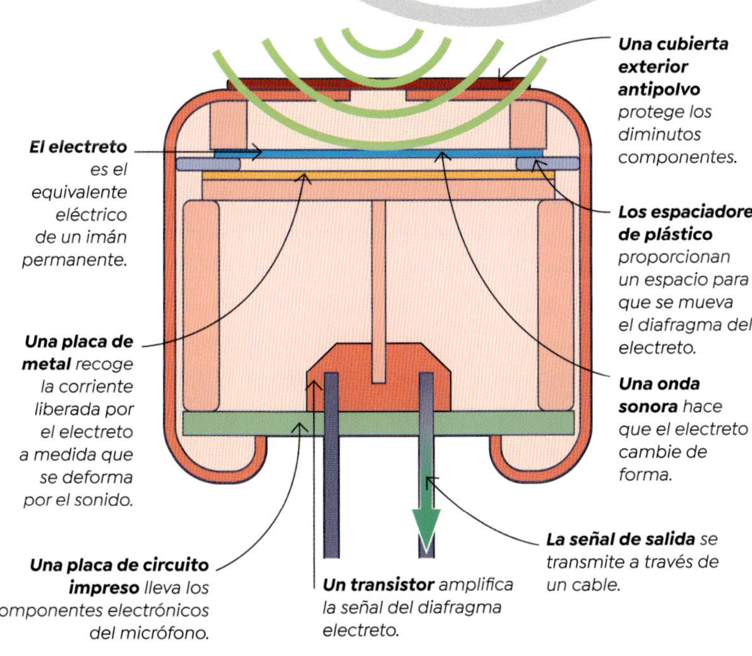

MICRÓFONO DE ELECTRETO

Los micrófonos de electreto pueden hacerse muy pequeños; eso los hace ideales para teléfonos móviles y micrófonos de solapa utilizados en estudios de televisión. Los micrófonos de electreto funcionan como un micrófono de condensador, pero en lugar de una batería que suministre la carga, se utiliza un material flexible cargado permanentemente llamado electreto como diafragma.

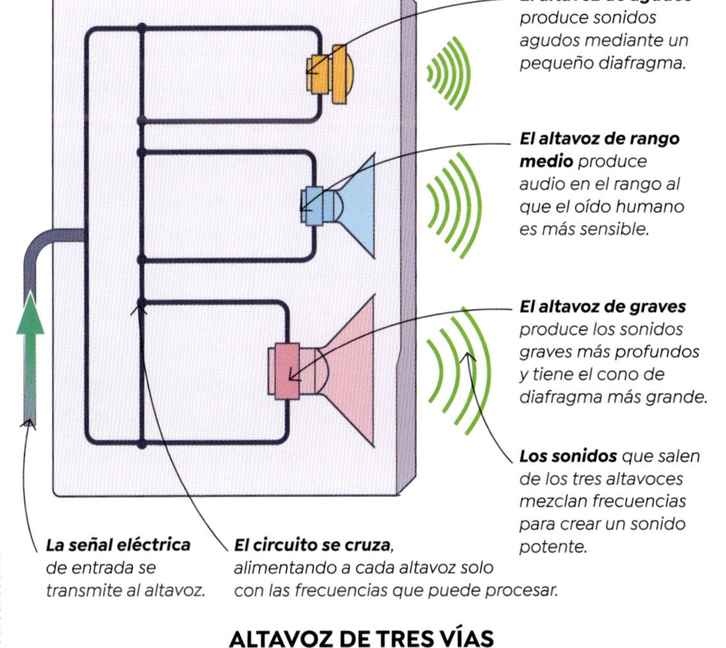

ALTAVOZ DE TRES VÍAS

Los altavoces grandes que se utilizan para llenar una habitación con sonido de alta calidad constan en realidad de tres altavoces separados. Cada altavoz está diseñado para reproducir un rango particular de frecuencias de sonido, o tono. Juntos, los tres recrean un sonido más natural similar a la interpretación original.

Ordenadores

Un ordenador es una máquina que procesa datos de acuerdo con conjuntos de instrucciones, conocidos como programas. Todos los ordenadores constan de *hardware* (dispositivos para introducir, almacenar, procesar y extraer datos) dirigidos por programas de *software*, que a su vez son controlados por los usuarios. Esto les permite realizar una amplia gama de tareas.

JUEGOS DE ORDENADOR

Los juegos pueden jugarse en ordenadores convencionales, consolas (ordenadores con hardware diseñado para juegos) u ordenadores de gaming (ordenadores con CPU y GPU potentes). A escala mundial, la industria del juego es mayor que las industrias del cine y la música juntas.

APRENDIZAJE AUTOMÁTICO

El aprendizaje automático es un tipo de inteligencia artificial. Consiste en utilizar cantidades ingentes de datos para «entrenar» a los ordenadores para que resuelvan problemas sin que un humano los programe para hacerlo.

SUMINISTRO DE DATOS Un nuevo modelo se alimenta de datos relevantes para la tarea para la que se está entrenando.

DATOS DE ENTRADA

APRENDIZAJE CON EJEMPLO El progreso del modelo se comprueba y evalúa de forma repetitiva.

DESARROLLO DEL MODELO

ENTRENAMIENTO DEL MODELO

REENTRENAMIENTO

PRUEBA Y ANÁLISIS

FORMACIÓN COMPLETADA Cuando el modelo funciona bien, se lanza al mercado.

PUESTA EN MARCHA DEL MODELO

PANTALLA

Un ordenador portátil presenta la información con una pantalla LCD (pantalla de cristal líquido). Algunos tienen pantallas táctiles, que se utilizan tanto para las entradas como para las salidas de datos.

***Los datos** se representan en la pantalla como texto e imágenes.*

TECLADO

Los datos pueden introducirse con un teclado. La mayoría de las teclas corresponden a caracteres, como letras, pero otras son para comandos, por ejemplo, para aumentar el volumen del audio.

***Una barra táctil** detecta las pulsaciones y deslizamientos del dedo, lo que permite una rápida introducción de datos.*

6 ***El carácter** aparece en la pantalla casi al instante.*

***Un chasis rígido** encierra gran parte del hardware del ordenador.*

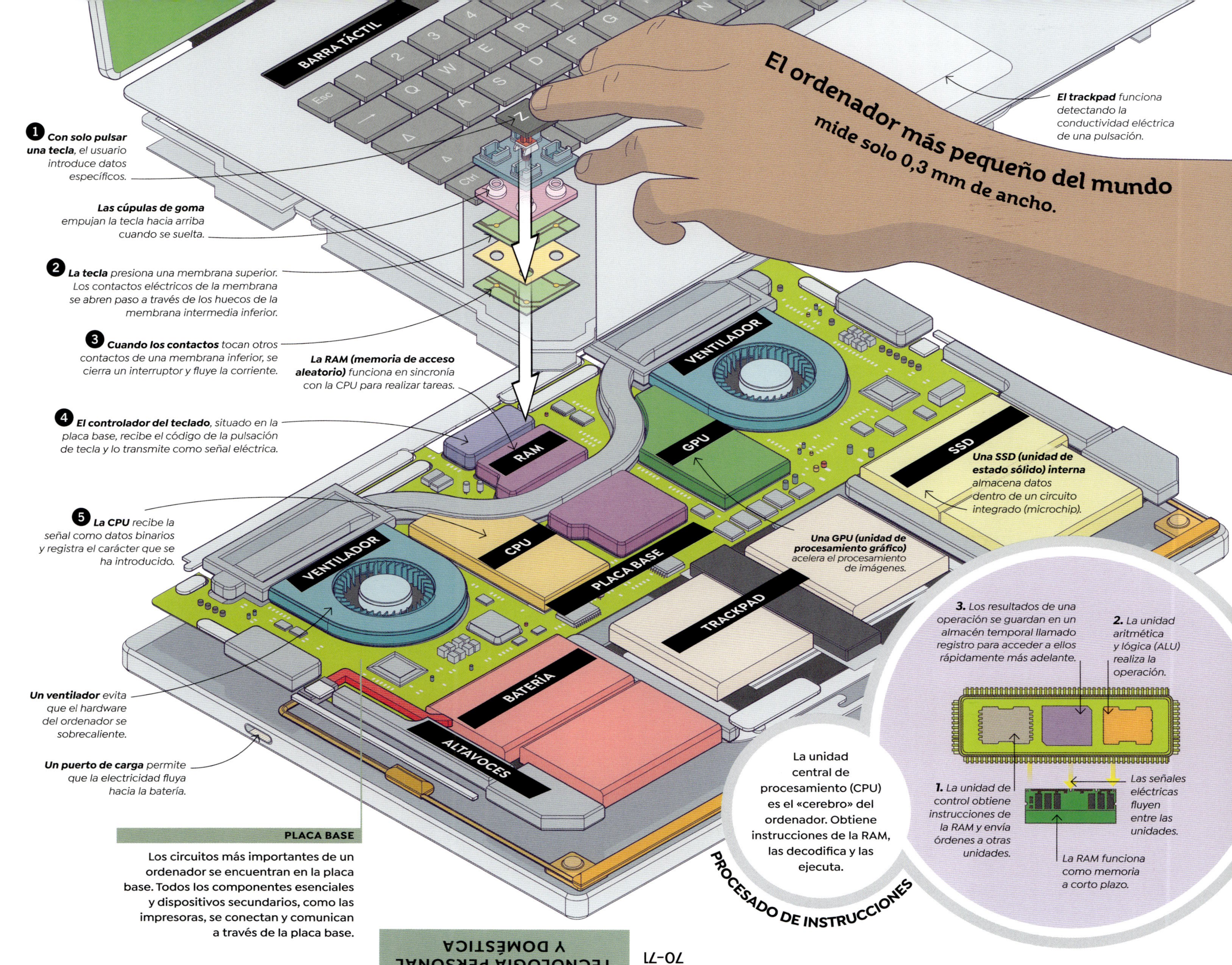

PLACA BASE

Los circuitos más importantes de un ordenador se encuentran en la placa base. Todos los componentes esenciales y dispositivos secundarios, como las impresoras, se conectan y comunican a través de la placa base.

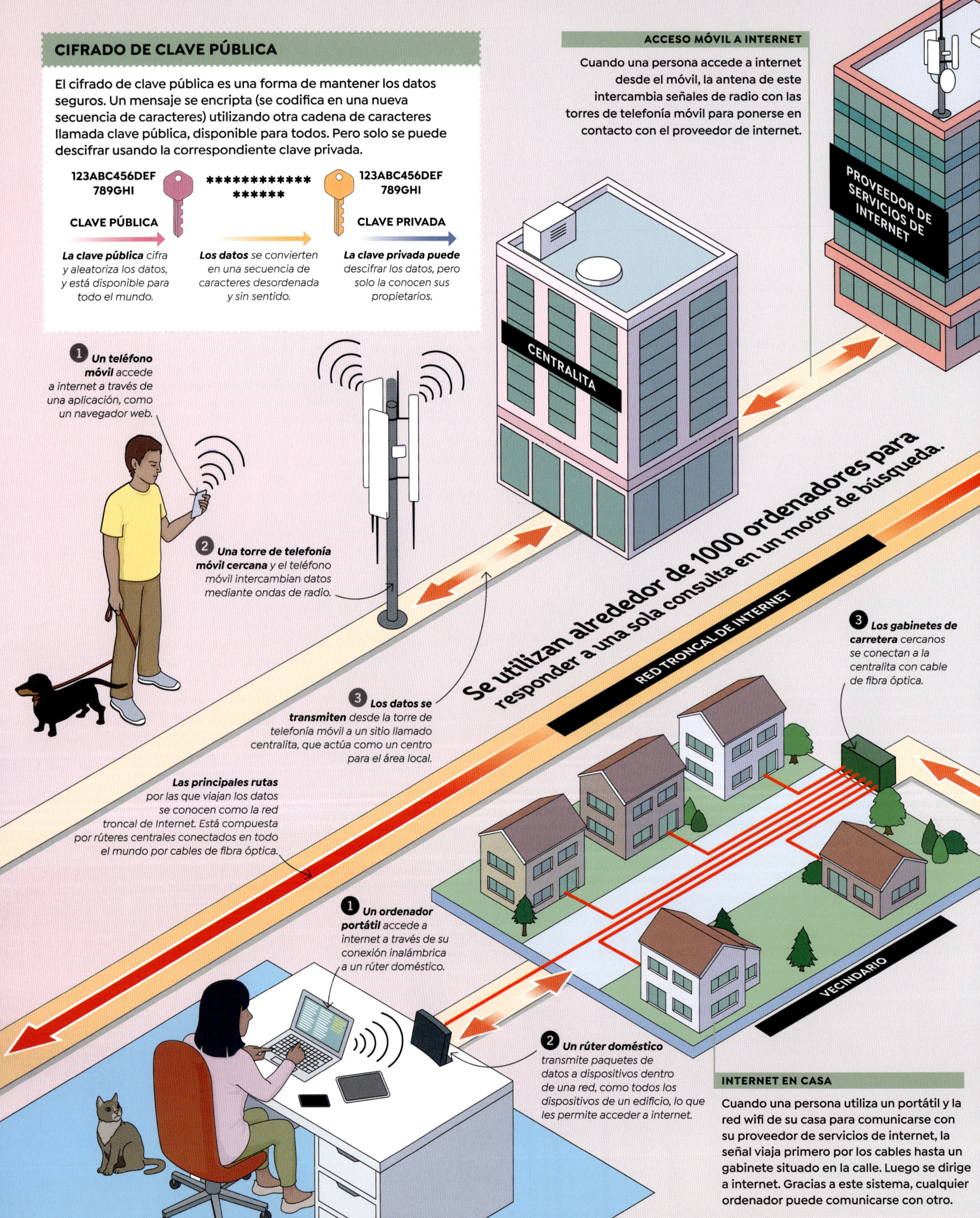
CIFRADO DE CLAVE PÚBLICA
El cifrado de clave pública es una forma de mantener los datos seguros. Un mensaje se encripta (se codifica en una nueva secuencia de caracteres) utilizando otra cadena de caracteres llamada clave pública, disponible para todos. Pero solo se puede descifrar usando la correspondiente clave privada.
123ABC456DEF 789GHI
************ ******
123ABC456DEF 789GHI
CLAVE PÚBLICA
CLAVE PRIVADA
La clave pública cifra y aleatoriza los datos, y está disponible para todo el mundo.
Los datos se convierten en una secuencia de caracteres desordenada y sin sentido.
La clave privada puede descifrar los datos, pero solo la conocen sus propietarios.
ACCESO MÓVIL A INTERNET
Cuando una persona accede a internet desde el móvil, la antena de este intercambia señales de radio con las torres de telefonía móvil para ponerse en contacto con el proveedor de internet.
PROVEEDOR DE SERVICIOS DE INTERNET
CENTRALITA
1 Un teléfono móvil accede a internet a través de una aplicación, como un navegador web.
2 Una torre de telefonía móvil cercana y el teléfono móvil intercambian datos mediante ondas de radio.
3 Los datos se transmiten desde la torre de telefonía móvil a un sitio llamado centralita, que actúa como un centro para el área local.
Se utilizan alrededor de 1000 ordenadores para responder a una sola consulta en un motor de búsqueda.
RED TRONCAL DE INTERNET
Las principales rutas por las que viajan los datos se conocen como la red troncal de Internet. Está compuesta por rúteres centrales conectados en todo el mundo por cables de fibra óptica.
3 Los gabinetes de carretera cercanos se conectan a la centralita con cable de fibra óptica.
VECINDARIO
1 Un ordenador portátil accede a internet a través de su conexión inalámbrica a un rúter doméstico.
2 Un rúter doméstico transmite paquetes de datos a dispositivos dentro de una red, como todos los dispositivos de un edificio, lo que les permite acceder a internet.
INTERNET EN CASA
Cuando una persona utiliza un portátil y la red wifi de su casa para comunicarse con su proveedor de servicios de internet, la señal viaja primero por los cables hasta un gabinete situado en la calle. Luego se dirige a internet. Gracias a este sistema, cualquier ordenador puede comunicarse con otro.

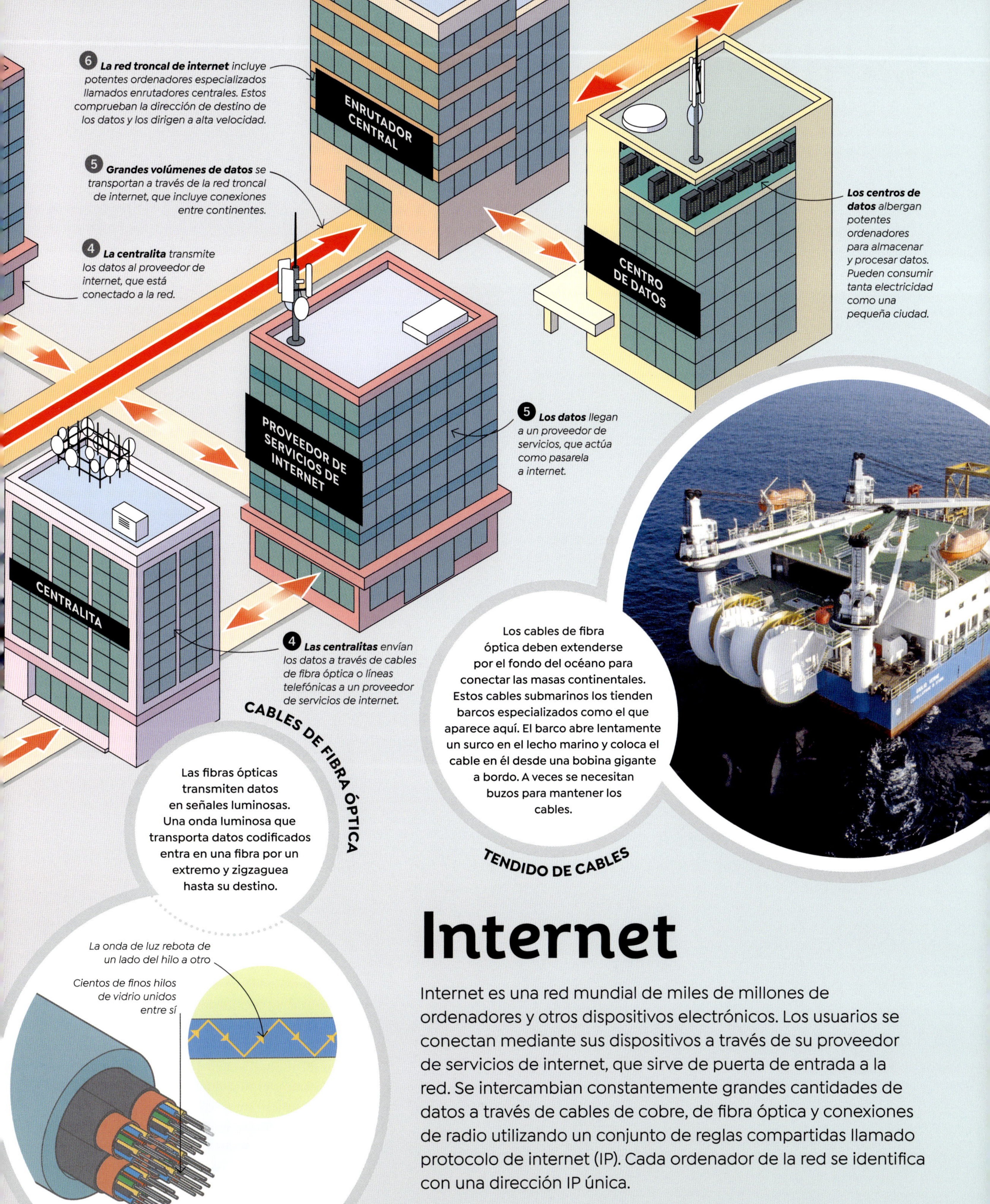

Internet

Internet es una red mundial de miles de millones de ordenadores y otros dispositivos electrónicos. Los usuarios se conectan mediante sus dispositivos a través de su proveedor de servicios de internet, que sirve de puerta de entrada a la red. Se intercambian constantemente grandes cantidades de datos a través de cables de cobre, de fibra óptica y conexiones de radio utilizando un conjunto de reglas compartidas llamado protocolo de internet (IP). Cada ordenador de la red se identifica con una dirección IP única.

Semiconductores

Los conductores permiten que la electricidad pase libremente a través de ellos, los aislantes no, y los semiconductores están en algún punto intermedio. El comportamiento de la electricidad en un semiconductor puede controlarse añadiendo impurezas a su estructura cristalina regular y repetitiva.

¿QUÉ ES UN SEMICONDUCTOR?

Una corriente eléctrica es un flujo de electrones. En un conductor, los electrones pueden fluir libremente, pero en un aislante están bloqueados por una gran barrera de energía conocida como banda prohibida.

A los electrones les cuesta cruzar la banda prohibida

BANDA DE CONDUCCIÓN

BANDA PROHIBIDA

BANDA DE VALENCIA

AISLANTE

La banda de valencia está ocupada por electrones

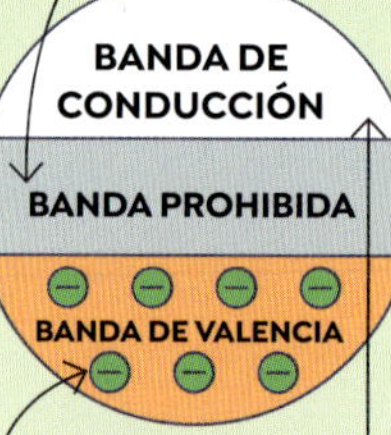

SEMICONDUCTOR

La banda de conducción puede estar ocupada por electrones

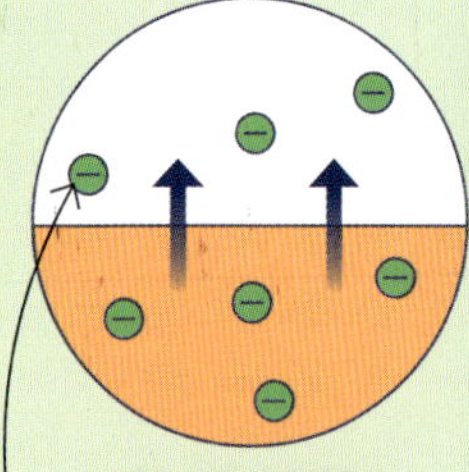

CONDUCTOR

Los electrones pueden moverse libremente sin banda prohibida

CÓMO FUNCIONA

Las propiedades eléctricas del silicio, que no es un buen conductor, pueden modificarse mediante el dopado. Esto implica añadir pequeñas cantidades de otros elementos, como fósforo o boro, para cambiar la distribución de cargas positivas y negativas, lo que ayuda a dirigir una corriente a través de él.

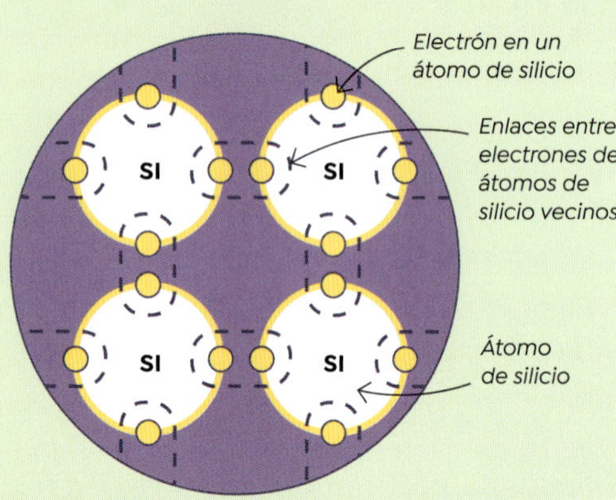

Electrón en un átomo de silicio

Enlaces entre electrones de átomos de silicio vecinos

Átomo de silicio

SILICIO PURO

El silicio puro está más cerca de ser un aislante que un conductor. Una corriente solo puede pasar cuando sus electrones reciben suficiente energía extra.

Electrón extra de un átomo de fósforo

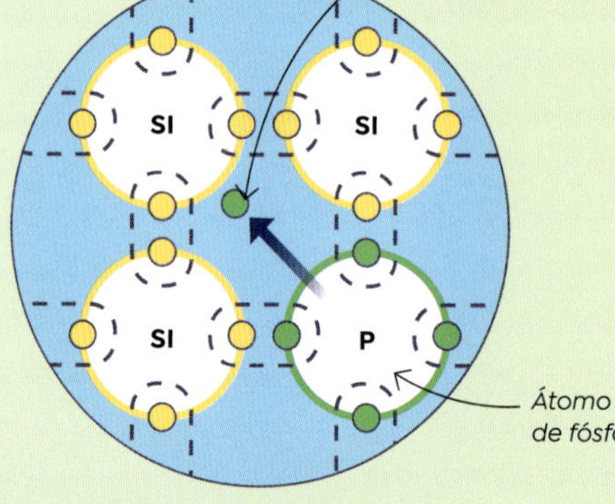

Átomo de fósforo

SEMICONDUCTOR DE TIPO N

Dopar el silicio con átomos de fósforo proporciona electrones libres, que pueden fluir dentro de su estructura. Esto tiene cargas negativas adicionales, por lo que se conoce como «tipo N».

El electrón se desplaza para llenar el hueco

El átomo de boro tiene un electrón menos, que actúa como un hueco

SI SI SI B

Átomo de boro

SEMICONDUCTOR DE TIPO P

Dopar el silicio con átomos de boro provoca una escasez de electrones libres, dejando huecos cargados positivamente (de ahí el «tipo P») que pueden moverse a través de la estructura.

OBLEAS SEMICONDUCTORAS

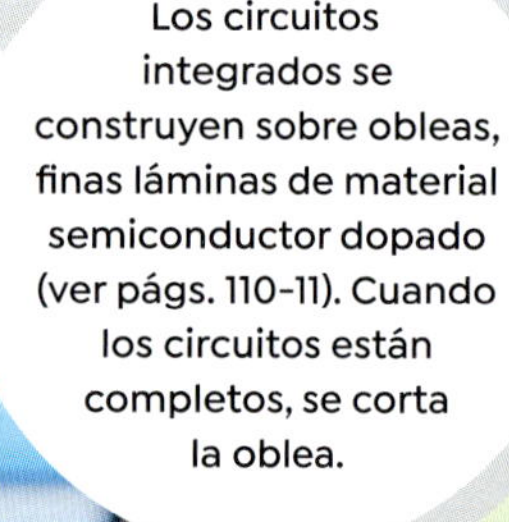

Los circuitos integrados se construyen sobre obleas, finas láminas de material semiconductor dopado (ver págs. 110-11). Cuando los circuitos están completos, se corta la oblea.

CIRCUITO INTEGRADO

Un circuito integrado, también conocido como chip, es un conjunto interconectado de componentes electrónicos construidos juntos en una pequeña pieza plana de material semiconductor. Los chips contienen muchos transistores diminutos (ver página siguiente) y otros componentes electrónicos.

Una cápsula de cerámica *protege el chip.*

El material conductor *permite que la corriente fluya entre los dispositivos.*

Una placa de circuito *ofrece una estructura en la que se conectan los componentes.*

Un chip contiene muchos circuitos ensamblados en un pequeño dispositivo.

TRANSISTOR

Los transistores son dispositivos que amplifican o conmutan señales eléctricas. Por lo general, se forman apilando tres capas de material semiconductor (como una capa de tipo P intercalada entre dos de tipo N), que corresponden a tres contactos eléctricos: la fuente, la puerta y el drenador. La corriente puede fluir a través de este tipo de transistor solo si se aplica un voltaje adecuado a la puerta. El flujo de corriente representa un 1 binario, mientras que la ausencia de corriente representa un 0.

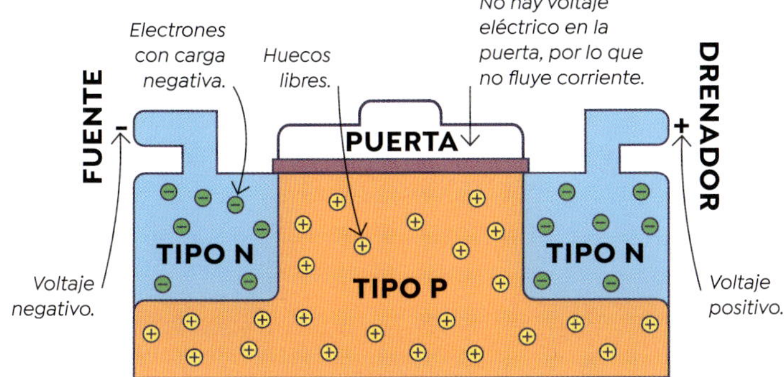

INTERRUPTOR APAGADO

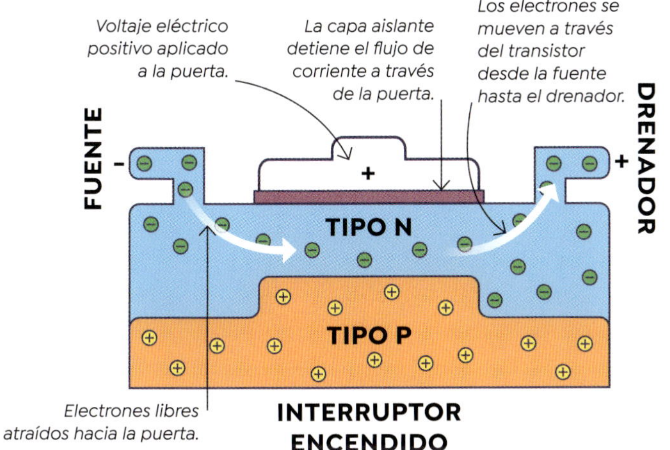

INTERRUPTOR ENCENDIDO

FOTODIODO

Un fotodiodo es un diodo semiconductor que produce una corriente eléctrica cuando absorbe partículas de luz. Una batería suministra un pequeño voltaje. Cuando la luz incide en el diodo, se produce una corriente eléctrica a medida que los electrones libres y los huecos comienzan a fluir.

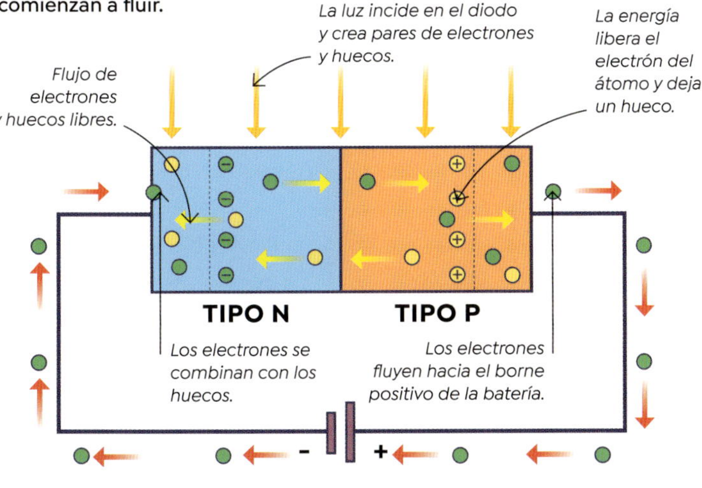

DIODO SEMICONDUCTOR

Un diodo conduce la electricidad principalmente en una dirección. Un diodo semiconductor está formado por dos piezas de material semiconductor (tipo P y tipo N) conectadas a terminales eléctricos. Los diodos se utilizan en sensores, luces y otros dispositivos.

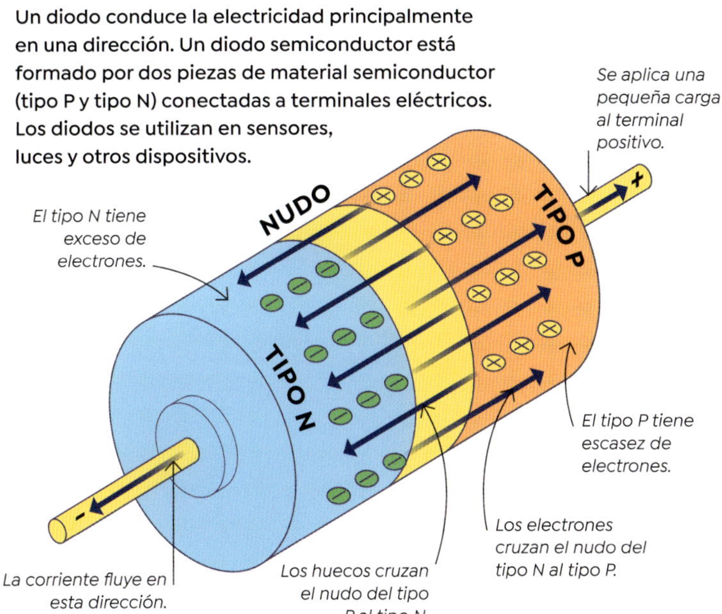

DIODO EMISOR DE LUZ

Un diodo emisor de luz (LED) emite luz cuando una corriente eléctrica fluye a través de él. Cuando el LED se conecta a una fuente de alimentación eléctrica, los electrones fluyen desde una región de tipo N a una región de tipo P, liberando energía en forma de partículas de luz llamadas fotones.

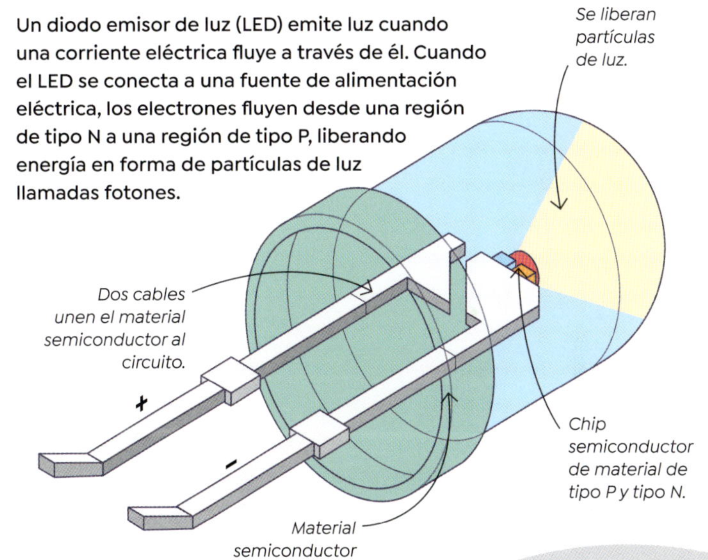

MILLONES DE LED

El MSG Sphere de Las Vegas tiene la pantalla LED de mayor resolución del mundo, que se curva en su interior para rodear al público. Mide 15.000 metros cuadrados.

ACELERÓMETROS

Un acelerómetro es un sensor que se utiliza para medir la aceleración del teléfono (la tasa de cambio de su velocidad). Tienen muchos usos en los teléfonos, como orientar la pantalla en posición vertical u horizontal, y como entrada para aplicaciones de *fitness*.

«Dedo» de masa sísmica

Electrodo fijo

EL TELÉFONO NO SE MUEVE
Los electrodos se colocan entre los «dedos» de una estructura en forma de peine llamada masa sísmica, creando un campo eléctrico. No fluye corriente cuando la masa está quieta.

La masa se desplaza en respuesta al movimiento

Los electrodos y los «dedos» se acercan

DETECCIÓN DE MOVIMIENTO
La masa se mueve y afecta al campo eléctrico alrededor de los electrodos para crear una corriente. Esto le indica a un procesador cuánto se mueve el teléfono.

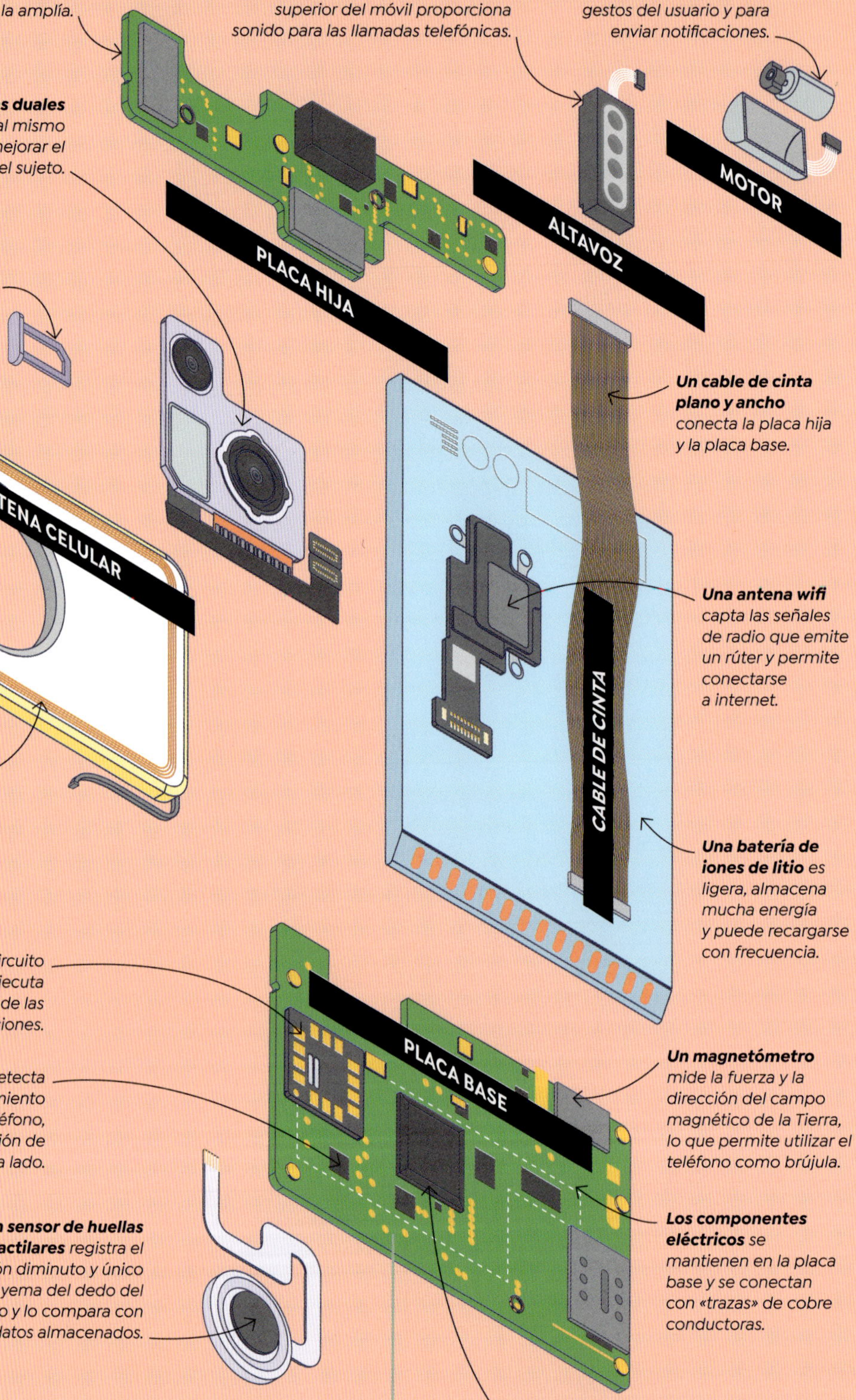

__Una placa de circuito secundaria,__ llamada placa hija, se conecta a la placa base y la amplía.

__Un altavoz «auricular» miniaturizado__ integrado en la parte superior del móvil proporciona sonido para las llamadas telefónicas.

__Un pequeño motor__ vibra para dar respuesta a los gestos del usuario y para enviar notificaciones.

__Las cámaras duales__ funcionan al mismo tiempo para mejorar el enfoque del sujeto.

__Una bandeja SIM__ contiene la tarjeta SIM, que almacena el número de identificación único del teléfono.

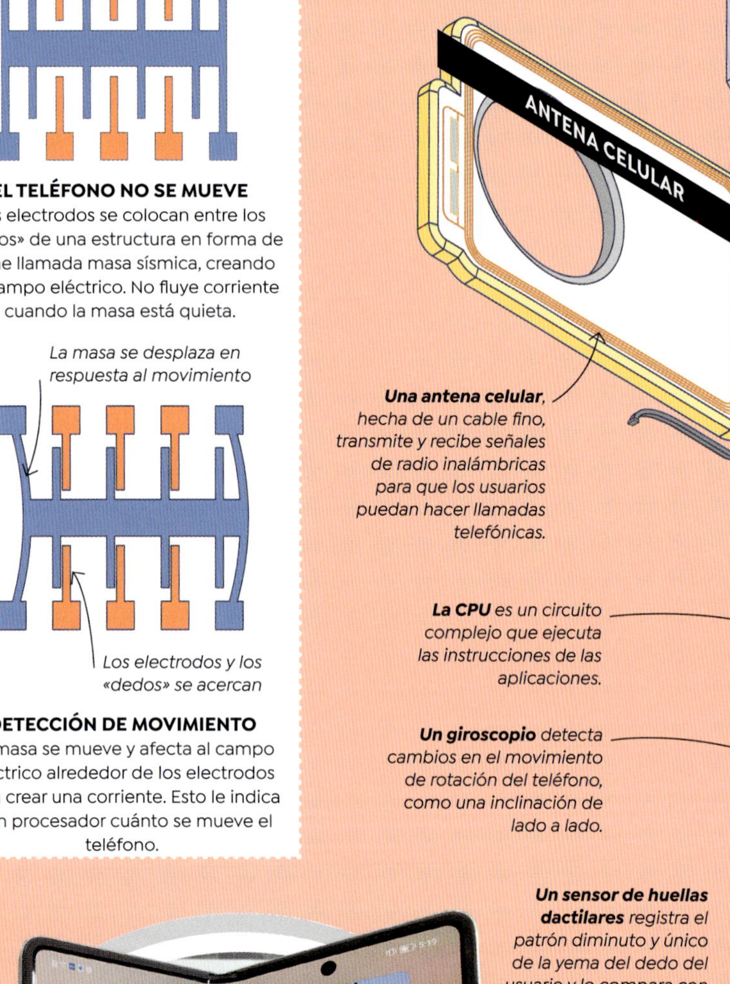

__Un cable de cinta plano y ancho__ conecta la placa hija y la placa base.

__Una antena wifi__ capta las señales de radio que emite un rúter y permite conectarse a internet.

__Una antena celular__, hecha de un cable fino, transmite y recibe señales de radio inalámbricas para que los usuarios puedan hacer llamadas telefónicas.

__Una batería de iones de litio__ es ligera, almacena mucha energía y puede recargarse con frecuencia.

__La CPU__ es un circuito complejo que ejecuta las instrucciones de las aplicaciones.

__Un giroscopio__ detecta cambios en el movimiento de rotación del teléfono, como una inclinación de lado a lado.

__Un magnetómetro__ mide la fuerza y la dirección del campo magnético de la Tierra, lo que permite utilizar el teléfono como brújula.

__Los componentes eléctricos__ se mantienen en la placa base y se conectan con «trazas» de cobre conductoras.

__Un sensor de huellas dactilares__ registra el patrón diminuto y único de la yema del dedo del usuario y lo compara con los datos almacenados.

__Un acelerómetro__ detecta cambios en el movimiento lineal del teléfono, como una caída o una sacudida (ver panel de la izquierda).

TELÉFONOS PLEGABLES

Los avances en la electrónica flexible han hecho posible que los móviles se puedan plegar y desplegar. Lo pueden hacer tanto en vertical, como un libro, como horizontal, como una «concha», que revela una pantalla más grande.

PLACA BASE

La placa base es un concentrador que conecta todo el *hardware* a la unidad central de procesamiento (CPU). Para mantenerla compacta, la placa base de un teléfono tiene menos conectores para añadir dispositivos periféricos en comparación con la placa base de un ordenador portátil.

Teléfonos inteligentes

Un teléfono inteligente es un dispositivo portátil que puede utilizarse no solo como teléfono, sino también como cámara, dispositivo GPS y ordenador con acceso a internet. Una pantalla táctil cubre la parte frontal, mientras que el interior está lleno de sensores y componentes de comunicación. Un teléfono también se puede personalizar descargando una amplia gama de aplicaciones de *software* (*apps*).

Casi toda la tecnología depende de la energía que se obtiene del mundo natural, sobre todo en forma de minerales extraídos del suelo o del viento, la luz solar o el agua. Antes de que pueda emplearse en casa o en la industria, esta energía debe transformarse en formas utilizables.

Energía e industria

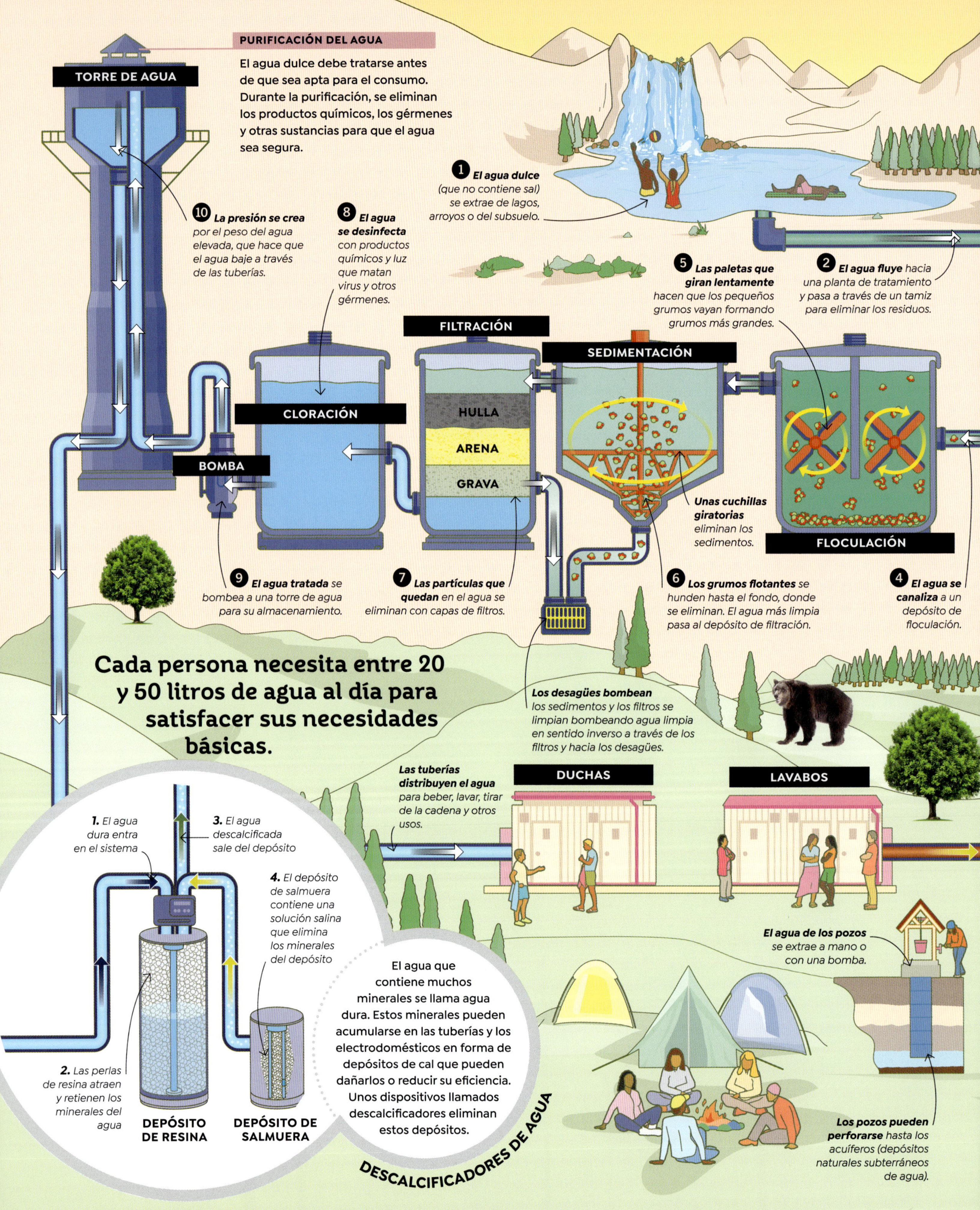

PURIFICACIÓN DEL AGUA
El agua dulce debe tratarse antes de que sea apta para el consumo. Durante la purificación, se eliminan los productos químicos, los gérmenes y otras sustancias para que el agua sea segura.
TORRE DE AGUA
1 El agua dulce (que no contiene sal) se extrae de lagos, arroyos o del subsuelo.
2 El agua fluye hacia una planta de tratamiento y pasa a través de un tamiz para eliminar los residuos.
3
4 El agua se canaliza a un depósito de floculación.
5 Las paletas que giran lentamente hacen que los pequeños grumos vayan formando grumos más grandes.
6 Los grumos flotantes se hunden hasta el fondo, donde se eliminan. El agua más limpia pasa al depósito de filtración.
7 Las partículas que quedan en el agua se eliminan con capas de filtros.
8 El agua se desinfecta con productos químicos y luz que matan virus y otros gérmenes.
9 El agua tratada se bombea a una torre de agua para su almacenamiento.
10 La presión se crea por el peso del agua elevada, que hace que el agua baje a través de las tuberías.
FILTRACIÓN
HULLA
ARENA
GRAVA
SEDIMENTACIÓN
CLORACIÓN
BOMBA
FLOCULACIÓN
Unas cuchillas giratorias eliminan los sedimentos.
Los desagües bombean los sedimentos y los filtros se limpian bombeando agua limpia en sentido inverso a través de los filtros y hacia los desagües.
Cada persona necesita entre 20 y 50 litros de agua al día para satisfacer sus necesidades básicas.
Las tuberías distribuyen el agua para beber, lavar, tirar de la cadena y otros usos.
DUCHAS
LAVABOS
El agua de los pozos se extrae a mano o con una bomba.
Los pozos pueden perforarse hasta los acuíferos (depósitos naturales subterráneos de agua).
DESCALCIFICADORES DE AGUA
1. El agua dura entra en el sistema
2. Las perlas de resina atraen y retienen los minerales del agua
3. El agua descalcificada sale del depósito
4. El depósito de salmuera contiene una solución salina que elimina los minerales del depósito
DEPÓSITO DE RESINA
DEPÓSITO DE SALMUERA
El agua que contiene muchos minerales se llama agua dura. Estos minerales pueden acumularse en las tuberías y los electrodomésticos en forma de depósitos de cal que pueden dañarlos o reducir su eficiencia. Unos dispositivos llamados descalcificadores eliminan estos depósitos.

Suministro de agua y alcantarillado

El agua es un recurso natural fundamental. Por lo general, se extrae de ríos y lagos, que se nutren de la lluvia y también de aguas residuales. Antes de llegar a casa, el agua se purifica para hacerla potable. Después de usarla, se va por desagües y alcantarillas. Esta agua se trata para limpiarla antes de que vuelva a un río o lago.

COAGULACIÓN

El coagulante *sale de un depósito de almacenamiento y va al agua de abajo.*

3 ***El sulfato de amonio****, un coagulante, favorece la formación de pequeños grumos de impurezas para facilitar su eliminación posterior.*

SISTEMAS DE AGUA INTELIGENTES

La gestión inteligente del agua consiste en recopilar y analizar datos de todas las redes de suministro y tratamiento en tiempo real. Esto permite gestionar estas redes con mayor eficacia. Por ejemplo, un sistema inteligente de riego de parques calcula la cantidad de agua que necesita cada zona en función del estado del suelo y la previsión meteorológica. También se detectan fugas, lo que ayuda a reducir el derroche de agua.

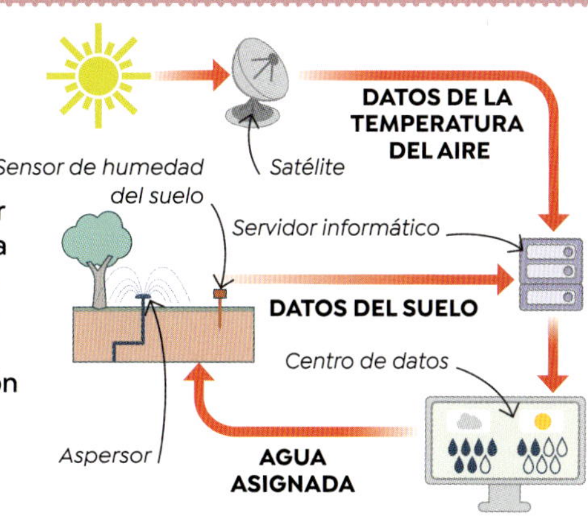

El trabajo de un buzo de aguas negras es sucio y peligroso. Se sumergen en las alcantarillas para hacer mantenimiento y buscar objetos extraños que bloqueen el flujo de aguas residuales.

BUZOS DE AGUAS NEGRAS

TRATAMIENTO DEL AGUA

Las aguas residuales deben tratarse antes de poder devolverlas a los ríos y mares para evitar la contaminación. El proceso implica la eliminación de diversos contaminantes del agua.

3 ***Las bacterias convierten los compuestos nocivos del nitrógeno*** *en gas nitrógeno, que se libera.*

DEPÓSITO DE TRATAMIENTO BIOLÓGICO

DEPÓSITO DE AIREACIÓN

4 ***Se bombea aire*** *al agua para ayudar al crecimiento de las bacterias y descomponer los contaminantes restantes.*

2 ***El agua se bombea*** *al depósito de tratamiento biológico.*

Los residuos sólidos *se bombean a la tolva de lodos.*

Una pala que gira lentamente *en la tolva de lodos mueve los residuos sólidos hasta la base.*

CLARIFICADOR

TOLVA DE LODOS

DEPÓSITO DE SEDIMENTACIÓN FINAL

1 ***Las sustancias sedimentadas y flotantes*** *se eliminan del agua.*

Los líquidos *se devuelven al clarificador.*

El lodo seco *puede utilizarse como fertilizante.*

5 ***El depósito de sedimentación final*** *filtra más partículas y residuos antes de bombear el agua de vuelta a las fuentes naturales de agua.*

Centrales eléctricas

Las centrales eléctricas son instalaciones que generan electricidad. En la mayoría de las centrales eléctricas, la energía química que contienen el carbón, el petróleo o el gas se convierte, mediante una serie de procesos, en energía eléctrica, que luego pasa a una red eléctrica para su uso en otros lugares. Los gases de efecto invernadero que se liberan cuando se queman combustibles fósiles en estas centrales eléctricas son los principales responsables del cambio climático.

QUEMA DE COMBUSTIBLE

El agua de la caldera se calienta a más de 500 °C. El carbón, el petróleo y el gas son extremadamente densos en energía, por lo que liberan cantidades masivas cuando se queman.

Los combustibles fósiles representan el 80 % de la generación de energía mundial.

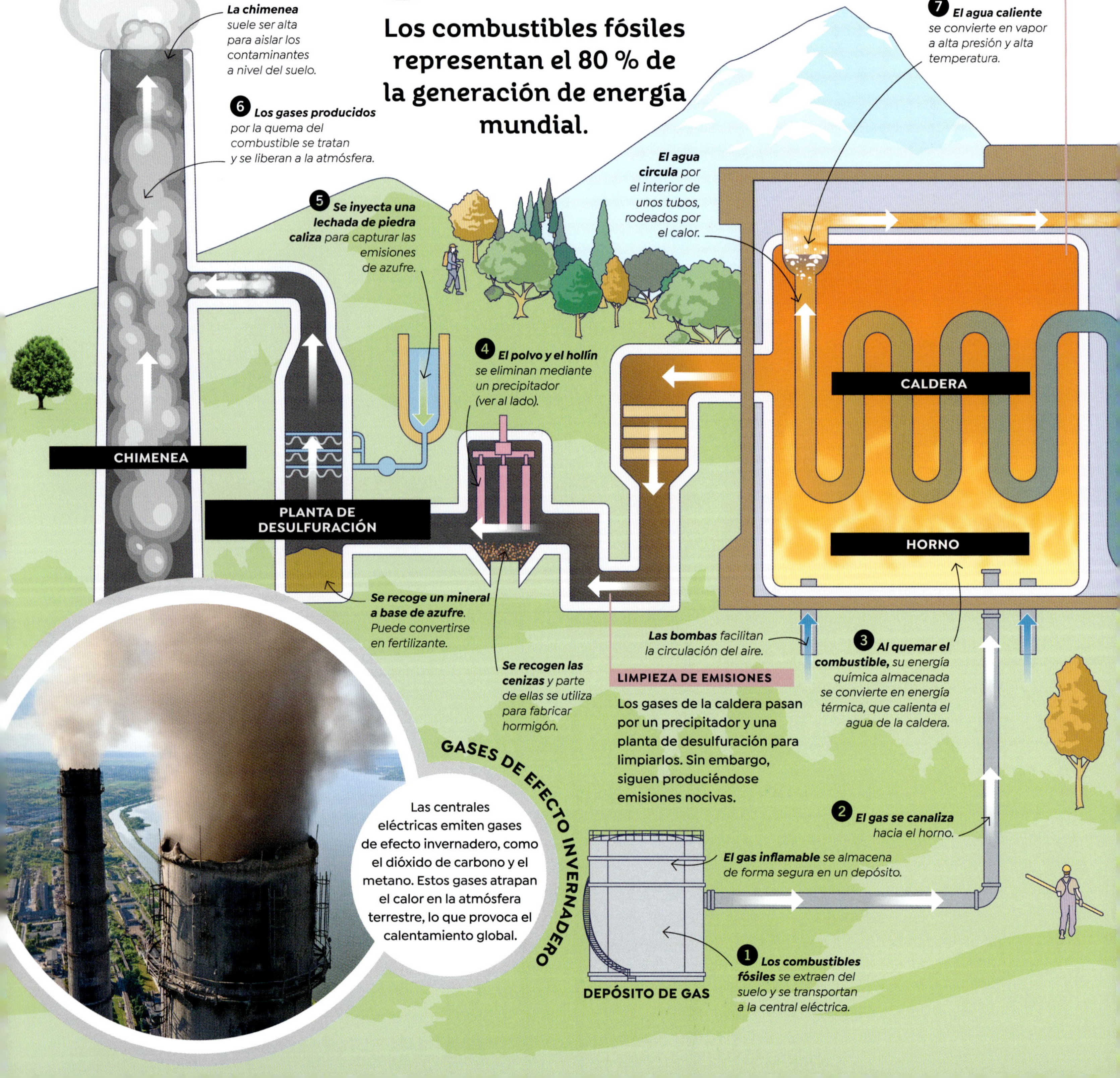

La chimenea *suele ser alta para aislar los contaminantes a nivel del suelo.*

7 ***El agua caliente*** *se convierte en vapor a alta presión y alta temperatura.*

6 ***Los gases producidos*** *por la quema del combustible se tratan y se liberan a la atmósfera.*

El agua circula *por el interior de unos tubos, rodeados por el calor.*

5 ***Se inyecta una lechada de piedra caliza*** *para capturar las emisiones de azufre.*

4 ***El polvo y el hollín*** *se eliminan mediante un precipitador (ver al lado).*

CALDERA

CHIMENEA

PLANTA DE DESULFURACIÓN

HORNO

Se recoge un mineral a base de azufre. *Puede convertirse en fertilizante.*

Las bombas *facilitan la circulación del aire.*

3 ***Al quemar el combustible,*** *su energía química almacenada se convierte en energía térmica, que calienta el agua de la caldera.*

Se recogen las cenizas *y parte de ellas se utiliza para fabricar hormigón.*

LIMPIEZA DE EMISIONES

Los gases de la caldera pasan por un precipitador y una planta de desulfuración para limpiarlos. Sin embargo, siguen produciéndose emisiones nocivas.

GASES DE EFECTO INVERNADERO

Las centrales eléctricas emiten gases de efecto invernadero, como el dióxido de carbono y el metano. Estos gases atrapan el calor en la atmósfera terrestre, lo que provoca el calentamiento global.

2 ***El gas se canaliza*** *hacia el horno.*

El gas inflamable *se almacena de forma segura en un depósito.*

DEPÓSITO DE GAS

1 ***Los combustibles fósiles*** *se extraen del suelo y se transportan a la central eléctrica.*

CAPTURA DE CARBONO

Las tecnologías de captura de carbono eliminan el dióxido de carbono, ya sea de la atmósfera o de una fuente como la chimenea de una central eléctrica, para almacenarlo bajo tierra o utilizarlo posteriormente. Con la captura de carbono se espera minimizar la concentración de carbono en la atmósfera y, por tanto, luchar contra el cambio climático. Sin embargo, sigue sin estar claro si estas tecnologías pueden implementarse a una escala lo bastante grande para ser útiles.

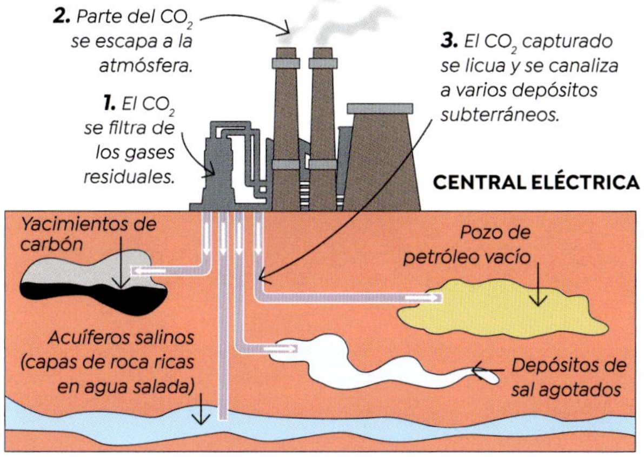

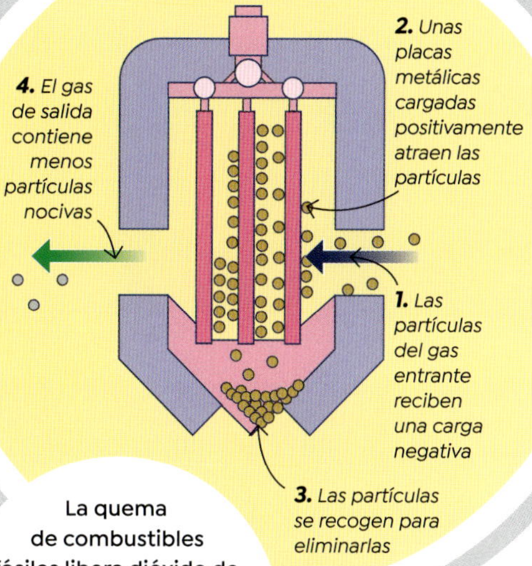

PRECIPITADORES

La quema de combustibles fósiles libera dióxido de azufre, un contaminante. Los precipitadores eliminan la mayor parte del azufre de los gases de escape antes de que lleguen a la atmósfera.

8 ***El vapor pasa a través de la turbina***, *moviendo las palas y haciéndolas girar rápidamente.*

9 ***La turbina giratoria acciona un generador***, *que convierte la energía cinética en energía eléctrica.*

10 ***Un transformador elevador*** *aumenta la tensión y disminuye la corriente para su transmisión.*

11 ***La electricidad se transmite*** *a través de líneas aéreas sostenidas por torres y cables subterráneos.*

12 ***El voltaje se reduce*** *y queda listo para su uso en casas y empresas.*

Las líneas de distribución *suministran electricidad a los edificios.*

13 ***El vapor de la turbina*** *se enfría por debajo del punto de ebullición, convirtiéndose de nuevo en agua caliente, que se conduce a torres de refrigeración.*

14 ***El vapor se desplaza*** *a la parte superior de la torre, mientras que el agua fría se acumula en la parte inferior.*

15 ***El agua fría*** *se canaliza de vuelta al condensador para eliminar el calor del vapor y convertirlo de nuevo en agua.*

16 ***Una vez enfriada***, *el agua regresa a a caldera.*

Se necesita agua *para generar energía, por lo que las centrales suelen estar cerca de masas de agua.*

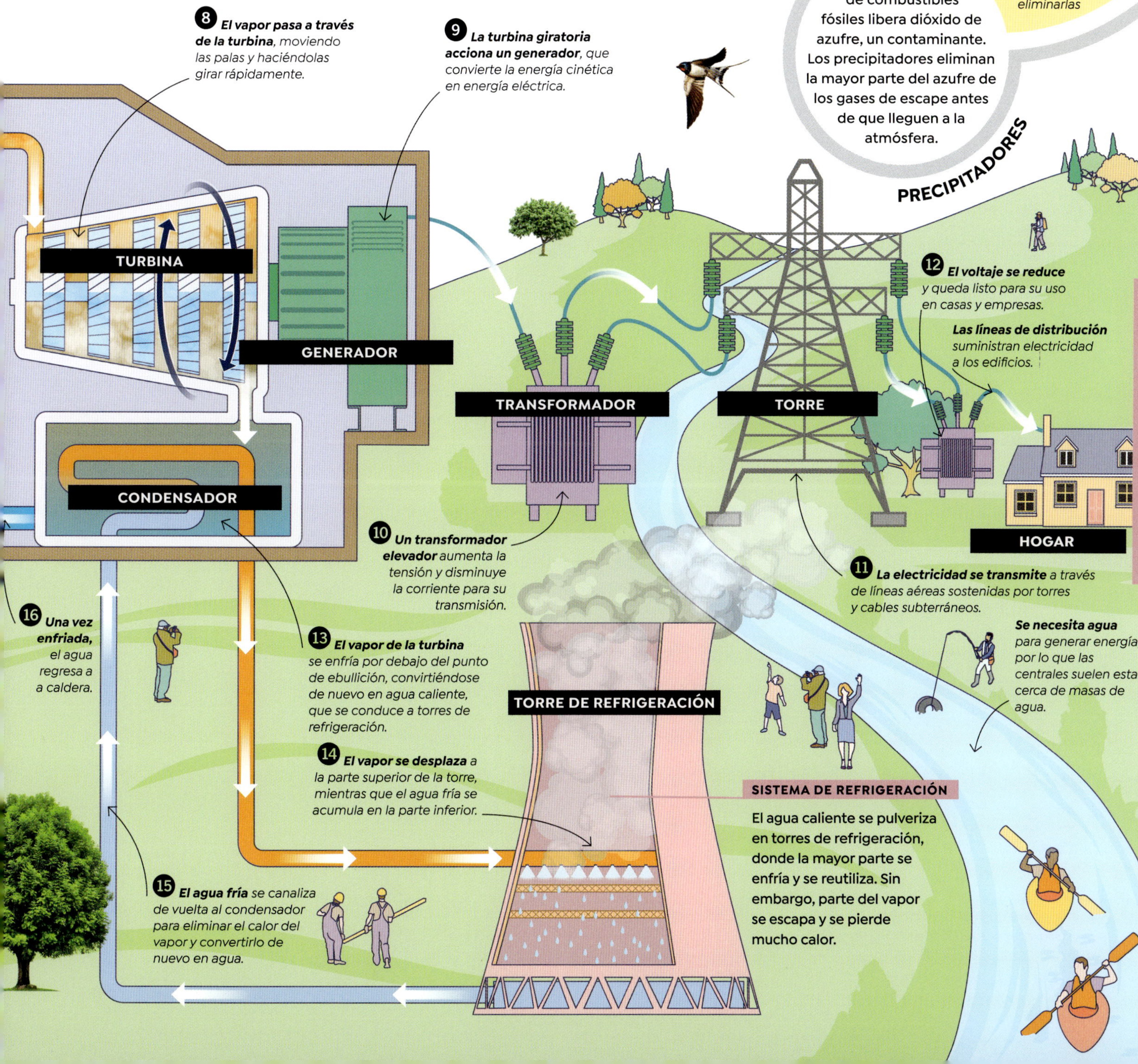

SISTEMA DE REFRIGERACIÓN

El agua caliente se pulveriza en torres de refrigeración, donde la mayor parte se enfría y se reutiliza. Sin embargo, parte del vapor se escapa y se pierde mucho calor.

Energía nuclear

La energía nuclear aprovecha la energía que se libera en el interior de los átomos cuando se dividen (fisión nuclear). También se espera obtener energía de la unión de átomos (fusión nuclear). La energía se utiliza para calentar agua y hacer girar turbinas de vapor para generar electricidad, de forma muy similar a las centrales eléctricas de combustibles fósiles, aunque la energía nuclear no produce dióxido de carbono.

INSTALACIÓN DEL REACTOR

La instalación de un reactor nuclear es una operación de gran envergadura. La construcción del reactor Hinkley Point C del Reino Unido (que aparece aquí) precisó de la grúa más grande del mundo, Big Carl, que mide 250 m de altura.

FISIÓN Y FUSIÓN

Hoy en día, la energía nuclear se basa en la fisión nuclear. En este proceso, un núcleo atómico se divide, lo que libera una explosión de energía y fragmentos más ligeros que dan lugar a una reacción en cadena. La fusión nuclear es el proceso inverso, en el que múltiples núcleos se fusionan para formar un núcleo más pesado. Se espera que en el futuro se pueda aprovechar la energía de la fusión.

1. Un neutrón (una partícula subatómica) golpea el núcleo de un átomo y lo vuelve inestable

2. El núcleo se divide en dos

3. Se liberan calor, luz y otras formas de energía

4. Se liberan más neutrones, que golpean más núcleos

FISIÓN NUCLEAR

1. Dos núcleos de hidrógeno chocan

2. Los núcleos se fusionan para formar un núcleo más grande

3. El helio es un producto de la reacción

4. Se libera una gran cantidad de energía

5. Se expulsa el neutrón sobrante

FUSIÓN NUCLEAR

CÚPULA PROTECTORA

VIGILANCIA

SALA DE CONTROL

PANEL DE CONTROL

Los manómetros controlan la presión en el reactor.

SALA DE CONTROL

La fisión nuclear tiene lugar en una estructura denominada reactor. En la sala de control se supervisan en tiempo real los datos del reactor para que la fisión se mantenga y avance a un ritmo seguro.

1 ***Los operadores controlan*** *la reacción de forma remota moviendo estructuras llamadas barras de control dentro y fuera del reactor.*

La información del reactor permite a los operadores realizar todas las actividades y tareas vitales, desde la vigilancia rutinaria hasta la gestión de emergencias.

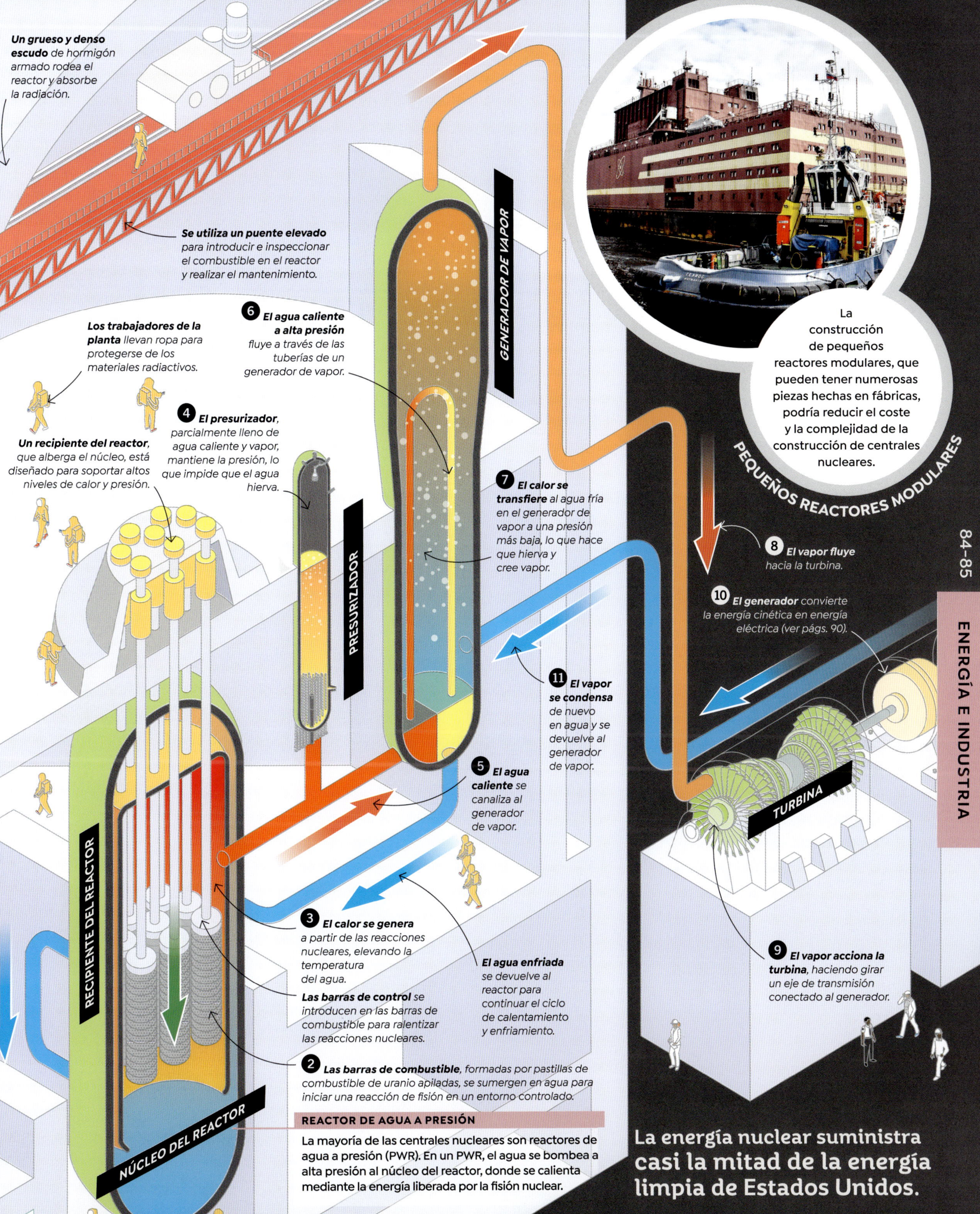

Un grueso y denso escudo de hormigón armado rodea el reactor y absorbe la radiación.
Se utiliza un puente elevado para introducir e inspeccionar el combustible en el reactor y realizar el mantenimiento.
Los trabajadores de la planta llevan ropa para protegerse de los materiales radiactivos.
Un recipiente del reactor, que alberga el núcleo, está diseñado para soportar altos niveles de calor y presión.
4 **El presurizador**, parcialmente lleno de agua caliente y vapor, mantiene la presión, lo que impide que el agua hierva.
6 **El agua caliente a alta presión** fluye a través de las tuberías de un generador de vapor.
GENERADOR DE VAPOR
PRESURIZADOR
7 **El calor se transfiere** al agua fría en el generador de vapor a una presión más baja, lo que hace que hierva y cree vapor.
La construcción de pequeños reactores modulares, que pueden tener numerosas piezas hechas en fábricas, podría reducir el coste y la complejidad de la construcción de centrales nucleares.
PEQUEÑOS REACTORES MODULARES
8 **El vapor fluye** hacia la turbina.
10 **El generador** convierte la energía cinética en energía eléctrica (ver págs. 90).
11 **El vapor se condensa** de nuevo en agua y se devuelve al generador de vapor.
5 **El agua caliente** se canaliza al generador de vapor.
TURBINA
RECIPIENTE DEL REACTOR
3 **El calor se genera** a partir de las reacciones nucleares, elevando la temperatura del agua.
El agua enfriada se devuelve al reactor para continuar el ciclo de calentamiento y enfriamiento.
9 **El vapor acciona la turbina**, haciendo girar un eje de transmisión conectado al generador.
Las barras de control se introducen en las barras de combustible para ralentizar las reacciones nucleares.
2 **Las barras de combustible**, formadas por pastillas de combustible de uranio apiladas, se sumergen en agua para iniciar una reacción de fisión en un entorno controlado.
NÚCLEO DEL REACTOR
REACTOR DE AGUA A PRESIÓN
La mayoría de las centrales nucleares son reactores de agua a presión (PWR). En un PWR, el agua se bombea a alta presión al núcleo del reactor, donde se calienta mediante la energía liberada por la fisión nuclear.
La energía nuclear suministra casi la mitad de la energía limpia de Estados Unidos.

Residuos nucleares

La generación de energía nuclear, la fabricación de armas nucleares y algunas otras industrias generan residuos radiactivos. Para proteger a las personas y al medio ambiente, estos residuos deben manipularse con cuidado, colocarse en contenedores resistentes y almacenarse en lugares especiales, muchos de ellos bajo tierra.

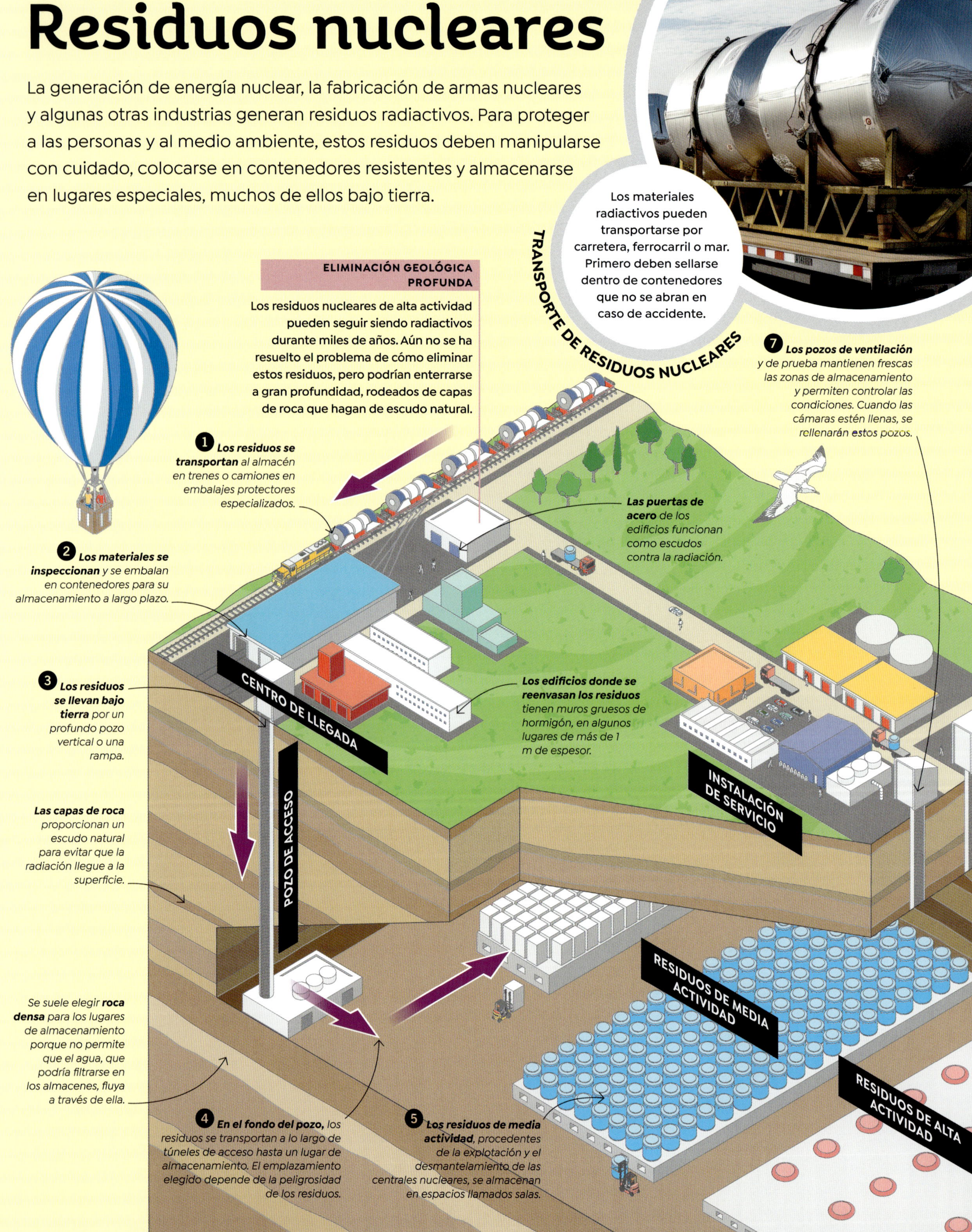

Los residuos nucleares de alta actividad siguen siendo muy radiactivos durante decenas de miles de años.

ELIMINACIÓN CERCA DE LA SUPERFICIE

Muchos residuos nucleares pueden almacenarse de forma segura bajo tierra. Los residuos se colocan en cámaras de varios metros de profundidad y se cubren cuando están llenas.

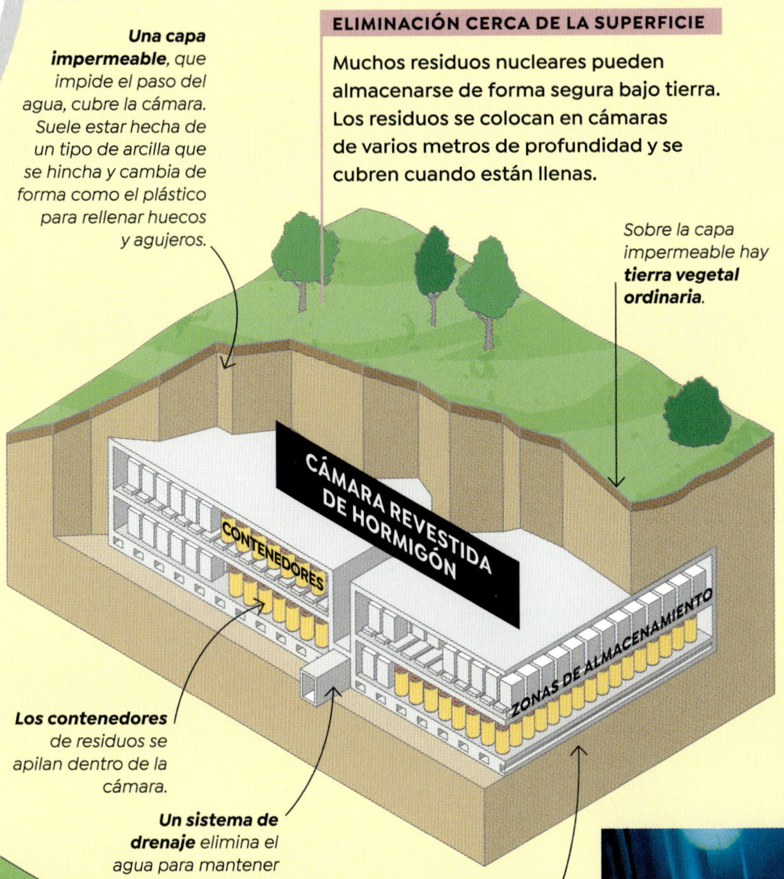

*Una capa **impermeable**, que impide el paso del agua, cubre la cámara. Suele estar hecha de un tipo de arcilla que se hincha y cambia de forma como el plástico para rellenar huecos y agujeros.*

*Sobre la capa impermeable hay **tierra vegetal ordinaria**.*

***Los contenedores** de residuos se apilan dentro de la cámara.*

*Un **sistema de drenaje** elimina el agua para mantener secos los residuos.*

***Las zonas de almacenamiento** son de hormigón y se construyen sobre cimientos sólidos para evitar daños por movimientos del terreno.*

6 ***Los contenedores de residuos de alta actividad** se colocan en pozos profundos perforados en el suelo de una cámara o túnel. La parte superior de cada agujero se rellena con arcilla para absorber el agua y se sella con una losa de hormigón.*

ALMACENAMIENTO EN CONTENEDORES SECOS

Un método de almacenamiento de residuos nucleares es en contenedores secos. Es un método adecuado para el combustible usado que ya se ha enfriado en una piscina. Las barras de combustible se colocan en un cilindro metálico, donde se rodean de gas no reactivo para reducir la cantidad de calor transferido al exterior. Después, el cilindro se coloca en un cilindro exterior de hormigón para aumentar la protección contra la radiación.

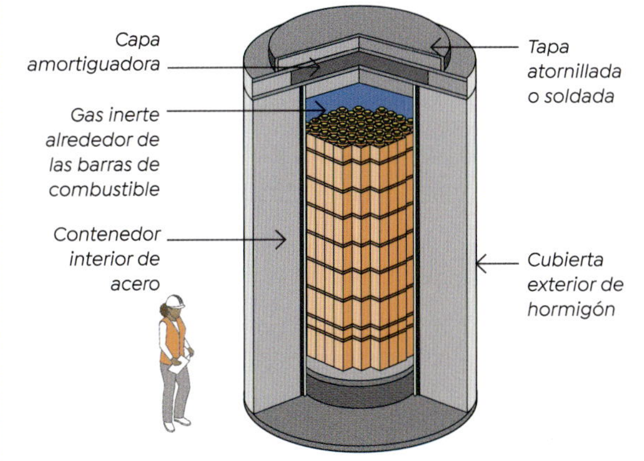

PISCINAS DE COMBUSTIBLE GASTADO

El combustible nuclear usado puede almacenarse en enormes piscinas de agua. El material radiactivo se coloca en estantes y se sumerge en al menos 12 m de agua, que enfría el combustible y protege su entorno de la radiación.

Energía hidroeléctrica

En una central hidroeléctrica, la energía del agua que fluye hacia abajo se utiliza para alimentar un generador y producir electricidad. El agua sigue fluyendo, ya sea con la ayuda de bombas o como parte del ciclo natural del agua, lo que significa que la energía hidroeléctrica es una fuente de energía renovable.

Los terrenos más adecuados para las centrales hidroeléctricas de almacenamiento por bombeo son los ***terrenos montañosos o accidentados****. El agua almacenada a mayor altura tiene más energía potencial que puede convertirse en electricidad.*

AEROGENERADOR

EMBALSE SUPERIOR

1 ***El agua se acumula*** *en un embalse situado en un terreno elevado. Una barrera llamada compuerta deslizante impide que el agua fluya cuesta abajo.*

Los filtros integrados *evitan que los peces, los sedimentos y otros residuos entren en el sistema y dañen las turbinas.*

El exceso de energía generada por los aerogeneradores *se puede usar para bombear el agua hacia arriba y evitar el desperdicio de electricidad.*

COMPUERTA DESLIZANTE

Las líneas eléctricas *transportan la corriente eléctrica.*

2 ***La compuerta deslizante*** *se eleva y permite que el agua almacenada en el embalse fluya hacia abajo por un canal llamado tubería forzada.*

7 ***Cuando la demanda de electricidad*** *es baja, el exceso de energía eléctrica se utiliza para hacer funcionar la turbina en sentido inverso y bombear el agua hacia arriba, almacenando la energía gravitacional para su uso posterior.*

GENERADOR

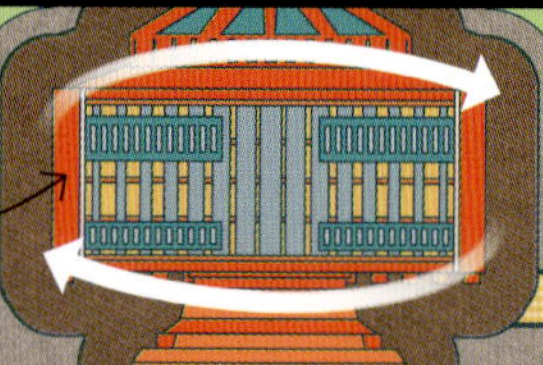

4 ***El generador*** *convierte la energía cinética en energía eléctrica.*

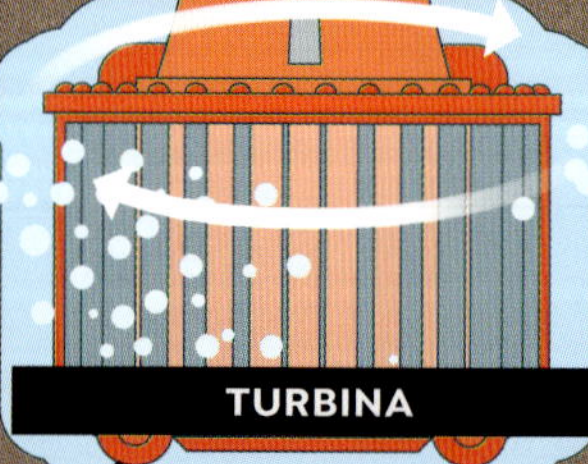

TURBINA

3 ***El agua fluye por la turbina*** *y hace girar sus álabes. Un eje sube desde la turbina hasta el generador y hace que se mueva a la misma velocidad.*

TURBINAS FRANCIS

Las palas hacen girar el eje de transmisión, que se conecta al generador

La carcasa en espiral guía el agua por una trayectoria curva

Las palas fijas reducen el movimiento giratorio del agua

Las palas giratorias controlan el caudal

Entrada de agua

Uno de los tipos más comunes de turbina hidráulica es la turbina Francis. El agua entra por una trayectoria curva. Golpea y hace girar los álabes de la turbina (que están conectados a un eje de transmisión) y luego sale por el centro de la turbina. Las turbinas están diseñadas para que el agua sea guiada hacia los álabes con un mínimo de turbulencia que desperdicie energía.

En Noruega, el 96 % de toda la electricidad se genera mediante energía hidroeléctrica renovable.

PRESAS HIDROELÉCTRICAS

En muchos sistemas de energía hidroeléctrica, el agua se contiene tras una fuerte barrera llamada presa. Las presas hidroeléctricas pueden ser de tamaño moderado o enorme. La presa más grande del mundo es la de las Tres Gargantas, en el río Yangtsé (China), con 2,3 km de longitud, 185 m de altura sobre el nivel del mar y 34 turbinas.

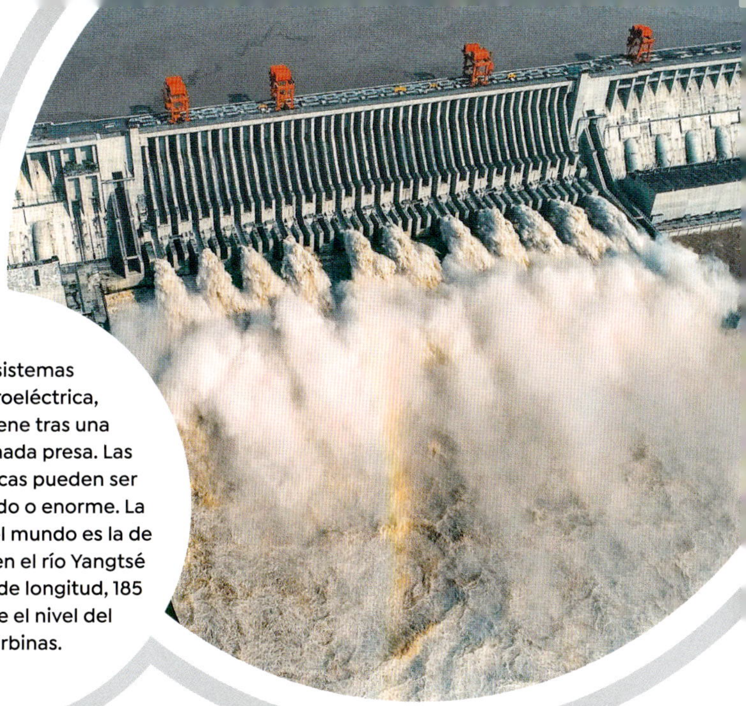

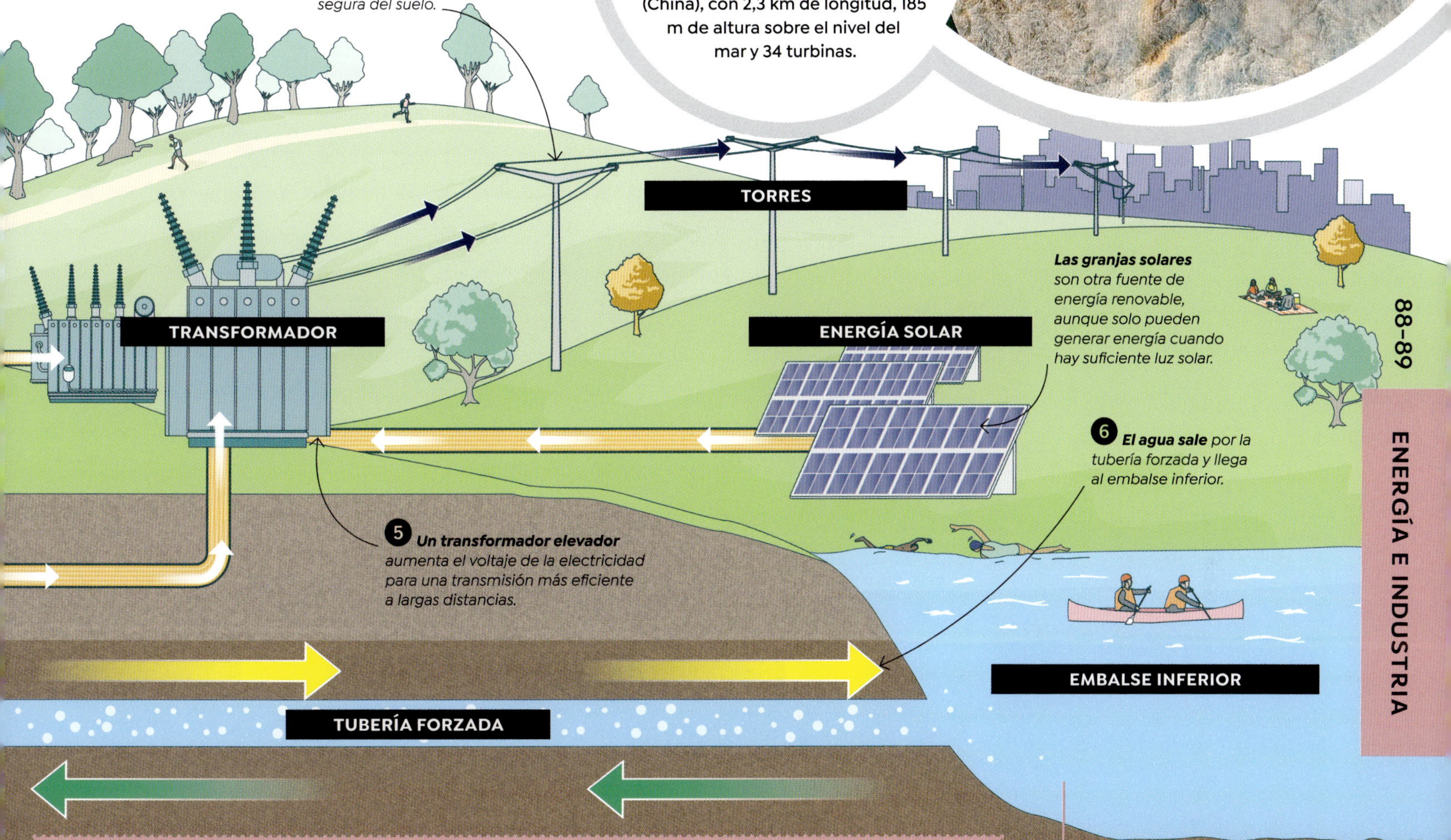

Los cables eléctricos aéreos *se mantienen elevados mediante torres, a una distancia segura del suelo.*
TORRES
TRANSFORMADOR
ENERGÍA SOLAR
Las granjas solares *son otra fuente de energía renovable, aunque solo pueden generar energía cuando hay suficiente luz solar.*
6 ***El agua sale*** *por la tubería forzada y llega al embalse inferior.*
5 ***Un transformador elevador*** *aumenta el voltaje de la electricidad para una transmisión más eficiente a largas distancias.*
EMBALSE INFERIOR
TUBERÍA FORZADA

ENERGÍA MAREOMOTRIZ

La energía mareomotriz aprovecha la energía fiable de las mareas: la subida y bajada de los mares bajo la influencia gravitacional del Sol y la Luna. Al igual que en otras centrales hidroeléctricas, se usan turbinas para convertir la energía cinética del agua en movimiento en energía eléctrica. Las turbinas pueden ser independientes, como las eólicas submarinas, o formar parte de una estructura más grande, como una presa de marea (en esta imagen).

Transformador
Generador
El agua se retiene en la cuenca de marea y luego se libera en el túnel de la turbina
Las compuertas controlan el paso del agua por la turbina
PRESA
OCÉANO
CUENCA DE MAREA
La turbina acciona el generador cuando el agua fluye en cualquier dirección.
FONDO DEL ESTUARIO

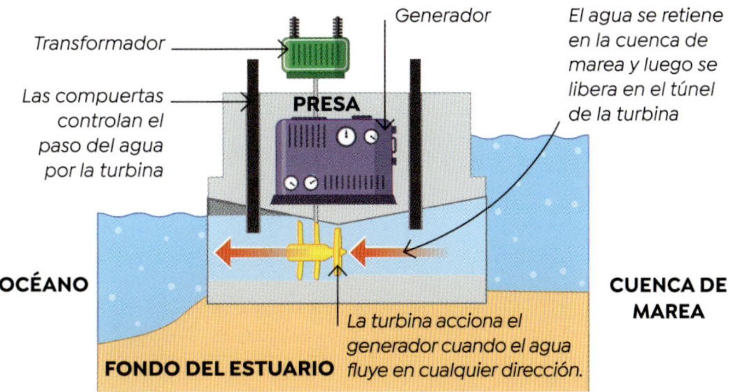

ALMACENAMIENTO POR BOMBEO

Los sistemas hidroeléctricos de almacenamiento por bombeo ayudan a equilibrar la oferta y la demanda de energía. Cuando la oferta supera la demanda, la electricidad se utiliza para bombear agua cuesta arriba. Cuando aumenta la demanda, se libera agua para generar electricidad.

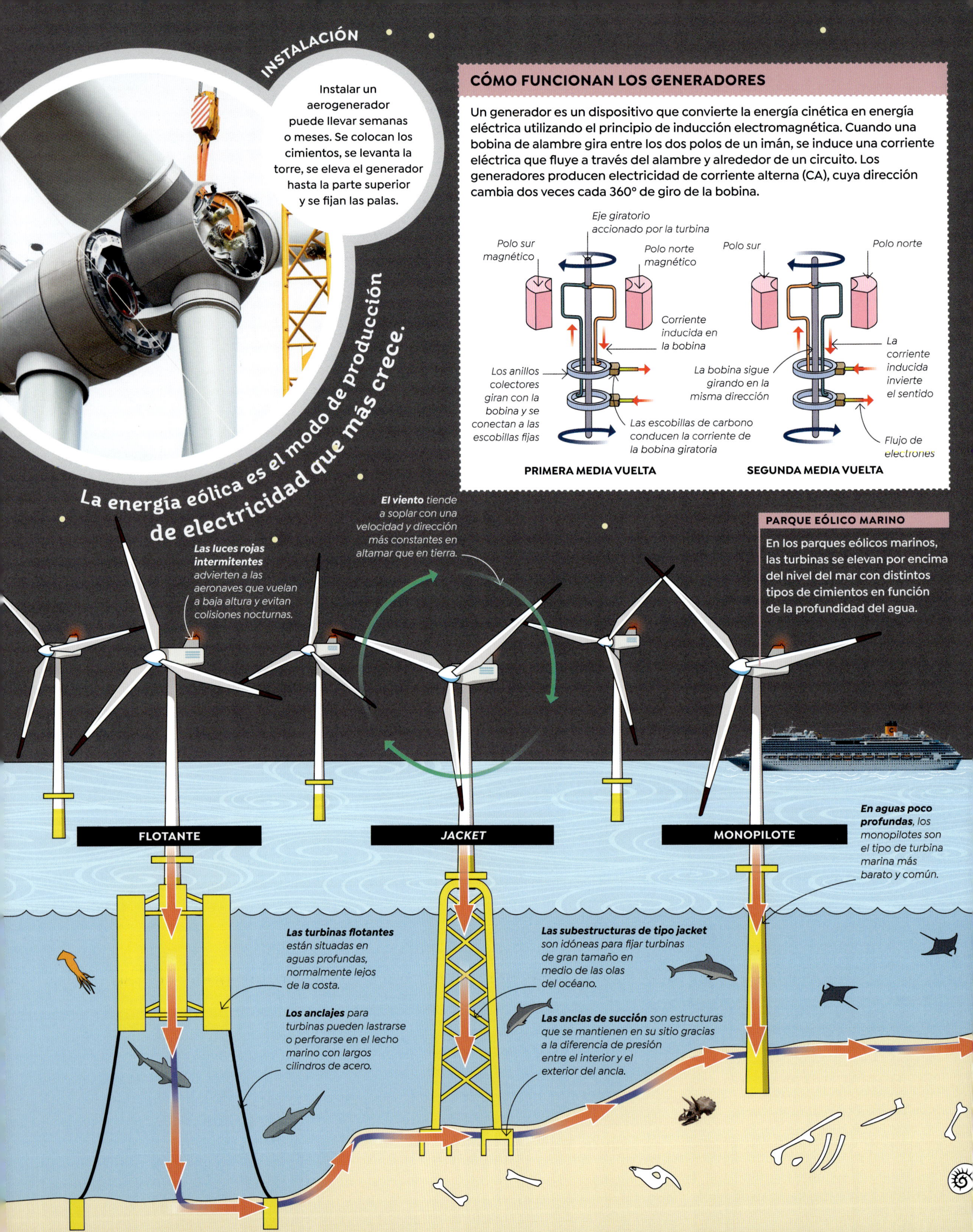
INSTALACIÓN
Instalar un aerogenerador puede llevar semanas o meses. Se colocan los cimientos, se levanta la torre, se eleva el generador hasta la parte superior y se fijan las palas.
La energía eólica es el modo de producción de electricidad que más crece.
CÓMO FUNCIONAN LOS GENERADORES
Un generador es un dispositivo que convierte la energía cinética en energía eléctrica utilizando el principio de inducción electromagnética. Cuando una bobina de alambre gira entre los dos polos de un imán, se induce una corriente eléctrica que fluye a través del alambre y alrededor de un circuito. Los generadores producen electricidad de corriente alterna (CA), cuya dirección cambia dos veces cada 360° de giro de la bobina.
Eje giratorio accionado por la turbina
Polo sur magnético
Polo norte magnético
Corriente inducida en la bobina
Los anillos colectores giran con la bobina y se conectan a las escobillas fijas
Las escobillas de carbono conducen la corriente de la bobina giratoria
PRIMERA MEDIA VUELTA
Polo sur
Polo norte
La bobina sigue girando en la misma dirección
La corriente inducida invierte el sentido
Flujo de electrones
SEGUNDA MEDIA VUELTA
PARQUE EÓLICO MARINO
En los parques eólicos marinos, las turbinas se elevan por encima del nivel del mar con distintos tipos de cimientos en función de la profundidad del agua.
Las luces rojas intermitentes advierten a las aeronaves que vuelan a baja altura y evitan colisiones nocturnas.
El viento tiende a soplar con una velocidad y dirección más constantes en altamar que en tierra.
FLOTANTE
JACKET
MONOPILOTE
En aguas poco profundas, los monopilotes son el tipo de turbina marina más barato y común.
Las turbinas flotantes están situadas en aguas profundas, normalmente lejos de la costa.
Los anclajes para turbinas pueden lastrarse o perforarse en el lecho marino con largos cilindros de acero.
Las subestructuras de tipo jacket son idóneas para fijar turbinas de gran tamaño en medio de las olas del océano.
Las anclas de succión son estructuras que se mantienen en su sitio gracias a la diferencia de presión entre el interior y el exterior del ancla.

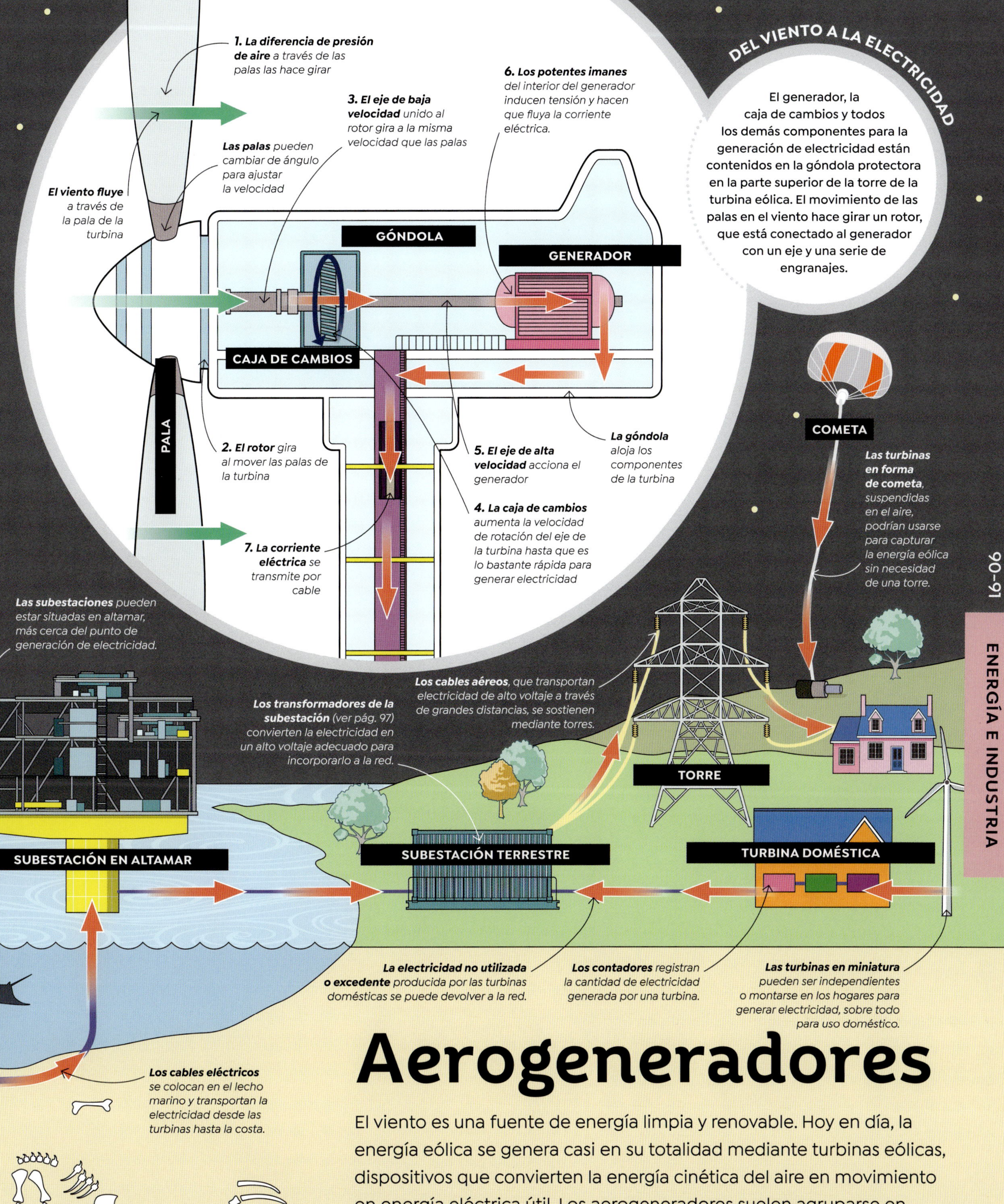

Aerogeneradores

El viento es una fuente de energía limpia y renovable. Hoy en día, la energía eólica se genera casi en su totalidad mediante turbinas eólicas, dispositivos que convierten la energía cinética del aire en movimiento en energía eléctrica útil. Los aerogeneradores suelen agruparse en parques eólicos, que pueden estar en tierra o en el mar.

Energía solar

La luz solar se usa para generar electricidad limpia. La energía solar se genera principalmente mediante células fotovoltaicas, que convierten la luz en corriente eléctrica. Se captura en enormes parques solares, con muchos paneles de células fotovoltaicas, o mediante instalaciones tan pequeñas que caben en el tejado de un edificio.

Cubrir solo el 1 % del desierto del Sáhara con paneles solares podría abastecer de energía al mundo.

DRON SOLAR

Los paneles solares de las alas *recargan las baterías de este dron mientras vuela.*

ENERGÍA SOLAR TÉRMICA

No toda la energía solar procede de células fotovoltaicas. Los sistemas solares térmicos utilizan la radiación infrarroja del sol para calentar agua para diversos usos.

El aislamiento debajo de los paneles *minimiza la pérdida de calor.*

LUZ SOLAR

1 ***La luz solar es absorbida*** *por el líquido de los tubos en los paneles de los tejados, que se calienta.*

El líquido fluye *en un circuito por el sistema y vuelve al panel antes de calentarse de nuevo.*

2 ***El líquido calentado*** *entra en un intercambiador de calor dentro de un depósito de agua y calienta el agua.*

INTERCAMBIADOR DE CALOR

3 ***El agua se mantiene caliente*** *dentro del depósito bien aislado hasta que se necesita.*

4 ***El agua caliente*** *fluye desde el depósito a través de las tuberías hasta los grifos y electrodomésticos.*

5 ***El fluido enfriado*** *se bombea de nuevo al panel del techo tras perder su calor en el agua.*

BOMBA

SISTEMA SOLAR TÉRMICO

La energía solar puede utilizarse a gran escala en centrales solares (también conocidas como parques solares) para generar electricidad para su amplia distribución. La energía solar concentrada utiliza espejos o lentes para enfocar la luz solar en un receptor. El calor extremo puede usarse para crear vapor y accionar una turbina para generar electricidad.

CENTRALES SOLARES

CÉLULAS FOTOVOLTAICAS

Los paneles solares contienen células fotovoltaicas, normalmente conectadas entre sí y dispuestas en unidades rectangulares. Las células generan una corriente eléctrica a partir de la luz solar, que puede utilizarse para alimentar otros dispositivos.

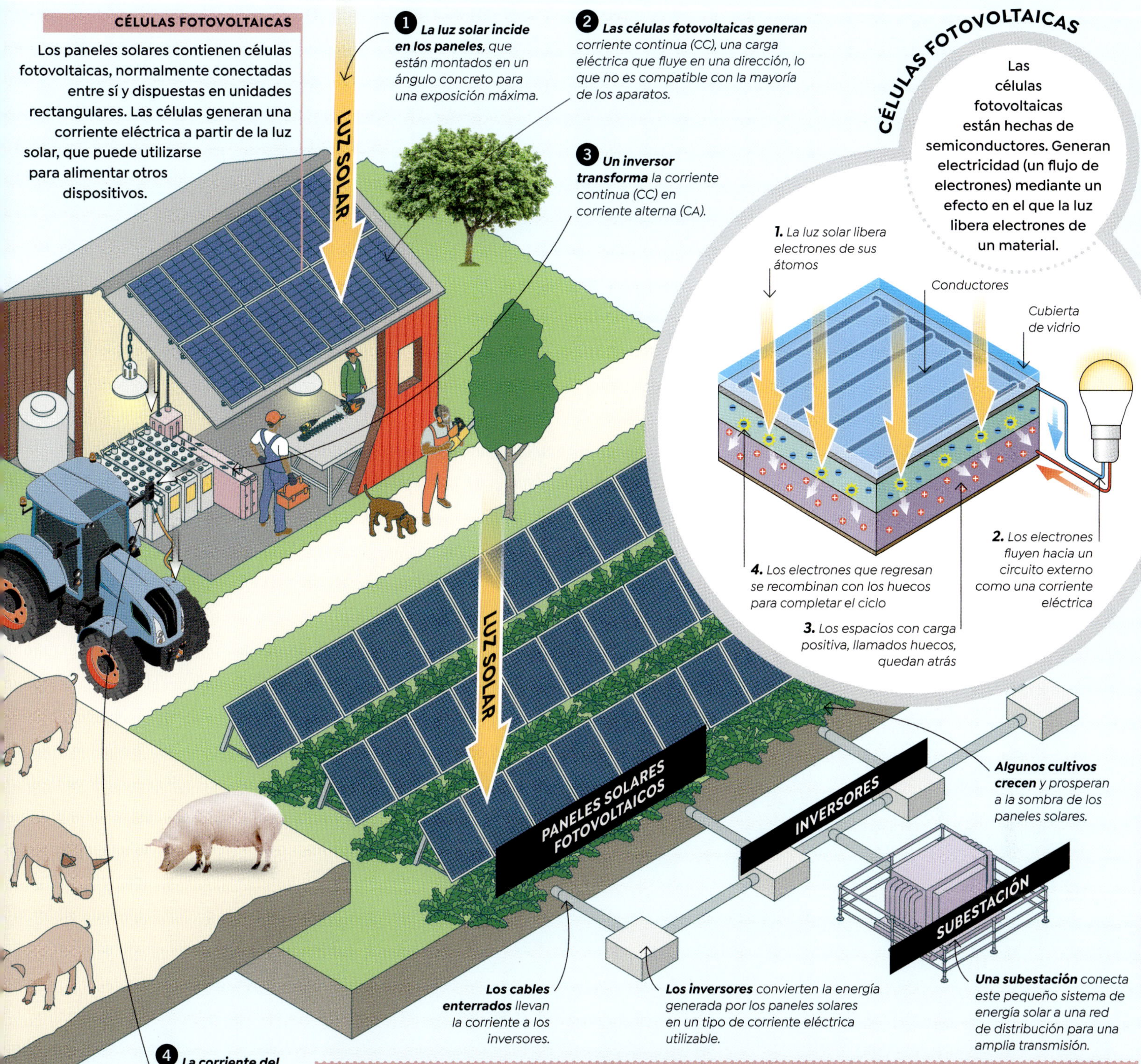

LUZ SOLAR

1 ***La luz solar incide en los paneles****, que están montados en un ángulo concreto para una exposición máxima.*

2 ***Las células fotovoltaicas generan*** *corriente continua (CC), una carga eléctrica que fluye en una dirección, lo que no es compatible con la mayoría de los aparatos.*

3 ***Un inversor transforma*** *la corriente continua (CC) en corriente alterna (CA).*

CÉLULAS FOTOVOLTAICAS

Las células fotovoltaicas están hechas de semiconductores. Generan electricidad (un flujo de electrones) mediante un efecto en el que la luz libera electrones de un material.

1. *La luz solar libera electrones de sus átomos*

Conductores

Cubierta de vidrio

2. *Los electrones fluyen hacia un circuito externo como una corriente eléctrica*

3. *Los espacios con carga positiva, llamados huecos, quedan atrás*

4. *Los electrones que regresan se recombinan con los huecos para completar el ciclo*

LUZ SOLAR

PANELES SOLARES FOTOVOLTAICOS

INVERSORES

SUBESTACIÓN

Algunos cultivos crecen *y prosperan a la sombra de los paneles solares.*

Los cables enterrados *llevan la corriente a los inversores.*

Los inversores *convierten la energía generada por los paneles solares en un tipo de corriente eléctrica utilizable.*

Una subestación *conecta este pequeño sistema de energía solar a una red de distribución para una amplia transmisión.*

4 ***La corriente del inversor*** *se almacena en baterías, que pueden utilizarse in situ, por ejemplo, para cargar un vehículo eléctrico.*

El agua fría *del suministro principal fluye hacia el sistema solar térmico para calentarla.*

ENERGÍA SOLAR EN EL ESPACIO

Desde la Estación Espacial Internacional hasta los satélites del tamaño de una caja de zapatos, muchas naves espaciales utilizan paneles solares para obtener energía. Las naves espaciales pueden equiparse con paneles solares que siguen apuntando en la dirección del Sol a medida que se mueven, maximizando así la luz solar que puede convertirse en electricidad. Esta se utiliza para hacer funcionar sensores, calefactores y otros equipos de a bordo, y para propulsar la nave espacial.

Biocombustibles

Un biocombustible es un combustible fabricado en una planta industrial a partir de restos de organismos vivos. Los biocombustibles, que suelen fabricarse a partir de plantas, se producen más rápidamente que los fósiles, que tardan millones de años en formarse de manera natural. También son «neutros en carbono», ya que la cantidad de dióxido de carbono (CO_2) emitida cuando se utilizan es igual al CO_2 que las plantas vivas capturan de la atmósfera.

CULTIVOS ENERGÉTICOS

Muchos cultivos (sobre todo el maíz, la caña de azúcar y la colza) se cultivan solo para producir biocombustibles. La demanda de biocombustibles está creciendo, pero el uso de la tierra para estos cultivos puede significar la destrucción de hábitats naturales o la reducción de la tierra disponible para el cultivo de alimentos.

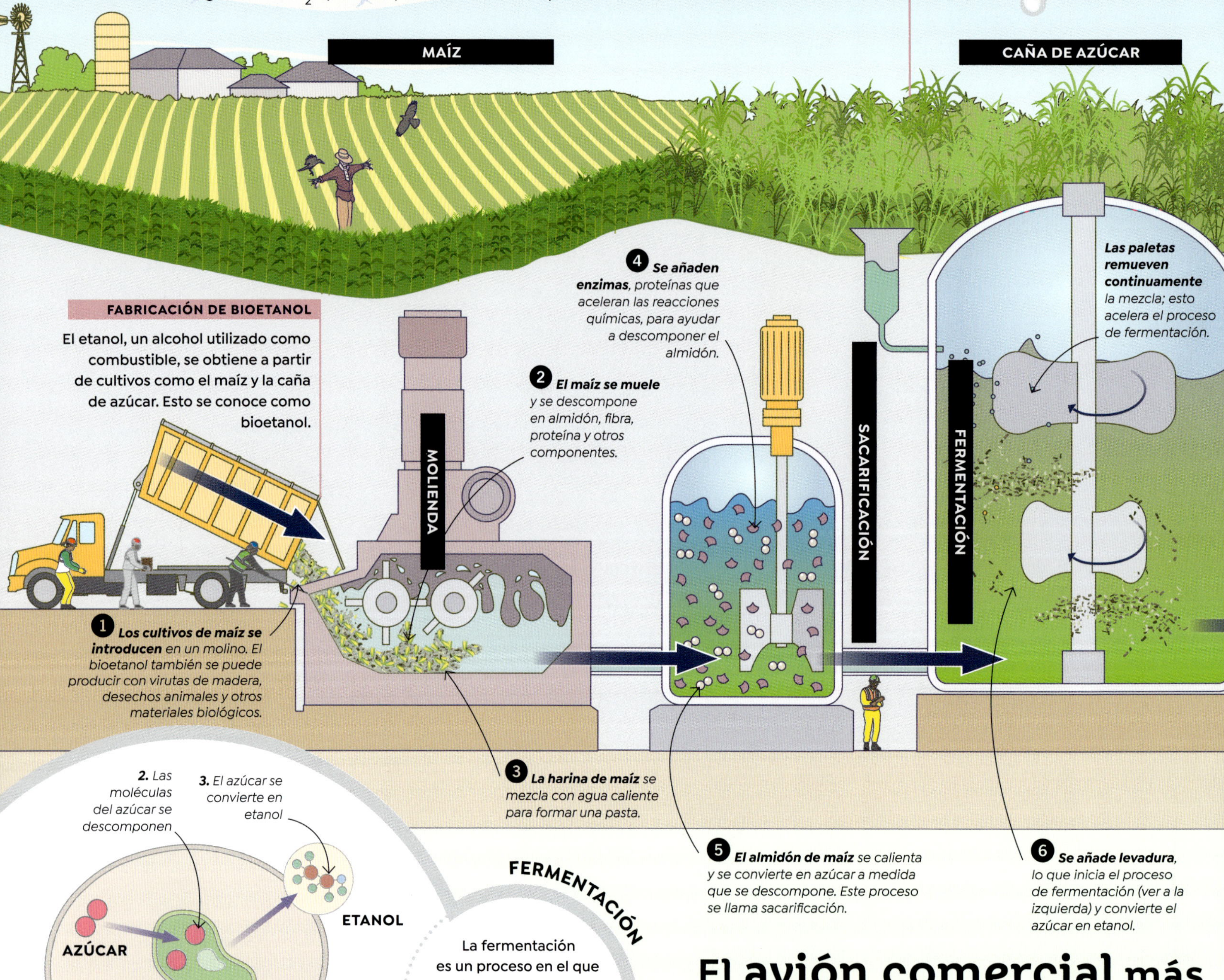

FERMENTACIÓN

La fermentación es un proceso en el que un microorganismo, como la levadura o las bacterias, convierte un carbohidrato, como el azúcar, en etanol y dióxido de carbono.

El avión comercial más grande del mundo ha hecho un vuelo de prueba impulsado por aceite de cocina.

TIPOS DE BIOCOMBUSTIBLE

El bioetanol es uno de los muchos tipos de biocarburante. El otro biocombustible más utilizado es el biodiésel, que se deriva de grasas o aceites y se utiliza en vehículos como complemento o sustituto del diésel derivado de combustibles fósiles. Otros tipos menos comunes son el biocombustible de aviación y el biogás.

DEL ESTIÉRCOL AL BIOCOMBUSTIBLE

Los residuos biológicos se pueden usar para producir biocombustible. Por ejemplo, el estiércol de vaca puede descomponerse para producir gas metano, el principal componente del biogás.

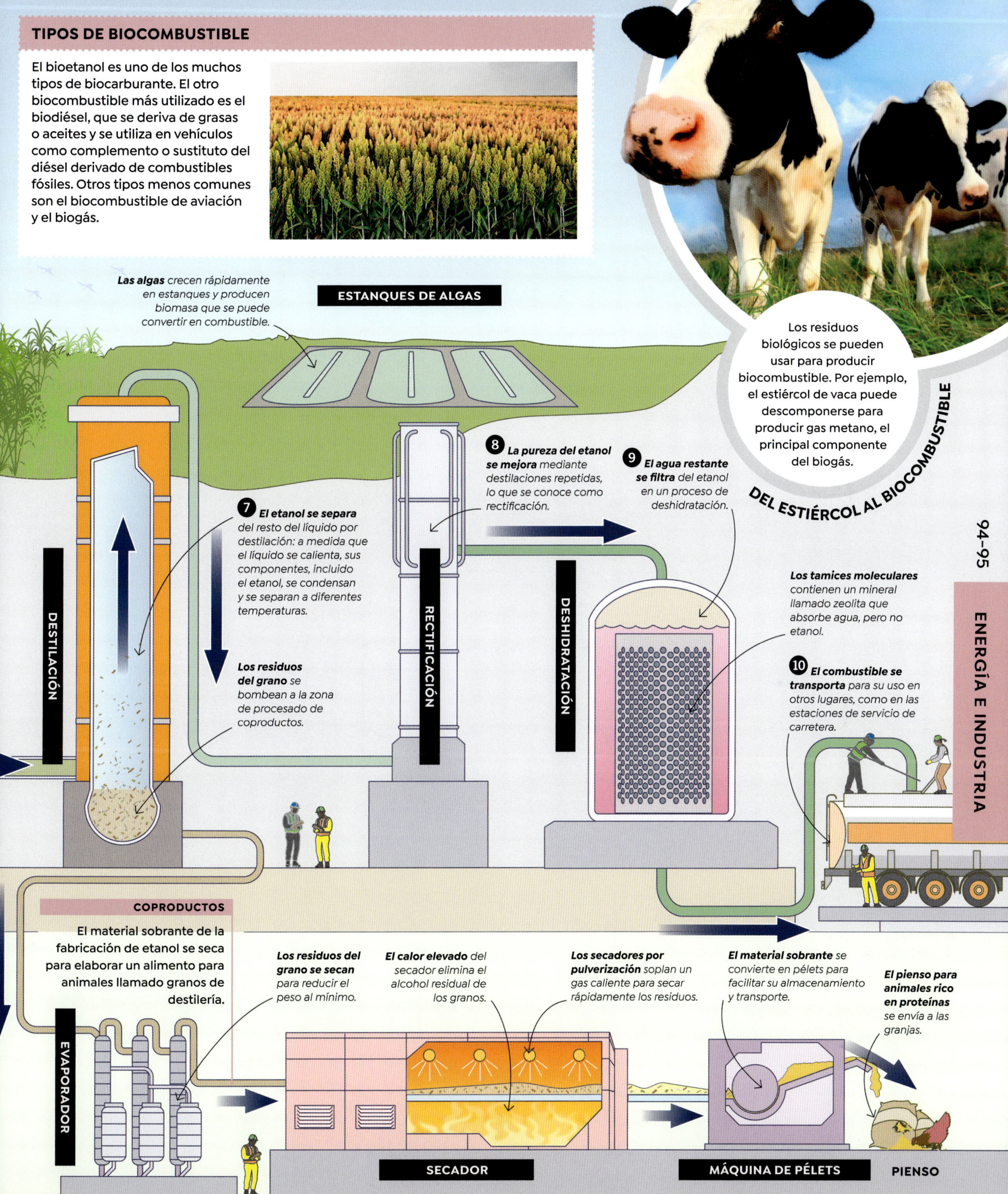

COPRODUCTOS

El material sobrante de la fabricación de etanol se seca para elaborar un alimento para animales llamado granos de destilería.

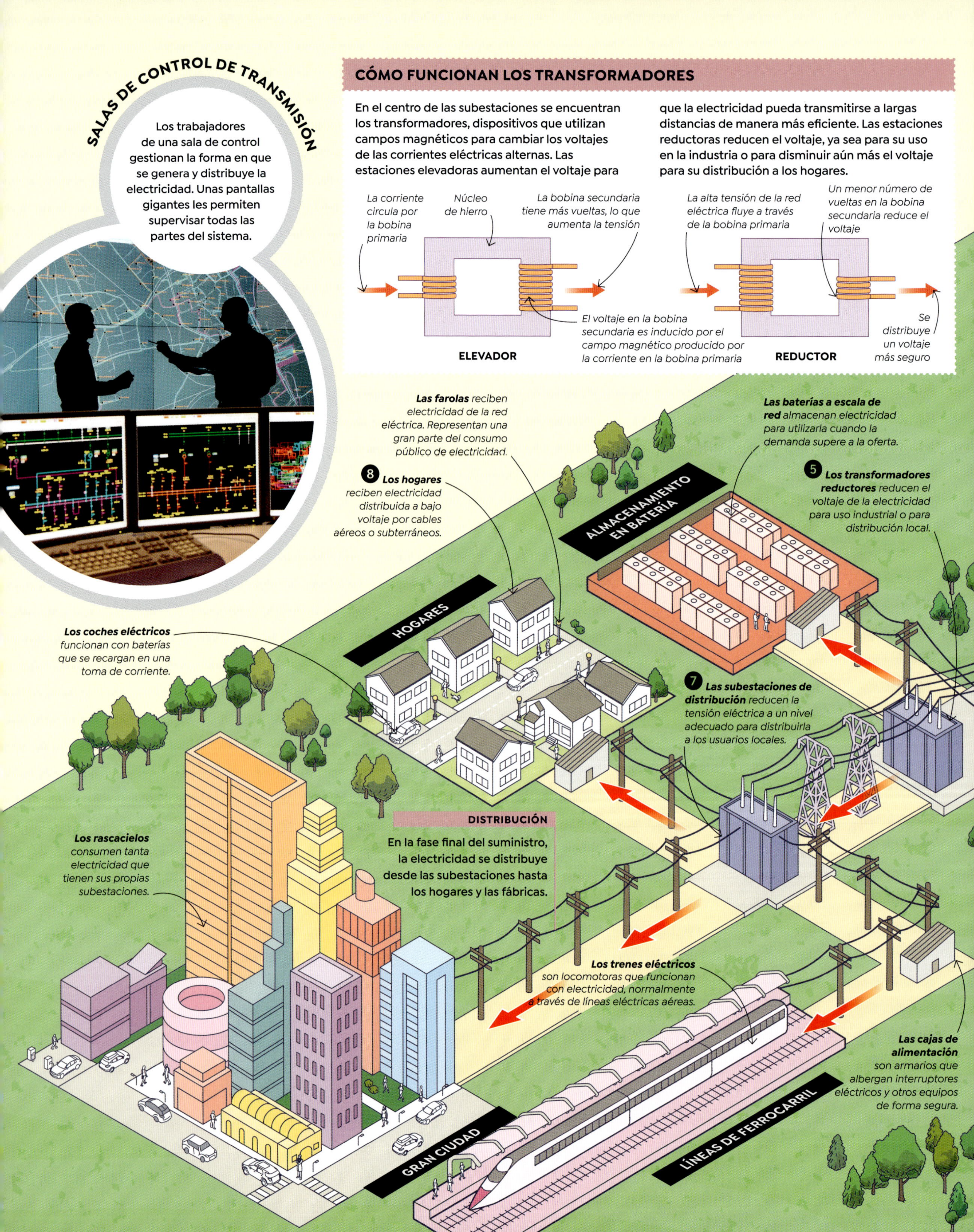
SALAS DE CONTROL DE TRANSMISIÓN
Los trabajadores de una sala de control gestionan la forma en que se genera y distribuye la electricidad. Unas pantallas gigantes les permiten supervisar todas las partes del sistema.
CÓMO FUNCIONAN LOS TRANSFORMADORES
En el centro de las subestaciones se encuentran los transformadores, dispositivos que utilizan campos magnéticos para cambiar los voltajes de las corrientes eléctricas alternas. Las estaciones elevadoras aumentan el voltaje para que la electricidad pueda transmitirse a largas distancias de manera más eficiente. Las estaciones reductoras reducen el voltaje, ya sea para su uso en la industria o para disminuir aún más el voltaje para su distribución a los hogares.
La corriente circula por la bobina primaria
Núcleo de hierro
La bobina secundaria tiene más vueltas, lo que aumenta la tensión
El voltaje en la bobina secundaria es inducido por el campo magnético producido por la corriente en la bobina primaria
ELEVADOR
La alta tensión de la red eléctrica fluye a través de la bobina primaria
Un menor número de vueltas en la bobina secundaria reduce el voltaje
Se distribuye un voltaje más seguro
REDUCTOR
Las farolas reciben electricidad de la red eléctrica. Representan una gran parte del consumo público de electricidad.
8 Los hogares reciben electricidad distribuida a bajo voltaje por cables aéreos o subterráneos.
Las baterías a escala de red almacenan electricidad para utilizarla cuando la demanda supere a la oferta.
5 Los transformadores reductores reducen el voltaje de la electricidad para uso industrial o para distribución local.
ALMACENAMIENTO EN BATERÍA
HOGARES
Los coches eléctricos funcionan con baterías que se recargan en una toma de corriente.
7 Las subestaciones de distribución reducen la tensión eléctrica a un nivel adecuado para distribuirla a los usuarios locales.
DISTRIBUCIÓN
En la fase final del suministro, la electricidad se distribuye desde las subestaciones hasta los hogares y las fábricas.
Los rascacielos consumen tanta electricidad que tienen sus propias subestaciones.
Los trenes eléctricos son locomotoras que funcionan con electricidad, normalmente a través de líneas eléctricas aéreas.
Las cajas de alimentación son armarios que albergan interruptores eléctricos y otros equipos de forma segura.
GRAN CIUDAD
LÍNEAS DE FERROCARRIL

Redes eléctricas

Las redes eléctricas transportan la electricidad desde el lugar donde se genera hasta el lugar donde se utiliza. Van desde microrredes que abastecen a pequeñas comunidades hasta redes que abarcan continentes. Una red está formada por centrales eléctricas para generar electricidad, subestaciones para cambiar su voltaje y cables para distribuirla.

GENERACIÓN

La electricidad se genera a partir de una fuente de energía, normalmente accionando una turbina. Las fuentes de energía incluyen combustibles fósiles, combustible nuclear, luz solar, viento y agua en movimiento.

1 ***Utilizando energía hidroeléctrica*** *(ver págs. 88-89), el agua de un río embalsado se conduce a través de una turbina, haciendo girar un generador eléctrico y creando electricidad.*

CENTRAL HIDROELÉCTRICA

TRANSMISIÓN

La electricidad se transporta desde el lugar de generación hasta donde se necesita por unos cables de alta tensión. Estos cables pueden estar enterrados o elevados.

2 ***La corriente eléctrica*** *generada en la central hidroeléctrica fluye hacia una estación elevadora.*

3 ***Las estaciones elevadoras*** *reciben electricidad de las centrales eléctricas cercanas y aumentan el voltaje.*

4 ***La electricidad de alto voltaje*** *se transporta a través de cables, a menudo sostenidos por torres que los mantienen fuera de alcance de una forma segura.*

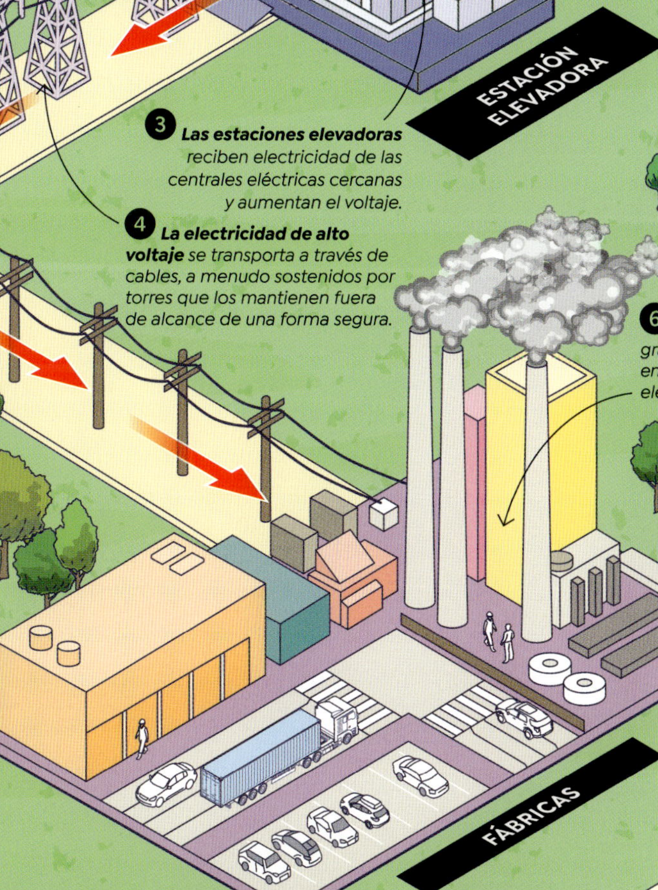

6 ***Las fábricas*** *necesitan grandes cantidades de energía, por lo que requieren electricidad de alto voltaje.*

Una microrred es una pequeña red eléctrica local. Funciona de forma aislada o conectada a una red más amplia, con la posibilidad de operar como parte de esa red o de forma independiente. Las microrredes son ideales en pequeñas comunidades rurales, donde la transmisión y distribución desde las centrales eléctricas centrales es poco práctica.

MICRORREDES

Casi 800 millones de personas no tienen acceso a la electricidad.

PLATAFORMA DE GAS EN ALTAMAR

Una plataforma de gas en altamar es una gran estructura construida en el mar y equipada con todas las instalaciones necesarias para extraer gas de debajo del lecho marino. Puede ser fija o flotante. También se utilizan plataformas similares para extraer petróleo.

SISTEMA DE GASODUCTOS

La mayor parte del gas natural se transporta a través de redes de tuberías conocidas como gasoductos. Aunque los gasoductos pueden construirse bajo el agua, el gas suele licuarse y transportarse por mar.

El quemado en antorcha *es una medida de seguridad utilizada para quemar el gas antes de que pueda alcanzar niveles peligrosos y causar explosiones. El quemado en antorcha de gas es una fuente importante de emisiones de gases de efecto invernadero.*

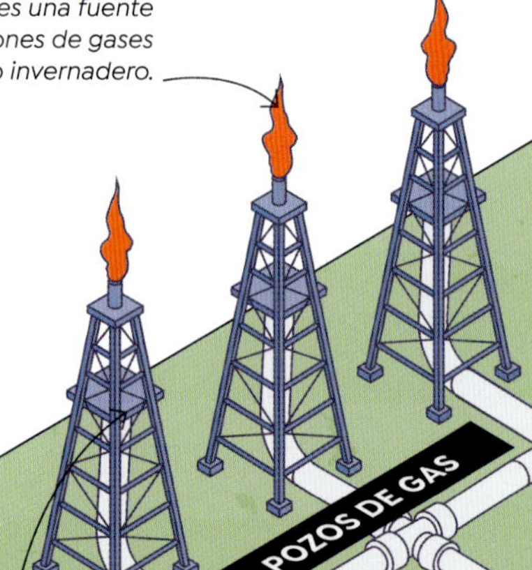

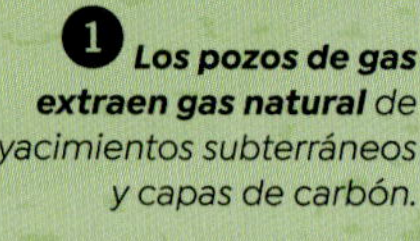

1 ***Los pozos de gas extraen gas natural*** *de yacimientos subterráneos y capas de carbón.*

Los gasómetros *almacenan el gas de forma segura antes de distribuirlo a los consumidores.*

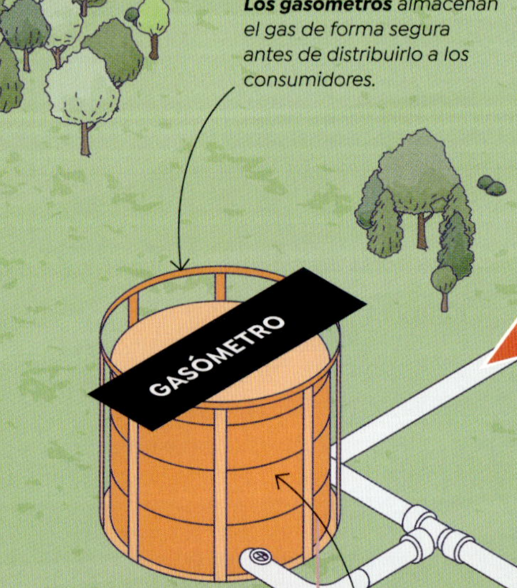

El cilindro *del centro sube y baja a medida que cambia el volumen de gas en su interior.*

ALMACENAMIENTO DE GAS

El almacenamiento de gas ayuda a mantener un suministro constante de energía al guardar el exceso de gas durante los períodos de baja demanda. Así se puede utilizar más adelante.

FRACTURACIÓN HIDRÁULICA

El gas natural puede extraerse de formaciones rocosas a gran profundidad mediante un método conocido como fracturación hidráulica o *fracking*. Consiste en introducir agua, arena y otras sustancias a alta presión en los pozos, lo que hace que la roca se agriete y libere el gas atrapado en su interior. El *fracking* cuesta menos que los métodos tradicionales de extracción, pero es controvertido, ya que sus detractores sostienen que el proceso puede provocar riesgos medioambientales como terremotos.

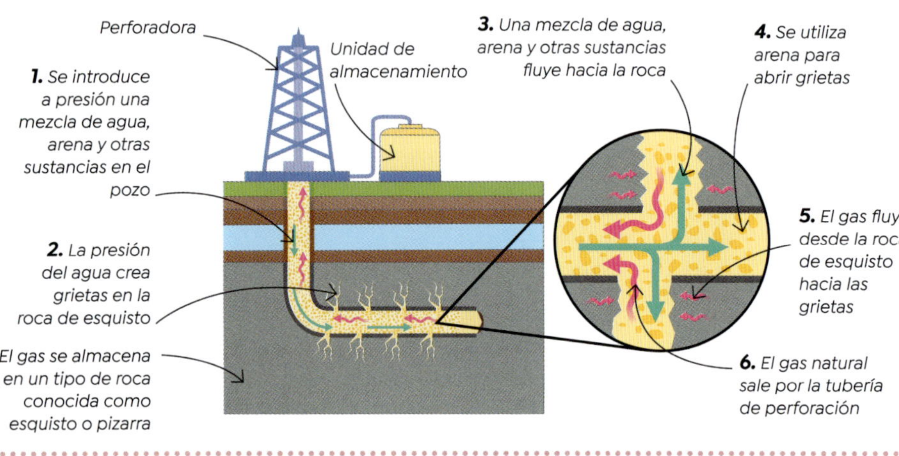

Gas natural

El gas natural es un combustible fósil, compuesto de metano y otros gases, que se extrae de la roca subterránea. Se utiliza ampliamente para generar electricidad, para calefacción y para fabricar plásticos.

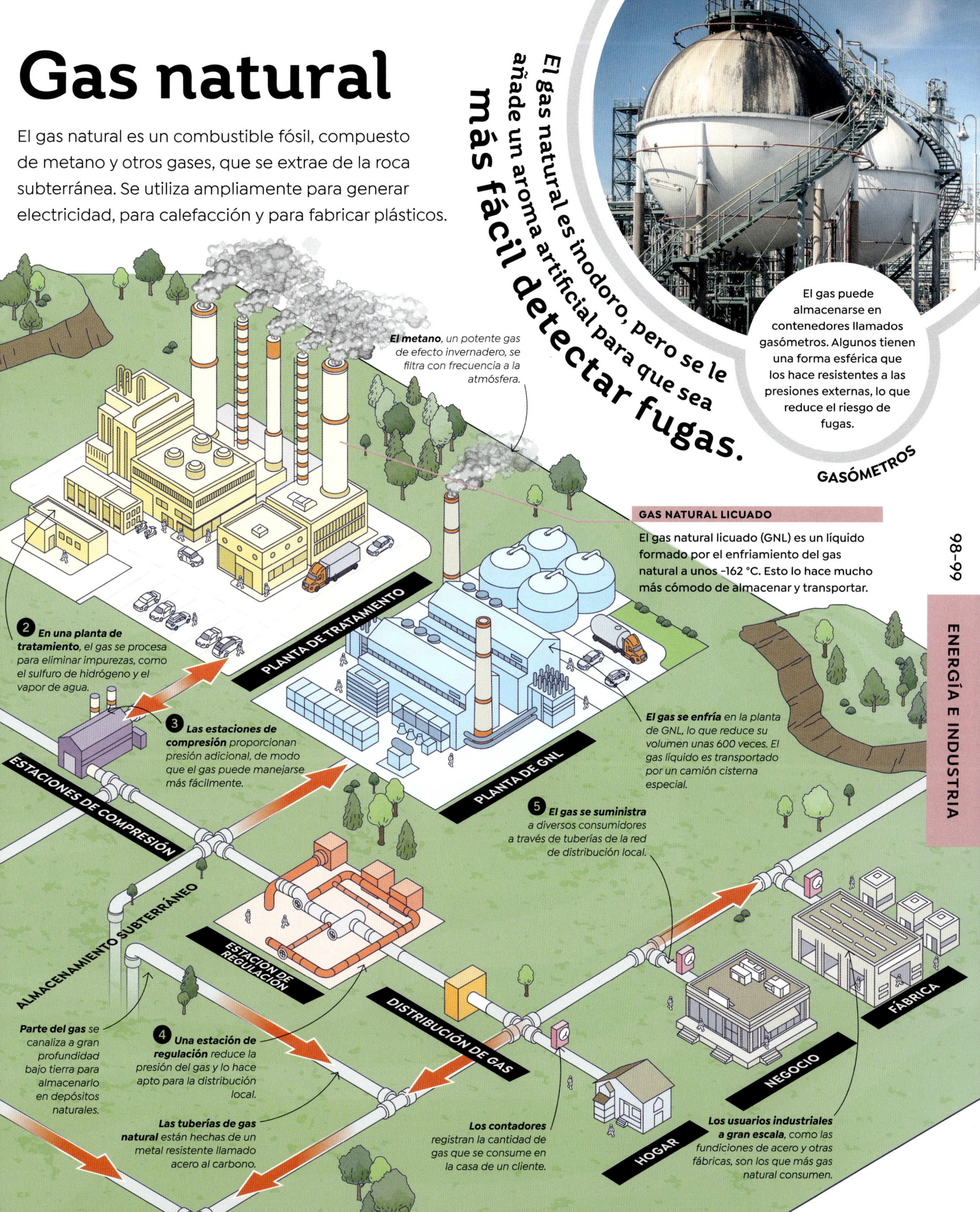

Minería

La minería es el proceso de extraer materiales valiosos de la Tierra, como carbón, metales preciosos y otros metales como litio y cobalto, que son necesarios en tanto fuentes de energía verde. Los métodos más comunes son la minería a cielo abierto y la minería subterránea.

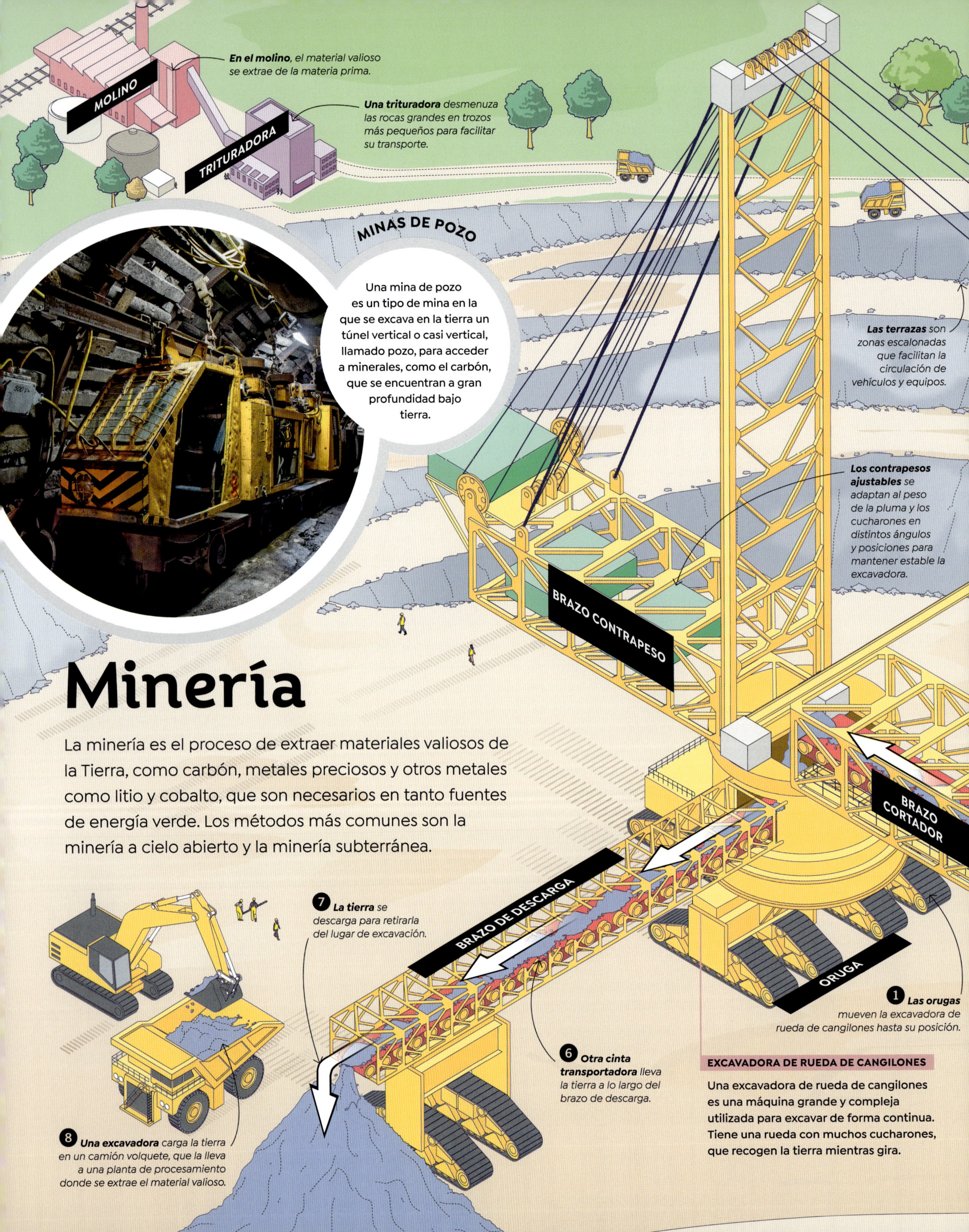

EXCAVADORA DE RUEDA DE CANGILONES

Una excavadora de rueda de cangilones es una máquina grande y compleja utilizada para excavar de forma continua. Tiene una rueda con muchos cucharones, que recogen la tierra mientras gira.

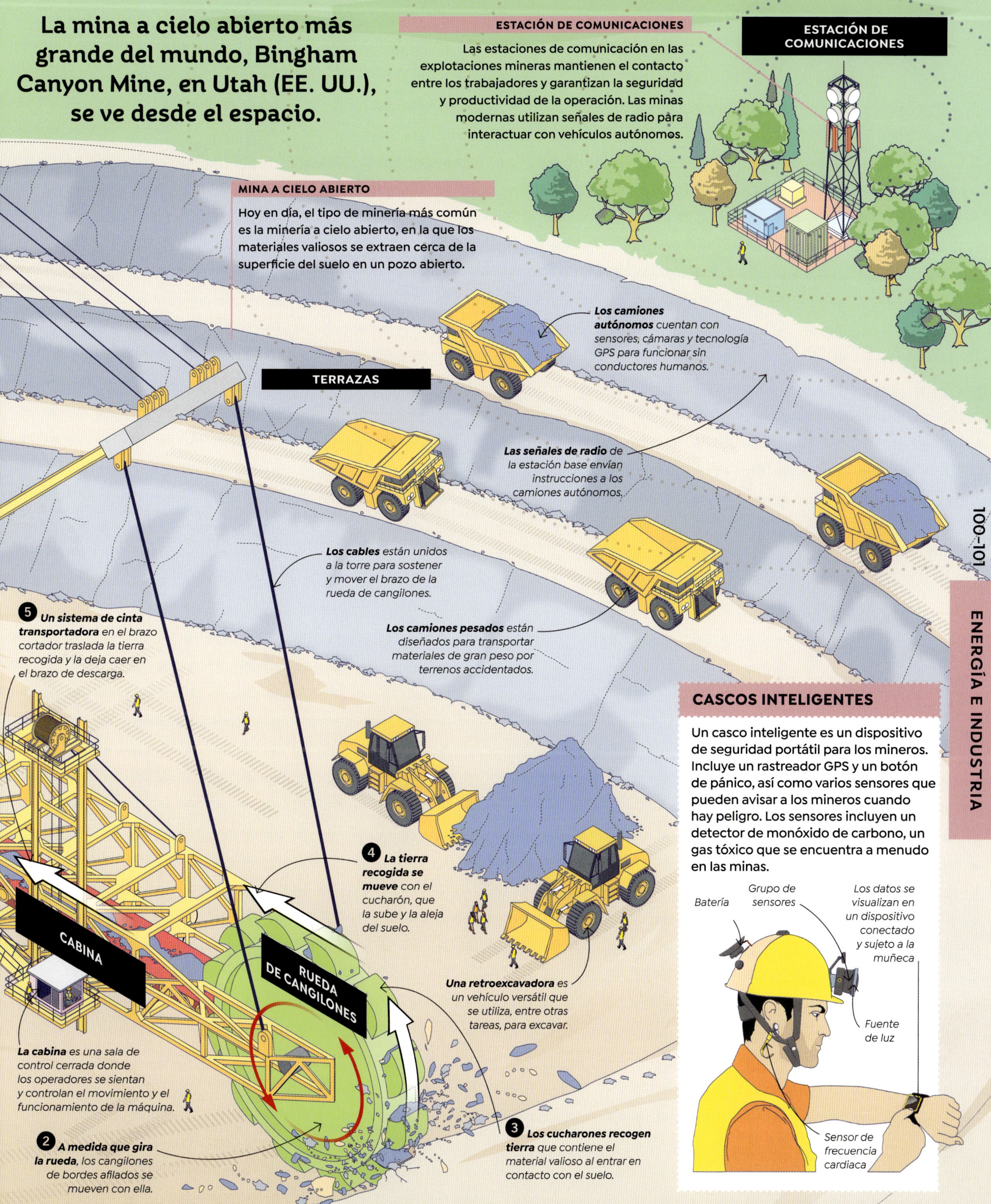
La mina a cielo abierto más grande del mundo, Bingham Canyon Mine, en Utah (EE. UU.), se ve desde el espacio.
ESTACIÓN DE COMUNICACIONES
Las estaciones de comunicación en las explotaciones mineras mantienen el contacto entre los trabajadores y garantizan la seguridad y productividad de la operación. Las minas modernas utilizan señales de radio para interactuar con vehículos autónomos.
ESTACIÓN DE COMUNICACIONES
MINA A CIELO ABIERTO
Hoy en día, el tipo de minería más común es la minería a cielo abierto, en la que los materiales valiosos se extraen cerca de la superficie del suelo en un pozo abierto.
Los camiones autónomos cuentan con sensores, cámaras y tecnología GPS para funcionar sin conductores humanos.
TERRAZAS
Las señales de radio de la estación base envían instrucciones a los camiones autónomos.
Los cables están unidos a la torre para sostener y mover el brazo de la rueda de cangilones.
5 Un sistema de cinta transportadora en el brazo cortador traslada la tierra recogida y la deja caer en el brazo de descarga.
Los camiones pesados están diseñados para transportar materiales de gran peso por terrenos accidentados.
4 La tierra recogida se mueve con el cucharón, que la sube y la aleja del suelo.
CABINA
RUEDA DE CANGILONES
Una retroexcavadora es un vehículo versátil que se utiliza, entre otras tareas, para excavar.
La cabina es una sala de control cerrada donde los operadores se sientan y controlan el movimiento y el funcionamiento de la máquina.
2 A medida que gira la rueda, los cangilones de bordes afilados se mueven con ella.
3 Los cucharones recogen tierra que contiene el material valioso al entrar en contacto con el suelo.
CASCOS INTELIGENTES
Un casco inteligente es un dispositivo de seguridad portátil para los mineros. Incluye un rastreador GPS y un botón de pánico, así como varios sensores que pueden avisar a los mineros cuando hay peligro. Los sensores incluyen un detector de monóxido de carbono, un gas tóxico que se encuentra a menudo en las minas.
Batería
Grupo de sensores
Los datos se visualizan en un dispositivo conectado y sujeto a la muñeca
Fuente de luz
Sensor de frecuencia cardiaca

Acerías

El acero es un metal extremadamente resistente que se utiliza para fabricar edificios, vehículos, maquinaria y muchas otras cosas. Se produce a partir del mineral de hierro, que se extrae de la tierra. Para fabricar acero, se eliminan las impurezas del mineral y se añaden trazas de materiales útiles, principalmente carbono. Hay dos procesos principales de fabricación de acero: uno utiliza mineral de hierro y un horno básico de oxígeno, y el otro chatarra de acero y un horno de arco eléctrico.

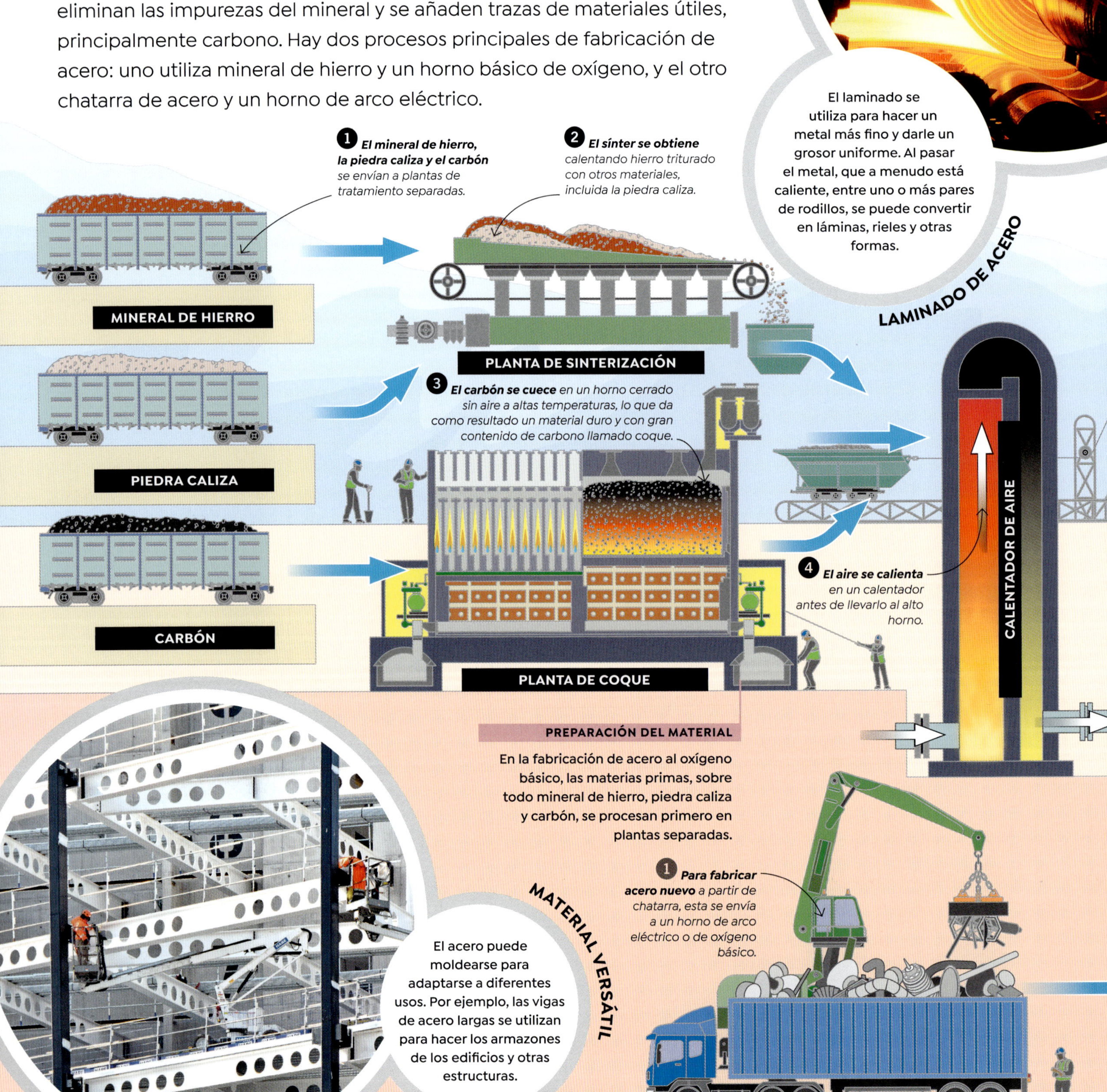

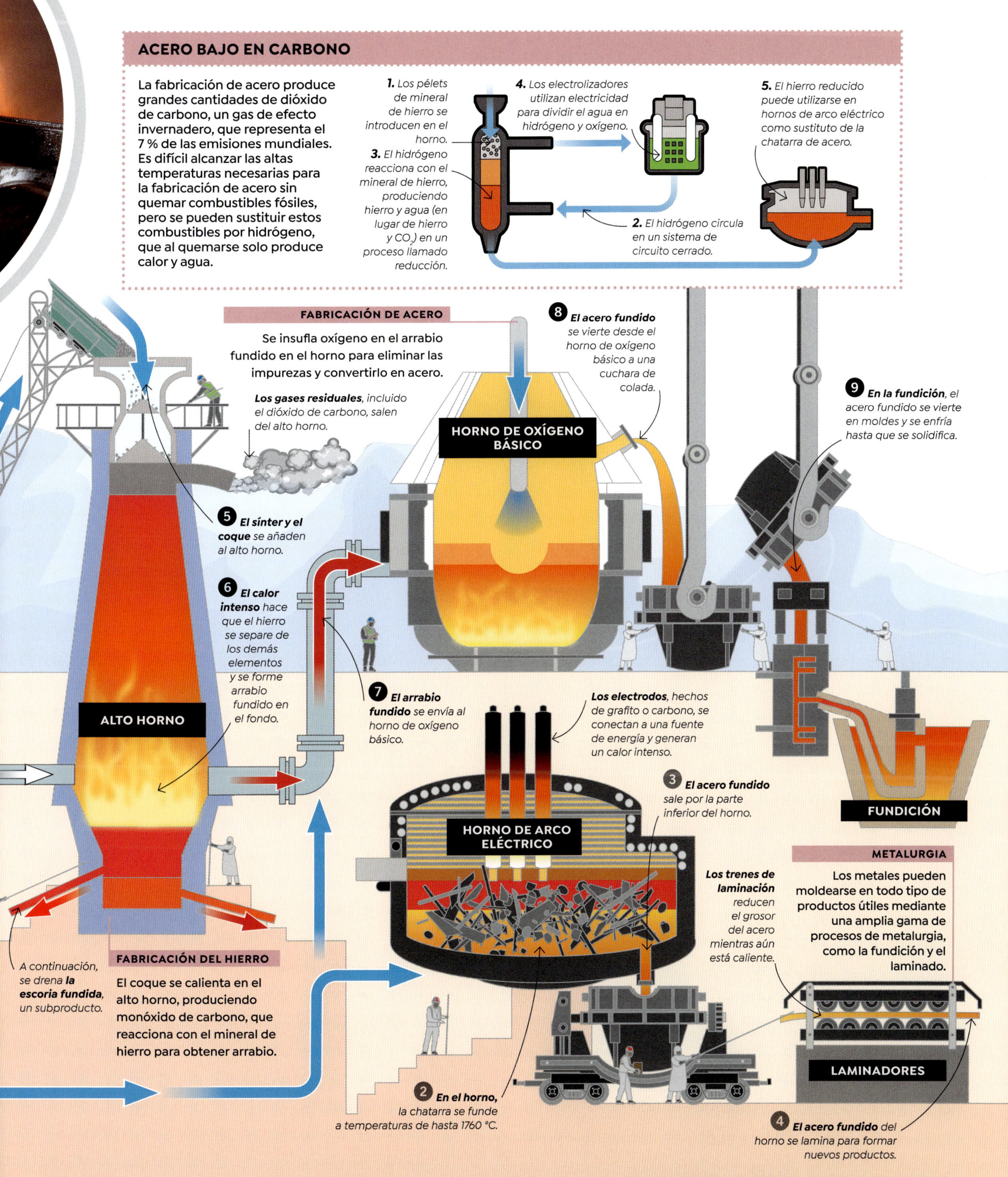

El acero es el material más reciclado del mundo.

PLÁSTICO FANTÁSTICO

Aunque la contaminación por plásticos es un grave problema medioambiental, es difícil encontrar alternativas tan útiles como el plástico. Es un material ideal para juguetes y modelismo, ya que es resistente, versátil y fácil de moldear.

El mundo consume más de un millón de botellas de plástico cada minuto.

PLÁSTICO BIODEGRADABLE

A diferencia del plástico tradicional, que puede tardar cientos de años en descomponerse de forma natural, los biodegradables están diseñados para descomponerse con relativa rapidez con la ayuda de bacterias y en las condiciones adecuadas. Entre los materiales que se proponen como solución a la contaminación por residuos plásticos se encuentra la polilactida (PLA), un plástico biodegradable fabricado a partir de biomasa.

Plásticos

Los plásticos son uno de los materiales más útiles que se han inventado. Existen varios tipos, pero todos están hechos de moléculas largas llamadas polímeros, que se componen de unidades más pequeñas que se repiten. La mayoría de los plásticos proceden del petróleo crudo, que puede procesarse de diversas formas para obtener una amplia gama de tipos de plástico.

FABRICACIÓN DE PLÁSTICOS

Para producir plásticos se utilizan dos procesos principales: la polimerización y la policondensación. Ambos necesitan catalizadores específicos, sustancias que aceleran una reacción química.

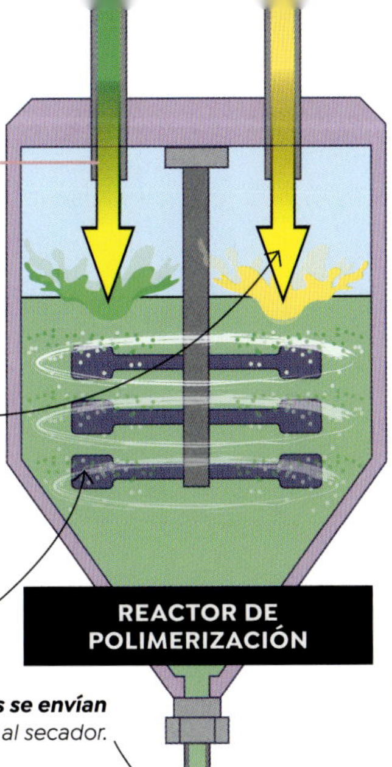

1 ***Se añade un catalizador*** *a las unidades químicas llamadas monómeros (ver más abajo). La temperatura y la presión se controlan para favorecer que los monómeros reaccionen entre sí y formen polímeros.*

Los agitadores *mezclan continuamente los monómeros (verde) y el catalizador (amarillo).*

REACTOR DE POLIMERIZACIÓN

2 ***Los polímeros se envían*** *al secador.*

3 *Se utiliza* ***aire caliente*** *para eliminar la humedad de los polímeros, que quedan en forma de polvo.*

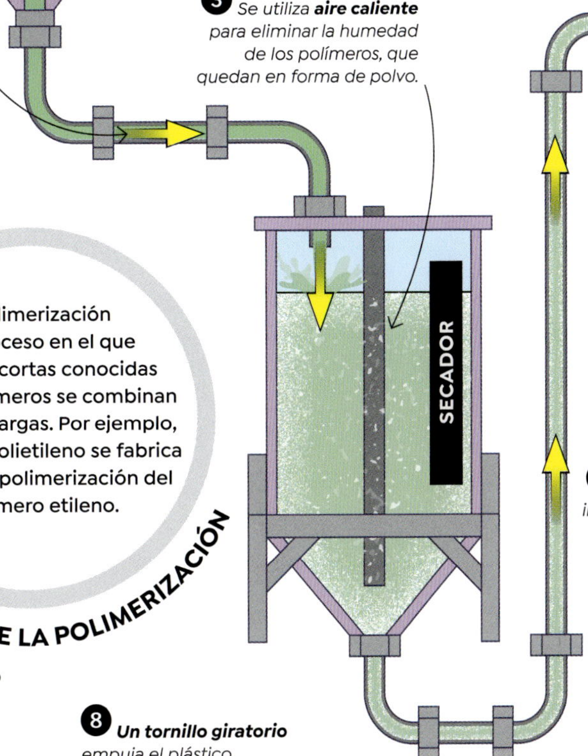

SECADOR

Se añaden aditivos*, que hacen que el plástico sea más limpio, resistente, seguro y colorido.*

PELETIZADORA

4 ***El polvo de polímero*** *se envía a la peletizadora.*

MEZCLADORA

5 ***La mezcladora*** *integra el polvo con los aditivos para formar gránulos de plástico.*

TOLVA

6 ***Una tolva*** *contiene los gránulos y los introduce en la extrusora.*

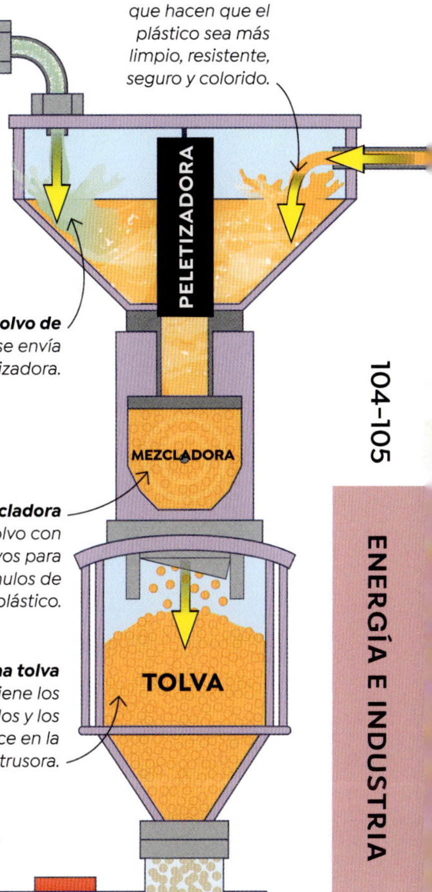

7 ***Los calentadores*** *funden los pélets de plástico a medida que pasan.*

8 ***Un tornillo giratorio*** *empuja el plástico fundido hacia el extremo de la extrusora.*

EXTRUSORA DE TORNILLO

Los moldes *para plástico suelen estar hechos de acero, aluminio y otros metales.*

MOLDE

10 ***Una vez enfriado****, el plástico fundido se endurece y se retira del molde.*

9 ***El plástico fundido*** *sale expulsado de la extrusora de tornillo hacia un molde personalizado.*

11 ***Las piezas terminadas*** *se ajustan perfectamente a la forma del molde.*

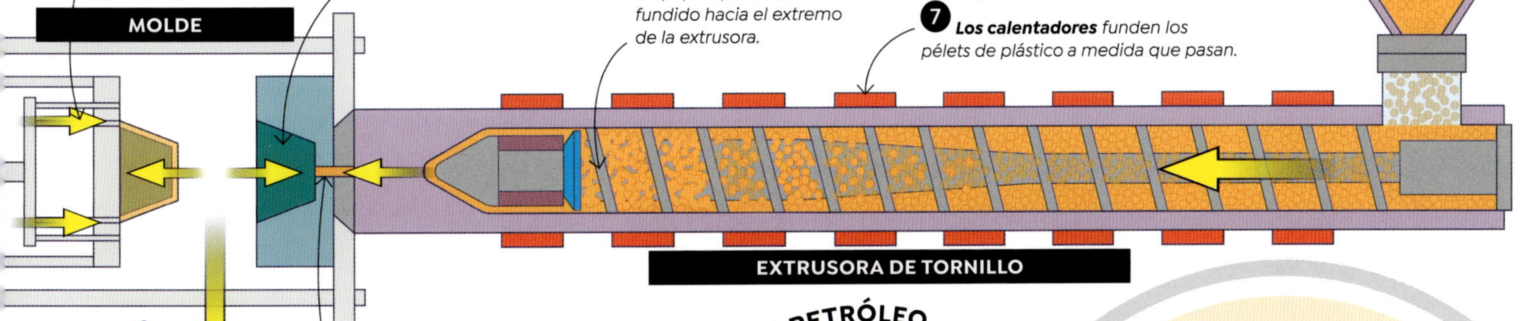

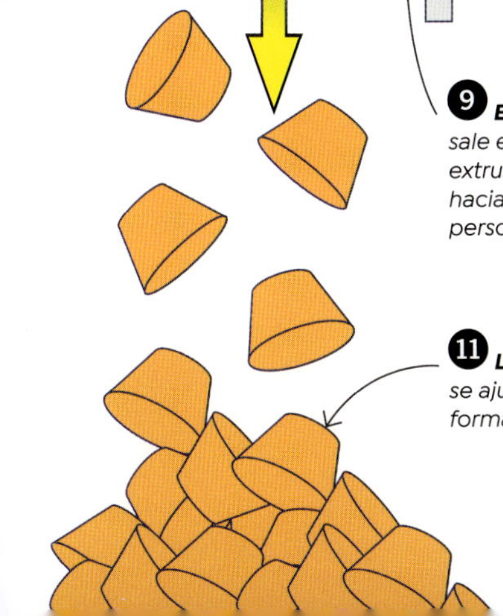

REACCIÓN DE LA POLIMERIZACIÓN

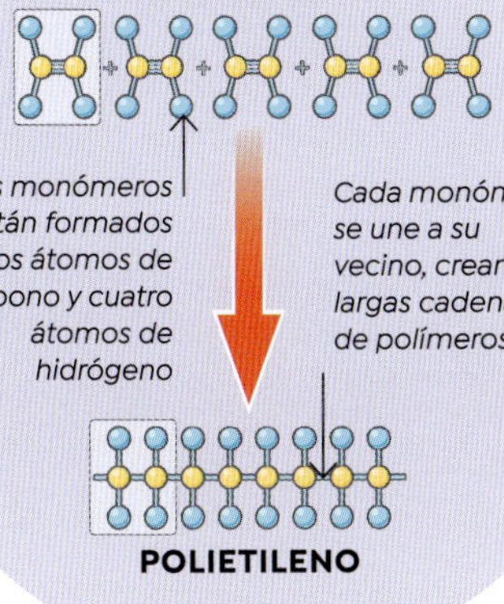

ETILENO

Los monómeros están formados por dos átomos de carbono y cuatro átomos de hidrógeno

Cada monómero se une a su vecino, creando largas cadenas de polímeros

POLIETILENO

La polimerización es el proceso en el que moléculas cortas conocidas como monómeros se combinan en cadenas largas. Por ejemplo, el polímero polietileno se fabrica mediante la polimerización del monómero etileno.

FRACCIONAMIENTO DE PETRÓLEO

El fraccionamiento es el proceso de separación del petróleo crudo en productos útiles. El petróleo se calienta, se convierte en gas y asciende por una columna de fraccionamiento. Las fracciones se separan al condensarse a diferentes temperaturas.

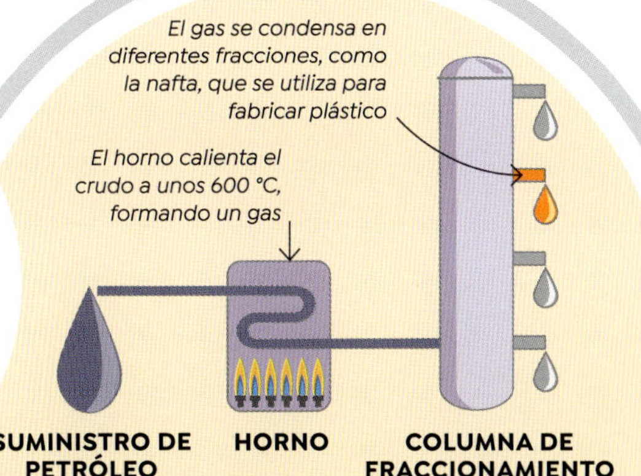

Robots industriales

En la industria se utilizan millones de robots. Pueden desempeñar tareas repetitivas durante largas horas, trabajar en lugares peligrosos y, a menudo, son más fuertes que los humanos. Los trabajadores humanos tienen una amplia gama de habilidades, pero los robots suelen estar diseñados para llevar a cabo una sola tarea. Aunque pueden trabajar solos, muchos lo hacen junto a humanos.

El brazo robótico industrial más fuerte puede levantar objetos de hasta 2300 kg.

FABRICACIÓN

El tipo más común de robot industrial es el de seis ejes. Pueden moverse en todas las direcciones, lo que permite una gran flexibilidad.

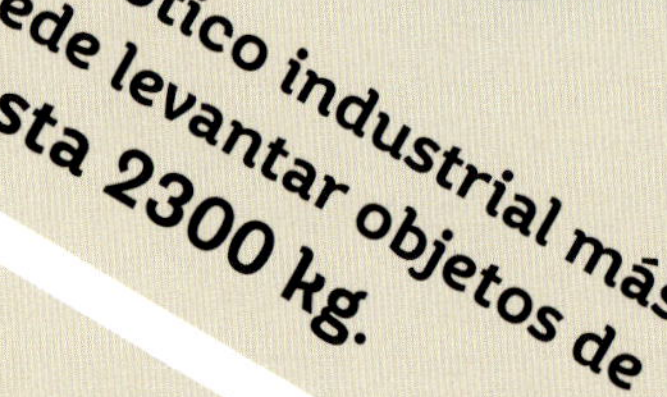

Se envían señales de control *a cada articulación del brazo robótico para hacer girar los motores paso a paso.*

Todas las articulaciones *cuentan con motores que permiten una gran libertad de movimiento.*

Los segmentos del brazo robótico *están articulados entre sí, y cada articulación permite cierto movimiento.*

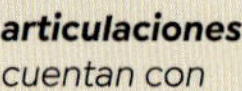

Los motores paso a paso *(ver pág. 143) pueden girar en pequeños pasos y detenerse cuando es necesario.*

El primer eje *permite que el brazo robótico gire 360° sobre su base.*

Se pueden acoplar ***diversas herramientas*** *a un brazo robótico, como pinzas de vacío, que utilizan succión para levantar, sujetar y mover objetos.*

ROBOT DE SEIS EJES

TRANSPORTE

Los robots móviles autónomos (AMR) utilizan sensores y procesadores a bordo para moverse por un entorno y planificar una ruta hacia un objetivo.

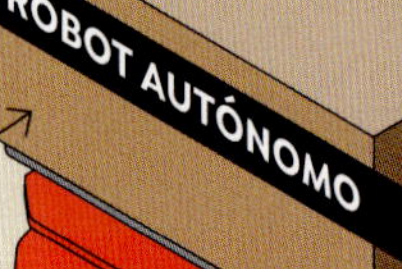

ROBOT AUTÓNOMO

Una de las funciones que pueden desempeñar los AMR en los almacenes es el ***transporte de mercancías y materiales.***

Los exoesqueletos robóticos son máquinas que se pueden llevar puestas y que ayudan a los trabajadores humanos con motores, palancas y otros dispositivos, proporcionando una fuerza y resistencia sobrehumanas.

EXOESQUELETO

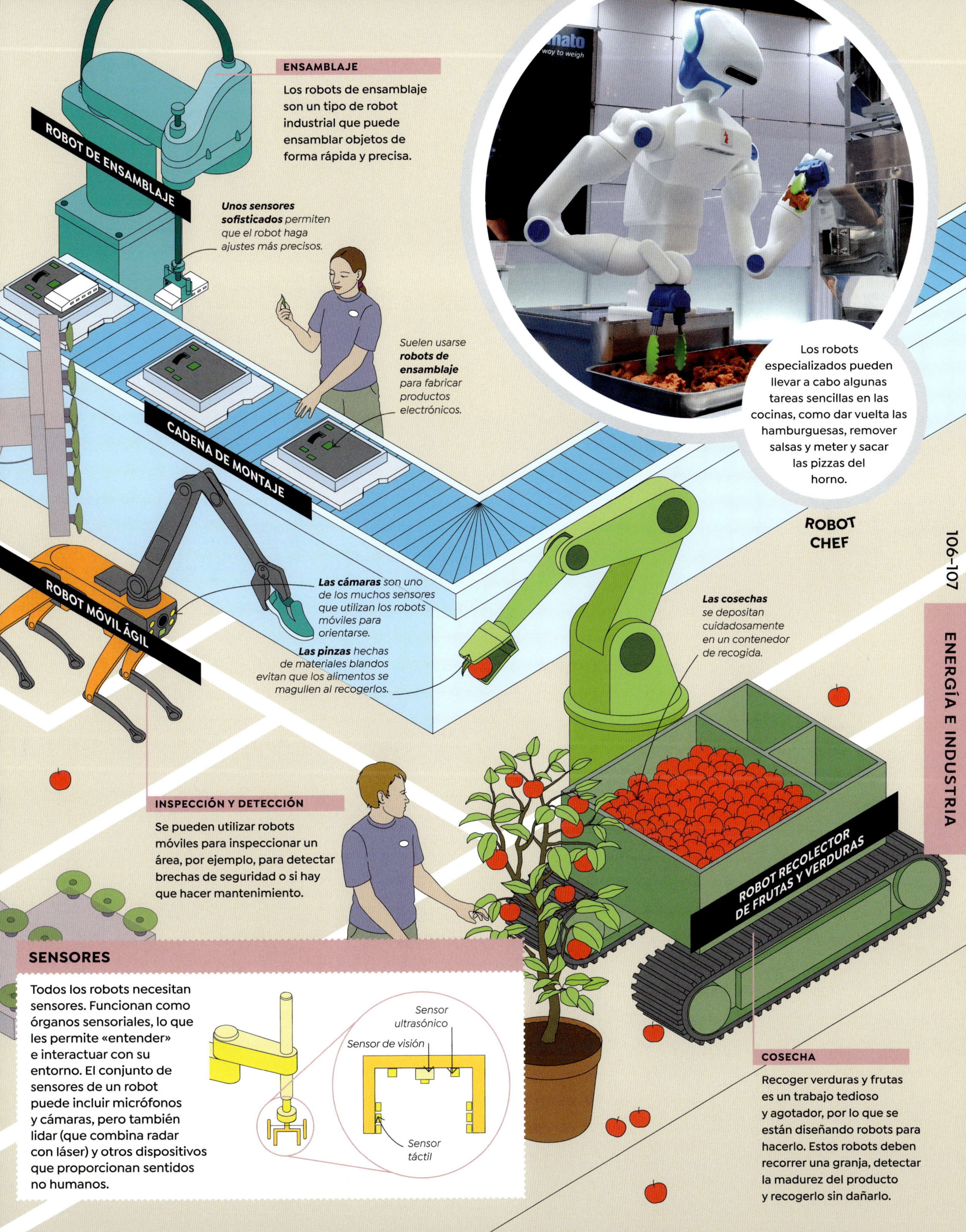

ENSAMBLAJE

Los robots de ensamblaje son un tipo de robot industrial que puede ensamblar objetos de forma rápida y precisa.

Los robots especializados pueden llevar a cabo algunas tareas sencillas en las cocinas, como dar vuelta las hamburguesas, remover salsas y meter y sacar las pizzas del horno.

INSPECCIÓN Y DETECCIÓN

Se pueden utilizar robots móviles para inspeccionar un área, por ejemplo, para detectar brechas de seguridad o si hay que hacer mantenimiento.

SENSORES

Todos los robots necesitan sensores. Funcionan como órganos sensoriales, lo que les permite «entender» e interactuar con su entorno. El conjunto de sensores de un robot puede incluir micrófonos y cámaras, pero también lidar (que combina radar con láser) y otros dispositivos que proporcionan sentidos no humanos.

COSECHA

Recoger verduras y frutas es un trabajo tedioso y agotador, por lo que se están diseñando robots para hacerlo. Estos robots deben recorrer una granja, detectar la madurez del producto y recogerlo sin dañarlo.

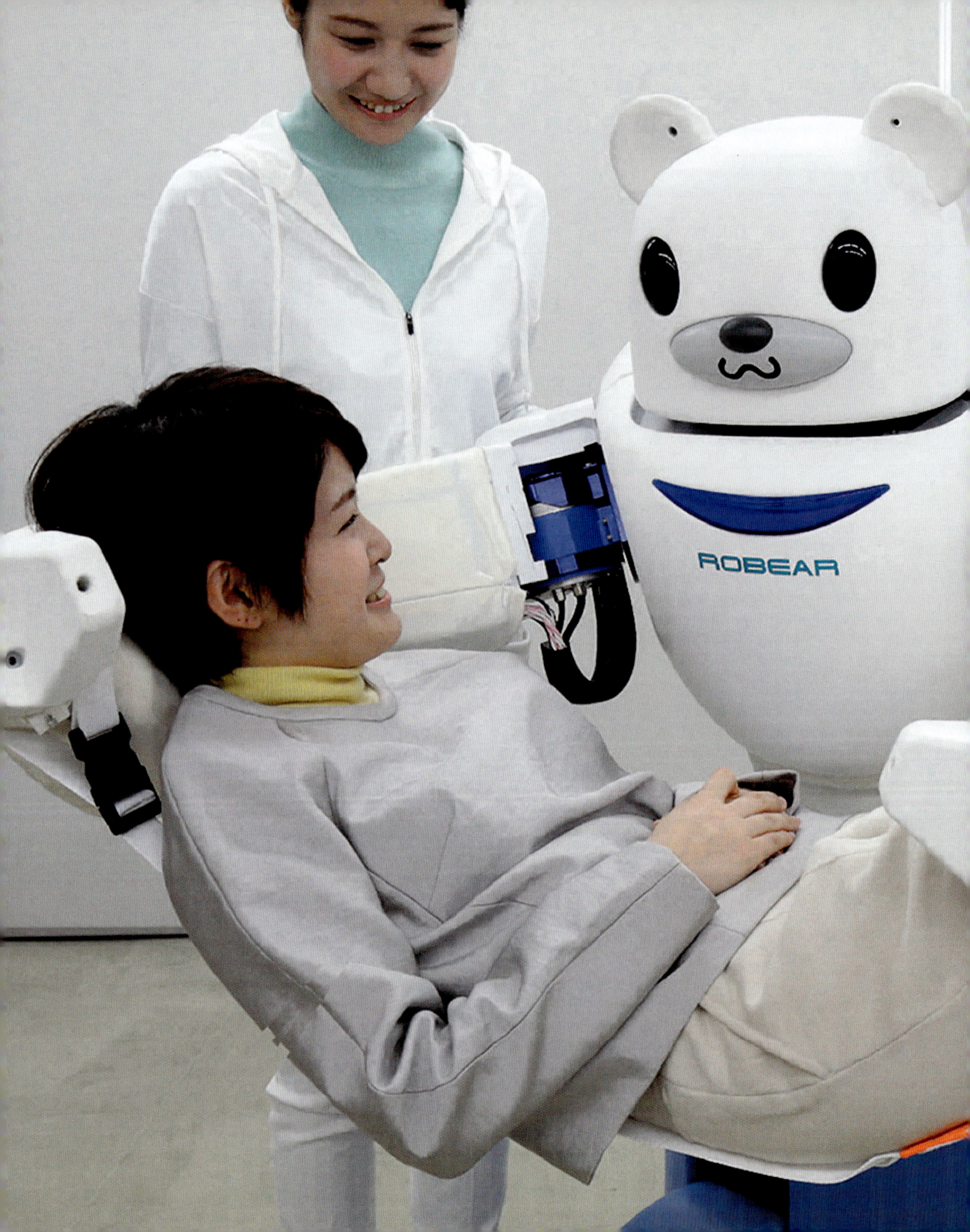
ROBEAR

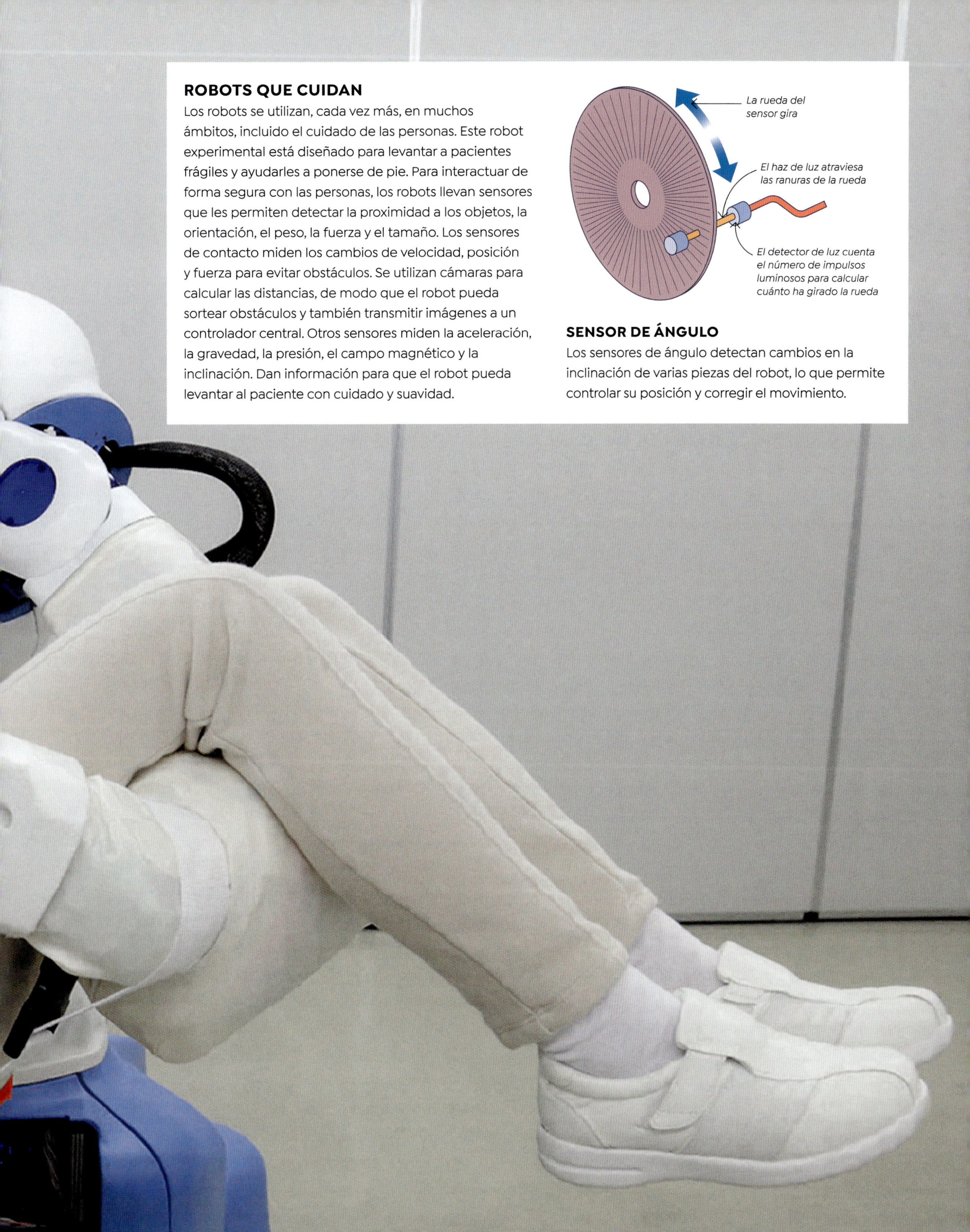

ROBOTS QUE CUIDAN

Los robots se utilizan, cada vez más, en muchos ámbitos, incluido el cuidado de las personas. Este robot experimental está diseñado para levantar a pacientes frágiles y ayudarles a ponerse de pie. Para interactuar de forma segura con las personas, los robots llevan sensores que les permiten detectar la proximidad a los objetos, la orientación, el peso, la fuerza y el tamaño. Los sensores de contacto miden los cambios de velocidad, posición y fuerza para evitar obstáculos. Se utilizan cámaras para calcular las distancias, de modo que el robot pueda sortear obstáculos y también transmitir imágenes a un controlador central. Otros sensores miden la aceleración, la gravedad, la presión, el campo magnético y la inclinación. Dan información para que el robot pueda levantar al paciente con cuidado y suavidad.

SENSOR DE ÁNGULO

Los sensores de ángulo detectan cambios en la inclinación de varias piezas del robot, lo que permite controlar su posición y corregir el movimiento.

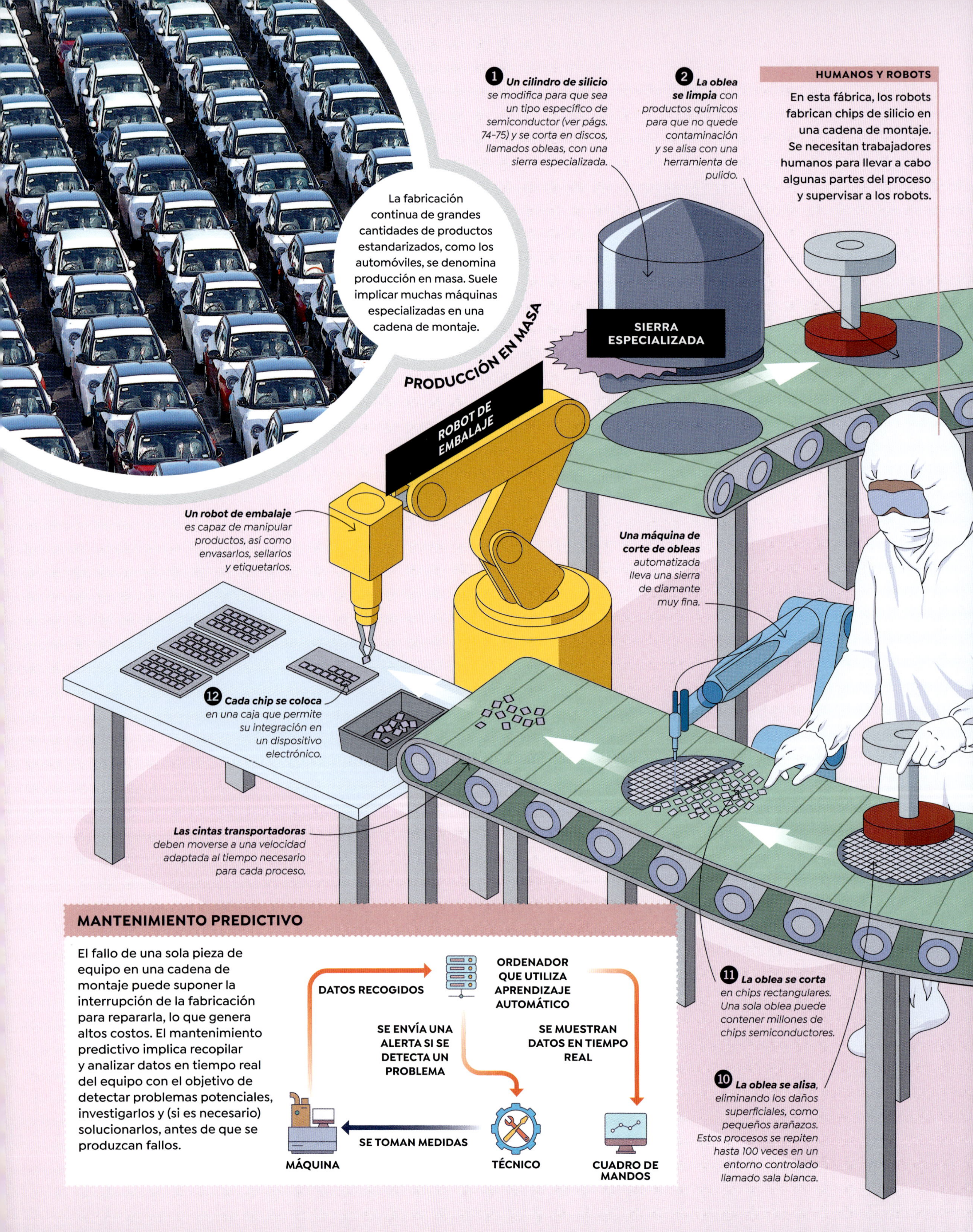

MANTENIMIENTO PREDICTIVO

El fallo de una sola pieza de equipo en una cadena de montaje puede suponer la interrupción de la fabricación para repararla, lo que genera altos costos. El mantenimiento predictivo implica recopilar y analizar datos en tiempo real del equipo con el objetivo de detectar problemas potenciales, investigarlos y (si es necesario) solucionarlos, antes de que se produzcan fallos.

Fábricas

Hoy en día, la mayoría de los objetos manufacturados se crean en fábricas en lugar de hacerse individualmente a mano. En una cadena de montaje, se llevan a cabo operaciones en el producto en una secuencia. Esto permite una fabricación más rápida, sobre todo para productos complejos.

ROBOTS COLABORATIVOS

Los robots colaborativos (cobots) son robots que trabajan con personas. Para que el entorno sea seguro, los cobots tienen algunas características, como límites en su velocidad y fuerza de movimiento.

CINTA TRANSPORTADORA

3 *Se coloca **una fina película de metal** sobre la oblea. Más tarde se convertirá en los cables y otros componentes.*

4 ***La oblea se cubre** con un revestimiento sensible a la luz conocido como resina fotosensible.*

5 ***Se proyecta luz ultravioleta** sobre la oblea a través de una plantilla que contiene el patrón del circuito. La luz atraviesa las zonas transparentes de la plantilla.*

***Una lente de proyección** amplía y enfoca el patrón sobre la oblea.*

6 ***La resina fotosensible se disuelve** cuando se expone a la luz, transfiriendo el patrón a la oblea.*

7 ***Se retira una fina capa de silicio** de las zonas de la oblea cubiertas con resina fotosensible soluble.*

8 *Se implantan **átomos cargados eléctricamente** en las zonas expuestas de la oblea para ajustar sus propiedades eléctricas.*

9 ***La resina fotosensible se retira** de la oblea, dejando tras de sí un patrón de circuitos grabado con precisión.*

ROBOT DE ENSAMBLAJE

***Los robots de ensamblaje** requieren gran precisión, velocidad y limpieza para manipular estas obleas tan delicadas.*

SALAS BLANCAS

En algunas fábricas, como las que hacen productos electrónicos delicados, debe extremarse la limpieza para evitar la contaminación. Los espacios denominados salas blancas están pensados para mantener al mínimo las partículas suspendidas en el aire. Se mantienen aislados del entorno exterior, el aire se limpia continuamente y los trabajadores deben llevar ropa protectora.

El aire contaminado de la sala se recircula a los filtros

El aire exterior pasa por un filtro antes de entrar en la sala

La fábrica de Boeing en Everett, EE. UU., el edificio más grande del mundo, podría albergar toda Disneylandia en su interior.

Mecanizado e impresión 3D

Un producto complejo puede ser fabricado por una máquina que trabaja con un diseño digital en lugar de una persona con herramientas manuales. Una tecnología llamada control numérico con ordenador (CNC) permite que un ordenador controle una herramienta, mientras que las impresoras 3D construyen objetos capa por capa en casi cualquier forma imaginable.

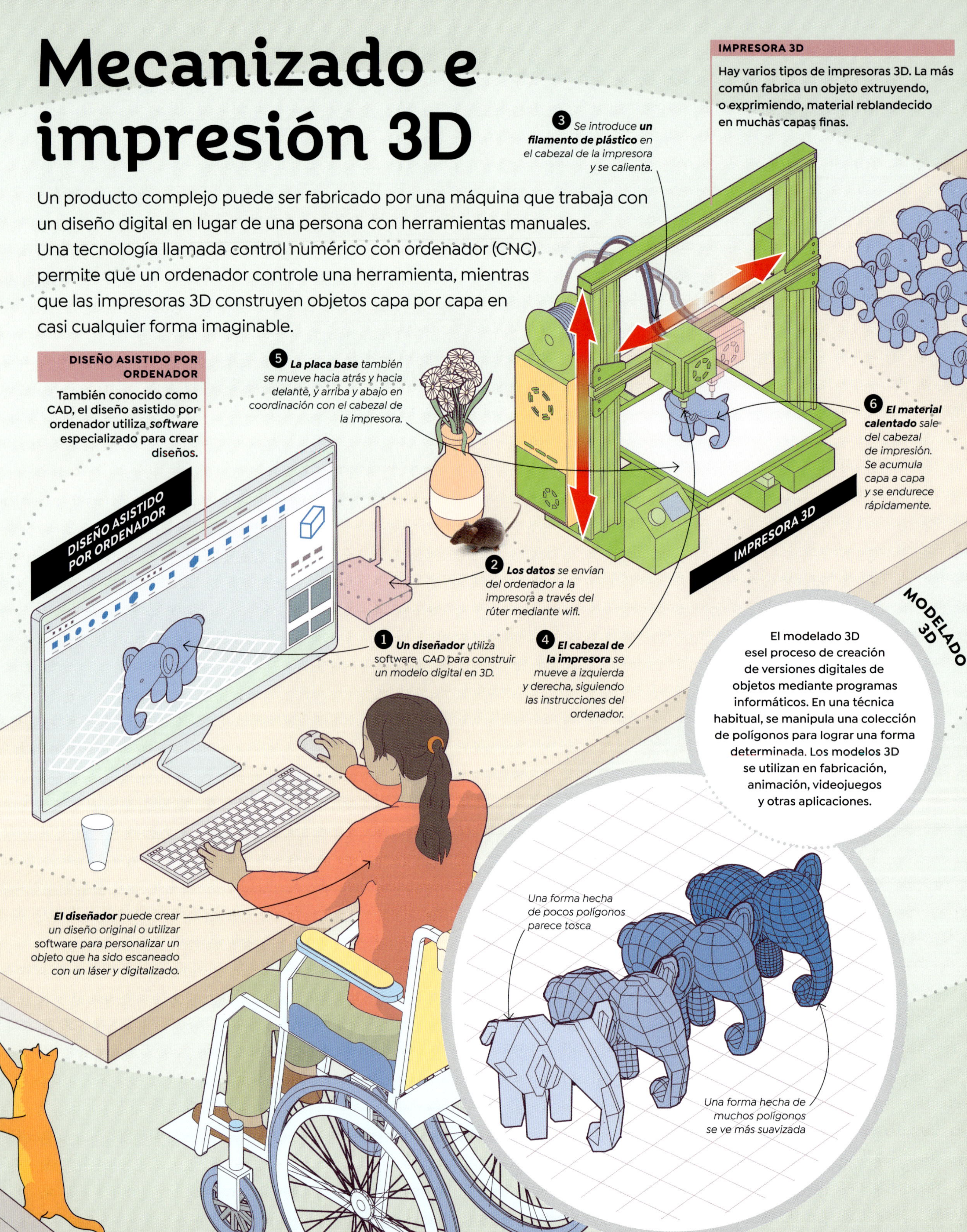

Hormigón, chocolate y células pueden imprimirse en 3D.

Las figuras acabadas pueden utilizarse directamente o pueden limarse y pintarse primero.
El pórtico se mueve hacia delante y hacia atrás, sosteniendo la herramienta por encima de la superficie de corte.
Las herramientas rotativas, como los taladros y las fresadoras (que hacen agujeros y ranuras), cortan el material para producir la forma correcta.
Una unidad de extracción de polvo retira el serrín para mantener despejada la superficie de corte.
Las herramientas se mueven con gran precisión, siguiendo las instrucciones generadas por el software CAD.
MÁQUINA CNC
La cama es la superficie lisa y plana sobre la que se corta la pieza.
La pieza en esta máquina se mantiene en su lugar con una abrazadera.

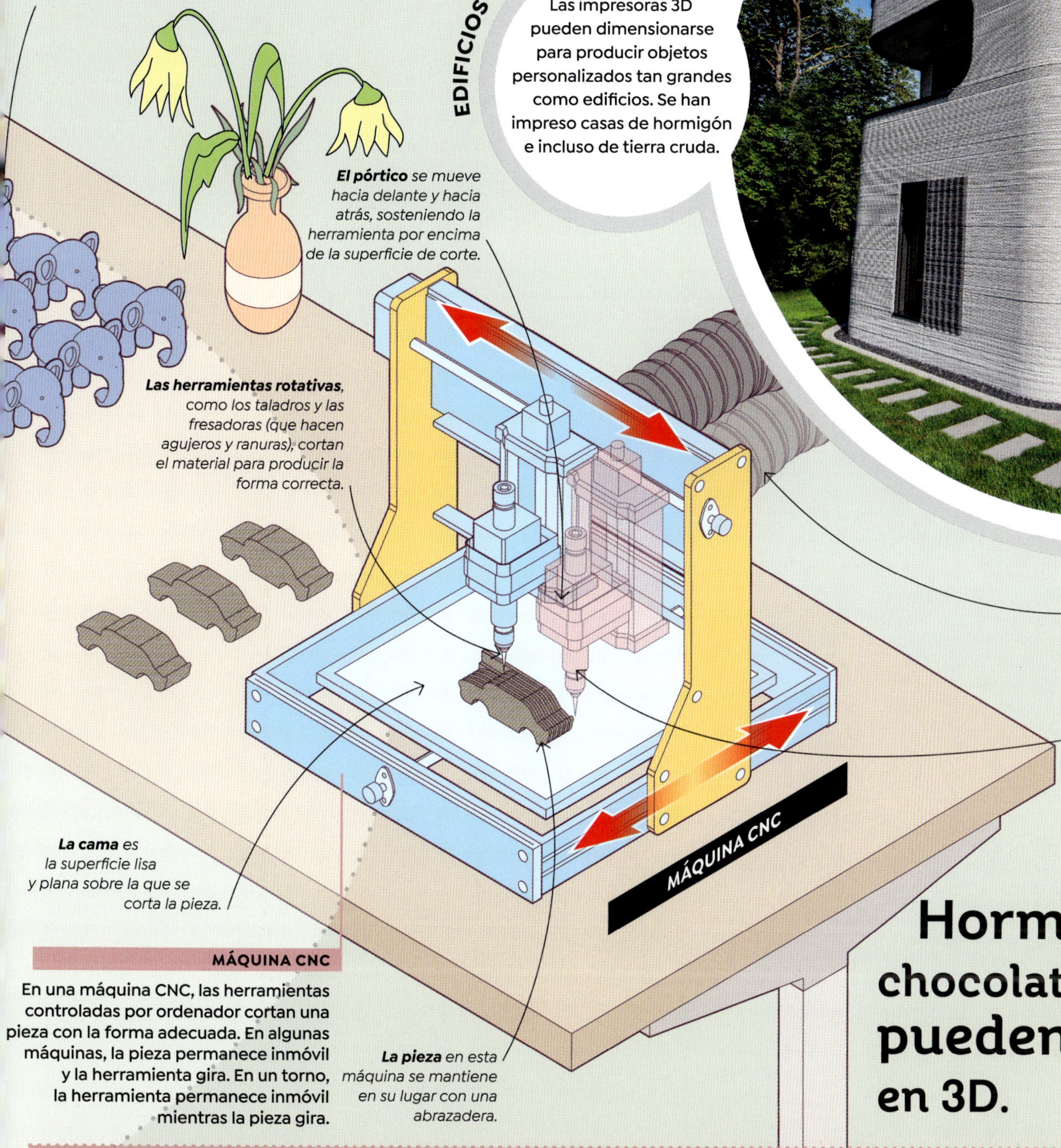

EDIFICIOS IMPRESOS EN 3D

Las impresoras 3D pueden dimensionarse para producir objetos personalizados tan grandes como edificios. Se han impreso casas de hormigón e incluso de tierra cruda.

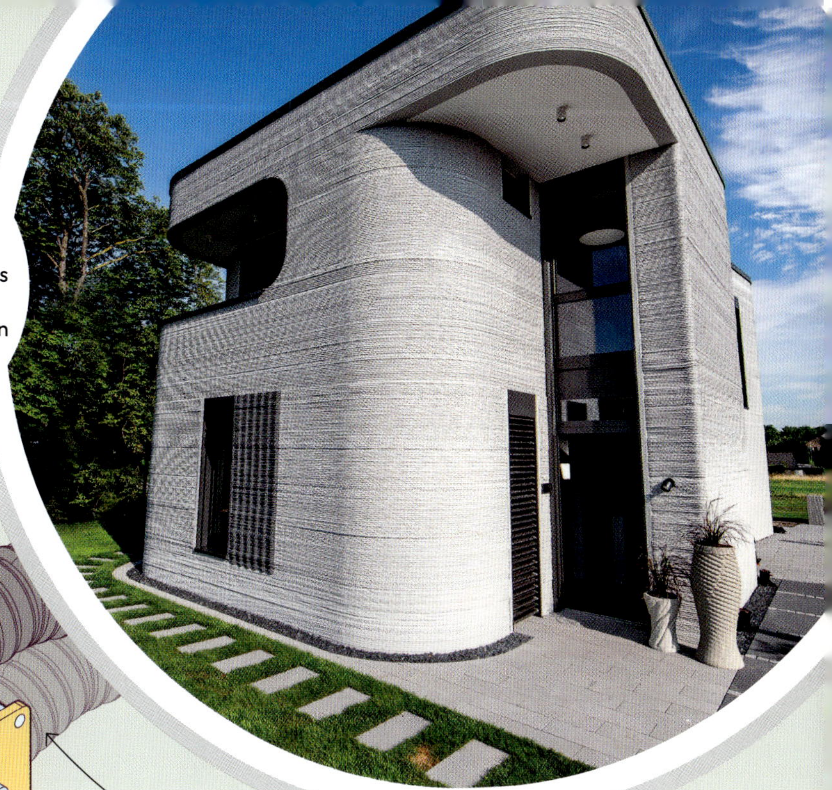

MÁQUINA CNC

En una máquina CNC, las herramientas controladas por ordenador cortan una pieza con la forma adecuada. En algunas máquinas, la pieza permanece inmóvil y la herramienta gira. En un torno, la herramienta permanece inmóvil mientras la pieza gira.

CORTADORAS LÁSER

Una cortadora láser utiliza un láser para cortar o grabar materiales con precisión. Una lente enfoca un haz estrecho sobre la pieza, calentando y vaporizando rápidamente el material en el punto focal. Un chorro de gas, normalmente oxígeno, expulsa el material fundido para dejar un corte limpio. El láser se desplaza por la pieza siguiendo la trayectoria requerida por el diseño. Tanto aficionados como profesionales utilizan las cortadoras láser, ya sea para fabricar dispositivos médicos de precisión, tallar piedras preciosas o cortar las obleas de silicio que se encuentran en los dispositivos informáticos.

1. El láser recibe instrucciones generadas por el software CAD.
2. El láser produce un intenso haz de luz infrarroja, cuya intensidad varía según las instrucciones del CAD.
3. El rayo entra en el cabezal de corte, que se mueve según las instrucciones del CAD.
4. Los espejos cambian la dirección del haz.
5. Una lente enfoca el haz sobre la pieza.
6. El gas entra en el cabezal de corte y la boquilla lo dirige hacia abajo.
7. El haz intenso calienta la pieza y provoca la evaporación del material.
Pieza

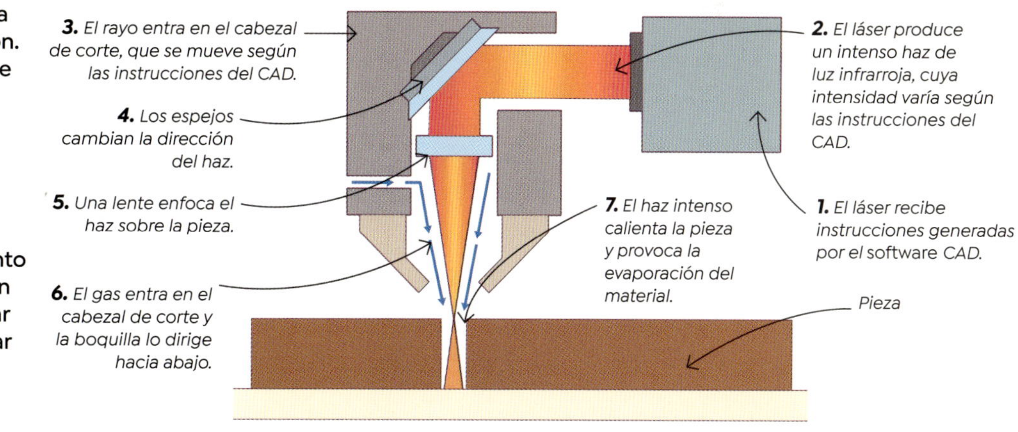

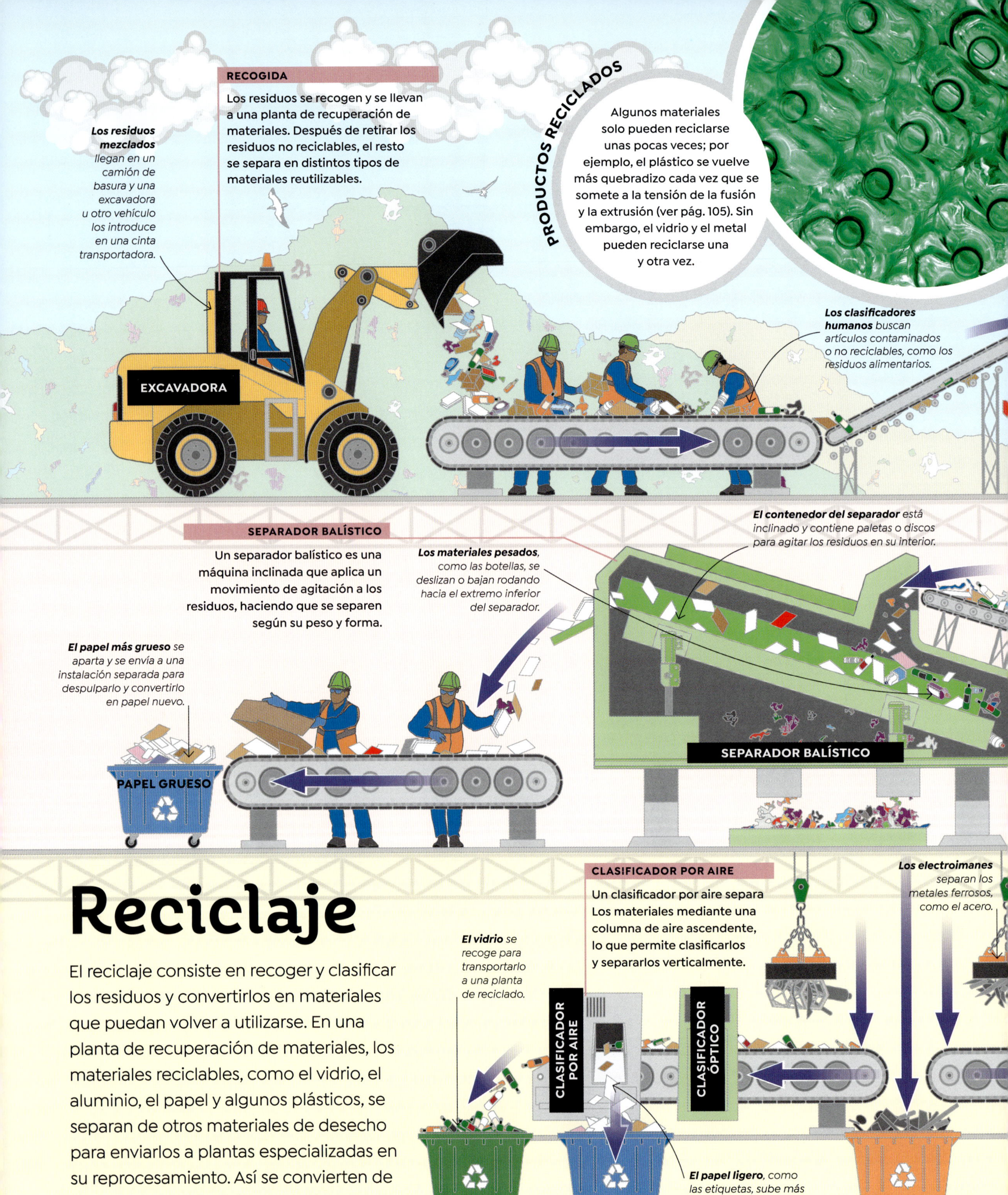

Reciclaje

El reciclaje consiste en recoger y clasificar los residuos y convertirlos en materiales que puedan volver a utilizarse. En una planta de recuperación de materiales, los materiales reciclables, como el vidrio, el aluminio, el papel y algunos plásticos, se separan de otros materiales de desecho para enviarlos a plantas especializadas en su reprocesamiento. Así se convierten de nuevo en materias primas con las que se pueden fabricar nuevos productos.

Las latas de aluminio se pueden reciclar infinitamente sin perder calidad.

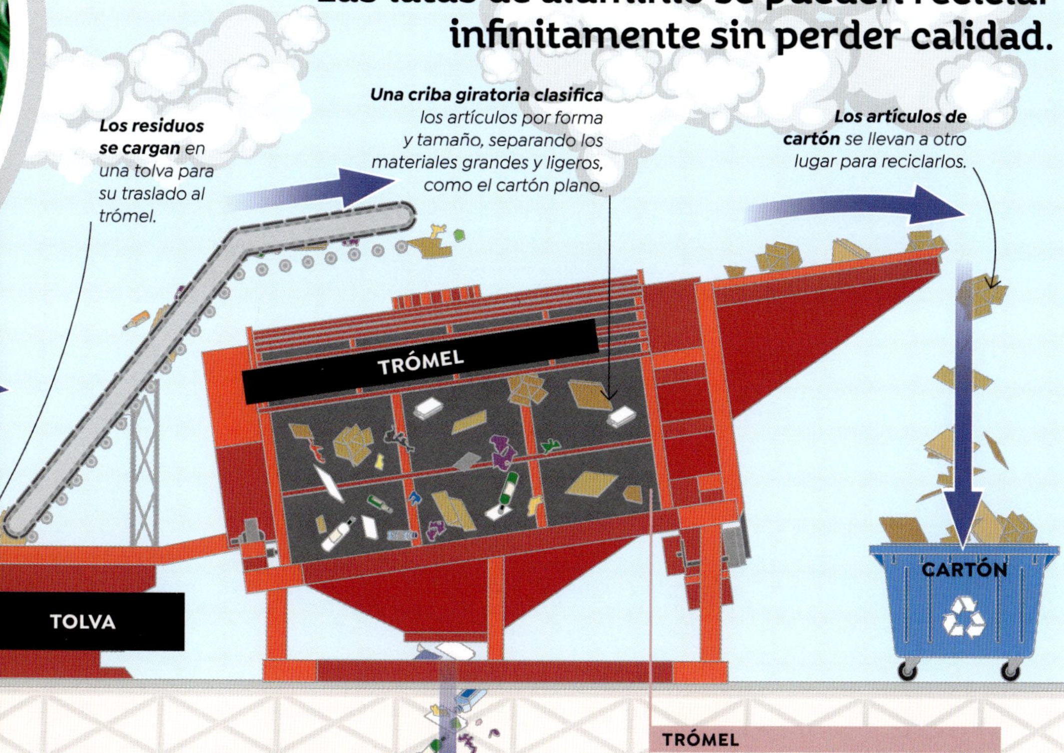

RECICLAJE DE ROPA

Cada vez hay más instalaciones especializadas en materiales difíciles de reciclar, como bolsas de plástico, aparatos electrónicos y textiles. La ropa vieja que no se puede revender ni usar como trapo se tritura y se le quitan los botones, cremalleras y otros cierres antes de someterla a un proceso químico.

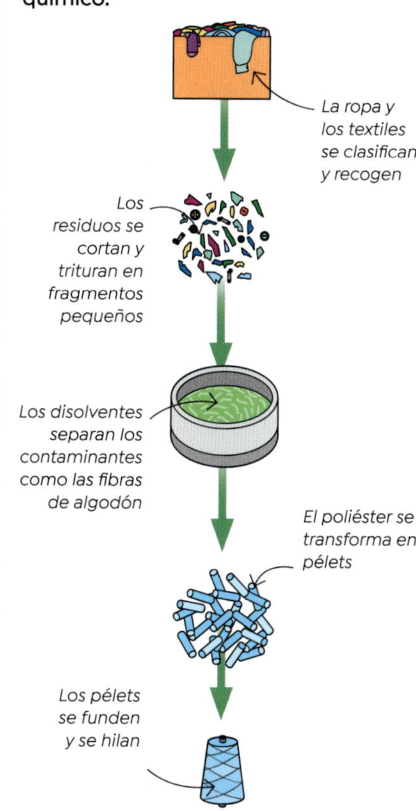

RECICLADO DE POLIÉSTER

Una serie de materiales pasa a través del tambor y luego se lleva al separador balístico.

TRÓMEL

El trómel es una máquina que separa elementos. La mezcla se mueve por un tambor de malla giratorio: los objetos pequeños caen, mientras que los más grandes no.

Una cinta transportadora mueve los materiales hacia la siguiente parte de la planta.

SEPARADOR DE CORRIENTES DE FOUCAULT

Un separador de corrientes de Foucault utiliza un campo magnético para repeler los metales que pasan por él y echarlos fuera.

CLASIFICADOR ÓPTICO

Un clasificador óptico automatiza la clasificación de objetos utilizando cámaras y herramientas de IA para detectar propiedades como el color, la forma, el tamaño y la textura.

SEPARADOR POR CORRIENTES DE FOUCAULT

CLASIFICADOR ÓPTICO

Los plásticos se separan por color y otras propiedades visibles gracias a un clasificador óptico.

*Los plásticos ligeros **no reciclables** se envían a un vertedero.*

METALES NO FERROSOS **PLÁSTICOS LIGEROS** **BOTELLAS DE PLÁSTICO**

SUPRARRECICLAJE

Una pequeña cantidad de residuos se reutiliza de forma creativa, por ejemplo, en instalaciones artísticas. Muchas tienen como objetivo hacer reflexionar a los espectadores sobre las consecuencias medioambientales de los residuos.

Excavación y construcción de túneles

La construcción suele comenzar moviendo la tierra. Algunas de las primeras herramientas sencillas inventadas por el hombre fueron para cavar hoyos, pero hoy contamos con unas máquinas impresionantes para hacer esta tarea. Las excavadoras mueven grandes cantidades de material y las tuneladoras perforan roca sólida a gran profundidad.

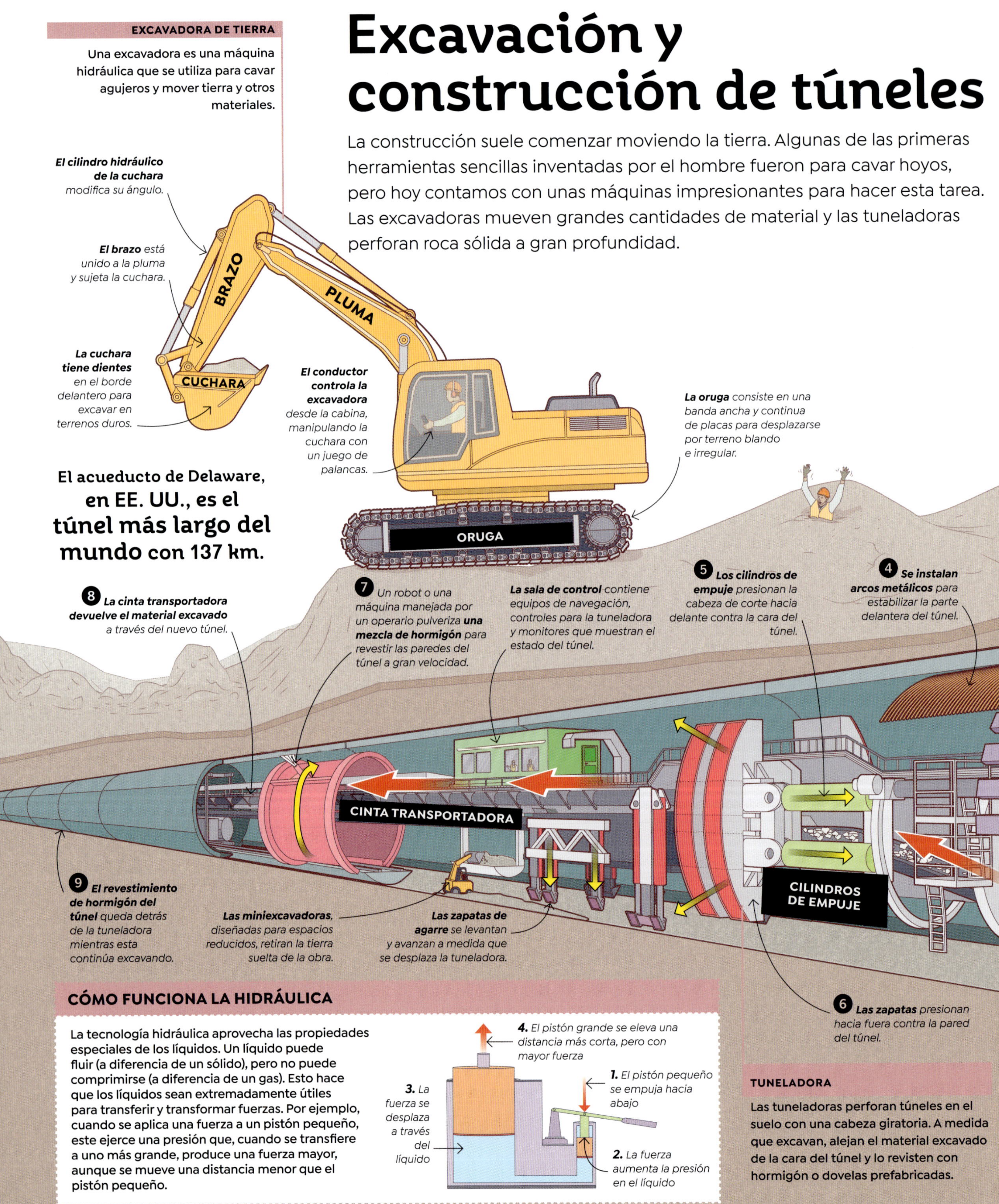

VISIÓN DE TÚNEL

Bajo las calles hay túneles por los que circulan trenes, peatones, vehículos de motor, cables, residuos líquidos y agua. Para que los túneles funcionen, los revestimientos de hormigón o acero deben soportar el terreno circundante e impedir que se filtre el agua. También mantienen el túnel intacto durante los terremotos.

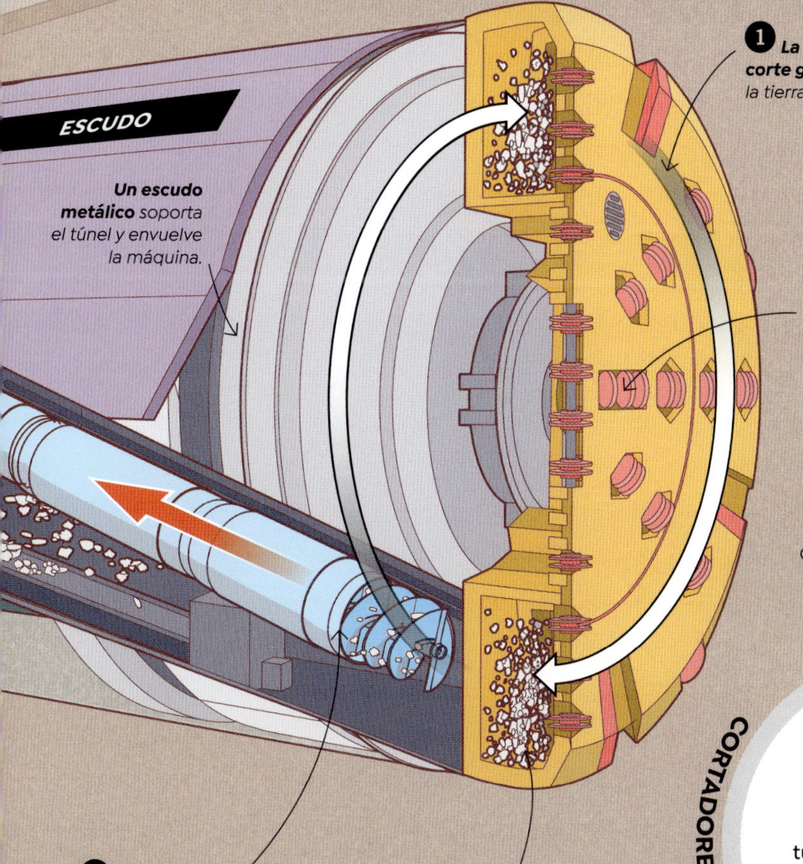

CORTADORES DE DISCO

Cortador central

Cortador lateral

Las fresas de rodillo en forma de disco se montan en el cabezal de una tuneladora para cortar la roca. Suelen ser de acero reforzado y se sustituyen periódicamente por desgaste.

BAJO TIERRA

Las tuneladoras son como gusanos que excavan enormes agujeros bajo la superficie de la Tierra. Antes de empezar a trabajar, se estudia la geología de la zona para determinar el tipo de máquina que mejor se adapta a las condiciones. Los cabezales de corte abiertos, como el que se muestra aquí, permiten a los operarios sondear la roca por delante y perforar capas sueltas. En rocas más duras, se utiliza un cortador blindado para proteger contra desprendimientos y permitir revestir el túnel a medida que se excava.

ENTRAR Y SALIR

En zonas urbanizadas, se excava un pozo para introducir y sacar la tuneladora. Primero se deja caer el cabezal de corte y luego se añade una cinta transportadora para retirar los escombros.

GRÚAS DE TORRE

Estas grúas se están utilizando para construir un rascacielos en Shanghái. Se pueden añadir más partes a la torre de una grúa para que se eleve a medida que lo hace la estructura. Esto permite terminar rápidamente la construcción del rascacielos.

Grúas

Una grúa es una máquina compuesta que utiliza varias máquinas simples –como poleas, palancas y ruedas (ver págs. 132-33)– para elevar, bajar y desplazar cargas pesadas. Muchas grúas tienen un brazo horizontal, o pluma, que gira alrededor del punto de apoyo. Algunas grúas son móviles, van montadas sobre camiones o sobre patas con ruedas.

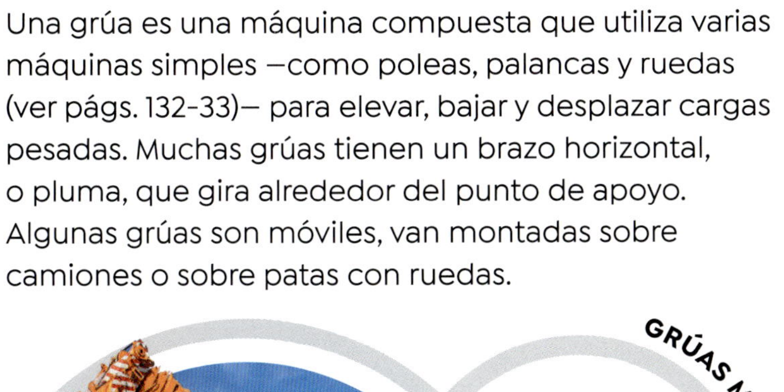

CÓMO FUNCIONAN LAS GRÚAS

En las grúas de equilibrio, como las grúas de torre, el peso de la pluma que se extiende por delante de la torre y la carga que lleva deben equilibrarse para evitar daños o el vuelco de la grúa. Esta es normalmente la función de los contrapesos pesados montados en la contrapluma detrás de la torre.

GRÚAS MÓVILES

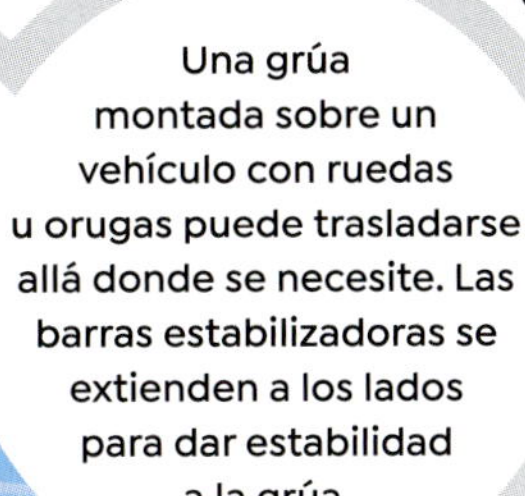

Una grúa montada sobre un vehículo con ruedas u orugas puede trasladarse allá donde se necesite. Las barras estabilizadoras se extienden a los lados para dar estabilidad a la grúa.

La grúa más potente del mundo utiliza más de 50 km de cable.

GRÚAS PÓRTICO

Estas grúas autoportantes se elevan sobre las cargas que manipulan. Se encuentran en fábricas, astilleros, puertos y centros de distribución, y varían en tamaño: desde grúas con ruedas que una sola persona puede empujar hasta máquinas gigantes capaces de levantar 20.000 toneladas.

SALA DE MÁQUINAS

BASTIDOR DE SOPORTE

PLUMA

La sala de máquinas *alberga el cabrestante y el equipo de respaldo, protegiéndolos de la lluvia, el calor y el polvo.*

La cima *es la parte superior de la torre y la más alta de la grúa.*

El carro de traslación *se desplaza a lo largo de la pluma y está unido por cables, que pasan por poleas, a un esparcidor superior o a un gancho.*

El mecanismo de elevación *enrolla los cables para levantar la carga.*

La estructura de la grúa *transfiere la carga al suelo.*

El polipasto*, accionado por motores eléctricos, eleva un contenedor de transporte.*

La grúa *baja un contenedor hasta un camión plataforma automatizado.*

En una grúa pórtico de muelle*, la pluma puede extenderse por toda la anchura de la cubierta de carga del buque, lo que permite subir y bajar cargas rápidamente.*

El esparcidor superior *se sujeta a las esquinas del contenedor y distribuye su carga uniformemente.*

Las ruedas *integradas en los rieles permiten que la grúa se mueva a lo largo del muelle.*

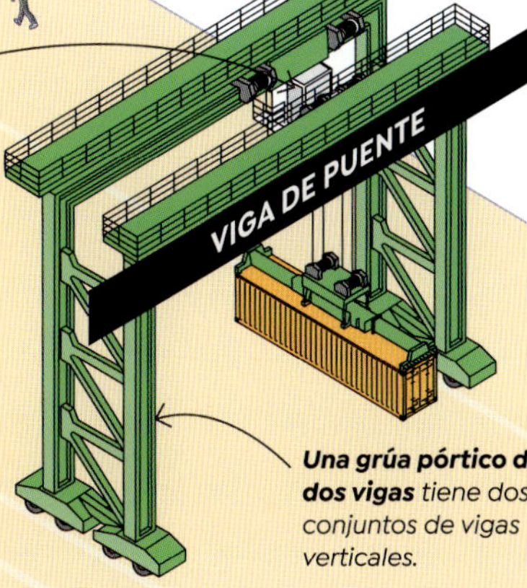

Una grúa pórtico de dos vigas *tiene dos conjuntos de vigas verticales.*

RASCACIELOS SOSTENIBLES

Muchos rascacielos modernos se construyen ahora con características que ayudan a hacer un uso más eficiente del agua, la energía, la luz y otros recursos. Por ejemplo, One Central Park en Sídney, Australia, tiene jardines verticales que revisten el 50 % de su fachada, atrapando dióxido de carbono y liberando oxígeno.

ARMAZONES DE ACERO

Los edificios de gran altura se sostienen sobre armazones de acero de una resistencia increíble. Debajo de la superficie hay un «esqueleto» de columnas verticales y vigas horizontales, al que se une el resto del edificio (suelos, paredes, techos, etc.).

Los ascensores de un rascacielos pueden ocupar hasta el 40 % de la superficie del edificio.

Un pararrayos *dirige los rayos de forma segura hacia el suelo, en lugar de a través de la estructura.*

Los tragaluces *inundan de luz natural los pisos superiores durante el día, lo que reduce el consumo de energía.*

HELIPUERTO

Un helipuerto en la azotea permite a los servicios de taxi aéreo acceder directamente al rascacielos y ofrece una vía adicional para evacuar a las personas en caso de incendios y otras emergencias.

El vidrio *está reforzado para resistir vientos fuertes y cambios extremos de temperatura.*

AMORTIGUADOR DE MASA

Un amortiguador de masa sintonizado protege los edificios altos al reducir las vibraciones causadas por el viento o los terremotos. Consiste en un enorme peso, suspendido en muelles, que absorbe la energía cinética del edificio.

Unos raíles guía *recorren verticalmente el rascacielos y mantienen el ascensor en movimiento por la trayectoria correcta.*

El agua de lluvia se recoge y almacena *en depósitos en el tejado para complementar el suministro de agua de la red.*

HOTEL

Rascacielos

Las ciudades de todo el mundo son cada vez más altas. Los rascacielos se definen, por lo general, como edificios de al menos 150 m de altura. Ocupan una gran superficie en un espacio limitado, lo que supone una ventaja en entornos urbanos abarrotados donde el suelo es caro. Pueden utilizarse como viviendas, oficinas, hoteles o una combinación de estos.

ASCENSOR DE GRAN VELOCIDAD

Sin ascensores, los edificios altos no serían prácticos. Las construcciones más altas tienen ascensores que viajan a 15 m por segundo o más rápido.

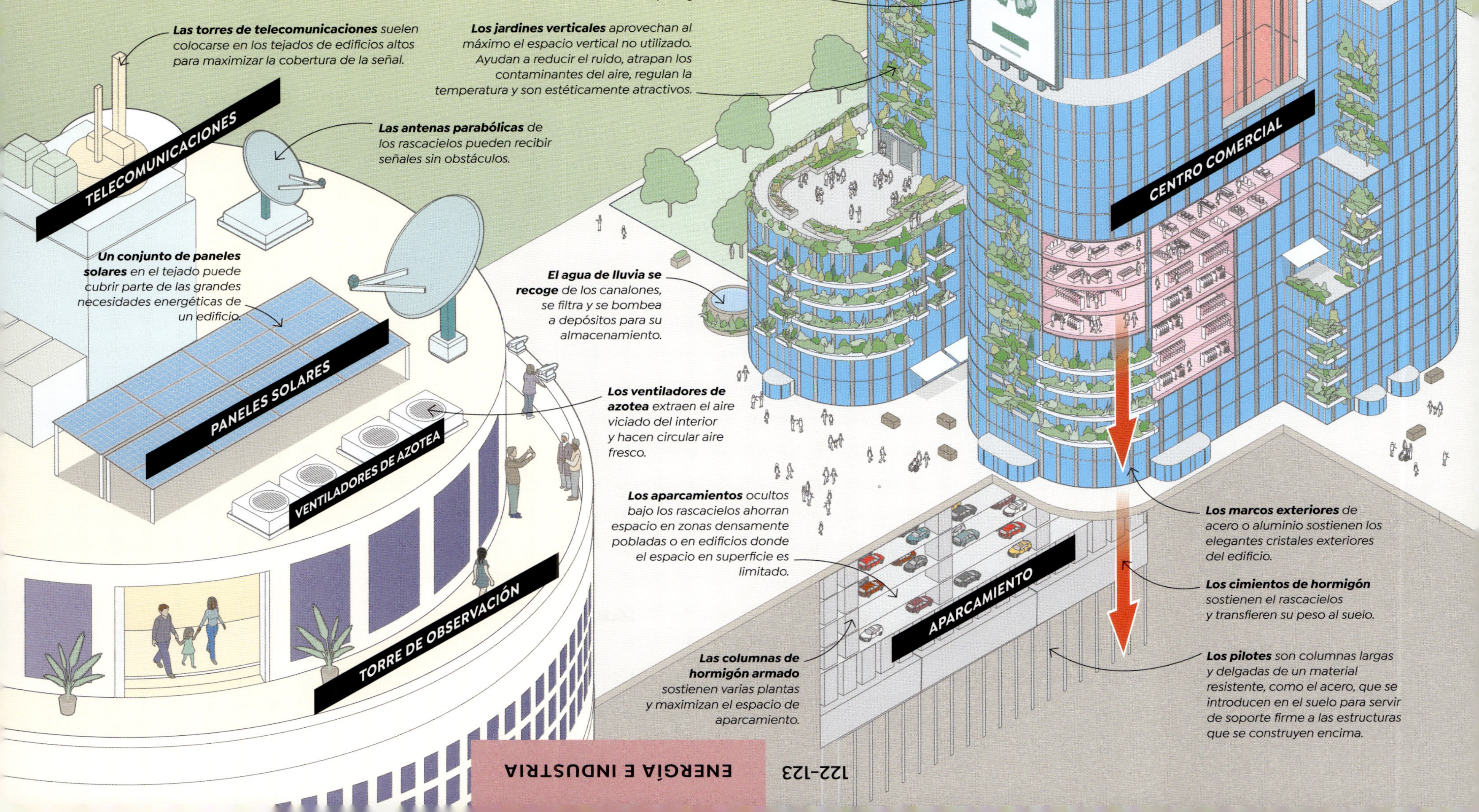

***Un armazón de acero**, formado por columnas verticales y vigas horizontales, sirve de soporte a la estructura del rascacielos.*

***Una piscina en la azotea** ofrece a los bañistas una vista panorámica de la ciudad y sus alrededores.*

***Las pantallas publicitarias LED** se colocan en un lateral alto para garantizar la visibilidad.*

***Las torres de telecomunicaciones** suelen colocarse en los tejados de edificios altos para maximizar la cobertura de la señal.*

***Los jardines verticales** aprovechan al máximo el espacio vertical no utilizado. Ayudan a reducir el ruido, atrapan los contaminantes del aire, regulan la temperatura y son estéticamente atractivos.*

***Las antenas parabólicas** de los rascacielos pueden recibir señales sin obstáculos.*

***Un conjunto de paneles solares** en el tejado puede cubrir parte de las grandes necesidades energéticas de un edificio.*

***El agua de lluvia se recoge** de los canalones, se filtra y se bombea a depósitos para su almacenamiento.*

***Los ventiladores de azotea** extraen el aire viciado del interior y hacen circular aire fresco.*

***Los aparcamientos** ocultos bajo los rascacielos ahorran espacio en zonas densamente pobladas o en edificios donde el espacio en superficie es limitado.*

***Las columnas de hormigón armado** sostienen varias plantas y maximizan el espacio de aparcamiento.*

***Los marcos exteriores** de acero o aluminio sostienen los elegantes cristales exteriores del edificio.*

***Los cimientos de hormigón** sostienen el rascacielos y transfieren su peso al suelo.*

***Los pilotes** son columnas largas y delgadas de un material resistente, como el acero, que se introducen en el suelo para servir de soporte firme a las estructuras que se construyen encima.*

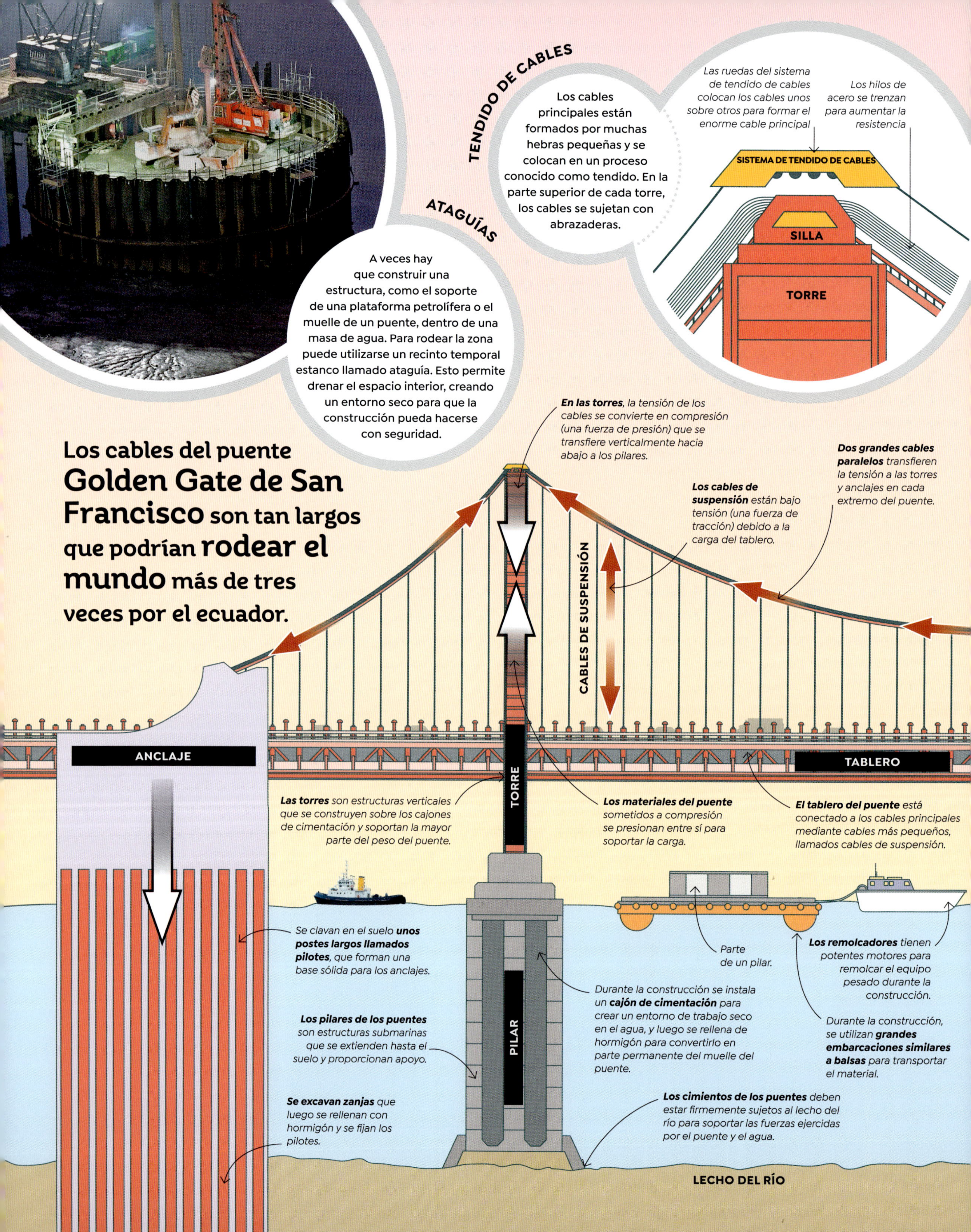
ATAGUÍAS
A veces hay que construir una estructura, como el soporte de una plataforma petrolífera o el muelle de un puente, dentro de una masa de agua. Para rodear la zona puede utilizarse un recinto temporal estanco llamado ataguía. Esto permite drenar el espacio interior, creando un entorno seco para que la construcción pueda hacerse con seguridad.
TENDIDO DE CABLES
Los cables principales están formados por muchas hebras pequeñas y se colocan en un proceso conocido como tendido. En la parte superior de cada torre, los cables se sujetan con abrazaderas.
Las ruedas del sistema de tendido de cables colocan los cables unos sobre otros para formar el enorme cable principal
Los hilos de acero se trenzan para aumentar la resistencia
SISTEMA DE TENDIDO DE CABLES
SILLA
TORRE
Los cables del puente Golden Gate de San Francisco son tan largos que podrían rodear el mundo más de tres veces por el ecuador.
En las torres, la tensión de los cables se convierte en compresión (una fuerza de presión) que se transfiere verticalmente hacia abajo a los pilares.
Dos grandes cables paralelos transfieren la tensión a las torres y anclajes en cada extremo del puente.
Los cables de suspensión están bajo tensión (una fuerza de tracción) debido a la carga del tablero.
CABLES DE SUSPENSIÓN
ANCLAJE
TORRE
TABLERO
Las torres son estructuras verticales que se construyen sobre los cajones de cimentación y soportan la mayor parte del peso del puente.
Los materiales del puente sometidos a compresión se presionan entre sí para soportar la carga.
El tablero del puente está conectado a los cables principales mediante cables más pequeños, llamados cables de suspensión.
Se clavan en el suelo unos postes largos llamados pilotes, que forman una base sólida para los anclajes.
Parte de un pilar.
Los remolcadores tienen potentes motores para remolcar el equipo pesado durante la construcción.
Durante la construcción se instala un cajón de cimentación para crear un entorno de trabajo seco en el agua, y luego se rellena de hormigón para convertirlo en parte permanente del muelle del puente.
Durante la construcción, se utilizan grandes embarcaciones similares a balsas para transportar el material.
Los pilares de los puentes son estructuras submarinas que se extienden hasta el suelo y proporcionan apoyo.
PILAR
Se excavan zanjas que luego se rellenan con hormigón y se fijan los pilotes.
Los cimientos de los puentes deben estar firmemente sujetos al lecho del río para soportar las fuerzas ejercidas por el puente y el agua.
LECHO DEL RÍO

Puentes

Los puentes permiten el paso por encima de obstáculos como ríos y carreteras. Los hay de todas las formas y tamaños, desde árboles caídos colocados a través de arroyos hasta enormes estructuras de decenas de kilómetros de largo. Cuanto más larga es la luz de un puente, mayor es el esfuerzo de ingeniería para sostenerlo.

PUENTES BASCULANTES

Algunos puentes tienen tramos móviles para permitir o restringir el paso. Un puente basculante es un tipo de puente móvil que usa un contrapeso para equilibrar un tramo mientras se balancea hacia arriba desde una posición horizontal, lo que permite que grandes embarcaciones pasen por debajo. Los puentes basculantes pueden tener uno o dos tramos móviles.

PUENTE COLGANTE

Un puente colgante se llama así porque el tablero del puente está suspendido de gruesos cables, que a su vez se apoyan en torres verticales.

Los cables principales *se sujetan en el ángulo necesario mediante sillas.*

Los cables principales *soportan todo el peso del tablero del puente.*

CABLES PRINCIPALES

La superficie del puente *está diseñada para el tráfico peatonal y de vehículos.*

Las grúas flotantes *son barcos equipados con grúas, que se utilizan para construir estructuras en altamar.*

TORRE

Las torres, normalmente de hormigón o acero, soportan la mayor parte de la fuerza de compresión, lo que significa que deben estar bien sujetas.

ANCLAJE

Los enormes y macizos anclajes situados en cada extremo del puente sujetan los extremos de los cables principales y transfieren la tensión al suelo.

TIPOS DE PUENTE

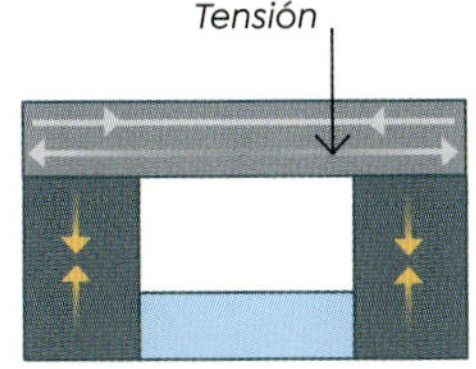

PUENTE DE VIGAS
El puente más sencillo, con un tablero apoyado sobre pilares en cada extremo.

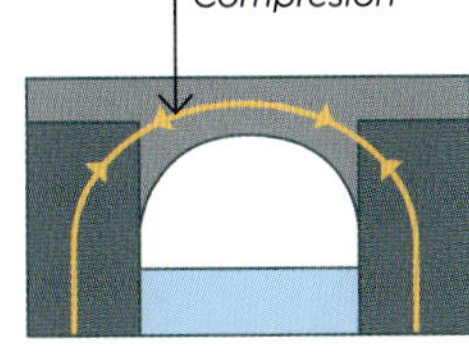

PUENTE DE ARCO
Puente curvo que transfiere la carga hacia los apoyos laterales.

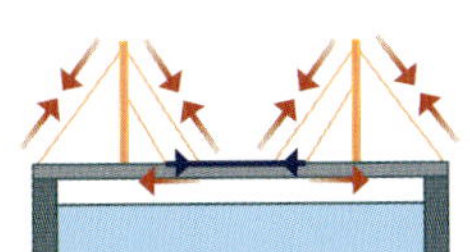

PUENTE ATIRANTADO
Puente con tablero sostenido por cables diagonales conectados a torres.

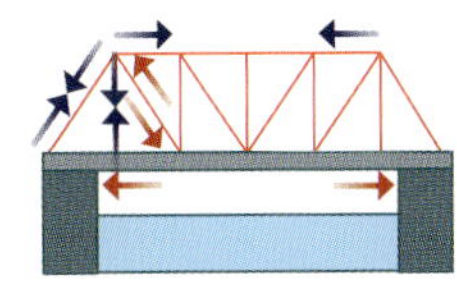

PUENTE DE CELOSÍA
Puente en el que un armazón de postes diagonales proporciona apoyo adicional.

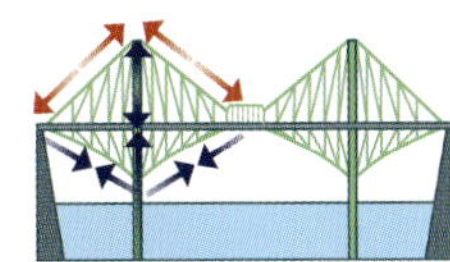

PUENTE EN VOLADIZO
Puente construido con estructuras en voladizo, cada una anclada en un solo extremo.

EN ESTADO DE SUSPENSIÓN

A diferencia de otras estructuras más sólidas, los puentes colgantes están siempre en movimiento. Las condiciones meteorológicas y el movimiento del tráfico hacen que sean susceptibles de torcerse y balancearse, por lo que los ingenieros tienen que diseñarlos para que puedan soportarlo. Muchos puentes colgantes, como este de Shenzhen (China), incluyen un tipo de estructura llamada viga cajón, que es relativamente ligera y rígida y eficaz para estabilizar largas secciones de puente. Las vigas se encajan entre sí y la carretera se coloca encima.

DENTRO DE UNA VIGA CAJÓN

Todas las vigas están provistas de refuerzos que distribuyen las fuerzas a través de ellas. Las superficies exteriores de las vigas cajón son lisas para reducir la resistencia.

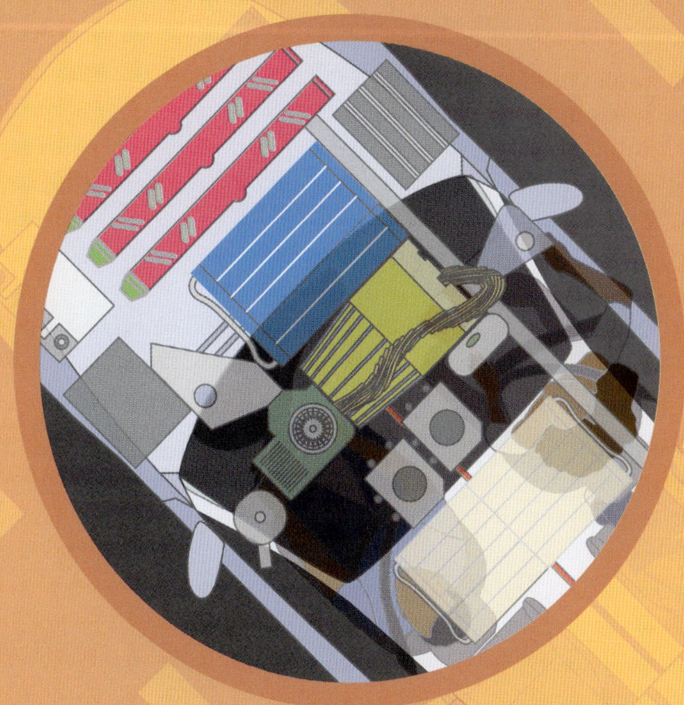

Tecnología del transporte

La tecnología nos lleva rápidamente de A hasta B. La mayoría de los vehículos modernos se propulsan con motores, pero los combustibles que los alimentan cada vez son más limpios. Aun así, todavía aún hay espacio para la energía eólica tradicional e incluso para la fuerza muscular.

Bicicletas y patinetes eléctricos

Comparado con otros medios de transporte, ir en bici es más barato y emite menos carbono y otros contaminantes. En los últimos años, a las bicis se han unido las bicicletas y los patinetes eléctricos, que también tienen dos ruedas, pero están impulsados por motores eléctricos.

FIBRA DE CARBONO

Las fibras de carbono *se entretejen y se unen con resina*

Algunos cuadros y otras partes de la bicicleta se hacen de fibra de carbono. Aunque es cara, la fibra de carbono es resistente, más ligera que el acero y no se oxida.

BICICLETA

El ciclista propulsa la bici pedaleando, lo que mueve una cadena que está engranada con un piñón en la rueda trasera.

El cuadro *se compone de tubos metálicos, como el acero, el aluminio o la fibra de carbono. Los tubos forman una estructura rígida de dos triángulos conectados.*

El manillar *actúa como palanca que facilita la conducción. También es el punto de montaje de las manetas de freno.*

Una horquilla de suspensión *contiene un pistón que se desplaza hacia arriba cuando la bici choca con un bache. Eso comprime el aire sobre el pistón y absorbe el impacto.*

CADENA

Cuando se acciona ***la maneta de freno****, el fluido hidráulico empuja los pistones de una mordaza, que obliga a las pastillas de freno a agarrarse a un disco sujeto a la rueda.*

Los pedales y las bielas *hacen girar un engranaje llamado plato. Este va unido a la cadena por uno o más engranajes en la rueda trasera que hacen que gire.*

La rueda *se compone de un cubo unido por radios estrechos a una llanta. Los radios están tensados para mantener la forma de la rueda.*

PATINETE ELÉCTRICO

Un patinete ligero para ir de pie funciona con un motor eléctrico de cubo (ver pág. 142) en una o en las dos ruedas. Se alimenta mediante una batería recargable, lo que confiere al patinete una autonomía media de entre 6 y 50 km.

Al girar el acelerador *se altera la velocidad del motor.*

La barra abatible *puede plegarse hacia abajo para guardarse o desplegarse hacia arriba y bloquearla para conducir.*

BARRA

La base *proporciona una plataforma robusta al conductor. Debajo de ella están las baterías y los circuitos electrónicos.*

PLATAFORMA

MOTOR DE CUBO

El freno *ralentiza la rueda trasera. En algunos modelos, el frenado recarga la batería con electricidad.*

El eje *y un anillo interior de electroimanes (el estátor) no se mueven.*

Un anillo exterior *de imanes permanentes (el rotor) repele los electroimanes del centro y hace que la rueda gire.*

Viajar en bicicleta utiliza de media 30 veces menos energía que viajar en coche.

MARCHAS DE LA BICICLETA

Alternar los engranajes de piñón de distinta medida fijos a la rueda trasera permite al ciclista cambiar la combinación de velocidad y fuerza. Un piñón grande es ideal para arrancar desde un punto muerto o subir una colina. Un piñón pequeño proporciona mayor velocidad para rodar rápido.

Un piñón grande crea más fuerza, pero gira más lento

Pedal de rotación

MARCHA CORTA

El ciclista gira los pedales muchas veces para conseguir una rotación de la rueda trasera, pero esta gira con más fuerza.

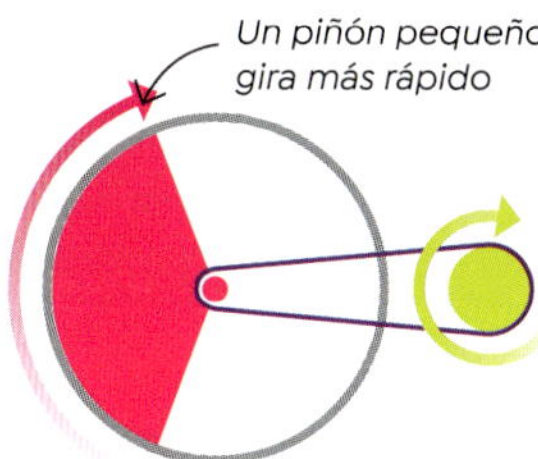

Un piñón pequeño gira más rápido

MARCHA LARGA

Una marcha larga conlleva menos giros de pedal por rotación de la rueda, lo que genera más velocidad, pero menos fuerza.

VELÓDROMOS

Estos recintos deportivos tienen calles, por lo general de unos 250 m de largo, con curvas de peraltes pronunciados y suelos de madera lisa y pulida adecuados para carreras de velocidad.

EQUILIBRIO DE FUERZAS

Como en cualquier vehículo, sobre la bicicleta actúan distintas fuerzas, algunas de las cuales tiene que superar el ciclista para moverla. En una bicicleta eléctrica, el ciclista se ayuda de un motor.

__La fricción__ se produce cuando la bicicleta y el ciclista encuentran resistencia en el suelo y en el aire.

__Para empezar a moverse__, el ciclista tiene que superar la inercia: la tendencia de un objeto inerte a permanecer inmóvil (o la de un objeto en movimiento a seguir moviéndose).

__El peso__ de la bici, del ciclista y de la carga actúan hacia abajo.

El ciclista y el motor generan una __fuerza de avance__ llamada fuerza motriz.

Cuando se activa, __el controlador de pedaleo asistido__ percibe que los pedales están girando y ordena al motor que ayude a girar la rueda; algo útil cuando toca subir cuestas.

__Colocar__ la mayor parte del peso cerca del suelo hace que la bici de carga sea más estable.

BICI ELÉCTRICA DE CARGA

El conductor de una bici eléctrica puede pedalear o utilizar un sistema eléctrico que cuenta con un motor. Las bicis de carga disponen de motores potentes que los ayudan a transportar cargas pesadas.

__Una fuerza de reacción hacia arriba__ equilibra el peso.

CESTA DE CARGA

MOTOR CENTRAL

__La batería recargable__ suele ir montada en el cuadro.

__El motor central incorporado__ hace girar las bielas, lo que mueve la rueda trasera a través de la cadena, igual que si se pedaleara.

__Un sensor de torque__, dentro del cuadro, mide el esfuerzo del ciclista y ajusta la potencia del motor de acuerdo con él.

__Las ruedas de las bicis eléctricas__ suelen ser más resistentes que las de las bicis normales para soportar el peso extra de la bici y la fuerza de rotación que genera el motor.

CÓMO FUNCIONA

A la fuerza que se aplica a una máquina simple se le llama esfuerzo. Se suele utilizar para superar otra fuerza llamada carga. Algunas máquinas simples producen fuerzas que provocan que un objeto gire. Un momento es el efecto de giro de una fuerza que hace rotar a un objeto alrededor de un punto fijo, como una llave inglesa girando una tuerca.

Momento = fuerza x distancia

Máquinas simples

Una máquina simple es un dispositivo que altera la resistencia o la dirección de una fuerza. A menudo crea una ventaja mecánica al liberar una fuerza de salida que es mayor que el esfuerzo realizado, pero aplicada sobre una distancia más corta. Las máquinas simples se suelen combinar para crear máquinas complejas que llevan a cabo tareas útiles.

RUEDA Y EJE

Una rueda gira sobre una varilla central llamada eje. Un pequeño giro del eje tiene como resultado un giro de una distancia mayor de la llanta de la rueda.

PLANO INCLINADO

Una pendiente o rampa disminuye el esfuerzo necesario para levantar una carga al incrementar la distancia que recorrer. Cuanto mayor sea la pendiente, menos esfuerzo se necesita.

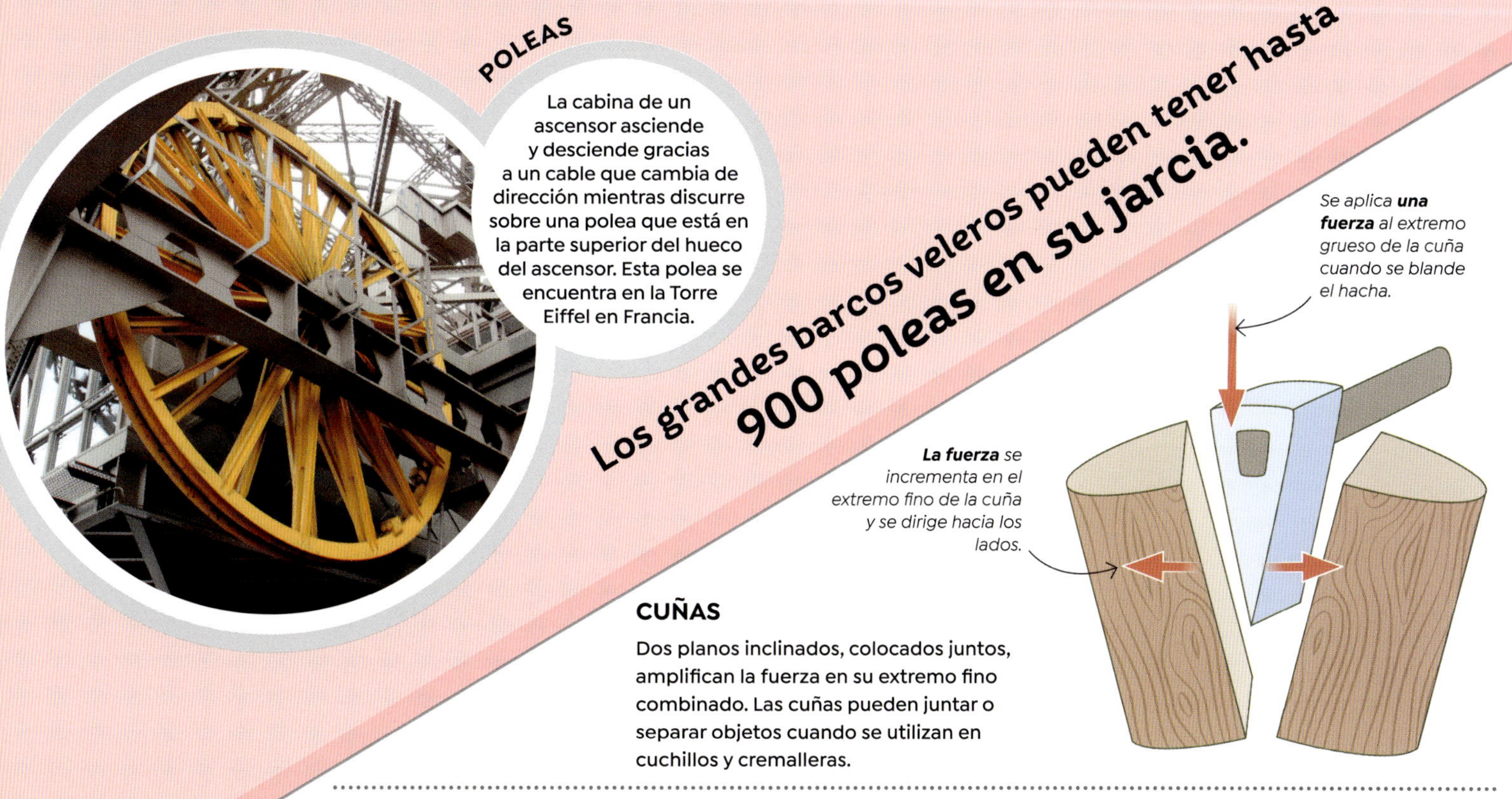

CUÑAS

Dos planos inclinados, colocados juntos, amplifican la fuerza en su extremo fino combinado. Las cuñas pueden juntar o separar objetos cuando se utilizan en cuchillos y cremalleras.

POLEAS

Una polea es un cordón, un cable o una cuerda enrollada alrededor de una rueda. Una polea simple cambia la dirección pero no la resistencia de una fuerza. Varias poleas, trabajando juntas, crean una ventaja mecánica y aumentan la fuerza o reducen el esfuerzo necesario para levantar una carga.

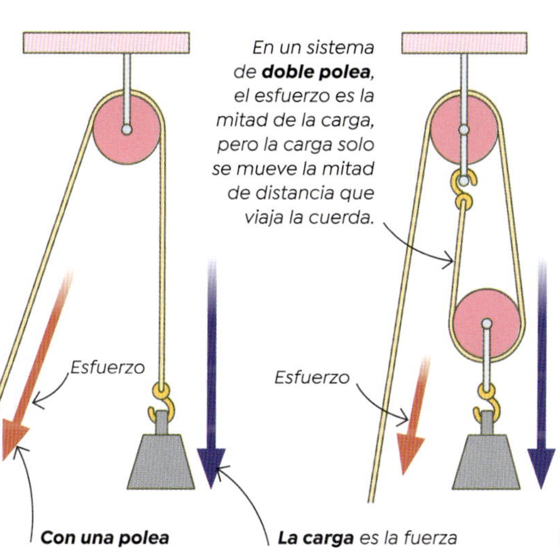

ENGRANAJES

Estas ruedas dentadas y rodamientos trabajan en equipo para alterar la resistencia, la velocidad o la dirección de una fuerza. Las diferencias de tamaño entre los dos engranajes interconectados (la relación de transmisión) determina si la fuerza se eleva o si se aumenta la velocidad.

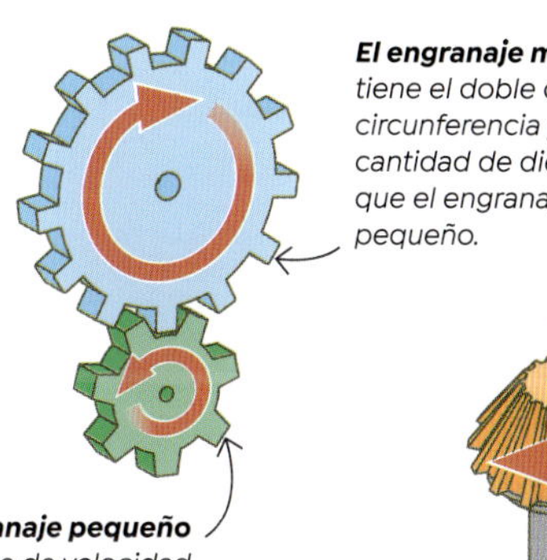

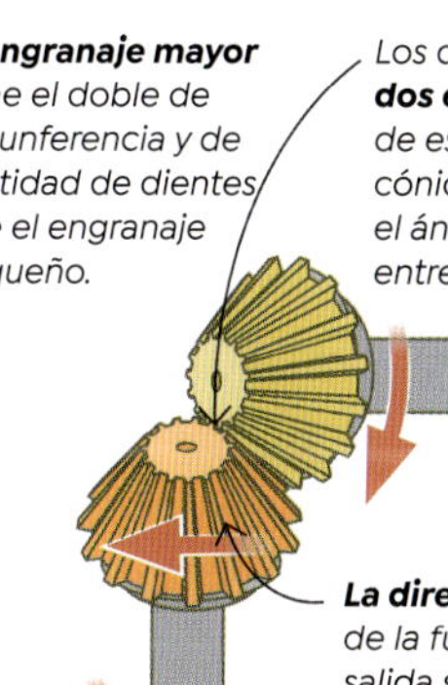

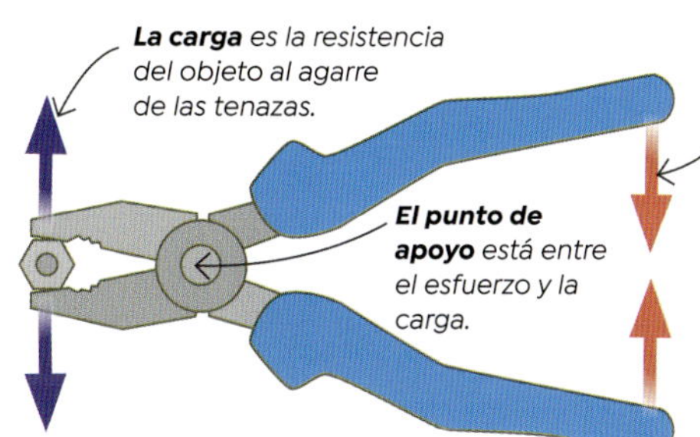

PALANCAS DE CLASE 1

Las palancas se clasifican de acuerdo con la posición de su punto de apoyo, el punto en el que pivota la palanca. En una palanca de clase 1, el punto de apoyo se encuentra entre la carga y el esfuerzo.

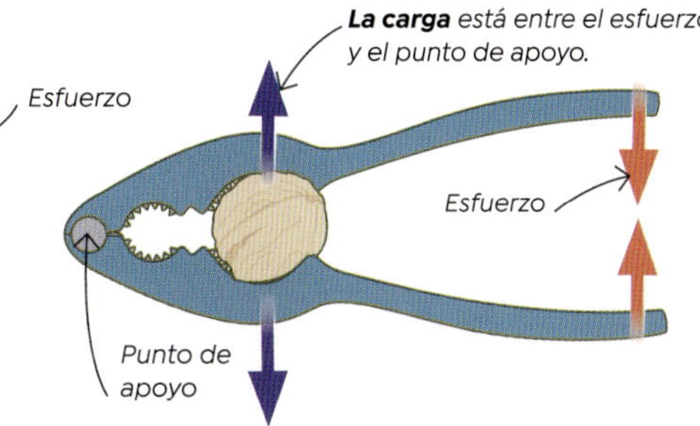

PALANCAS DE CLASE 2

Aquí, la carga se encuentra entre el punto de apoyo y el esfuerzo. Cuanto más cerca esté la carga del punto de apoyo, menos esfuerzo se precisa. Entre las palancas de clase 2 están los cascanueces, las carretillas y las patas de cabra.

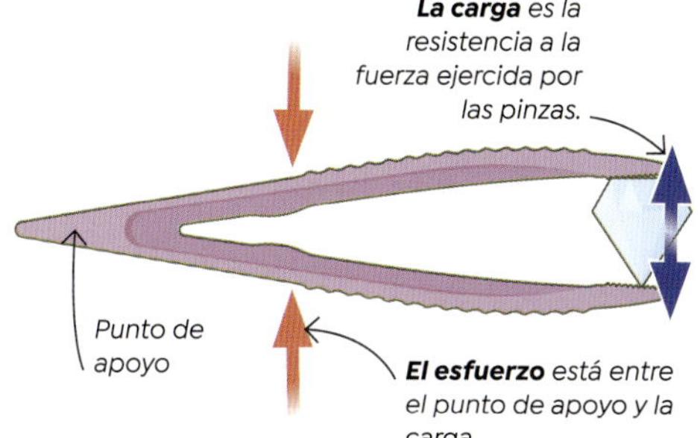

PALANCAS DE CLASE 3

En estas palancas, el punto de apoyo y la carga están en cada extremo, y el esfuerzo entre medias. Las encontramos a menudo en aparatos, como pinzas o tenacillas, que se usan para mover objetos pequeños o delicados.

DE ARRIBA ABAJO

Una de las maneras más rápidas de subir y bajar una montaña es usando un teleférico. Básicamente, se trata de un sistema de polea simple al que van enganchadas cabinas o sillas. La fuerza motriz es una rueda a cada extremo del recorrido, alrededor de la cual corre un lazo de cable de acero. Las ruedas funcionan con motores, que pueden ser eléctricos. Las cabinas pueden llevar entre 2 y 15 personas. Algunas tienen pinzas desembragables que permiten apartar la cabina de la vía principal para que los pasajeros puedan bajar y subir con seguridad. Otras tienen una pinza fija, y los pasajeros tienen estar listos para saltar al subir o bajar cuando llegan las cabinas, aunque antes las suele ralentizar un operador.

CAMBIO RÁPIDO

En este sistema, las cabinas que llegan a la terminal son desviadas a otra vía, en la que el movimiento es más lento para permitir que los pasajeros suban y bajen.

Motocicletas

Estos vehículos de dos (y ocasionalmente de tres) ruedas son más baratos que los coches y las furgonetas, y suelen ser más manejables en medio del tráfico y en terrenos accidentados. Pese al creciente número de motos y *scooters* eléctricos en las carreteras de todo el mundo, la mayoría de los 600 millones de motocicletas que se conducen actualmente funcionan con motor de combustión interna de gasolina o de diésel.

CHOPPER **AMERICANA**
Las motocicletas tienen multitud de diseños y tamaños, como las *choppers* customizadas. Estas motos de carretera disponen de horquillas delanteras alargadas, manillar curvo y una postura de conducción recta y relajada.

La Triumph Rocket 3 puede pasar de 0 a 100 km/h en solo 2,73 segundos.

1. *El pistón del motor sube y baja*

2. *El cigüeñal gira con la energía*

3. *Los engranajes de la transmisión principal giran*

4. *El embrague se conecta para seleccionar el piñón en la transmisión*

5. *El piñón de transmisión final gira*

6. *La cadena principal, hecha de eslabones de acero, transmite la energía al piñón trasero*

7. *El piñón trasero hace girar la rueda trasera.*

Algunas motos utilizan una correa que transmite energía de la caja de cambios a la rueda trasera, mientras que otras, por lo general más grandes, usan un eje de transmisión giratorio. Sin embargo, la mayoría de las motos utilizan una cadena flexible de acero que transmite el movimiento rotatorio del motor a un plato montado en el eje de la rueda trasera.

TRANSMISIÓN

SILENCIADOR DE ESCAPE

Un silenciador reduce el sonido que hacen los gases de escape del motor al ralentizarlos y absorber parte de ese sonido.

ESCAPE

FRENO DE DISCO

El estribo *proporciona un lugar de descanso a los pies del conductor.*

La cadena de transmisión *hace girar el piñón trasero que impulsa a la rueda trasera.*

MOTORES DE CUATRO TIEMPOS

Un motor de combustión interna de cuatro tiempos (como los de los coches, los camiones y los de algunas motos) cuenta con un cilindro con un pistón que tiene un ciclo de cuatro tiempos, dos arriba y dos abajo. Los dos primeros tiempos aspiran aire y combustible y luego comprimen la mezcla, que arde y crea gases que empujan el pistón hacia abajo en el tercer tiempo. En el cuarto tiempo se expulsan los gases de escape. Este ciclo hace que rote un cigüeñal. La rotación se transfiere a las ruedas del vehículo a través del sistema de transmisión.

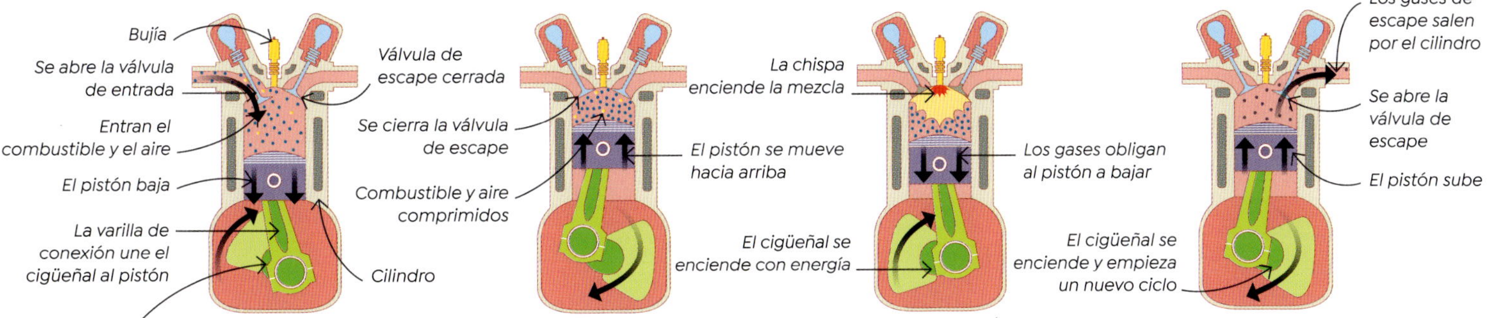

1. ADMISIÓN
El pistón desciende e introduce combustible y aire en el cilindro a través de la válvula de entrada abierta.

2. COMPRESIÓN
El pistón se eleva y presiona la mezcla de combustible y aire, aumentando su presión y su temperatura.

3. COMBUSTIÓN
Una chispa enciende la mezcla. Al arder, los gases se expanden rápidamente y empujan el pistón hacia abajo.

4. ESCAPE
El pistón levanta el cilindro y expulsa los gases de escape hacia fuera por el sistema de escape.

*La parte exterior dura y las capas interiores de espuma **del casco** protegen la cabeza del motorista.*

*Se puede girar **el acelerador** del manillar derecho para aumentar la entrada de aire y combustible en los cilindros del motor, lo que incrementa la potencia y la velocidad.*

***El depósito de combustible** tiene una tapa superior para rellenarlo y va conectado a una bomba de combustible.*

MOTOR

MOTOR

El motor es compacto, montado en el centro, y suele disponer de uno o dos cilindros.

***La transmisión** permite al conductor seleccionar distintas marchas, generalmente moviendo una palanca con el pie izquierdo.*

FRENOS DE DISCO HIDRÁULICOS

1. Se levanta la palanca de freno

Depósito del líquido de frenos

2. El pistón empuja el líquido de frenos

Tubo de freno

Pastilla de freno

3. El pistón presiona las pastillas contra el disco de freno

Disco de freno acoplado a la rueda delantera

Apretar la palanca hace descender el líquido de frenos por un tubo llamado línea. El líquido obliga al pistón a presionar las pastillas de freno contra el disco de freno. Esto provoca una fricción que ralentiza la motocicleta.

SUSPENSIÓN

La horquilla delantera tiene tubos telescópicos que van hacia arriba para absorber los impactos de los baches.

***Los neumáticos** están hechos de goma con una serie de ranuras que proporcionan agarre y apartan el agua.*

Coches

Un coche moderno consta de más de 30.000 piezas que conforman una serie de sistemas entre los que están la dirección, la transmisión, la suspensión, el sistema eléctrico y el de escape. La mayoría de los coches funciona con motores de combustión interna que generan energía al quemar una mezcla de aire y combustible, que puede ser gasolina o diésel.

ESCAPE

Los gases de escape viajan a través de conductos, un silenciador y un catalizador que reduce la contaminación, y luego salen por el tubo de escape.

Hay un disco incorporado *en el interior de cada rueda. Cuando el conductor pisa el pedal de freno, las pastillas de freno se presionan contra el disco y crean una fricción que ralentiza el coche.*

El intermitente trasero *parpadea para indicar a los demás conductores que el coche está girando.*

ESCAPE

5 ***El eje, al rotar****, hace girar las ruedas traseras y el coche se mueve. Los neumáticos se agarran a la carretera y desvían el agua.*

SUSPENSIÓN

Los muelles, los amortiguadores y otros mecanismos ayudan a absorber los baches, bajadas y rebotes, facilitan una conducción suave y mantienen los neumáticos en contacto con el suelo.

Muchos sistemas de asistencia de aparcamiento tienen un porcentaje de precisión del 99 %.

ASISTENTE DE APARCAMIENTO

Muchos dispositivos modernos ayudan a los conductores a aparcar con precisión. Un controlador recibe la información de las cámaras digitales y los sensores ultrasónicos, muestra el ángulo de conducción ideal y emite avisos sonoros si el vehículo se acerca demasiado a otros vehículos u objetos. Algunos de estos sistemas pueden tomar por completo el control del coche.

Los sensores de la carrocería del coche miden la distancia hasta los objetos cercanos

Las cámaras de gran angular proporcionan imágenes desde la parte posterior del coche

Las ondas acústicas de alta frecuencia de los sensores miden la distancia

DIRECCIÓN DE PIÑÓN Y CREMALLERA

Muchos coches utilizan dirección de piñón y cremallera. Cuando se gira el volante, gira el eje de la dirección, al final del cual hay un engranaje de piñón que va encajado con un bastidor largo. Cuando el engranaje de piñón rota, empuja al bastidor hacia los lados. El bastidor está conectado al cubo de la rueda mediante tirantes y un brazo de dirección. El bastidor móvil y los tirantes empujan una rueda hacia fuera y otra hacia dentro para que el coche gire.

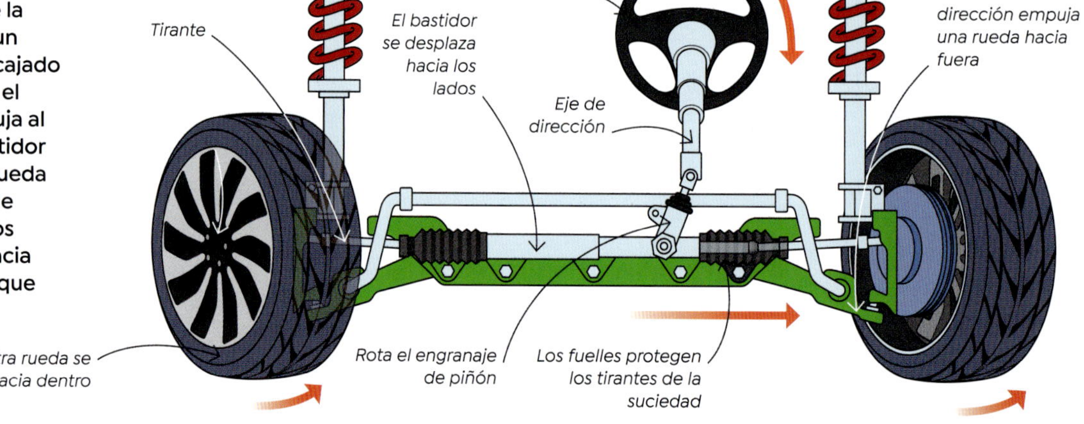

La capota *de un coche descapotable se guarda bajo una solapa para que el vehículo conserve su forma aerodinámica.*

TRANSMISIÓN

La potencia del motor se transmite a uno o ambos pares de ruedas a través de una caja de cambios, que elige las marchas de manera automática o bien permite que lo haga el conductor manualmente.

AIRBAGS

Se utilizan maniquíes con sensores para poner a prueba los dispositivos de seguridad de un coche, como los *airbags*. Con el impacto, el *airbag* se infla en 0,03 segundos.

El volante *también alberga un airbag, un claxon y a menudo varios controles, como los de las luces y los indicadores.*

Los limpiaparabrisas*, controlados por pequeños motores eléctricos, se mueven hacia delante y hacia atrás por el parabrisas para eliminar el agua y la suciedad.*

Un ordenador de a bordo *monitoriza el rendimiento del motor, los frenos y otros sistemas del coche.*

2 ***El cigüeñal*** *convierte el movimiento de subida y bajada de los pistones en uno rotatorio.*

1 ***El motor de combustión interna*** *enciende el combustible y el aire en sus cilindros, y hace que los gases se expandan y empujen el pistón hacia abajo en cada cilindro.*

El faro delantero *emite un haz de luz en ángulo para iluminar la carretera que hay delante.*

EJE DE TRANSMISIÓN

MOTOR

4 ***El eje de transmisión*** *envía la potencia desde la caja de cambios al diferencial, que la transmite al eje de la rueda trasera.*

3 ***La caja de cambios*** *contiene varios engranajes de transmisión que permiten al conductor de un coche manual seleccionar la marcha ideal para la velocidad del coche y la carretera.*

SENSORES DE PARABRISAS

Algunos parabrisas cuentan con sensores que encienden o apagan las luces del coche dependiendo de las condiciones de luz externas. Otros sensores pueden detectar la lluvia y poner en marcha los limpiaparabrisas.

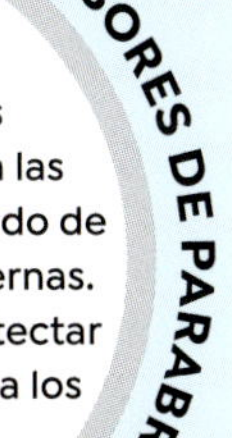

Un radiador *ayuda a mantener el motor refrigerado. Un refrigerante transmite el calor del motor al radiador, que lo dispersa hacia al aire exterior del vehículo.*

DIRECCIÓN

Al girar el volante se altera el ángulo de las ruedas delanteras, lo que permite al coche girar. La dirección asistida utiliza un sistema hidráulico para multiplicar la fuerza de rotación, lo que facilita la conducción.

ÁNGEL DE LA GUARDA

La Fórmula 1 es un deporte peligroso. A lo largo de los años, se han instalado diversos dispositivos para garantizar la seguridad de los pilotos en caso de accidente. Los coches se construyen con zonas deformables que se hunden cuando el coche impacta contra algo, y los extintores integrados se disparan automáticamente. Una innovación reciente es el halo, una barra con forma de horquilla que se coloca por delante de la cabina del piloto. Está hecho de titanio y fibra de carbono, y diseñado para desviar los neumáticos que salen volando y otros restos, y para proteger la cabeza del piloto si el coche vuelca. Aguanta el peso de un autobús y ya ha salvado la vida de varios pilotos que sufrieron accidentes graves.

CABEZA PROTEGIDA

Un casco de F1 está fabricado con fibra de carbono, con una capa interior de poliestireno y un revestimiento ignífugo. Se fija a un collarín que mantiene la cabeza recta.

Motores eléctricos

Los motores eléctricos utilizan las fuerzas que se crean entre los campos magnéticos y las corrientes eléctricas para generar movimiento. Estos dispositivos versátiles van desde pequeños motores en el interior de los *smartphones* a motores gigantes de tracción que impulsan los trenes eléctricos.

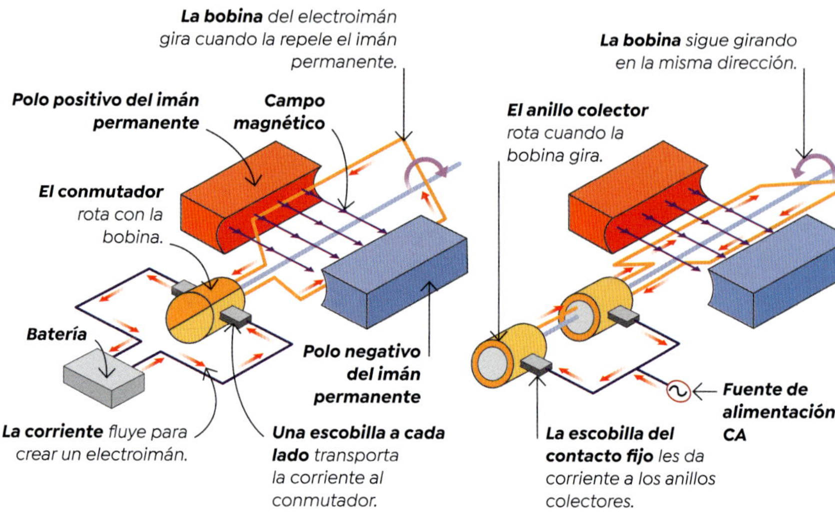

CÓMO FUNCIONA

Cuando una corriente eléctrica fluye por una bobina colocada dentro de un campo magnético, convierte a la bobina en un electroimán. Cuando la repele o se ve atraída por otro imán, la bobina da vueltas.

MOTOR DE CORRIENTE CONTINUA (CC)
Un electroimán dentro de un campo magnético de un imán permanente se repele cuando se alinean dos polos iguales (como positivo y positivo), lo que provoca que su bobina gire. Con cada medio giro de la bobina, un conmutador invierte la corriente y los polos del electroimán, haciendo que la bobina siga dando vueltas.

MOTOR DE CORRIENTE ALTERNA (CA)
Una corriente eléctrica alterna invierte la dirección muchas veces por segundo. Eso quiere decir que los polos positivo y negativo de la bobina electromagnética siguen intercambiando su lugar. Como resultado, el imán permanente repele constantemente a la bobina, que da vueltas sin parar.

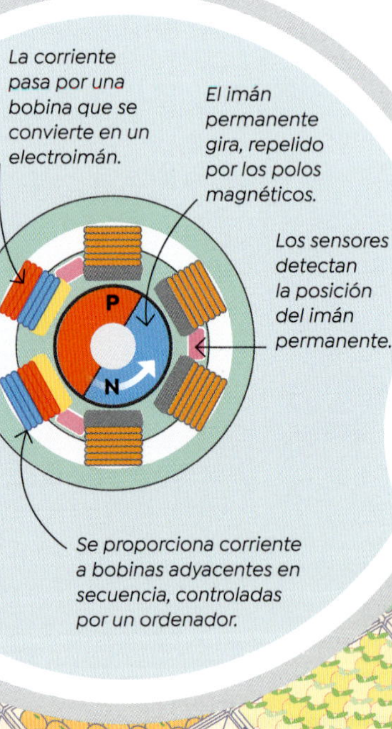

MOTORES CC SIN ESCOBILLAS

En un motor CC sin escobillas, el imán permanente se coloca dentro de un anillo de bobinas. La corriente eléctrica se pasa a través de las bobinas para cambiar su polaridad de manera secuenciada, lo que hace girar al imán permanente.

Un motor CA utilizado para alimentar un ventilador de un túnel de viento de la NASA consume la misma energía que la que **generan 1000 motores de coche.**

TRANSPORTE PERSONAL

El manillar tiene un acelerador para regular la velocidad del motor.

BIMOTORES

Este vehículo bimotor tiene un motor CC sin escobillas (ver izquierda) para cada rueda. Los motores están unidos a las ruedas por correas de transmisión.

Las baterías recargables van alojadas en la base.

SCOOTER PARA MOVILIDAD REDUCIDA

Una batería suministra energía al motor.

MOTOR ÚNICO

Un motor único de CC gira el eje de dirección de un *scooter* para movilidad reducida para alcanzar velocidades de hasta 24 km/h.

Una caja de cambios permite ajustar la potencia del motor para obtener más o menos torque (fuerza de rotación).

VEHÍCULOS ELÉCTRICOS

Los motores eléctricos propulsan vehículos sin las emisiones nocivas que generan los motores de combustión interna. Algunos de estos motores también pueden crear electricidad al girar en sentido contrario al frenar.

CÁMARA DE SEGURIDAD

Una cámara de seguridad lleva un tipo de motor eléctrico llamado motor de paso a paso, que cuenta con una parte externa estática (el estátor) y una interna rotatoria (el rotor). A diferencia de los motores normales, un motor de paso a paso puede girar dando pequeños pasos. Esto permite a la lente de la cámara girar hacia los lados e inclinarse hacia arriba y hacia abajo con movimientos cortos y precisos.

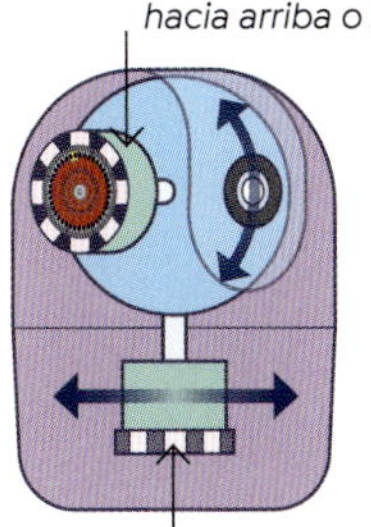

Dientes desalineados

El motor de paso a paso basculante *inclina la lente hacia arriba o hacia abajo.*

Un estátor *se compone de pares de electroimanes y tiene menos dientes que el rotor, por lo que en un momento dado no todos los dientes estarán alineados.*

Dientes alineados

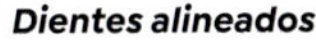

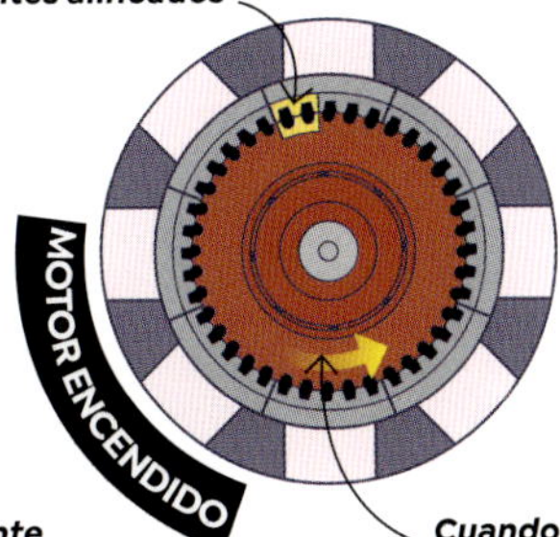

El motor de paso a paso para paneo *gira la lente hacia derecha e izquierda.*

Un imán permanente *en el interior del estátor forma el rotor.*

Cuando los electroimanes se activan*, los polos opuestos de los imanes del estátor y el rotor se alinean y mueven el rotor con pequeños avances.*

BRAZOS ROBÓTICOS

Los motores de paso a paso permiten un control preciso de las articulaciones de un brazo robótico. Un controlador envía señales al brazo ordenándole que se mueva y realice su trabajo de manera precisa.

ASPIRADORA ROBÓTICA

La aspiradora en forma de disco tiene varios motores, que hacen girar un ventilador que genera succión y pone en marcha sus cepillos. Las ruedas funcionan con motores paso a paso.

Un motor *en la estación de carga succiona y recoge el polvo y la suciedad del robot aspirador.*

Un potente motor de alta velocidad *gira miles de veces por minuto para generar una gran fuerza de succión.*

Cabezal del cepillo principal

El cabezal del cepillo principal funciona con ***un motor aparte****.*

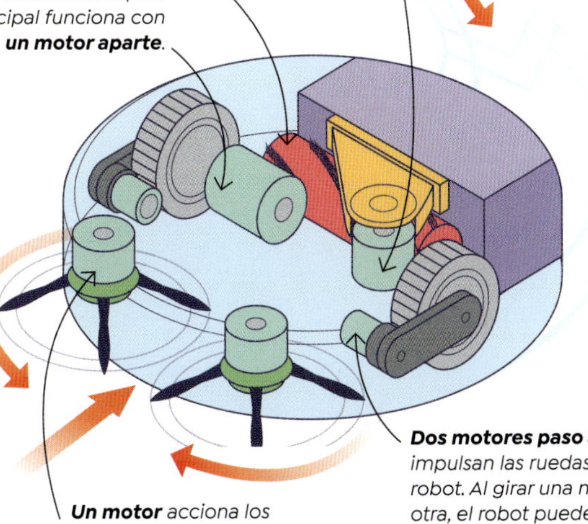

Un motor *acciona los cepillos rotatorios.*

Dos motores paso a paso *impulsan las ruedas del robot. Al girar una más que otra, el robot puede girar en cualquier dirección.*

VENTILADOR ELÉCTRICO

Un ventilador eléctrico de techo funciona con electricidad de corriente alterna. Su motor recibe un impulso inicial de un condensador de arranque, que almacena energía y aumenta el torque del motor del ventilador a medida que comienza a girar con rapidez.

Un condensador de arranque *suministra energía hasta que el ventilador llega a los tres cuartos de su velocidad operativa.*

El estátor *es fijo. Sus bobinas de alambre generan un potente campo magnético cuando las atraviesa la corriente.*

El rotor *contiene un imán permanente. Gira al ser continuamente repelido y atraído por las bobinas del estátor.*

IMPRESORA DE INYECCIÓN DE TINTA

Uno o más motores paso a paso mueven el cabezal de impresión adelante y atrás con precisión por el papel, mientras el cabezal rocía puntos microscópicos de tinta para construir texto o imágenes.

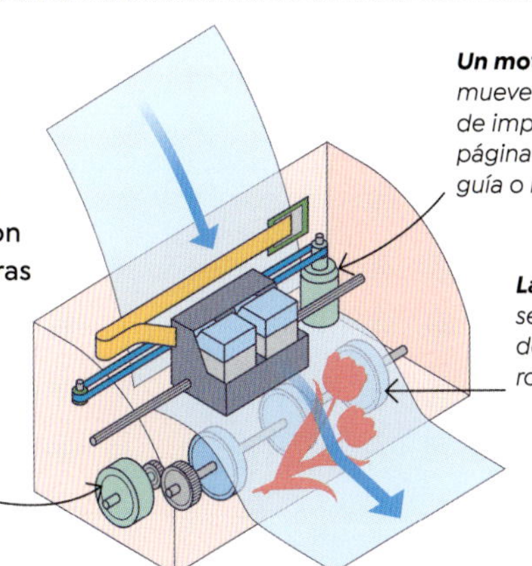

Un motor paso a paso *mueve el cabezal de impresión por la página sobre su varilla guía o riel.*

La página impresa *se mueve hacia delante sobre rodillos.*

Otro motor paso a paso *hace avanzar el papel para la siguiente línea de impresión.*

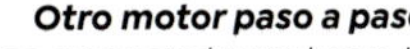

Vehículos eléctricos

Conducir un vehículo eléctrico facilita reducir las emisiones nocivas o eliminarlas por completo. Hay muchos tipos de vehículos eléctricos, pero todos cuentan con uno o más motores eléctricos. En un vehículo totalmente eléctrico, la corriente del motor proviene de las baterías. En un vehículo de pila de combustible, proviene de combinar hidrógeno con oxígeno. Un híbrido enchufable tiene tanto motor de gasolina como eléctrico.

CARGA INALÁMBRICA

Las cámaras de navegación guían a un vehículo, que tiene una base receptora instalada en la parte inferior, sobre una base de carga en el suelo para que se alineen las dos bases. La bobina de inducción de la base crea un campo magnético, que genera una corriente eléctrica que enciende el cargador de la batería del vehículo.

FÓRMULA E

Los motores deportivos se usan cada vez con más frecuencia para mostrar los avances en la tecnología eléctrica de los vehículos. El Fórmula E es el tipo de coche de carreras totalmente eléctrico de mayor rendimiento. Los coches alcanzan velocidades de más de 320 km/h y aceleran de 0 a 100 km/h en solo 2,8 segundos. Como otros vehículos eléctricos, los coches de Fórmula E utilizan frenado regenerativo que convierte la energía de frenado de nuevo en energía eléctrica.

CARGADOR DE COCHE ELÉCTRICO

COCHE TOTALMENTE ELÉCTRICO

BATERÍA

CONTROLADOR ELECTRÓNICO DE POTENCIA

1 ***El cable de carga*** *se conecta con un cargador en la vía pública que suministra electricidad de corriente alterna (CA).*

El convertidor CC/CC *crea la corriente continua de baja tensión que se utiliza para encender las luces y otras partes del vehículo.*

3 ***El controlador electrónico de potencia*** *regula el flujo eléctrico de un motor grande, llamado motor de tracción, para controlar la velocidad del vehículo.*

2 ***Un cargador de a bordo*** *convierte la corriente alterna (CA) en corriente continua (CC) para cargar la batería.*

4 ***El motor de tracción*** *gira los ejes de las ruedas para propulsar el vehículo.*

El enorme módulo de baterías *consta de miles de celdas individuales. Puede llegar a pesar hasta 600 kg.*

VEHÍCULO TOTALMENTE ELÉCTRICO

Unos grandes bloques de baterías recargables suministran toda la energía que necesitan estos vehículos. Los coches eléctricos tienen menos piezas móviles que los vehículos convencionales de motor de gasolina.

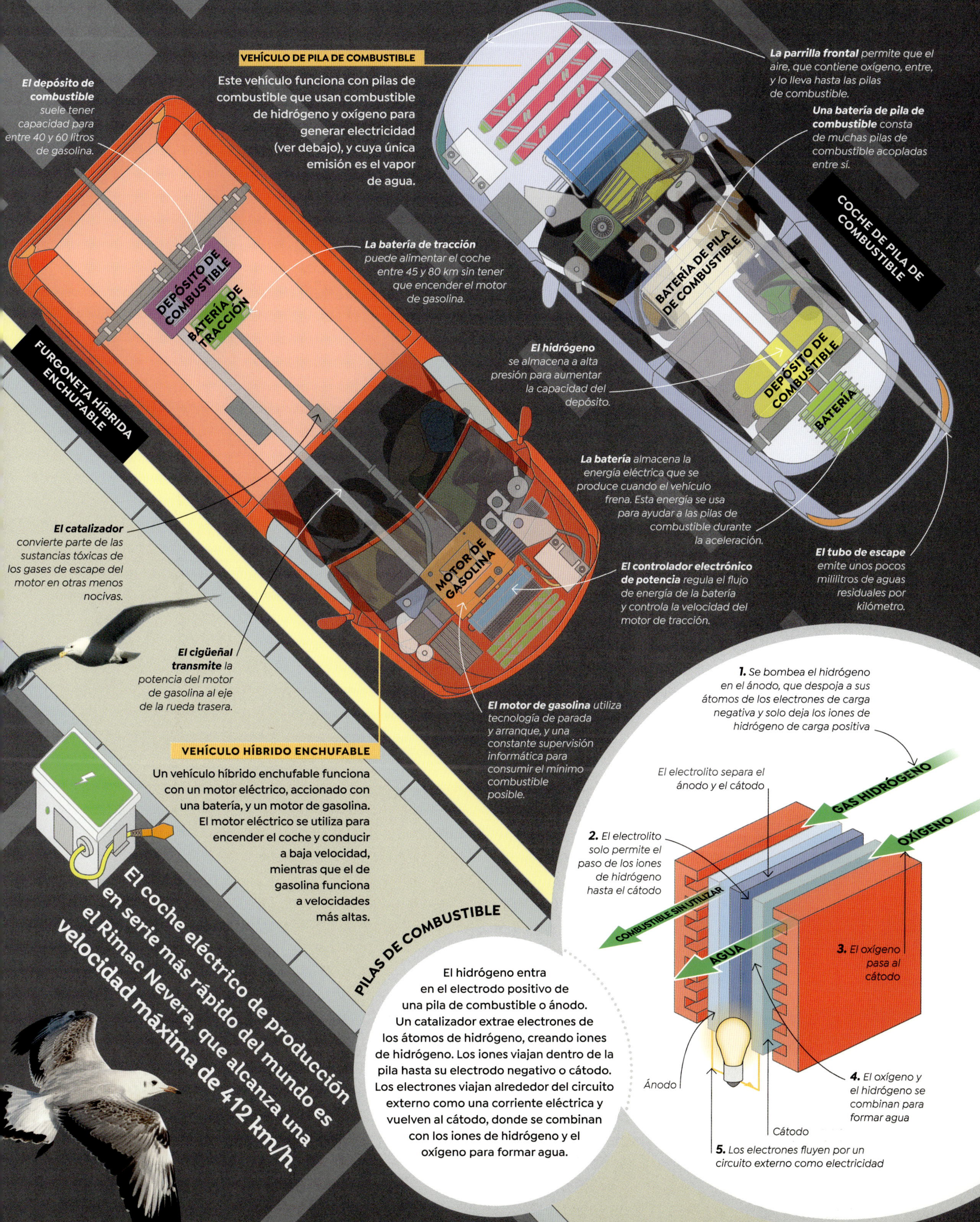
VEHÍCULO DE PILA DE COMBUSTIBLE
Este vehículo funciona con pilas de combustible que usan combustible de hidrógeno y oxígeno para generar electricidad (ver debajo), y cuya única emisión es el vapor de agua.
El depósito de combustible suele tener capacidad para entre 40 y 60 litros de gasolina.
La parrilla frontal permite que el aire, que contiene oxígeno, entre, y lo lleva hasta las pilas de combustible.
Una batería de pila de combustible consta de muchas pilas de combustible acopladas entre sí.
COCHE DE PILA DE COMBUSTIBLE
DEPÓSITO DE COMBUSTIBLE
BATERÍA DE TRACCIÓN
La batería de tracción puede alimentar el coche entre 45 y 80 km sin tener que encender el motor de gasolina.
BATERÍA DE PILA DE COMBUSTIBLE
El hidrógeno se almacena a alta presión para aumentar la capacidad del depósito.
DEPÓSITO DE COMBUSTIBLE
BATERÍA
FURGONETA HÍBRIDA ENCHUFABLE
La batería almacena la energía eléctrica que se produce cuando el vehículo frena. Esta energía se usa para ayudar a las pilas de combustible durante la aceleración.
El catalizador convierte parte de las sustancias tóxicas de los gases de escape del motor en otras menos nocivas.
MOTOR DE GASOLINA
El controlador electrónico de potencia regula el flujo de energía de la batería y controla la velocidad del motor de tracción.
El tubo de escape emite unos pocos mililitros de aguas residuales por kilómetro.
El cigüeñal transmite la potencia del motor de gasolina al eje de la rueda trasera.
El motor de gasolina utiliza tecnología de parada y arranque, y una constante supervisión informática para consumir el mínimo combustible posible.
VEHÍCULO HÍBRIDO ENCHUFABLE
Un vehículo híbrido enchufable funciona con un motor eléctrico, accionado con una batería, y un motor de gasolina. El motor eléctrico se utiliza para encender el coche y conducir a baja velocidad, mientras que el de gasolina funciona a velocidades más altas.
El coche eléctrico de producción en serie más rápido del mundo es el Rimac Nevera, que alcanza una velocidad máxima de 412 km/h.
PILAS DE COMBUSTIBLE
El hidrógeno entra en el electrodo positivo de una pila de combustible o ánodo. Un catalizador extrae electrones de los átomos de hidrógeno, creando iones de hidrógeno. Los iones viajan dentro de la pila hasta su electrodo negativo o cátodo. Los electrones viajan alrededor del circuito externo como una corriente eléctrica y vuelven al cátodo, donde se combinan con los iones de hidrógeno y el oxígeno para formar agua.
1. Se bombea el hidrógeno en el ánodo, que despoja a sus átomos de los electrones de carga negativa y solo deja los iones de hidrógeno de carga positiva
El electrolito separa el ánodo y el cátodo
GAS HIDRÓGENO
OXÍGENO
2. El electrolito solo permite el paso de los iones de hidrógeno hasta el cátodo
COMBUSTIBLE SIN UTILIZAR
AGUA
3. El oxígeno pasa al cátodo
Ánodo
4. El oxígeno y el hidrógeno se combinan para formar agua
Cátodo
5. Los electrones fluyen por un circuito externo como electricidad

MONSTERJAM.COM

AMORTIGUANDO LOS GOLPES

Los sistemas de suspensión dependen de la gasolina y de los gases comprimibles, que absorben la fuerza de aterrizaje del camión, con la ayuda de muelles.

MONSTRUOS DE LA PISTA

Cuando vas rebotando sobre coches, el viaje se hace duro. Los conductores de *monster trucks* se toman los baches con calma, gracias a los enormes neumáticos tractores y el pesado sistema de suspensión de sus vehículos.
Los *monster trucks* suelen llevar montada la carrocería de una camioneta sobre el chasis de un autobús o de un camión. Su potente motor de ocho cilindros está montado detrás del conductor y funciona con combustible a base de metanol. Para maniobrar en el circuito se ayudan de una dirección hidráulica a las cuatro ruedas y una transmisión automática. Pese a su tamaño, los camiones están diseñados para hacer acrobacias como caballitos, volteretas y saltos de rampa por encima de filas de coches viejos.

ESCALERA GIRATORIA

Accionadas por un sistema hidráulico, estas escaleras pueden girar sobre su punto pivotante en el techo del motor lo que permite llegar a las plantas más altas de edificios de varios pisos para acceder y realizar rescates. Muchas están conectadas al sistema de bombeo del motor.

Los pistones hidráulicos *despliegan hacia arriba las secciones correderas de la escalera, generalmente hasta entre 20 y 25 m por encima del suelo.*

El aire comprimido *entra en un casco estanco (que también lleva una radio) para que el bombero evite inhalar el humo.*

Los bomberos *llevan ropa ignífuga, guantes robustos y botas de agua con punteras de acero.*

ESCALERA

Algunas escaleras giratorias se pueden alargar hasta una altura de 68 m.

BOMBAS DE PROPULSIÓN

Este dispositivo aumenta la presión del agua al transferir energía de los rotores al agua que entra en la bomba. A continuación, se expulsa el agua por la salida de descarga.

3. El agua sale *por la descarga a mayor presión de la que entra*

DESCARGA

Impulsor

1. Una bomba aspira *el agua por el tubo de entrada*

Ojo del impulsor

SUCCIÓN

2. *Un motor hace girar unas* ***aspas curvas*** *a gran velocidad y propulsan el agua hacia fuera*

El agua entrante penetra en la carcasa curva

CAMIÓN CISTERNA Y AUTOBOMBA

Estos camiones versátiles son máquinas autónomas de extinción de incendios. Transportan su propia fuente de agua y también pueden bombear cantidades ilimitadas de agua de la red principal.

Las mangueras enrolladas *se almacenan en casilleros de fácil acceso.*

Los manómetros *muestran la presión del agua.*

4 ***Se puede bombear agua*** *por varias mangueras a la vez. Algunas escaleras también cuentan con mangueras integradas.*

Las hachas *pueden romper ventanas y puertas para acceder o para ventilar espacios llenos de humo o gases nocivos.*

Los extintores *se pueden utilizar para apagar incendios reducidos, como pequeños incendios eléctricos.*

El material de primeros auxilios *cuenta con bombonas de oxígeno de emergencia, apósitos y vendas.*

Los bicheros *se usan para enganchar objetos o para derribar muros de yeso y llegar a un fuego controlado.*

Las válvulas regulan el *flujo de agua a la bomba y a las mangueras.*

ARMARIO DE HERRAMIENTAS

La espuma *se almacena en un depósito aparte.*

BOMBA

DEPÓSITO DE AGUA

Sierra para hormigón de alta velocidad
Se puede utilizar para cortar mampostería durante operaciones de rescate.

El depósito de agua integrado *puede almacenar 3700 litros de agua.*

Punto de ***conexión de la manguera***

2 ***El agua pasa*** *por una toma hasta la bomba impulsora.*

Camiones de bomberos

Cuando se produce una llamada de emergencia, estos camiones corren a la ubicación del fuego, explosión, desastre u otro incidente. Suelen ser los primeros en llegar al escenario y llevan personal y equipamiento antiincendios, suministro de agua y espuma, y dispositivos de acceso, de rescate y médicos.

CARTOGRAFIAR CARRETERAS

Los ingenieros que planifican una nueva carretera necesitan un mapa preciso del terreno. Los helicópteros y los drones cuentan con sensores que usan una tecnología llamada LiDAR (de detección y alcance de la luz) que envía impulsos de luz láser para medir la altura de la superficie. A los ingenieros les resulta especialmente útil para diseñar curvas y pendientes en zonas montañosas.

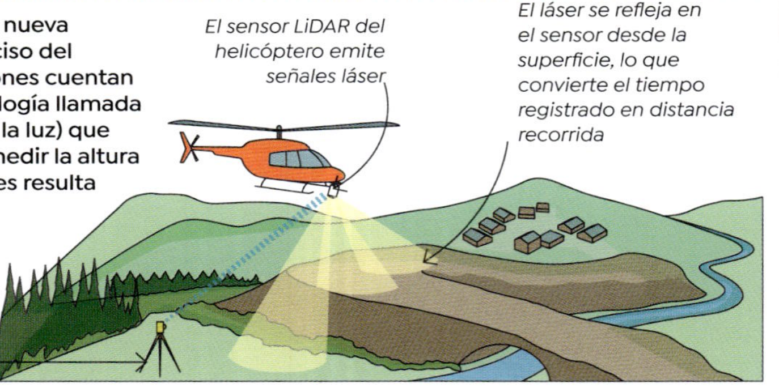

El sensor LiDAR del helicóptero emite señales láser

El láser se refleja en el sensor desde la superficie, lo que convierte el tiempo registrado en distancia recorrida

El receptor GPS graba la ubicación precisa de la zona objetivo

Autopistas

Estas carreteras para la circulación más rápida atraviesan muchos países. Solo EE. UU. tiene autopistas suficientes para dar la vuelta a la Tierra más de dos veces. Los vehículos se incorporan desde carreteras secundarias para aprovechar los límites de velocidad más altos y la ausencia de rotondas, semáforos e intersecciones para viajar rápidamente a su destino.

CENTROS DE CONTROL

El personal monitoriza la información de la fluidez del tráfico y cientos de cámaras de carretera en directo. Pueden cambiar los límites de velocidad o las señales y regular cuánto tráfico accede a una carretera concreta.

La autopista de peaje M6 inglesa contiene 2,5 millones de novelas trituradas y mezcladas con asfalto para que actúen de aglutinante.

PÓRTICO ELEVADO

Construido a menudo de armazón de acero, un pórtico elevado atraviesa la autopista y proporciona puntos de fijación sobre la vía para cámaras de videovigilancia y velocidad, sensores y señales pintadas y electrónicas.

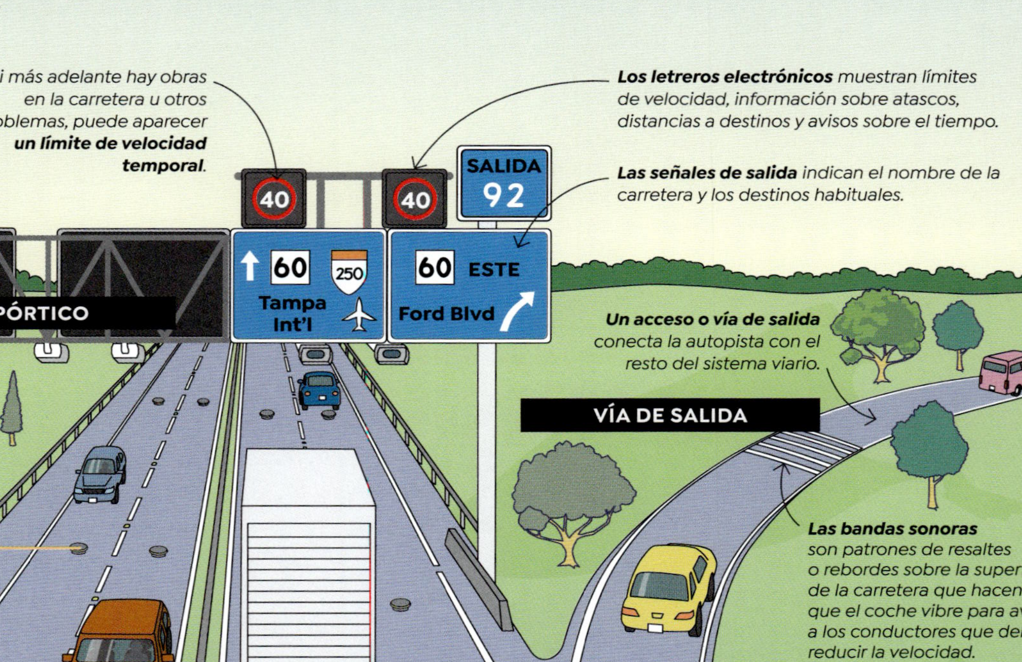

*Si más adelante hay obras en la carretera u otros problemas, puede aparecer **un límite de velocidad temporal**.*

***Los letreros electrónicos** muestran límites de velocidad, información sobre atascos, distancias a destinos y avisos sobre el tiempo.*

***Las señales de salida** indican el nombre de la carretera y los destinos habituales.*

***Una cámara de reconocimiento de matrículas (CRM)** lee un número de matrícula, la registra con una marca horaria y después compara la hora con las cámaras de más adelante en la vía para calcular la velocidad media de un vehículo.*

***Un acceso o vía de salida** conecta la autopista con el resto del sistema viario.*

***Las bandas sonoras** son patrones de resaltes o rebordes sobre la superficie de la carretera que hacen que el coche vibre para avisar a los conductores que deben reducir la velocidad.*

MONITORIZAR EL FLUJO DE TRÁFICO

Los sensores de flujo de tráfico, enterrados bajo la superficie de la vía, detectan cada vehículo que pasa. Su información se envía a un centro de control en el que se analiza la densidad del tráfico, la velocidad media en distintas zonas de la carretera y dónde es más probable que haya problemas de atascos.

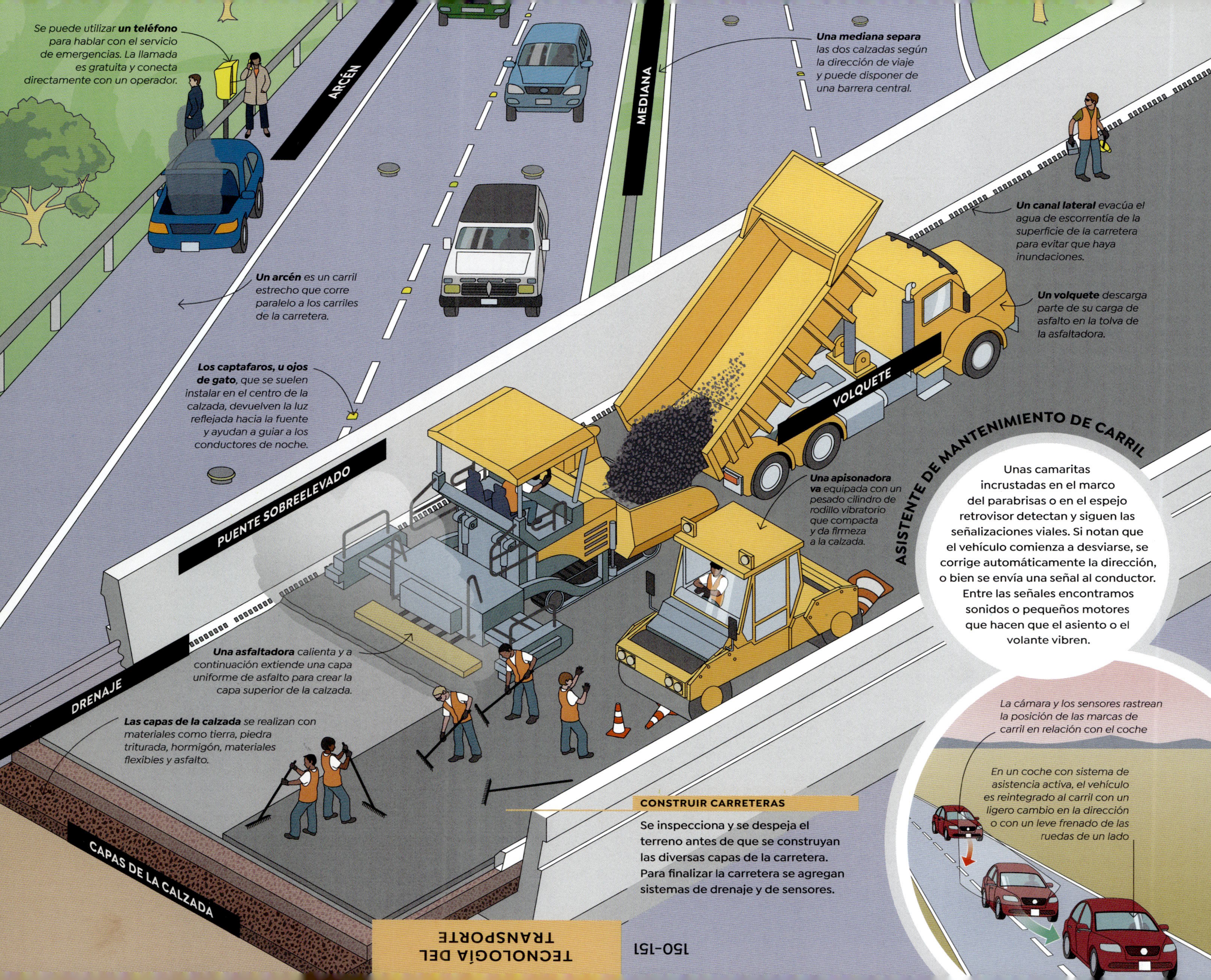
Se puede utilizar **un teléfono** para hablar con el servicio de emergencias. La llamada es gratuita y conecta directamente con un operador.
ARCÉN
MEDIANA
Una mediana separa las dos calzadas según la dirección de viaje y puede disponer de una barrera central.
Un canal lateral evacúa el agua de escorrentía de la superficie de la carretera para evitar que haya inundaciones.
Un volquete descarga parte de su carga de asfalto en la tolva de la asfaltadora.
Un arcén es un carril estrecho que corre paralelo a los carriles de la carretera.
Los captafaros, u ojos de gato, que se suelen instalar en el centro de la calzada, devuelven la luz reflejada hacia la fuente y ayudan a guiar a los conductores de noche.
VOLQUETE
PUENTE SOBREELEVADO
Una apisonadora va equipada con un pesado cilindro de rodillo vibratorio que compacta y da firmeza a la calzada.
ASISTENTE DE MANTENIMIENTO DE CARRIL
Unas camaritas incrustadas en el marco del parabrisas o en el espejo retrovisor detectan y siguen las señalizaciones viales. Si notan que el vehículo comienza a desviarse, se corrige automáticamente la dirección, o bien se envía una señal al conductor. Entre las señales encontramos sonidos o pequeños motores que hacen que el asiento o el volante vibren.
Una asfaltadora calienta y a continuación extiende una capa uniforme de asfalto para crear la capa superior de la calzada.
DRENAJE
Las capas de la calzada se realizan con materiales como tierra, piedra triturada, hormigón, materiales flexibles y asfalto.
La cámara y los sensores rastrean la posición de las marcas de carril en relación con el coche
En un coche con sistema de asistencia activa, el vehículo es reintegrado al carril con un ligero cambio en la dirección o con un leve frenado de las ruedas de un lado
CONSTRUIR CARRETERAS
Se inspecciona y se despeja el terreno antes de que se construyan las diversas capas de la carretera. Para finalizar la carretera se agregan sistemas de drenaje y de sensores.
CAPAS DE LA CALZADA

Trenes eléctricos

Los trenes son una parte vital de los sistemas de transporte mundial, que en ocasiones trasladan mercancías y pasajeros a enormes distancias atravesando continentes. Comparados con otros tipos de transporte, usan relativamente poca energía. La mayoría de los trenes operan con locomotoras diésel-eléctricas o con locomotoras eléctricas, como los trenes bala de Japón, que pueden viajar a más de 300 km/h.

La electricidad fluye por el cable de contacto
Una tira de carbono revestida de una fina capa metálica conecta con un cable de contacto
Un muelle empuja hacia arriba el brazo del pantógrafo y lo pone en contacto con el cable
Se transfiere la corriente del pantógrafo al tren

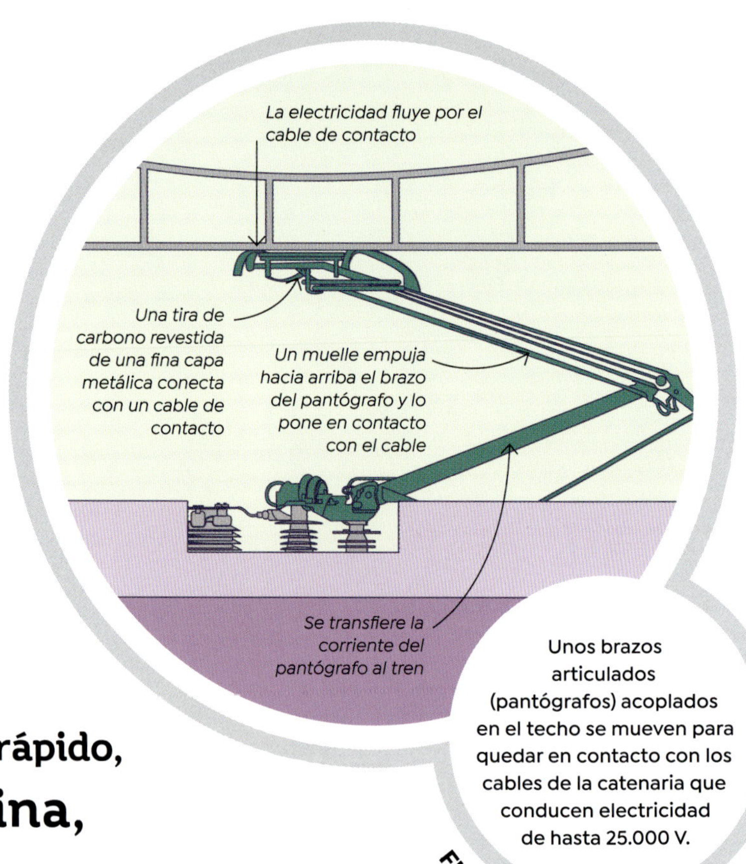

Unos brazos articulados (pantógrafos) acoplados en el techo se mueven para quedar en contacto con los cables de la catenaria que conducen electricidad de hasta 25.000 V.

FLUJO DE CORRIENTE

El tren de pasajeros convencional más rápido, entre Pekín y Tianjin en China, alcanza los 350 km/h.

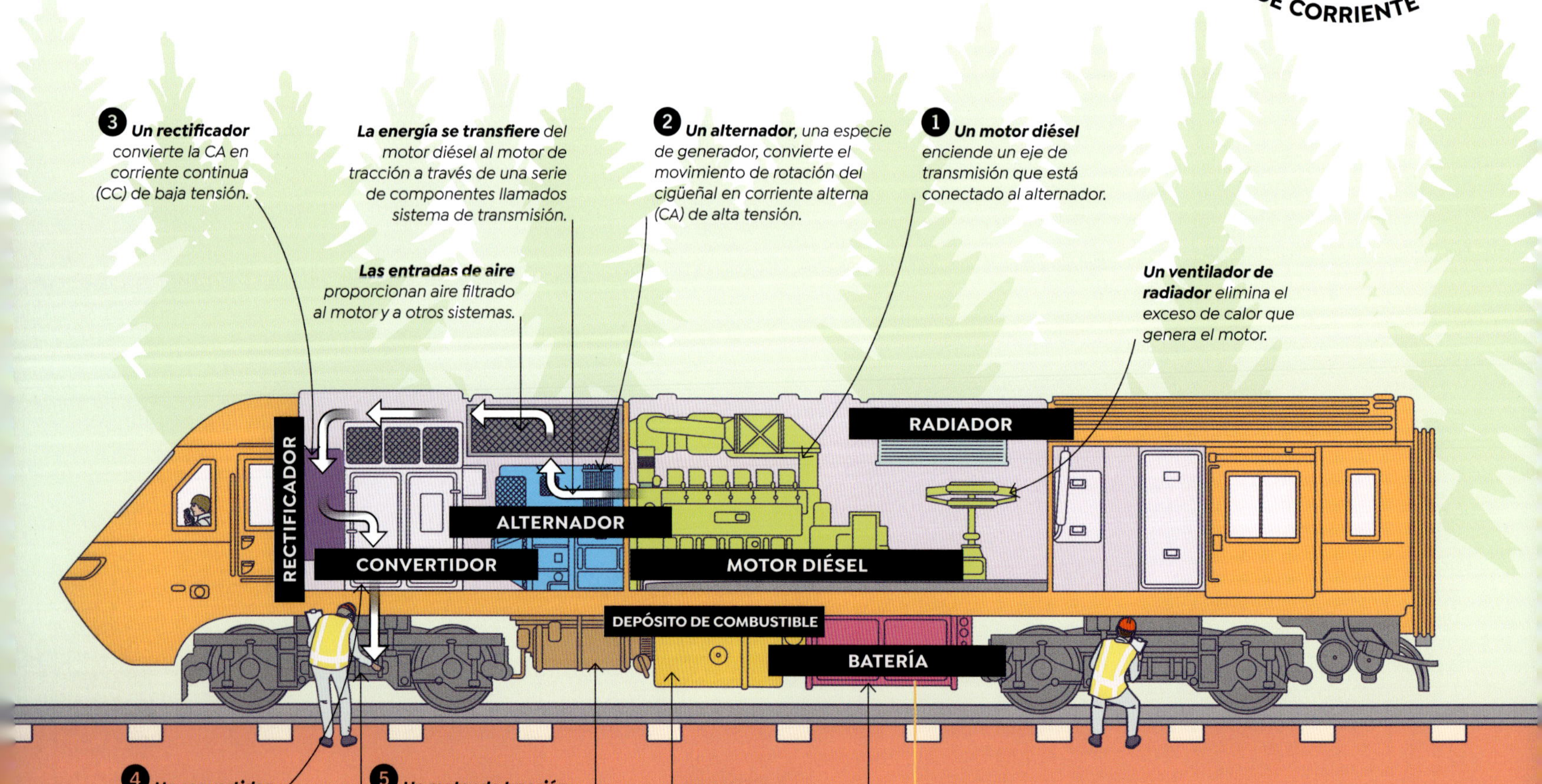

3 Un rectificador convierte la CA en corriente continua (CC) de baja tensión.
La energía se transfiere del motor diésel al motor de tracción a través de una serie de componentes llamados sistema de transmisión.
2 Un alternador, una especie de generador, convierte el movimiento de rotación del cigüeñal en corriente alterna (CA) de alta tensión.
1 Un motor diésel enciende un eje de transmisión que está conectado al alternador.
Las entradas de aire proporcionan aire filtrado al motor y a otros sistemas.
Un ventilador de radiador elimina el exceso de calor que genera el motor.
RADIADOR
RECTIFICADOR
ALTERNADOR
CONVERTIDOR
MOTOR DIÉSEL
DEPÓSITO DE COMBUSTIBLE
BATERÍA
4 Un convertidor transforma la CC en CA de baja tensión.
5 Un motor de tracción, impulsado por la CA de baja tensión, acciona las ruedas del tren.
El depósito de combustible lleva suficiente combustible diésel para todo el viaje.
Las baterías se utilizan para encender el motor y hacer funcionar el equipo de a bordo.
Un compresor de aire suministra aire para la refrigeración eléctrica y el frenado.

TREN DIÉSEL-ELÉCTRICO

Dos tercios de las vías férreas de todo el mundo no están electrificadas. Los trenes diésel-eléctricos operan en muchas de ellas y dependen del diésel, que se quema en uno o varios motores. Estos accionan los alternadores, que ponen en marcha los motores eléctricos que hacen girar las ruedas.

TRENES MAGLEV

Estos trenes explotan el principio de que polos idénticos se repelen para elevar un poco el tren por encima de su vía, llamada carril guía. Al eliminar la fricción que existe normalmente entre las ruedas y la vía, los trenes maglev pueden ir más rápido.

Los imanes del tren y del carril guía se repelen mutuamente
TREN
CARRIL GUÍA
Hueco creado entre el tren y el raíl
El carril guía repele y atrae alternativamente a los imanes de los lados del tren, lo que impulsa a este hacia delante

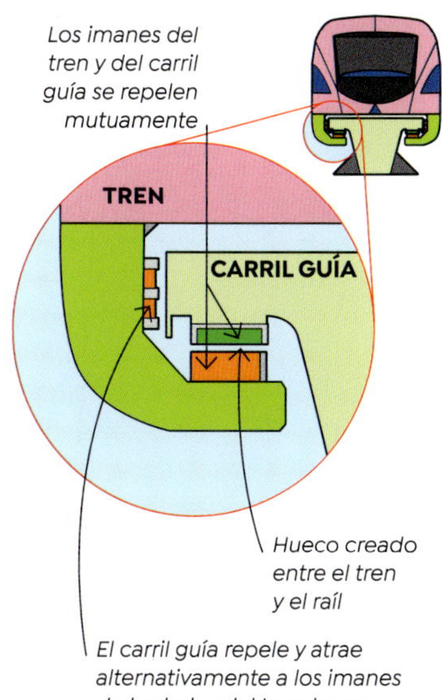

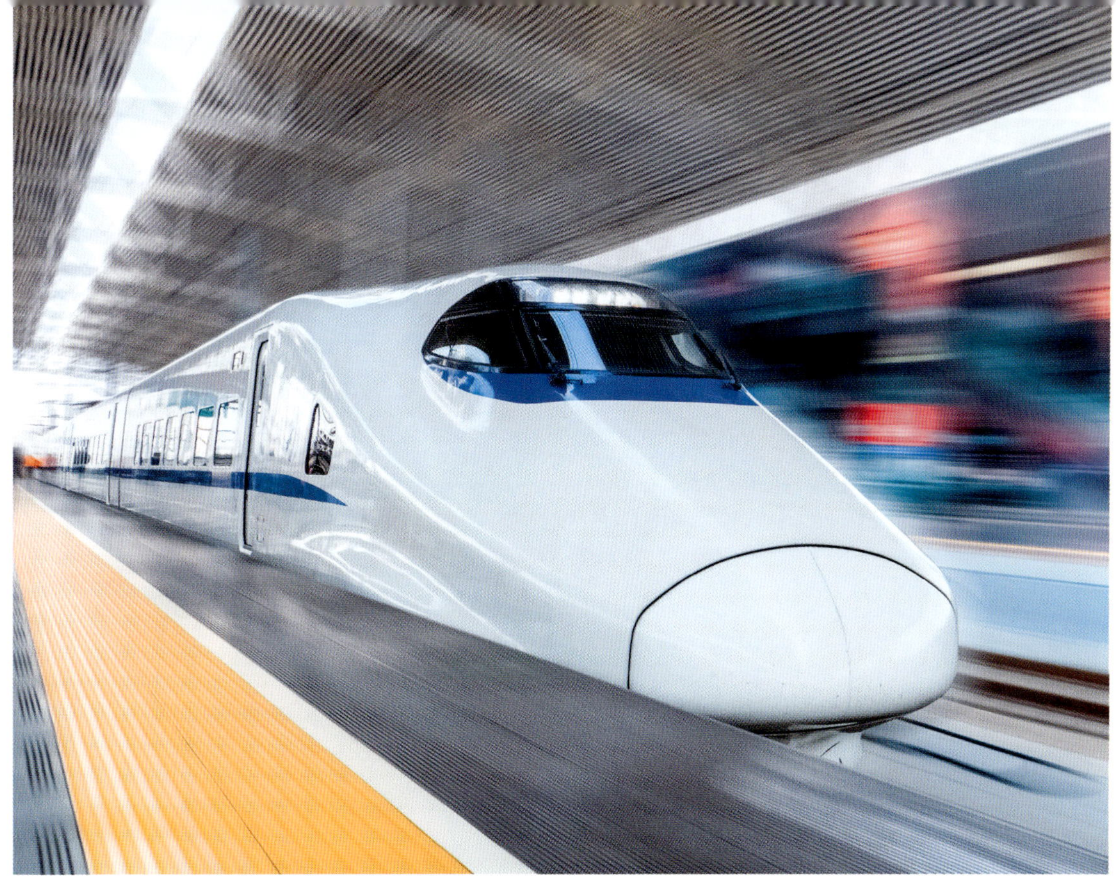

TREN DE ALTA VELOCIDAD
Un tren eléctrico recorre la red de alta velocidad ferroviaria de China (AVF), la más larga del mundo con más de 40.000 km de vía.

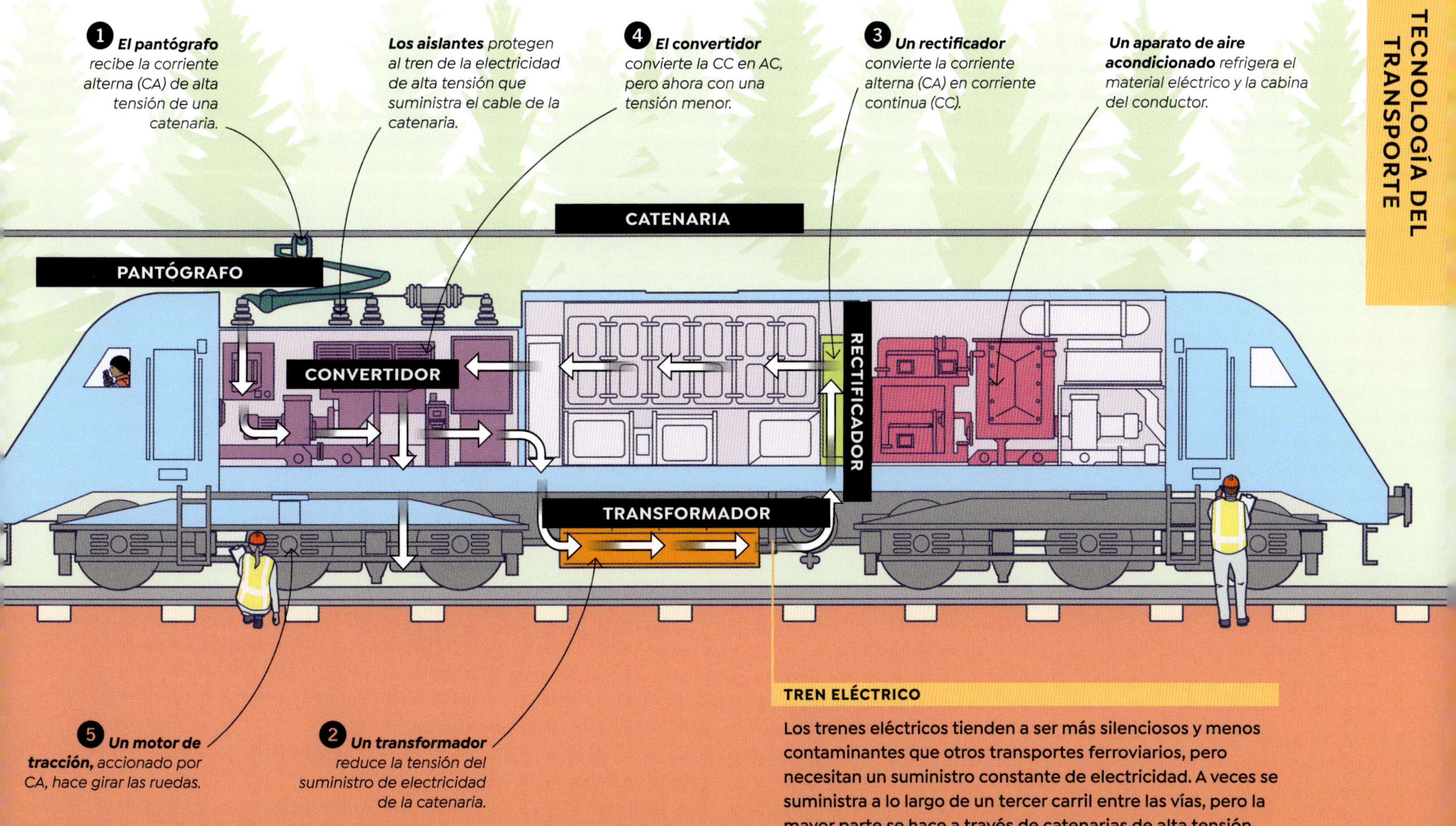

1 El pantógrafo recibe la corriente alterna (CA) de alta tensión de una catenaria.
Los aislantes protegen al tren de la electricidad de alta tensión que suministra el cable de la catenaria.
4 El convertidor convierte la CC en AC, pero ahora con una tensión menor.
3 Un rectificador convierte la corriente alterna (CA) en corriente continua (CC).
Un aparato de aire acondicionado refrigera el material eléctrico y la cabina del conductor.
CATENARIA
PANTÓGRAFO
CONVERTIDOR
RECTIFICADOR
TRANSFORMADOR
5 Un motor de tracción, accionado por CA, hace girar las ruedas.
2 Un transformador reduce la tensión del suministro de electricidad de la catenaria.

TREN ELÉCTRICO

Los trenes eléctricos tienden a ser más silenciosos y menos contaminantes que otros transportes ferroviarios, pero necesitan un suministro constante de electricidad. A veces se suministra a lo largo de un tercer carril entre las vías, pero la mayor parte se hace a través de catenarias de alta tensión.

ATRAVESANDO MONTAÑAS
Los puentes ferroviarios están diseñados para soportar la carga y la vibración de los trenes que los cruzan. Hecho de acero y piedra caliza, el viaducto de Landwasser en Suiza tiene 65 m de altura.

Vías férreas

Una vía férrea en un sistema de vías, estaciones y tecnología para que los trenes circulen con rapidez y seguridad. En muchas partes del mundo, las vías férreas son el principal sistema de transporte para la gente y el flete (la carga), y a menudo utilizan puentes altos y túneles profundos para que los trenes lleguen a lugares remotos e inaccesibles.

PROTECCIÓN AUTOMÁTICA DEL TREN

Se instalan sistemas automatizados en muchos trenes para evitar que el conductor ignore las señales o supere el límite de velocidad. Los sensores monitorizan la ubicación y la velocidad del tren, a la vez que el sistema de protección automática del tren (ATP, por sus siglas en inglés) puede frenar sin el control del maquinista.

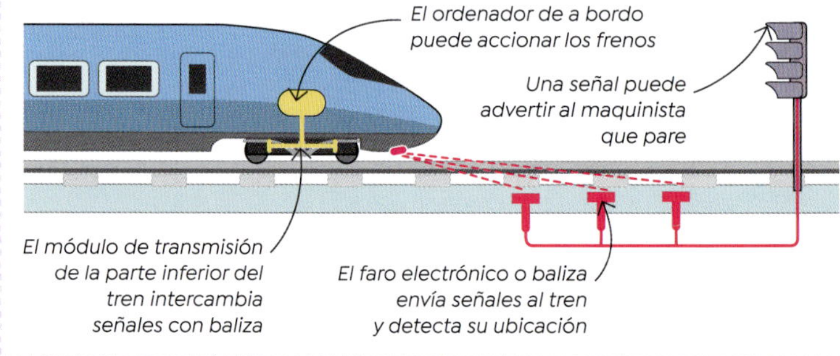

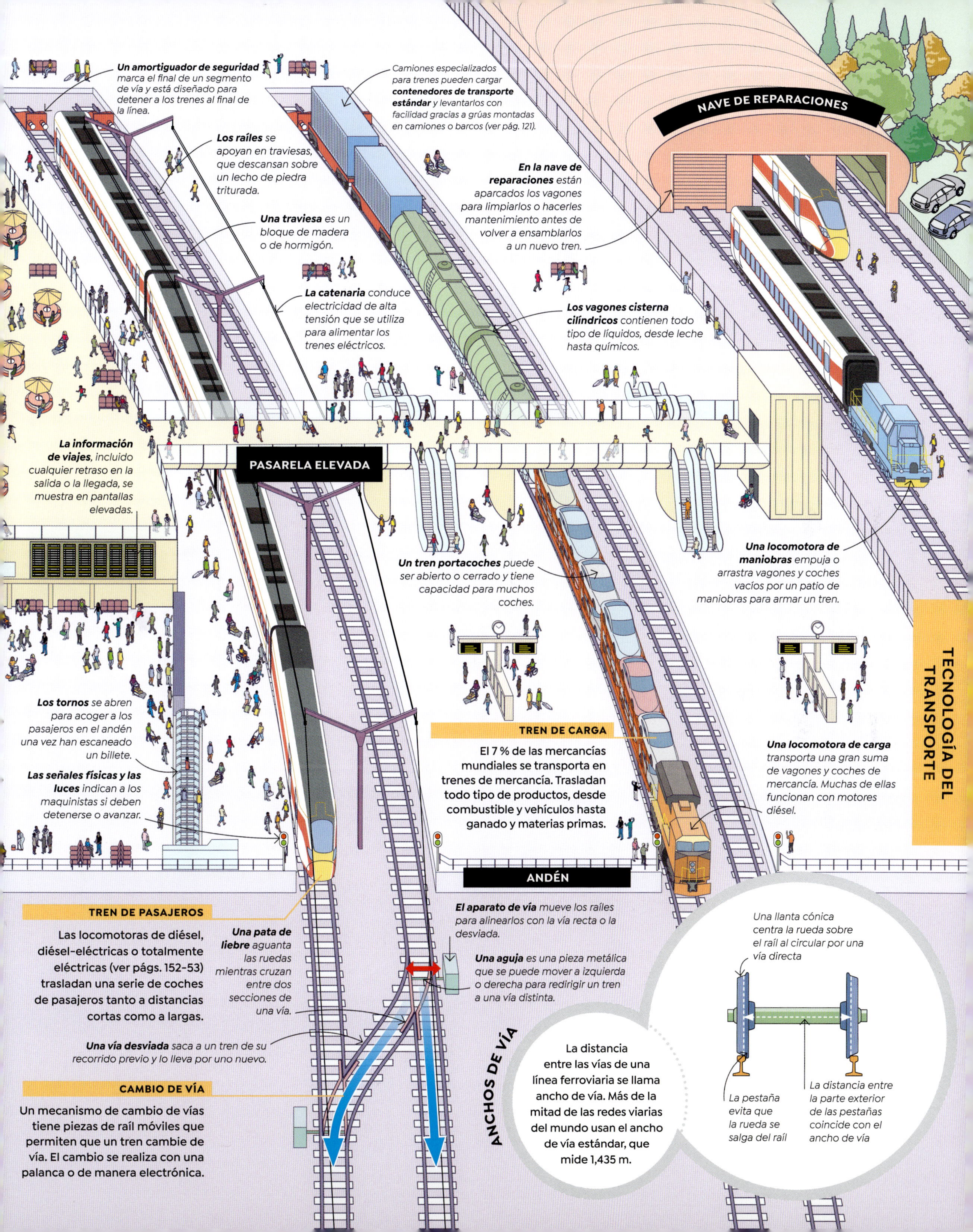

Un amortiguador de seguridad marca el final de un segmento de vía y está diseñado para detener a los trenes al final de la línea.

Camiones especializados para trenes pueden cargar **contenedores de transporte estándar** y levantarlos con facilidad gracias a grúas montadas en camiones o barcos (ver pág. 121).

NAVE DE REPARACIONES

Los raíles se apoyan en traviesas, que descansan sobre un lecho de piedra triturada.

En la nave de reparaciones están aparcados los vagones para limpiarlos o hacerles mantenimiento antes de volver a ensamblarlos a un nuevo tren.

Una traviesa es un bloque de madera o de hormigón.

La catenaria conduce electricidad de alta tensión que se utiliza para alimentar los trenes eléctricos.

Los vagones cisterna cilíndricos contienen todo tipo de líquidos, desde leche hasta químicos.

La información de viajes, incluido cualquier retraso en la salida o la llegada, se muestra en pantallas elevadas.

PASARELA ELEVADA

Una locomotora de maniobras empuja o arrastra vagones y coches vacíos por un patio de maniobras para armar un tren.

Un tren portacoches puede ser abierto o cerrado y tiene capacidad para muchos coches.

Los tornos se abren para acoger a los pasajeros en el andén una vez han escaneado un billete.

Las señales físicas y las luces indican a los maquinistas si deben detenerse o avanzar.

TREN DE CARGA

El 7 % de las mercancías mundiales se transporta en trenes de mercancía. Trasladan todo tipo de productos, desde combustible y vehículos hasta ganado y materias primas.

Una locomotora de carga transporta una gran suma de vagones y coches de mercancía. Muchas de ellas funcionan con motores diésel.

ANDÉN

TREN DE PASAJEROS

Las locomotoras de diésel, diésel-eléctricas o totalmente eléctricas (ver págs. 152-53) trasladan una serie de coches de pasajeros tanto a distancias cortas como a largas.

Una pata de liebre aguanta las ruedas mientras cruzan entre dos secciones de una vía.

El aparato de vía mueve los raíles para alinearlos con la vía recta o la desviada.

Una aguja es una pieza metálica que se puede mover a izquierda o derecha para redirigir un tren a una vía distinta.

Una vía desviada saca a un tren de su recorrido previo y lo lleva por uno nuevo.

CAMBIO DE VÍA

Un mecanismo de cambio de vías tiene piezas de raíl móviles que permiten que un tren cambie de vía. El cambio se realiza con una palanca o de manera electrónica.

ANCHOS DE VÍA

La distancia entre las vías de una línea ferroviaria se llama ancho de vía. Más de la mitad de las redes viarias del mundo usan el ancho de vía estándar, que mide 1,435 m.

Una llanta cónica centra la rueda sobre el raíl al circular por una vía directa

La pestaña evita que la rueda se salga del raíl

La distancia entre la parte exterior de las pestañas coincide con el ancho de vía

La travesía trasatlántica más rápida realizada por un velero se hizo en 2009 a una velocidad media de
61 km/h.
DIRECCIÓN DE MOVIMIENTO
La proa (parte delantera de la embarcación) avanza a través del agua.
El viento sigue la forma curva de la vela.
DIRECCIÓN DEL VIENTO
Se crea una elevación lateral y hacia delante.
BAJA PRESIÓN
ALTA PRESIÓN
La vela es empujada hacia el aire de baja presión.
Una mayor es la vela más larga de la embarcación, aparejada detrás del mástil para atrapar el viento y propulsar el velero.
VELAS
Estas sábanas de tela o de membrana están fijas por varias cuerdas. Se pueden izar, arriar y regular (lo que se conoce como «trimar») para controlar su ángulo con relación al viento.
El mástil es un palo largo y recto que aguanta las velas.
El foque es una vela triangular montada por delante del mástil, que aumenta el área total de vela.
MOVIMIENTO Y DIRECCIÓN DEL VIENTO
Una vela puede actuar como un alerón estabilizador (ver pág. 164) cuando su orza, o borde de ataque, apunta hacia el viento y divide el flujo de aire en zonas de altas y bajas presiones.
Los camarotes bajo cubierta disponen de camas, un baño y una cocina americana.
Las luces de navegación se ponen en verde a estribor (a la derecha si se mira de frente) y en rojo a babor (izquierda).
La popa es la parte posterior del casco de la embarcación.
El timón es un panel vertical articulado que puede girar para desviar el agua y así cambiar la dirección del barco.
La quilla es la parte más baja del barco.
El casco es el cuerpo estanco de la embarcación, que ayuda a generar flotabilidad (ver pág. siguiente).
El equipo de sónar utiliza las ondas de sonido reflejadas para medir la distancia al fondo del mar. Al "ver" lo que hay bajo el agua, los marineros pueden cartografiar el fondo marino y trazar una ruta segura.
TRAZADORES DE CARTAS
Las cartas y los mapas de papel del pasado han sido sustituidas por dispositivos electrónicos. Muestran cartas náuticas que también pueden marcar boyas de señalización y puertos.

Veleros

Los barcos veleros pueden recorrer grandes distancias con la única ayuda de sus velas y la fuerza del viento, sin necesidad de un motor. Las velas están aparejadas desde un poste alto vertical llamado mástil o desde botavaras en ángulo. El ángulo y la posición de las velas se puede regular para atrapar más o menos viento.

La fuerza de escora *que genera el viento inclina la embarcación hacia un lado. Si la inclinación es demasiada, el barco puede estar en peligro de zozobrar y volcar.*

FUERZA DE ESCORA

VIENTO LATERAL

El viento de costado *atrapado en las velas ejerce una fuerza lateral.*

Una quilla profunda *empuja contra el agua para contrarrestar la fuerza de escora. La embarcación sigue inclinándose, pero ya no se vuelca.*

RESISTENCIA

FLOTABILIDAD

Cuando está en el agua, el casco de un barco desplaza una cantidad de agua equivalente a su volumen. El agua ejerce una fuerza opuesta conocida como empuje hacia arriba o flotabilidad. El gran volumen del casco lleno de aire garantiza que el peso ejercido es menor que la fuerza del agua desplazada.

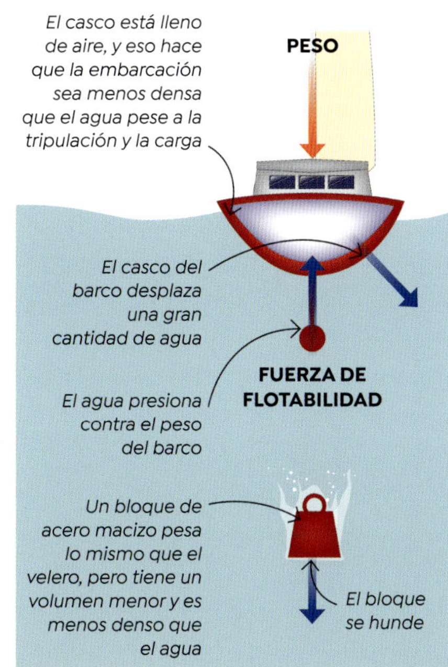

EQUILIBRIO DE FUERZAS

Un viento proveniente del lateral del velero ejerce una fuerza sobre el mástil y las velas llamada fuerza de escora. Una estructura en la parte inferior del casco del barco llamada quilla resiste esta fuerza y hace que el velero pueda avanzar.

NUEVOS TIPOS DE VELAS

Las formas y los tipos de velas siguen evolucionando, ya que los modelos informáticos y los nuevos materiales hacen posible la construcción de distintos diseños. Por ejemplo, se han instalado velas y rotores rígidos en algunos cargueros para que puedan usar menos combustible.

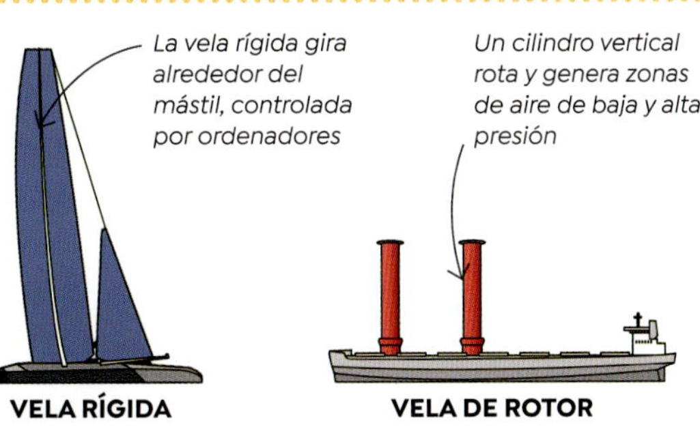

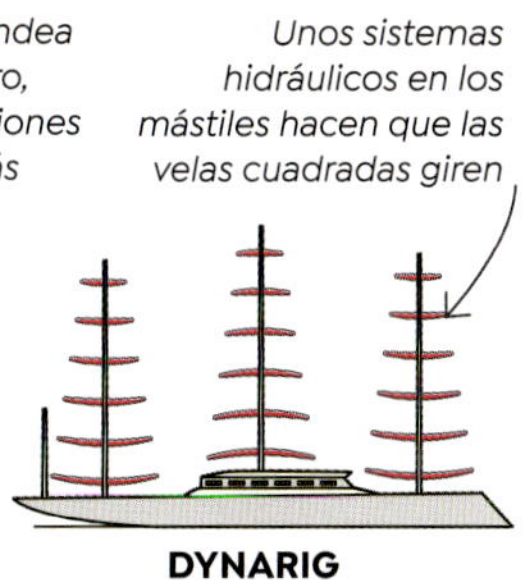

Cargueros

Los cargueros transportan por el mundo grandes cantidades de materias primas, alimentos, combustible y mercancías. La mayor parte va en contenedores normalizados en buques de carga mixta o dedicados exclusivamente a contenedores, mientras que los buques graneleros transportan carga en sacos, granos de cereales y minerales.

HÉLICES

El motor de un carguero tiende a girar el eje de la hélice de una manera relativamente lenta, pero con un gran torque (fuerza rotatoria). El eje de la hélice hace girar una o dos hélices mayores. Al hacerlo, las cuchillas acodadas de la hélice impulsan hacia atrás grandes cantidades de agua y generan una fuerza igual pero opuesta que impulsa al barco hacia delante. El ángulo de las cuchillas de la hélice se puede regular para aumentar su eficiencia o distintas cargas o condiciones de navegación.

GRANELERO

Este tipo de embarcación transporta cargas sueltas y sin empacar, entre ellas cemento, granos de cereales y minerales, como carbón y mineral de hierro. Los graneleros suponen una quinta parte de toda la marina mercante.

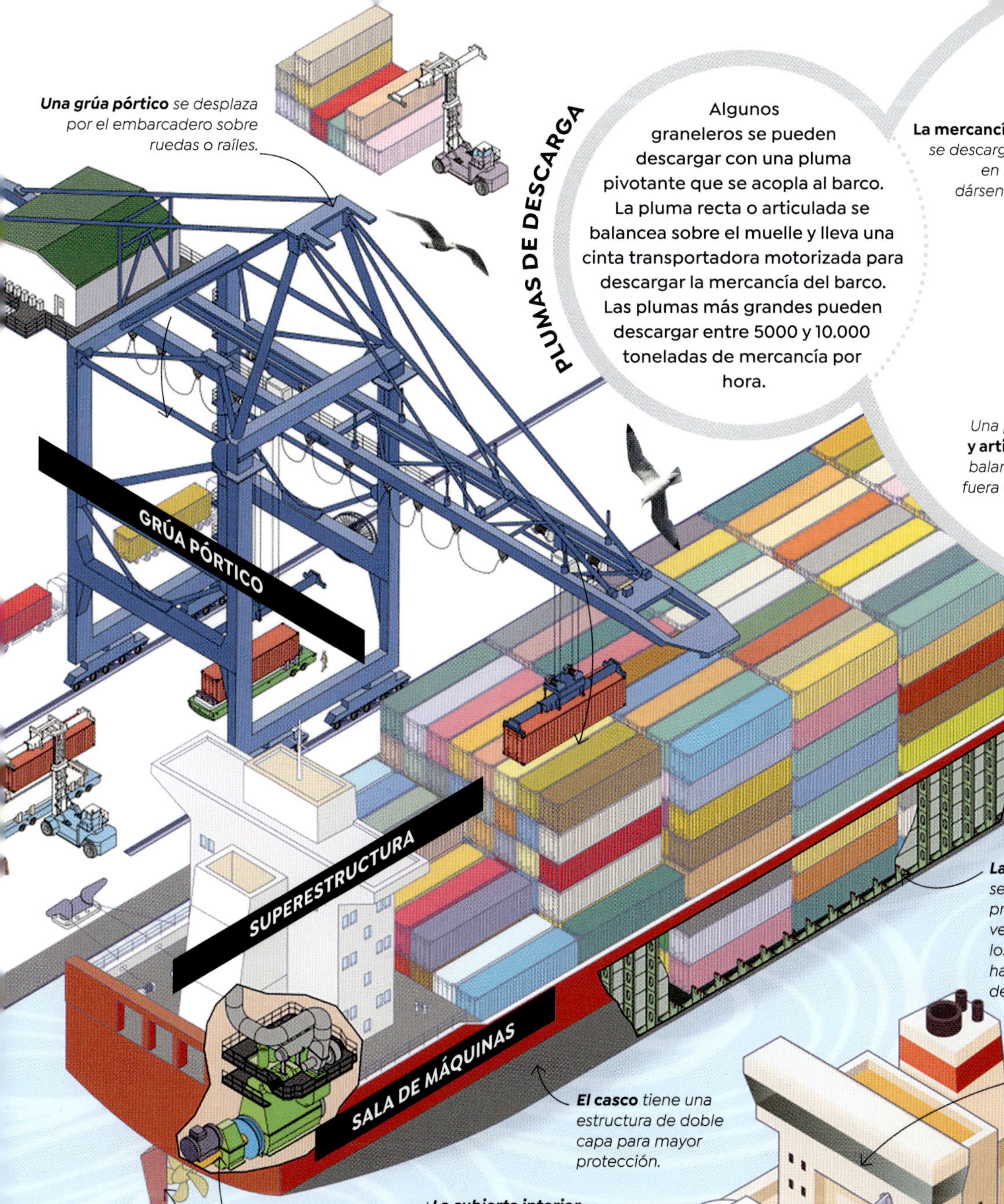

Una grúa pórtico *se desplaza por el embarcadero sobre ruedas o raíles.*

GRÚA PÓRTICO

PLUMAS DE DESCARGA

Algunos graneleros se pueden descargar con una pluma pivotante que se acopla al barco. La pluma recta o articulada se balancea sobre el muelle y lleva una cinta transportadora motorizada para descargar la mercancía del barco. Las plumas más grandes pueden descargar entre 5000 y 10.000 toneladas de mercancía por hora.

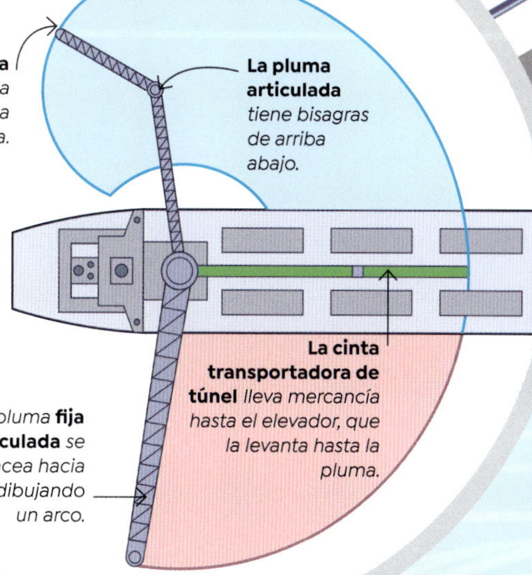

La mercancía *se descarga en la dársena.*

La pluma articulada *tiene bisagras de arriba abajo.*

La cinta transportadora de túnel *lleva mercancía hasta el elevador, que la levanta hasta la pluma.*

Una pluma ***fija y articulada*** *se balancea hacia fuera dibujando un arco.*

SUPERESTRUCTURA

CASCO

SALA DE MÁQUINAS

PORTACONTENEDORES

Este tipo de barcos transportan cientos o miles de contenedores de medidas estándar. Están diseñados para que los puedan levantar carretillas elevadoras y grúas, con lo que son fáciles de trasladar entre barcos, trenes y vehículos de carretera.

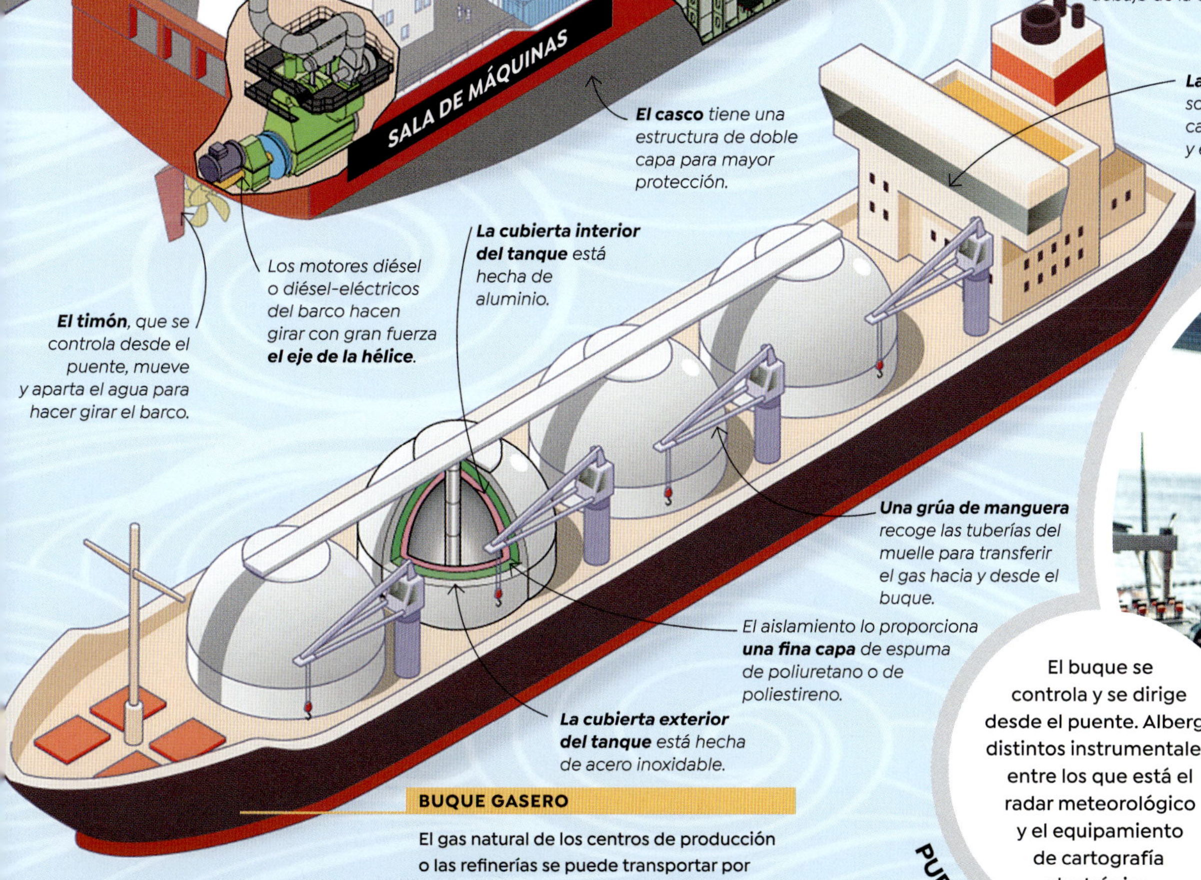

Las celdas *son secciones del casco provistas de raíles verticales que guían los contenedores hasta su posición debajo de la cubierta.*

El casco *tiene una estructura de doble capa para mayor protección.*

La superestructura *del barco se yergue sobre la cubierta y en ella están los camarotes de la tripulación y del material, y el puente desde el que se dirige la nave.*

La cubierta interior del tanque *está hecha de aluminio.*

Los motores diésel o diésel-eléctricos del barco hacen girar con gran fuerza ***el eje de la hélice****.*

El timón*, que se controla desde el puente, mueve y aparta el agua para hacer girar el barco.*

Una grúa de manguera *recoge las tuberías del muelle para transferir el gas hacia y desde el buque.*

El aislamiento lo proporciona ***una fina capa*** *de espuma de poliuretano o de poliestireno.*

La cubierta exterior del tanque *está hecha de acero inoxidable.*

BUQUE GASERO

El gas natural de los centros de producción o las refinerías se puede transportar por barco como líquido dentro de grandes tanques esféricos cuando se enfría a −163 °C.

PUENTE

El buque se controla y se dirige desde el puente. Alberga distintos instrumentales, entre los que está el radar meteorológico y el equipamiento de cartografía electrónica.

Bucear

Para permanecer bajo el agua durante más tiempo del que dura una sola respiración, un buceador necesita un equipo que le suministre aire u otros gases respirables. Los buceadores habituales pueden alcanzar profundidades de hasta 40 m. Por debajo de eso, los buceadores profesionales —por ejemplo, los que trabajan en oleoductos o gaseoductos, o en la construcción de tuberías submarinas— utilizan técnicas de buceo de saturación para pasar largos periodos de tiempo a grandes profundidades, por lo general entre 40 y 300 m.

El mayor tiempo que puede pasar un buceador en una cámara de compresión es 28 días.

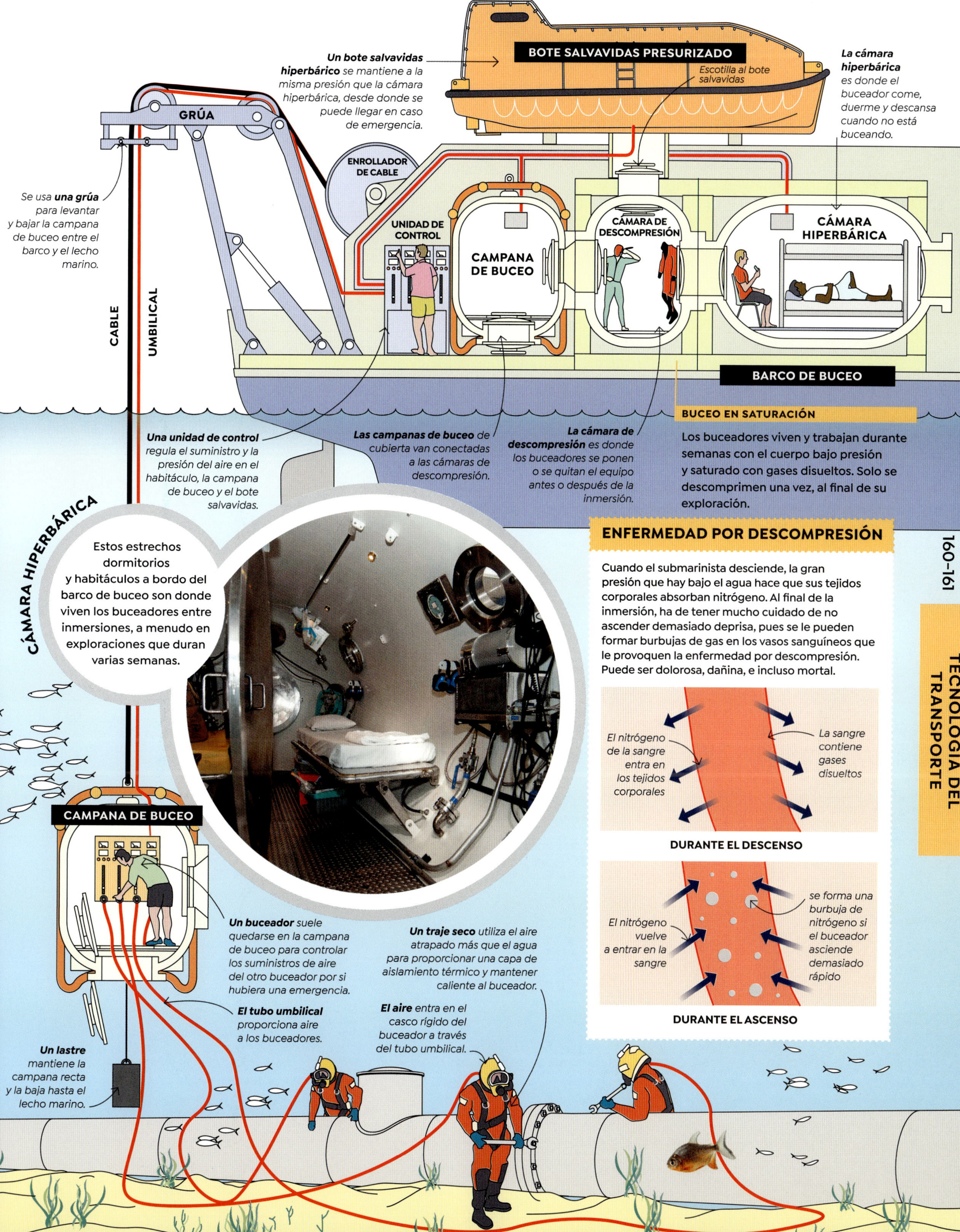
BOTE SALVAVIDAS PRESURIZADO
Escotilla al bote salvavidas
Un bote salvavidas hiperbárico se mantiene a la misma presión que la cámara hiperbárica, desde donde se puede llegar en caso de emergencia.
La cámara hiperbárica es donde el buceador come, duerme y descansa cuando no está buceando.
GRÚA
ENROLLADOR DE CABLE
Se usa **una grúa** para levantar y bajar la campana de buceo entre el barco y el lecho marino.
UNIDAD DE CONTROL
CAMPANA DE BUCEO
CÁMARA DE DESCOMPRESIÓN
CÁMARA HIPERBÁRICA
CABLE
UMBILICAL
BARCO DE BUCEO
Una unidad de control regula el suministro y la presión del aire en el habitáculo, la campana de buceo y el bote salvavidas.
Las campanas de buceo de cubierta van conectadas a las cámaras de descompresión.
La cámara de descompresión es donde los buceadores se ponen o se quitan el equipo antes o después de la inmersión.
BUCEO EN SATURACIÓN
Los buceadores viven y trabajan durante semanas con el cuerpo bajo presión y saturado con gases disueltos. Solo se descomprimen una vez, al final de su exploración.
CÁMARA HIPERBÁRICA
Estos estrechos dormitorios y habitáculos a bordo del barco de buceo son donde viven los buceadores entre inmersiones, a menudo en exploraciones que duran varias semanas.
ENFERMEDAD POR DESCOMPRESIÓN
Cuando el submarinista desciende, la gran presión que hay bajo el agua hace que sus tejidos corporales absorban nitrógeno. Al final de la inmersión, ha de tener mucho cuidado de no ascender demasiado deprisa, pues se le pueden formar burbujas de gas en los vasos sanguíneos que le provoquen la enfermedad por descompresión. Puede ser dolorosa, dañina, e incluso mortal.
El nitrógeno de la sangre entra en los tejidos corporales
La sangre contiene gases disueltos
DURANTE EL DESCENSO
El nitrógeno vuelve a entrar en la sangre
se forma una burbuja de nitrógeno si el buceador asciende demasiado rápido
DURANTE EL ASCENSO
CAMPANA DE BUCEO
Un buceador suele quedarse en la campana de buceo para controlar los suministros de aire del otro buceador por si hubiera una emergencia.
Un traje seco utiliza el aire atrapado más que el agua para proporcionar una capa de aislamiento térmico y mantener caliente al buceador.
El tubo umbilical proporciona aire a los buceadores.
El aire entra en el casco rígido del buceador a través del tubo umbilical.
Un lastre mantiene la campana recta y la baja hasta el lecho marino.

Submarinos y sumergibles

El ser humano no puede explorar ni viajar por las profundidades del agua sin la ayuda de la tecnología. Las máquinas subacuáticas no tripuladas pueden adentrarse en zonas peligrosas, mientras que los sumergibles y los submarinos transportan personas y les proporcionan todo lo que el ser humano necesita para sobrevivir, incluidos el aire y el agua.

Un submarino de propulsión nuclear puede no necesitar reabastecerse de combustible durante toda su vida útil de entre 25 y 30 años.

SUBMARINO

Esta nave militar funciona con su propio motor tanto por encima como por debajo del agua. Algunos llevan tripulaciones de más de 100 personas y patrullan con sigilo durante meses bajo el agua.

ROBOT HUMANOIDE

Los robots autónomos submarinos, como OceanOneK, no están amarrados con cable, pero sí controlados de manera remota desde la superficie.

El robot funciona con ***varios propulsores pequeños.***

La cabeza *alberga cámaras estereoscópicas.*

RECOGER MUESTRAS

Muchos sumergibles se utilizan para obtener muestras de rocas del lecho marino. Otros se despliegan para recoger muestras de agua de mar o de criaturas y plantas marinas de zonas o profundidades imposibles de alcanzar para los submarinistas.

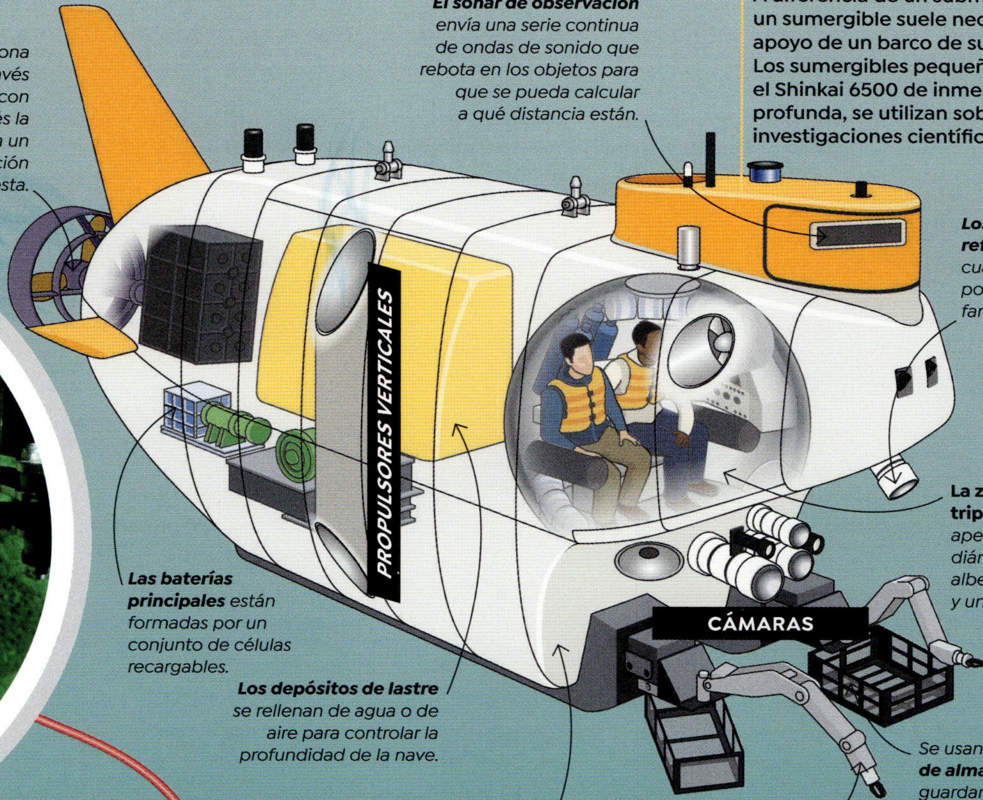

ROV

Los vehículos operados por control remoto (ROV, por sus siglas en inglés) son máquinas no tripuladas controladas desde un barco de superficie, que suelen estar conectadas por un cable de amarre.

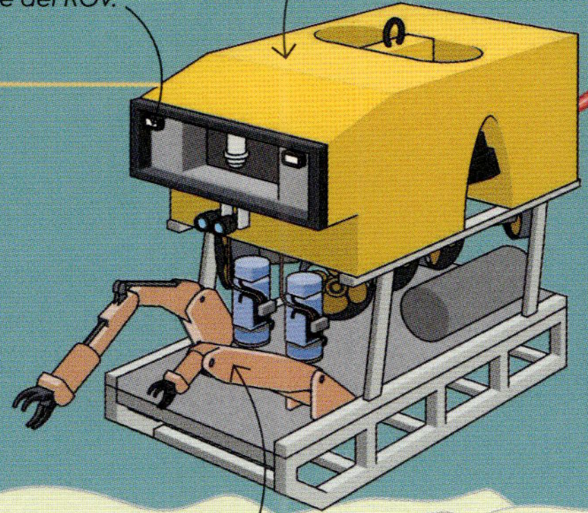

ROV

La parte superior del ROV está provista *de espuma ligera que le proporciona a la nave una flotabilidad neutral y le permite "quedarse flotando" a una profundidad.*

Unas potentes luces LED *iluminan la zona justo delante del ROV.*

Los brazos manipuladores *están multiarticulados y llevan instaladas varias herramientas para recoger muestras o llevar a cabo reparaciones.*

SUMERGIBLE

A diferencia de un submarino, un sumergible suele necesitar el apoyo de un barco de superficie. Los sumergibles pequeños, como el Shinkai 6500 de inmersión profunda, se utilizan sobre todo para investigaciones científicas.

El propulsor *succiona agua de mar a través de un ventilador con impulsor, después la expulsa y genera un impulso en la dirección opuesta.*

El sónar de observación *envía una serie continua de ondas de sonido que rebota en los objetos para que se pueda calcular a qué distancia están.*

Los focos reflectores *son cuatro veces más potentes que los faros de un coche.*

PROPULSORES VERTICALES

La zona de la tripulación *tiene apenas 2 metros de diámetro, pero puede albergar a dos pilotos y un investigador.*

CÁMARAS

Las baterías principales *están formadas por un conjunto de células recargables.*

Los depósitos de lastre *se rellenan de agua o de aire para controlar la profundidad de la nave.*

El casco de presión *está hecho de aleación de titanio grueso para soportar la intensa presión del agua a profundidades extremas.*

Los brazos robóticos manipuladores *se controlan desde la nave y pueden levantar hasta 100 kg de una vez.*

Se usan ***dos cestas de almacenaje*** *para guardar los objetos recogidos por los manipuladores.*

LA INMERSIÓN MÁS PROFUNDA

El Deepsea Challenger es uno de los pocos sumergibles capaces de transportar personas a más de 6000 m de profundidad. Mide 7,3 m de alto y tiene una cámara estrecha de solo 109 cm de ancho que alberga a un solo tripulante. En 2012, el director de cine canadiense James Cameron descendió en el aparato hasta el punto más profundo del océano: el abismo Challenger en la fosa de las Marianas en el océano Pacífico. Tardó dos horas y 36 minutos en descender hasta 10.908 m. A esa profundidad, la presión del agua es 1100 veces mayor que a nivel del mar.

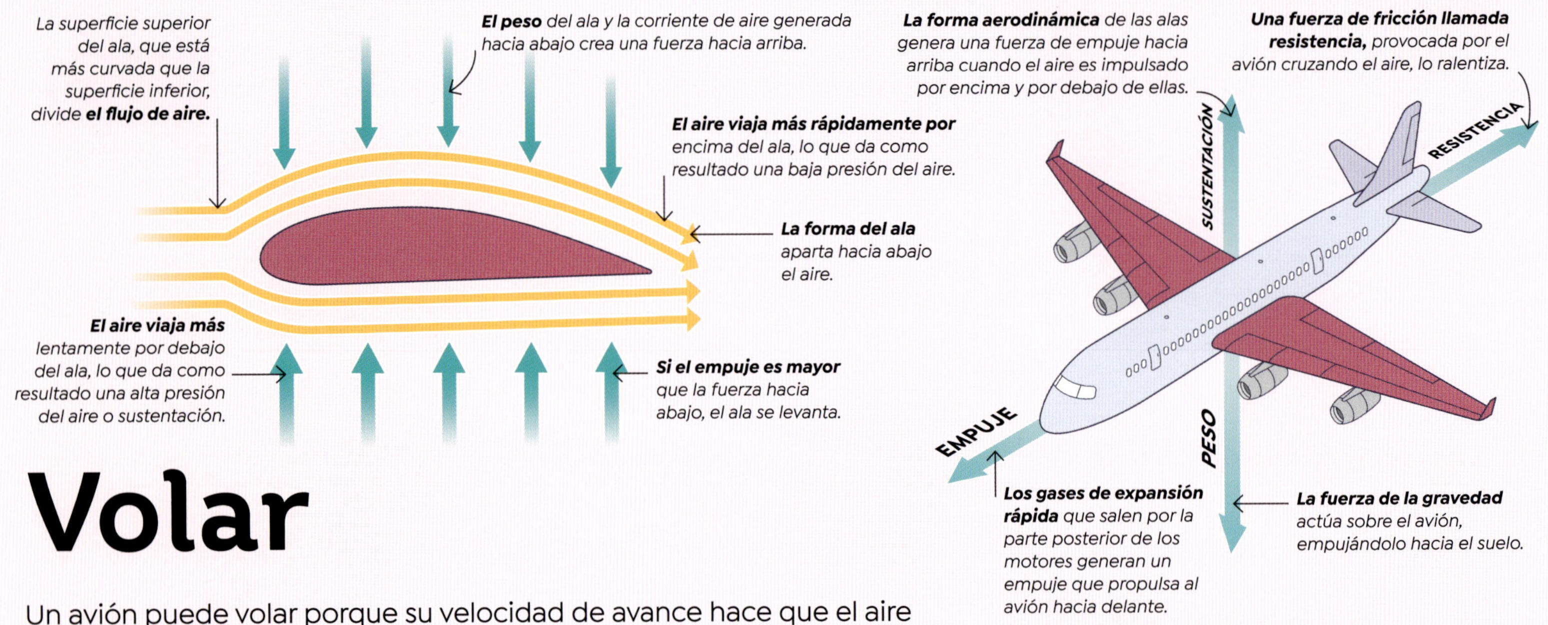

Volar

Un avión puede volar porque su velocidad de avance hace que el aire fluya alrededor de sus alas. La forma del ala genera más presión del aire por debajo que por encima, mientras que el ángulo de las alas empuja el aire hacia abajo. Los dos efectos crean una fuerza hacia arriba llamada sustentación, que supera el peso del avión y lo eleva en al aire.

CÓMO FUNCIONA

Sustentación, empuje, resistencia y peso son las cuatro fuerzas que gobiernan el vuelo. El empuje tiene que ser mayor que la resistencia para que el avión avance, mientras que la sustentación tiene que ser mayor que la gravedad para que el avión se mantenga en el aire.

El modelo 351 Stratolaunch tiene
una envergadura de 117 m,
la mayor de cualquier avión.

ÁNGULO DE ATAQUE

Se puede conseguir un aumento de la sustentación incrementando el ángulo de ataque, el ángulo en el que el ala se topa con el aire. Sin embargo, un ángulo demasiado grande puede hacer que el avión se cale o pierda sustentación.

Un ángulo de ataque bajo crea una sustentación moderada.

Cuando el ángulo de ataque aumenta, se genera más sustentación.

Un ángulo excesivo provoca que el flujo de aire se separe del ala, lo que crea un fuerte descenso de la sustentación y hace que el avión se cale.

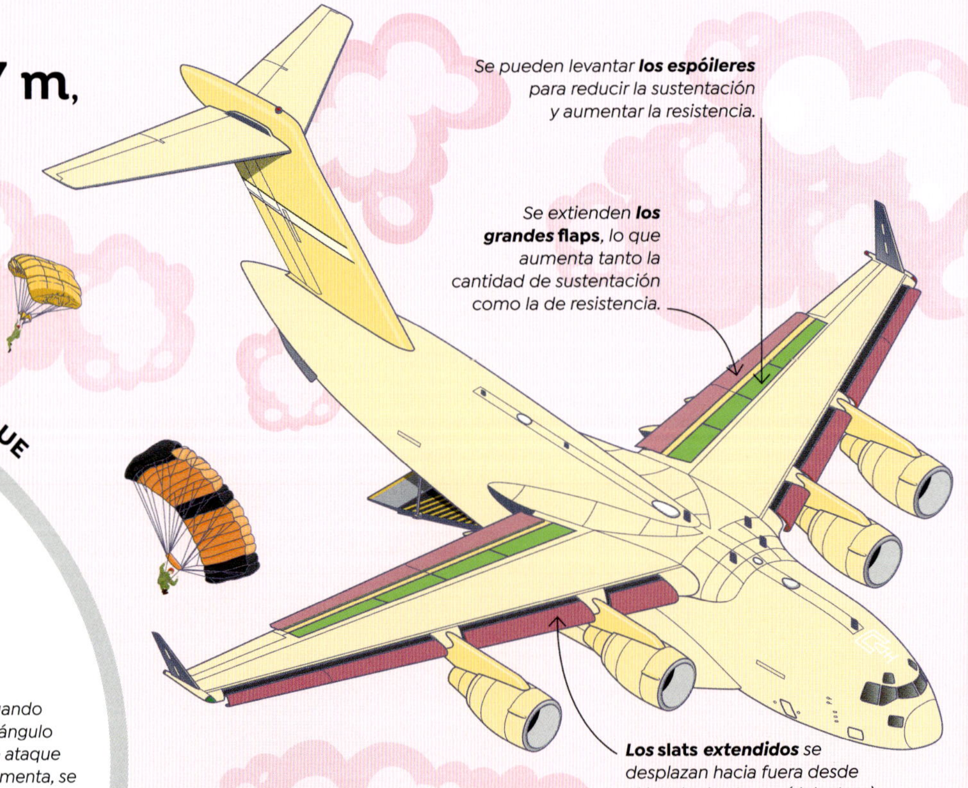

Se pueden levantar ***los espóileres*** *para reducir la sustentación y aumentar la resistencia.*

Se extienden ***los grandes flaps****, lo que aumenta tanto la cantidad de sustentación como la de resistencia.*

Los slats extendidos *se desplazan hacia fuera desde el borde de ataque (delantero) del ala y aumentan el área de superficie del ala.*

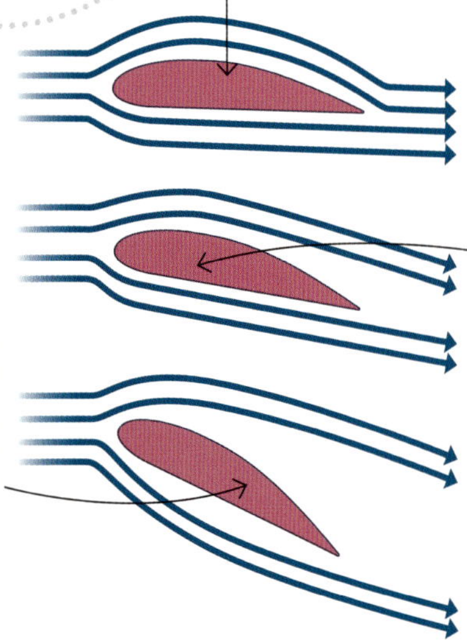

ALAS DE GRAN SUSTENTACIÓN

Se puede modificar la cantidad de sustentación y de resistencia que se genera cambiando el área de ala. Los aviones de grandes dimensiones lo hacen desplegando *slats* en la parte frontal del ala y *flaps* en la parte posterior para aumentar el área de ala, lo que ayuda a crear más sustentación para despegar y elevarse. Luego, se repliegan los *flaps* y los *slats* para nivelar el vuelo.

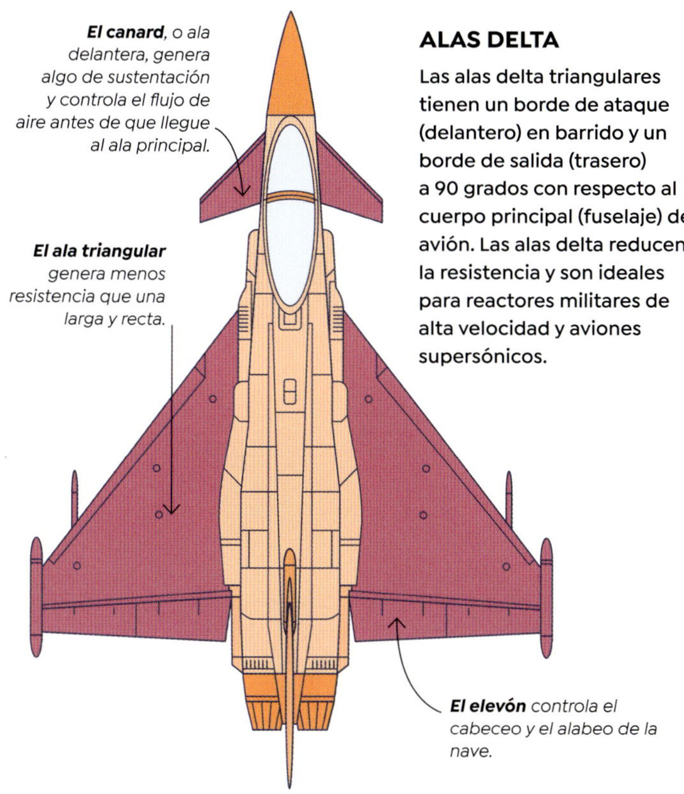

ALAS DELTA

Las alas delta triangulares tienen un borde de ataque (delantero) en barrido y un borde de salida (trasero) a 90 grados con respecto al cuerpo principal (fuselaje) del avión. Las alas delta reducen la resistencia y son ideales para reactores militares de alta velocidad y aviones supersónicos.

TABLAS DE SURF DE FOIL

Algunas tablas de surf, llamadas tablas de *foil*, tienen una quilla o *hidroala* acoplada por debajo. Al levantar la tabla de surf sobre el agua, la hidroala reduce la resistencia y aumenta la velocidad.

En 2022, un velero con hidroalas alcanzó velocidades de casi 100 km/h.

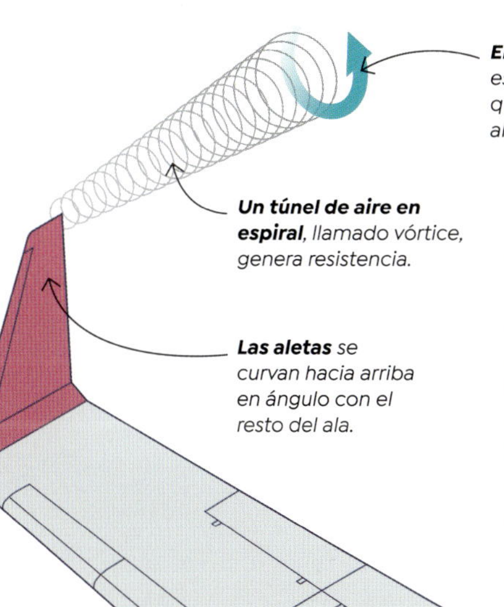

ALETAS

A los extremos en ángulo en la punta de las alas se les llama aletas. Reducen la fuerza de los vórtices de aire en espiral que tiene lugar en las puntas de ala debido a vientos más lentos debajo del ala. Las aletas reducen la resistencia y mejoran la eficiencia del combustible.

HIDROALAS

Las quillas en forma de alas que se usan en los barcos se llaman hidroalas. Al avanzar la embarcación, el agua fluye alrededor de las hidroalas acopladas al casco o a los flotadores. Eso genera sustentación lo que levanta el casco del agua. El descenso de resistencia del agua resultante permite al barco navegar más rápido.

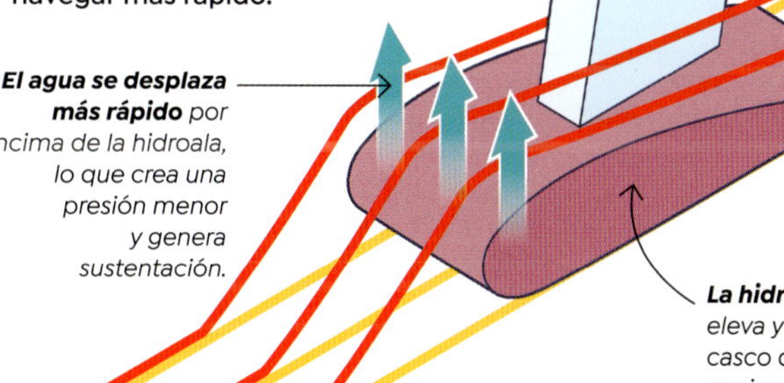

GENERANDO SUSTENTACIÓN NEGATIVA

Las partes delantera y trasera de algunos coches de carreras tienen una forma aerodinámica invertida. Esta forma genera sustentación negativa, que ayuda a que los neumáticos "se adhieran" a la pista. El resultado es mayor agarre y manejo, sobre todo en las curvas.

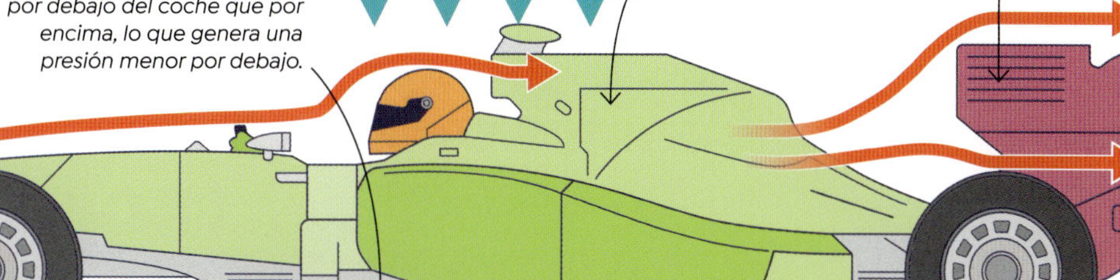

164-165

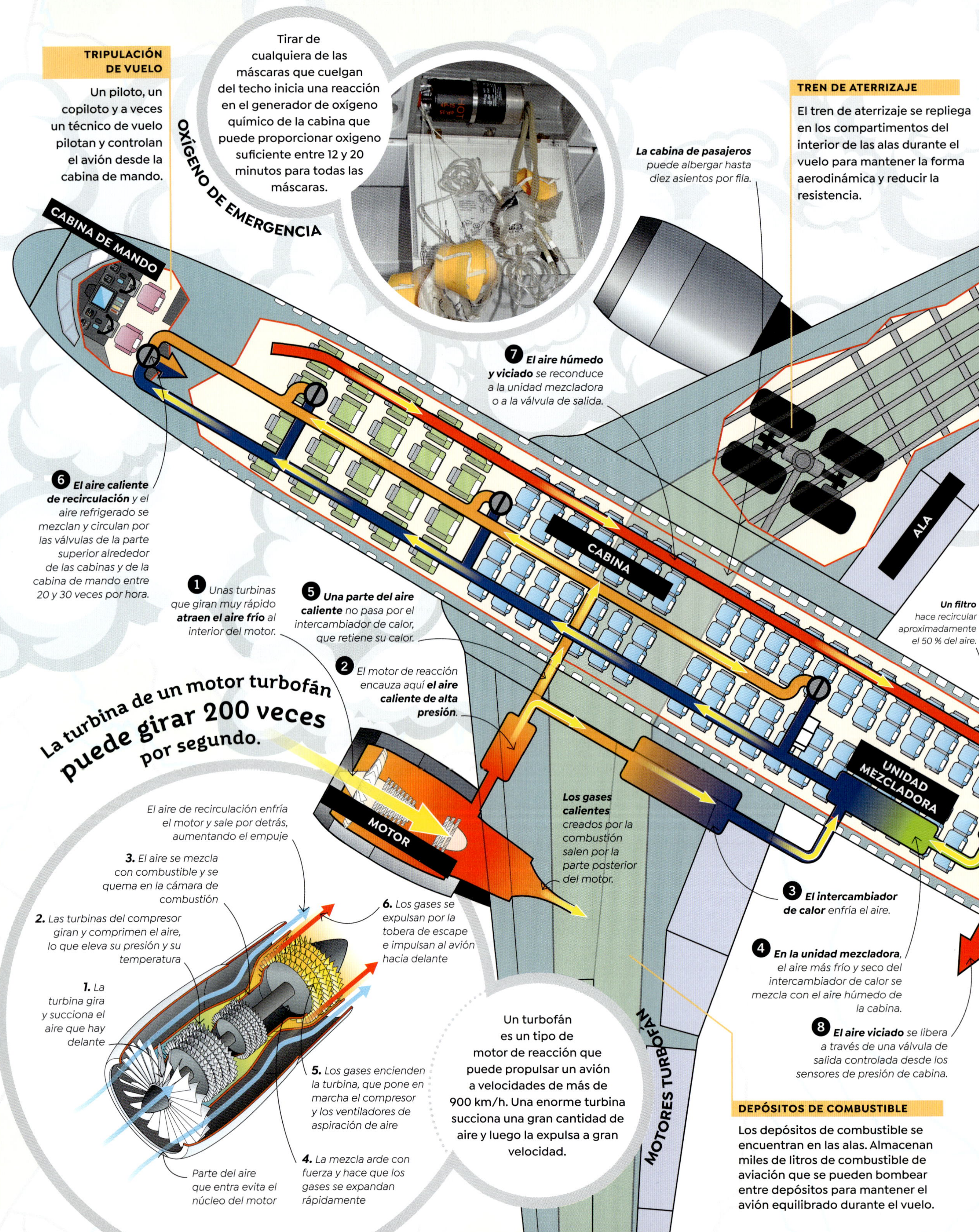
TRIPULACIÓN DE VUELO
Un piloto, un copiloto y a veces un técnico de vuelo pilotan y controlan el avión desde la cabina de mando.
OXÍGENO DE EMERGENCIA
Tirar de cualquiera de las máscaras que cuelgan del techo inicia una reacción en el generador de oxígeno químico de la cabina que puede proporcionar oxígeno suficiente entre 12 y 20 minutos para todas las máscaras.
TREN DE ATERRIZAJE
El tren de aterrizaje se repliega en los compartimentos del interior de las alas durante el vuelo para mantener la forma aerodinámica y reducir la resistencia.
La cabina de pasajeros puede albergar hasta diez asientos por fila.
CABINA DE MANDO
7 El aire húmedo y viciado se reconduce a la unidad mezcladora o a la válvula de salida.
6 El aire caliente de recirculación y el aire refrigerado se mezclan y circulan por las válvulas de la parte superior alrededor de las cabinas y de la cabina de mando entre 20 y 30 veces por hora.
CABINA
ALA
Un filtro hace recircular aproximadamente el 50 % del aire.
1 Unas turbinas que giran muy rápido atraen el aire frío al interior del motor.
5 Una parte del aire caliente no pasa por el intercambiador de calor, que retiene su calor.
2 El motor de reacción encauza aquí el aire caliente de alta presión.
La turbina de un motor turbofán puede girar 200 veces por segundo.
MOTOR
UNIDAD MEZCLADORA
Los gases calientes creados por la combustión salen por la parte posterior del motor.
3 El intercambiador de calor enfría el aire.
4 En la unidad mezcladora, el aire más frío y seco del intercambiador de calor se mezcla con el aire húmedo de la cabina.
8 El aire viciado se libera a través de una válvula de salida controlada desde los sensores de presión de cabina.
El aire de recirculación enfría el motor y sale por detrás, aumentando el empuje
3. El aire se mezcla con combustible y se quema en la cámara de combustión
2. Las turbinas del compresor giran y comprimen el aire, lo que eleva su presión y su temperatura
1. La turbina gira y succiona el aire que hay delante
6. Los gases se expulsan por la tobera de escape e impulsan al avión hacia delante
5. Los gases encienden la turbina, que pone en marcha el compresor y los ventiladores de aspiración de aire
4. La mezcla arde con fuerza y hace que los gases se expandan rápidamente
Parte del aire que entra evita el núcleo del motor
Un turbofán es un tipo de motor de reacción que puede propulsar un avión a velocidades de más de 900 km/h. Una enorme turbina succiona una gran cantidad de aire y luego la expulsa a gran velocidad.
MOTORES TURBOFÁN
DEPÓSITOS DE COMBUSTIBLE
Los depósitos de combustible se encuentran en las alas. Almacenan miles de litros de combustible de aviación que se pueden bombear entre depósitos para mantener el avión equilibrado durante el vuelo.

Aviones de pasajeros

Cada año, más de tres mil millones de personas viajan en avión. Propulsados por motores de reacción, la mayoría de los aviones de pasajeros vuelan a gran altitud para evitar las turbulencias. Para hacer las cabinas cómodas, se presurizan con aire que se ha introducido por los motores.

La parte exterior de un ala *está hecha de materiales ligeros pero resistentes, como la aleación de aluminio o la fibra de carbono.*

El armazón del ala *está hecho de costillas con forma aerodinámica conectadas a largueros que recorren toda la longitud del ala, fijados con barras y varillas.*

Los alerones son paneles largos y articulados *que se pueden inclinar para hacer que el ala se eleve o descienda y el avión alabee (ver panel a la derecha).*

La cabina de vuelo alberga los asientos para los pilotos y está dotada de sofisticados equipos electrónicos, como un radar para detectar la climatología de la ruta y muchas pantallas que muestran información de vuelo.

CABINAS DE VUELO

PLANO DE COLA

El plano de cola es una aleta *que actúa como estabilizador horizontal durante el vuelo.*

Los elevadores de la parte posterior del plano de cola *se pueden mover para alterar el cabeceo del avión, apuntando su morro hacia arriba para ascender o hacia abajo para descender.*

La unidad de potencia auxiliar *(APU, por sus siglas en inglés) es un motor adicional que pone en marcha un generador eléctrico para encender los sistemas del avión cuando está en tierra.*

El timón es un panel articulado *que se puede girar para apartar el flujo de aire y mover la cola para cambiar la dirección del avión.*

SUPERFICIES DE CONTROL

Un avión utiliza sus superficies de control para moverse en tres direcciones: cabeceo, guiñada y alabeo. Al hacer un viraje inclinado combina dos direcciones: guiñada y alabeo.

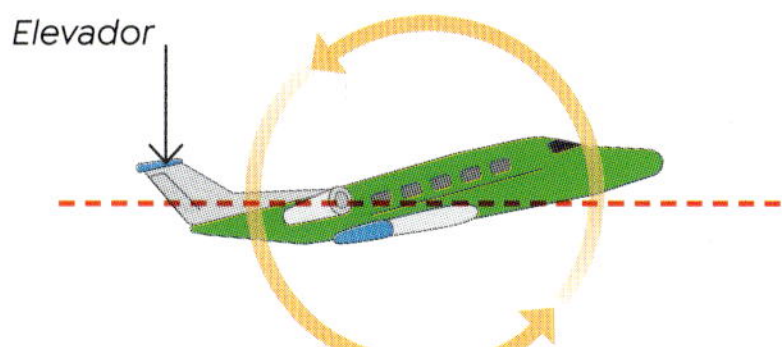

CABECEO

Los elevadores del plano de cola se inclinan hacia arriba o hacia abajo. Cuando es hacia arriba, el morro se levanta y el avión asciende.

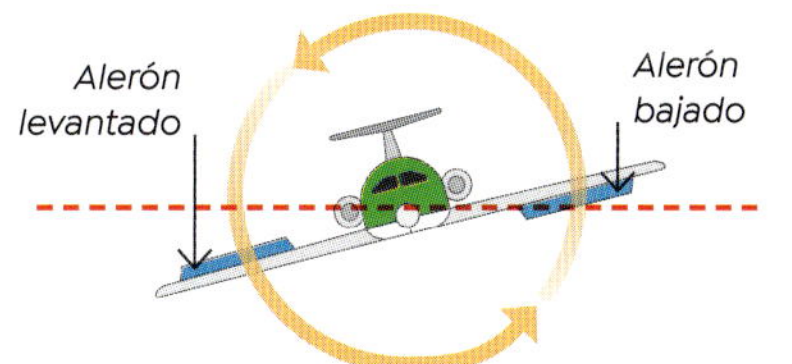

ALABEO

La inclinación de los alerones hace que el avión alabee, moviendo un ala hacia arriba y otra hacia abajo.

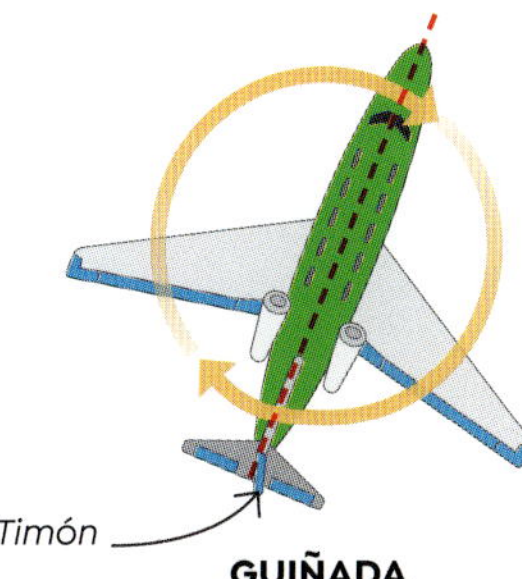

GUIÑADA

Inclinar el timón de cola hacia un lado hace que la cola se mueva en la dirección contraria, lo que gira el morro a izquierda o derecha.

GIGANTES VOLADORES

Los aviones de carga son los reactores más grandes que vuelan; el que vemos aquí se utilizó para transportar partes del telescopio espacial James Webb. A pesar de su tamaño, estos aviones son sorprendentemente ligeros, incluso cuando van completamente cargados, comparados con un barco o un tren de un tamaño parecido. Mientras sus motores proporcionen suficiente impulso hacia delante, son capaces de despegar. Una vez despegan, la sustentación generada por sus enormes alas (ver pág. 164) mantiene al avión en el aire mientras siga avanzando.

Longitud: 84 m
Envergadura: 88,4 m
ANTONOV AN-225

Longitud: 76 m
Envergadura: 68,7 m
BOEING 747-8

Longitud: 56,2 m
Envergadura: 44,8 m
AIRBUS BELUGA

CUERPOS ENORMES

El Antonov AN-225 se utilizaba para transportar aviones, mientras que el Airbus Beluga transportaba partes de aviones. El Boeing 747 es uno de los aviones de pasajeros más grandes.

CONTROLES CÍCLICO Y COLECTOR

Para aumentar o reducir la altura o cambiar de dirección, el piloto de un helicóptero altera el *pitch* (ángulo) de las palas del rotor. La palanca de mando colectivo se usa para aumentar o reducir el ángulo de todas las palas por igual para ascender o descender. La palanca de mando cíclico ladea la placa de inclinación hacia delante, hacia atrás, a izquierda y a derecha para darles a las palas un ángulo desigual. Esto hace que el helicóptero se desplace en la dirección de la inclinación hacia abajo.

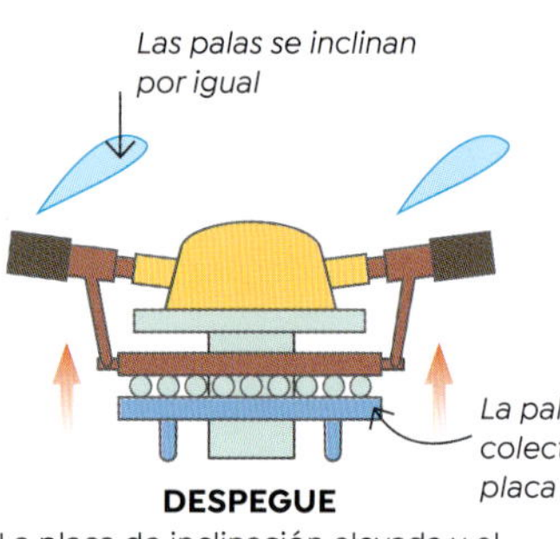

DESPEGUE
La placa de inclinación elevada y el aumento de la velocidad generan suficiente sustentación para despegar.

Todas las palas del rotor están en el mismo ángulo

PLANEO
Las cuatro fuerzas de vuelo se equilibran con una sustentación igual al peso del helicóptero, y así planea.

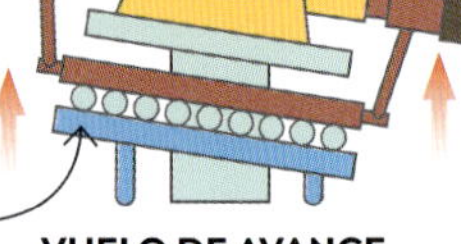

VUELO DE AVANCE
La placa de inclinación se inclina hacia delante para generar más sustentación en la parte posterior, lo que propulsa hacia delante al helicóptero.

Helicópteros y drones

Con un control cuidadoso de la velocidad y el ángulo de la pala, los helicópteros y los drones pueden despegar y aterrizar verticalmente, maniobrar en todas las direcciones y planear en mitad del aire. Las palas del rotor generan sustentación al girar. Cada pala actúa como un *aerofoil* y crea diferencia en la presión del aire por encima y por debajo al girar.

CABINAS DE HELICÓPTERO

Una cabina de helicóptero está equipada con instrumental que mide la velocidad, la altitud y la dirección, y que ayuda al piloto a monitorizar la posición del vehículo en todo momento. El piloto agarra el mando cíclico con la mano derecha y la palanca del mando colectivo (que tiene un acelerador giratorio) con la izquierda. Utilizan los pedales para regular el ángulo de los rotores de cola.

Las palas del rotor con forma aerodinámica *(ver pág. 146) generan sustentación a medida que cortan rápidamente el aire.*

2 ***Los motores queman*** *una mezcla de combustible y aire para generar gases de expansión, que hacen girar los ejes de transmisión de los rotores principales y de cola.*

La entrada de aire *introduce aire en el interior de los dos motores de turboeje.*

1 ***El piloto controla*** *el ángulo de la pala del rotor a través de una palanca y un mando, y regula la velocidad girando el acelerador.*

TOMA DE AIRE

CABINA

Los pedales *regulan el ángulo del rotor de cola para girar el helicóptero hacia la izquierda o la derecha.*

Se usa ***un mando cíclico*** *para inclinar la placa de inclinación.*

El equipamiento de ***radio, navegación por satélite*** *y visión nocturna se encuentra bajo el suelo.*

Se utiliza ***una palanca de mando colectivo*** *con un acelerador giratorio en la parte superior para bajar o levantar la placa de inclinación.*

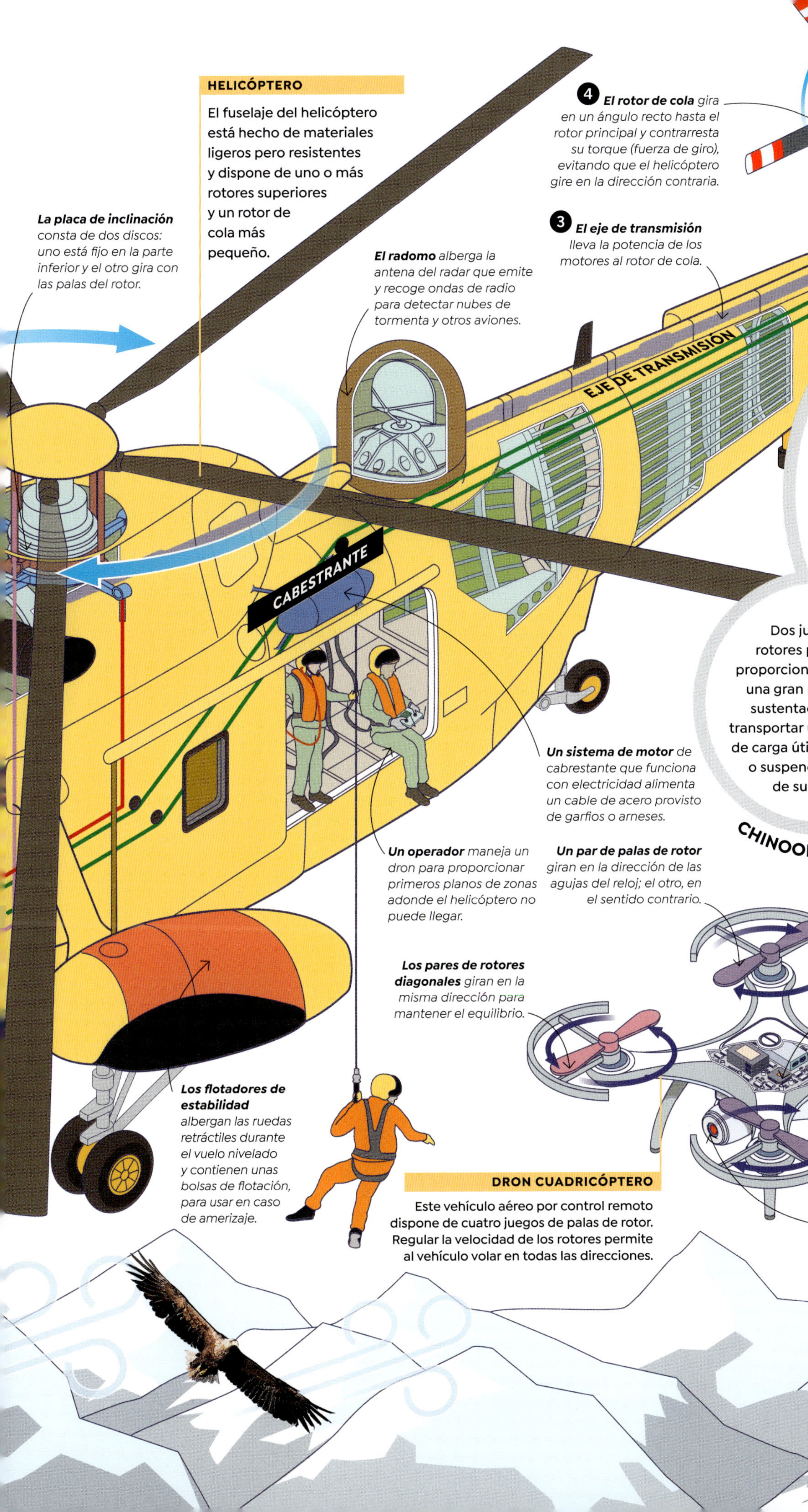

HELICÓPTERO

El fuselaje del helicóptero está hecho de materiales ligeros pero resistentes y dispone de uno o más rotores superiores y un rotor de cola más pequeño.

La placa de inclinación *consta de dos discos: uno está fijo en la parte inferior y el otro gira con las palas del rotor.*

El radomo *alberga la antena del radar que emite y recoge ondas de radio para detectar nubes de tormenta y otros aviones.*

4 ***El rotor de cola*** *gira en un ángulo recto hasta el rotor principal y contrarresta su torque (fuerza de giro), evitando que el helicóptero gire en la dirección contraria.*

3 ***El eje de transmisión*** *lleva la potencia de los motores al rotor de cola.*

El plano de cola *ayuda a equilibrar el helicóptero durante el vuelo.*

PLANO DE COLA

EJE DE TRANSMISIÓN

CABESTRANTE

Un sistema de motor *de cabestrante que funciona con electricidad alimenta un cable de acero provisto de garfios o arneses.*

Un operador *maneja un dron para proporcionar primeros planos de zonas adonde el helicóptero no puede llegar.*

Los flotadores de estabilidad *albergan las ruedas retráctiles durante el vuelo nivelado y contienen unas bolsas de flotación, para usar en caso de amerizaje.*

CHINOOKS

Dos juegos de rotores principales proporcionan al Chinook una gran potencia de sustentación. Puede transportar unos 10.000 kg de carga útil en su interior o suspendida debajo de su cuerpo.

DRON CUADRICÓPTERO

Este vehículo aéreo por control remoto dispone de cuatro juegos de palas de rotor. Regular la velocidad de los rotores permite al vehículo volar en todas las direcciones.

Un par de palas de rotor *giran en la dirección de las agujas del reloj; el otro, en el sentido contrario.*

Los pares de rotores diagonales *giran en la misma dirección para mantener el equilibrio.*

El protector del rotor *resguarda el rotor, que funciona con un pequeño motor eléctrico para generar sustentación.*

Un receptor de radio *recibe una señal de un transmisor del control remoto.*

Una cámara *montada sobre la parte inferior del dron puede hacer una panorámica e inclinarse para poder hacer fotos o grabar videos.*

Aterrizar aviones

Una parte delicada del trabajo de un piloto es realizar la aproximación final a la pista con precisión. Para aterrizar con seguridad, cuentan con varios medios tecnológicos, así como con marcas visuales y la ayuda de los controladores de tierra.

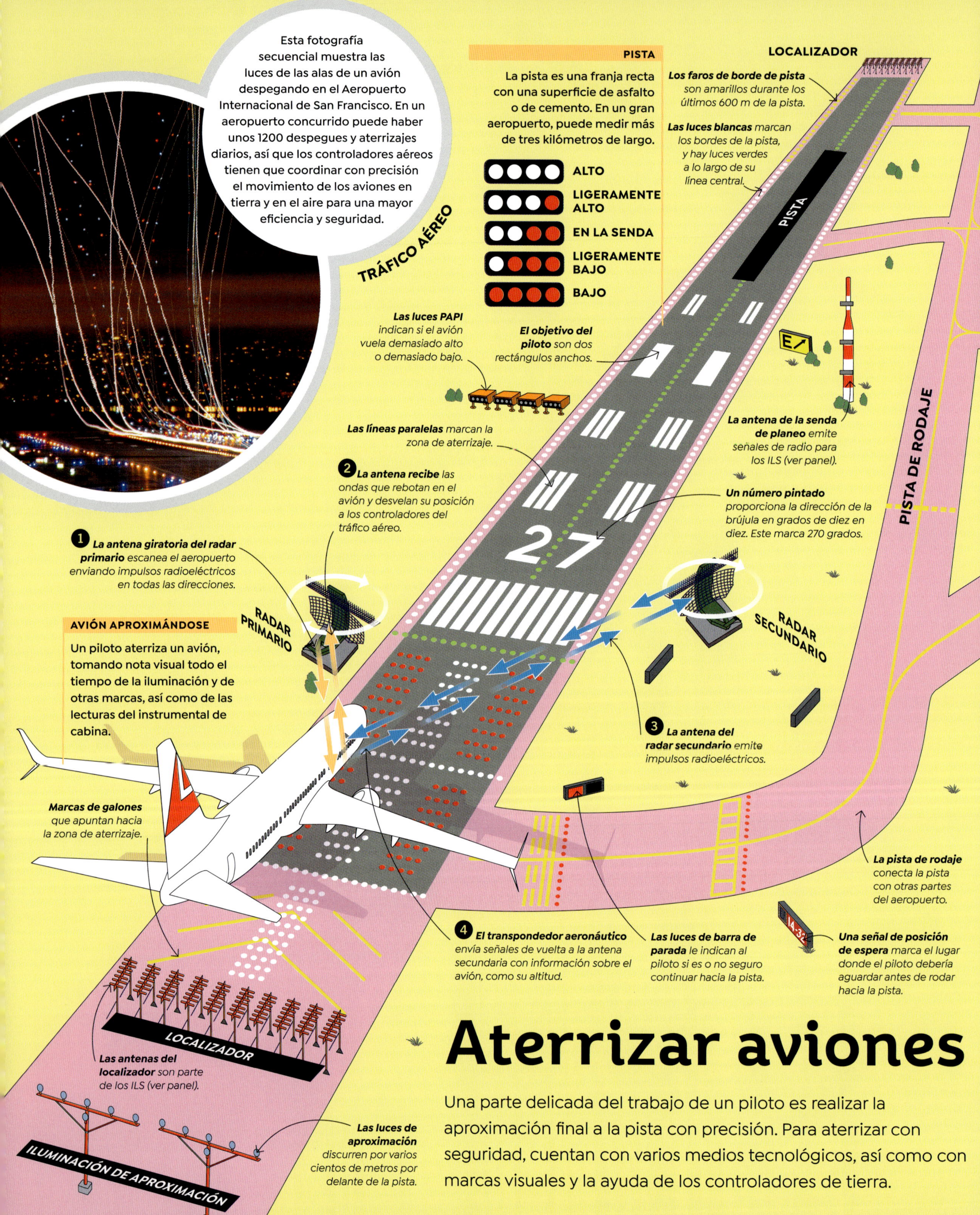

TERMINAL

Este edificio se ocupa de los pasajeros que salen y llegan y de su equipaje. Cuenta con escáneres de seguridad, mostradores de facturación y cintas transportadoras de equipaje. Los aviones de carga utilizan terminales diferentes.

CÓMO FUNCIONA UN SISTEMA DE ATERRIZAJE POR INSTRUMENTOS (ILS)

Un ingenioso sistema de navegación de corto alcance guía al avión y es especialmente útil cuando hay mala visibilidad. Las radiobalizas de tierra transmiten dos señales de guía: una localizadora para la alineación horizontal y una senda de planeo para la alineación vertical. Los dispositivos del avión las reciben e interpretan para que el piloto pueda alinear la aeronave en relación con la pista en la que debe aterrizar.

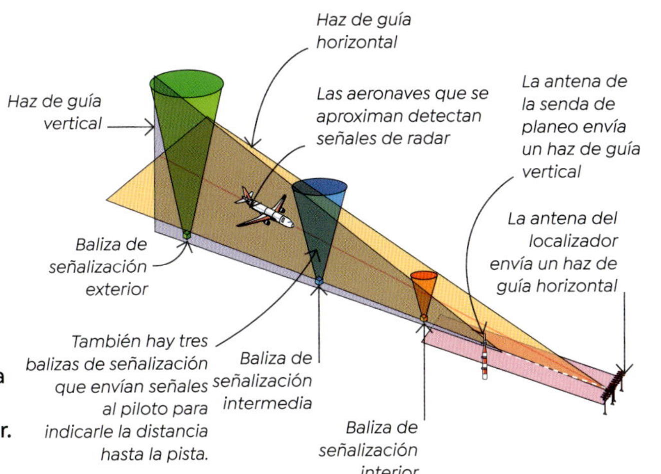

Cada año 93 millones de pasajeros

pasan por el Aeropuerto Internacional de Atlanta Hartsfield-Jackson de EE. UU.

Una aeronave rueda hasta el muelle o las puertas de una terminal, desde donde pueden desembarcar los pasajeros.

Una cúpula exterior proporciona una cubierta protectora a la antena del radar.

La sala de control visual de la última planta de la torre tiene grandes ventanales que permiten a los controladores ver tanto el cielo como el aeropuerto.

TORRE DE CONTROL

En la sala de control de aproximación, los controladores guían a los aviones hasta las pistas y les envían instrucciones de que esperen para aterrizar.

PANTALLAS DE MONITORIZACIÓN

Los transpondedores del avión emiten señales. Junto con los barridos del cielo del radar primario, identifican cada avión, su ubicación, rumbo y altitud. Estos datos se muestran en las pantallas de monitorización de la torre de control y permiten a los controladores dar órdenes a los pilotos para cambiar de rumbo o de altitud si están invadiendo el espacio aéreo de otra aeronave.

TORRE DE CONTROL

Los controladores de tráfico aéreo organizan desde esta torre todos los despegues y aterrizajes de aeronaves. Siguen el rastro de los aviones en las pantallas y están en contacto permanente con los pilotos.

Cosechadoras combinadas

Una cosechadora combinada completa tres tareas agrícolas que consumen mucho tiempo: segar, trillar y aventar los cultivos. Siega (corta) los tallos de los cultivos, trilla para separar la parte comestible de los tallos y avienta para quitarle las semillas no comestibles. Las cosechadoras combinadas han aumentado considerablemente su velocidad de recolección y su rendimiento.

CABINAS DE CONTROL

Las pantallas de la cabina de control muestran una vista de las cámaras, datos sobre los cultivos y el rendimiento de la máquina. El conductor controla el funcionamiento del vehículo. Por ejemplo, regula la altura y el ángulo del rumbo y la velocidad de giro del sinfín.

Un dron vuela rápido hasta campos lejanos para detectar los niveles de humedad del terreno, las plagas y si el cultivo está listo para la cosecha.

SEGAR

La barra de corte siega el cultivo a ras de suelo. La combinada hace varias pasadas precisas por el terreno para asegurarse de que siega todo el cultivo.

CABEZAL

1 ***El sinfín*** *es un largo tubo metálico con pequeñas púas metálicas llamadas dientes. Al girar, el sinfín recoge los tallos de la planta y los empuja hacia la barra de corte.*

2 ***La barra de corte*** *ocupa casi todo el ancho del cabezal y consta de dientes que se abren y se cierran para cortar los tallos de la planta por la base.*

CABEZALES

En la mayoría de las cosechadoras combinadas, se puede cambiar el cabezal para adecuarlo al cultivo y a las condiciones del terreno. Para cultivos plantados en hileras, como el maíz (ver aquí), el cabezal tiene una serie de púas puntiagudas con cadenas de recolección entre medias. Las cadenas rompen los tallos del cultivo, mientras que las púas separan las hileras del cultivo.

Las combinadas pueden cosechar hasta 100.000 kg de grano por hora.

COSECHADORAS ROBÓTICAS

En algunas granjas se están probando cosechadoras combinadas autónomas. Los receptores GPS y otros sensores reciben los datos de posición de una combinada. Se utiliza un *software* para trazar una ruta eficiente para la combinada y controlar todos los aspectos de su operación.

Las cámaras y los sensores de la cosechadora trazan el camino de la cosecha y también pueden detectar obstáculos

Una combinada autónoma cosecha con más precisión los bordes de cada hilera de cultivo que una combinada normal

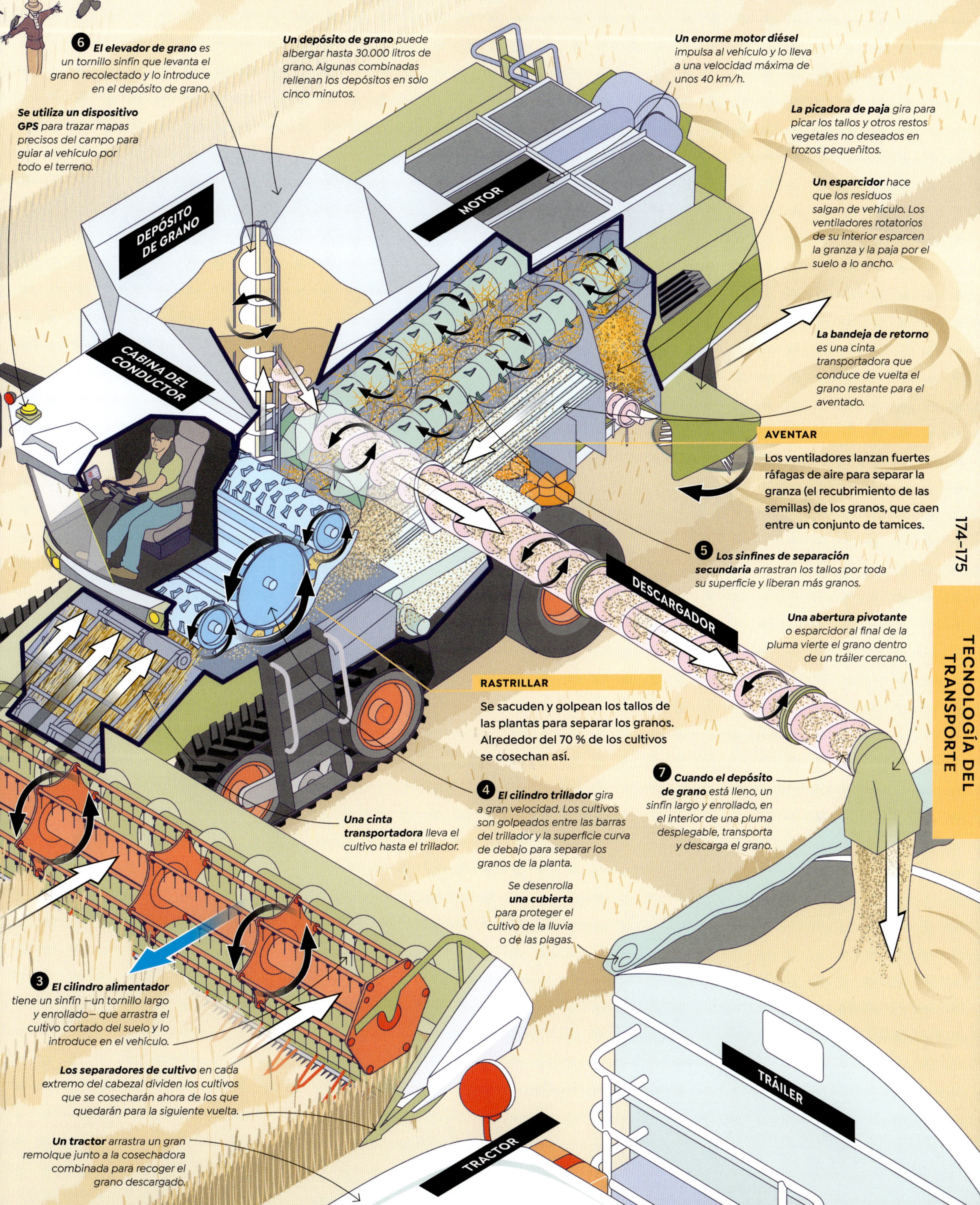
6 El elevador de grano es un tornillo sinfín que levanta el grano recolectado y lo introduce en el depósito de grano.
Se utiliza un dispositivo GPS para trazar mapas precisos del campo para guiar al vehículo por todo el terreno.
Un depósito de grano puede albergar hasta 30.000 litros de grano. Algunas combinadas rellenan los depósitos en solo cinco minutos.
Un enorme motor diésel impulsa al vehículo y lo lleva a una velocidad máxima de unos 40 km/h.
La picadora de paja gira para picar los tallos y otros restos vegetales no deseados en trozos pequeñitos.
Un esparcidor hace que los residuos salgan de vehículo. Los ventiladores rotatorios de su interior esparcen la granza y la paja por el suelo a lo ancho.
La bandeja de retorno es una cinta transportadora que conduce de vuelta el grano restante para el aventado.
DEPÓSITO DE GRANO
MOTOR
CABINA DEL CONDUCTOR
AVENTAR
Los ventiladores lanzan fuertes ráfagas de aire para separar la granza (el recubrimiento de las semillas) de los granos, que caen entre un conjunto de tamices.
5 Los sinfines de separación secundaria arrastran los tallos por toda su superficie y liberan más granos.
DESCARGADOR
Una abertura pivotante o esparcidor al final de la pluma vierte el grano dentro de un tráiler cercano.
RASTRILLAR
Se sacuden y golpean los tallos de las plantas para separar los granos. Alrededor del 70 % de los cultivos se cosechan así.
7 Cuando el depósito de grano está lleno, un sinfín largo y enrollado, en el interior de una pluma desplegable, transporta y descarga el grano.
4 El cilindro trillador gira a gran velocidad. Los cultivos son golpeados entre las barras del trillador y la superficie curva de debajo para separar los granos de la planta.
Una cinta transportadora lleva el cultivo hasta el trillador.
Se desenrolla una cubierta para proteger el cultivo de la lluvia o de las plagas.
3 El cilindro alimentador tiene un sinfín –un tornillo largo y enrollado– que arrastra el cultivo cortado del suelo y lo introduce en el vehículo.
Los separadores de cultivo en cada extremo del cabezal dividen los cultivos que se cosecharán ahora de los que quedarán para la siguiente vuelta.
Un tractor arrastra un gran remolque junto a la cosechadora combinada para recoger el grano descargado.
TRÁILER
TRACTOR

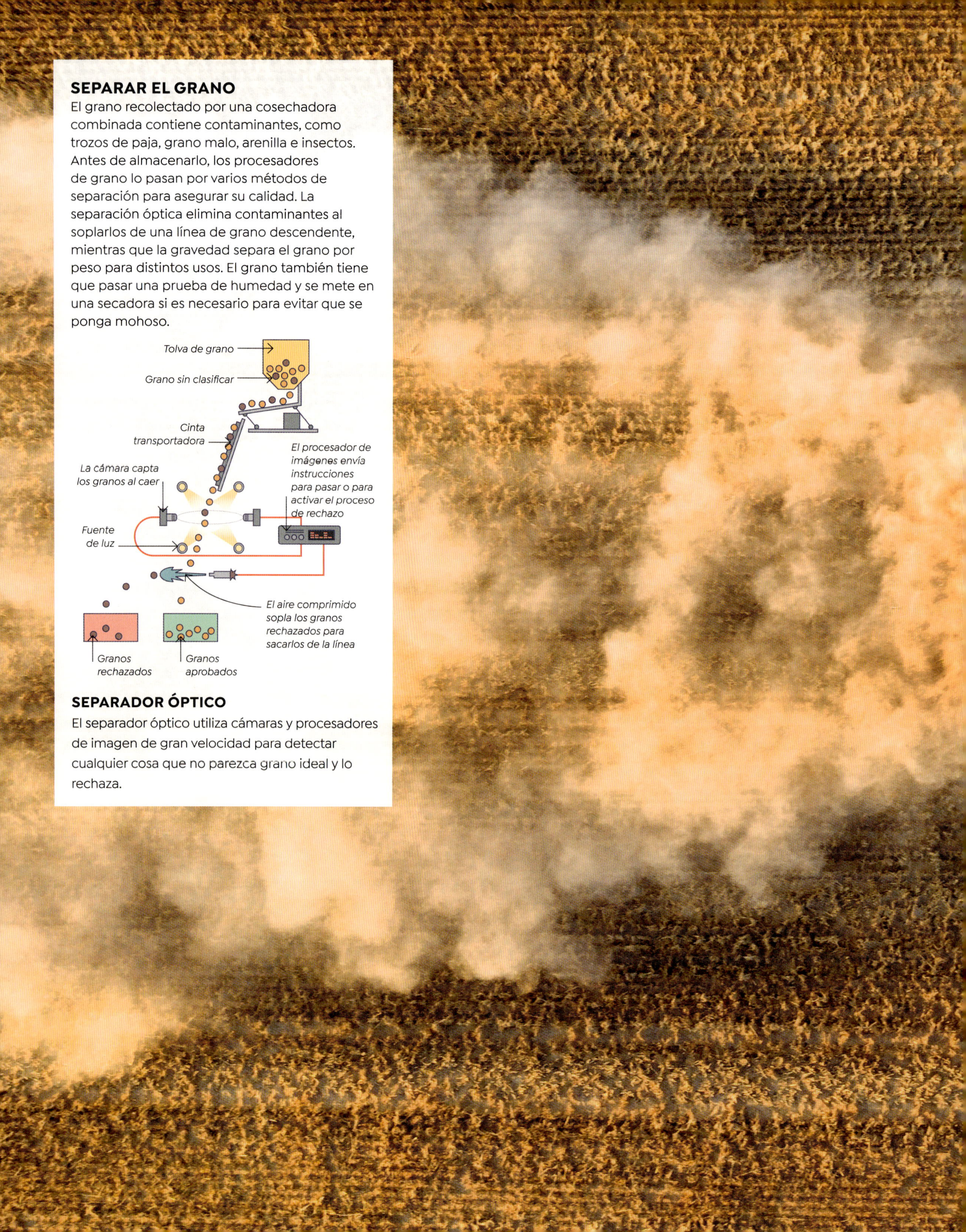

SEPARAR EL GRANO

El grano recolectado por una cosechadora combinada contiene contaminantes, como trozos de paja, grano malo, arenilla e insectos. Antes de almacenarlo, los procesadores de grano lo pasan por varios métodos de separación para asegurar su calidad. La separación óptica elimina contaminantes al soplarlos de una línea de grano descendente, mientras que la gravedad separa el grano por peso para distintos usos. El grano también tiene que pasar una prueba de humedad y se mete en una secadora si es necesario para evitar que se ponga mohoso.

SEPARADOR ÓPTICO

El separador óptico utiliza cámaras y procesadores de imagen de gran velocidad para detectar cualquier cosa que no parezca grano ideal y lo rechaza.

Utilizamos la tecnología para enviar artefactos en órbita alrededor de la Tierra, y a veces los enviamos más lejos para explorar el sistema solar. La tecnología también nos permite echar un vistazo a objetos que están mucho más lejanos en el espacio profundo. Cuanto más evolucione esta tecnología, más podremos ver.

Tecnología espacial

Cohetes

Un motor cohete proporciona un potente impulso al quemar combustible rápidamente. Lleva dentro el oxígeno que necesita para la combustión, lo que lo hace ideal para impulsar un vehículo al espacio, donde no hay aire. Aparte de para los vuelos espaciales, los motores cohetes tienen otros muchos usos en los que se necesita con rapidez un impulso potente.

CÓMO FUNCIONA

En el interior de una cámara de combustión, el combustible y el oxígeno arden rápidamente y crean grandes cantidades de gases de escape. A medida que estos gases calientes se expanden, se abren paso hacia abajo y salen por la tobera del motor creando un empuje hacia arriba.

TANQUE DE COMBUSTIBLE

TANQUE DE OXIDANTE

1. Se bombea un combustible líquido *(como el hidrógeno líquido) al interior de una cámara de combustión.*

2. También se introduce un oxidante *(a menudo oxígeno líquido) en la cámara de combustión.*

3. En una pequeña cámara *tiene lugar la combustión, ya que el combustible reacciona rápidamente con el oxidante.*

4. Los gases calientes en expansión *crean el empuje e impulsan el vehículo hacia arriba.*

5. La garganta*, un pasaje estrecho en el fondo de la cámara, aumenta la presión de los gases de escape.*

6. Los gases calientes salen *por la garganta y se expanden en una tobera que se va ensanchando. Cuanto más rápido se genera el gas, mayor es el empuje.*

COHETE MULTIETAPAS

La mayoría de los vehículos que lanzan carga útil al espacio se diseñan en etapas —tres, generalmente— cada una con su propio motor cohete. Cuando una etapa se queda sin combustible, es eyectada, lo que reduce la masa total del vehículo para que las últimas etapas puedan ser más pequeñas.

1. La primera etapa *levanta el vehículo de la lanzadera y normalmente es la más pesada y la más potente.*

2. El tanque de combustible líquido *de la primera etapa es eyectado junto con el motor de primera etapa en cuanto se acaba el combustible.*

3. El cohete de segunda etapa toma *el mando en cuanto se han eyectado la primera etapa y los aceleradores.*

4. La tercera etapa propulsa *la carga útil —como un satélite o una cápsula tripulada— hacia su órbita o trayectoria de avance.*

Los aceleradores sólidos de cohete *también pueden estar presentes para proporcionar un empuje extra en la primera etapa.*

FUEGOS ARTIFICIALES

Los fuegos artificiales son cohetes de combustible sólido que contienen pólvora (una mezcla de combustible y oxidante) y componentes que generan una luz de color brillante al arder.

COHETE DE COMBUSTIBLE SÓLIDO

Algunos cohetes utilizan un propelente sólido —una mezcla de un combustible líquido y un oxidante sólido, a menudo en forma de polvo comprimido— instalado en el fuselaje (cuerpo). Un núcleo que baja por el centro actúa como cámara de combustión.

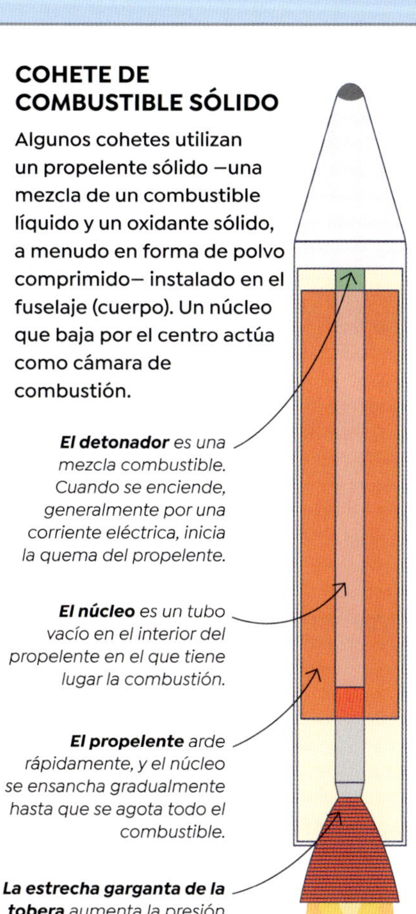

El detonador *es una mezcla combustible. Cuando se enciende, generalmente por una corriente eléctrica, inicia la quema del propelente.*

El núcleo *es un tubo vacío en el interior del propelente en el que tiene lugar la combustión.*

El propelente *arde rápidamente, y el núcleo se ensancha gradualmente hasta que se agota todo el combustible.*

La estrecha garganta de la tobera *aumenta la presión del gas, como en un cohete de combustión líquida.*

COHETE DE COMBUSTIÓN LÍQUIDA

En un cohete de combustión líquida, la velocidad a la que fluyen el combustible y el oxidante al interior de la cámara de combustión se puede controlar por válvulas. De esta manera, el empuje del motor se puede variar, a diferencia de un cohete de combustión sólida.

El tanque de combustible *contiene el combustible, a menudo hidrógeno líquido, a baja temperatura y alta presión.*

El oxidante*, a menudo oxígeno líquido, también se almacena en un depósito a baja temperatura y alta presión.*

Las válvulas *aumentan o disminuyen el flujo de combustible y oxidante para variar el empuje del motor.*

La cámara de combustión *es donde reaccionan el combustible y el oxidante, generando grandes cantidades de gases de escape.*

Las aletas de rejilla *están inclinadas para controlar la trayectoria del cohete.*

El cohete gira *180 grados después de liberar la carga útil para hacer un aterrizaje vertical.*

COHETE REUTILIZABLE

La mayoría de los cohetes espaciales solo se pueden usar una vez. Arden al volver a la Tierra o sencillamente caen al mar. Los vehículos espaciales reutilizables disponen de cohetes motor adicionales que controlan y ralentizan el descenso, de manera que aterrizan suavemente y se pueden reutilizar.

Se despliegan unos ***pies de apoyo*** *para preparar el aterrizaje suave.*

Se enciende ***un cohete motor adicional*** *para ralentizar el descenso del cohete.*

ASIENTO EYECTABLE

Los cohetes también se utilizan en los asientos eyectables de los pilotos de aeronaves. Un cohete de combustible sólido, colocado bajo el asiento del piloto, se activa en caso de emergencia y propulsa rápidamente al piloto muy lejos de la aeronave antes que esta se estrelle.

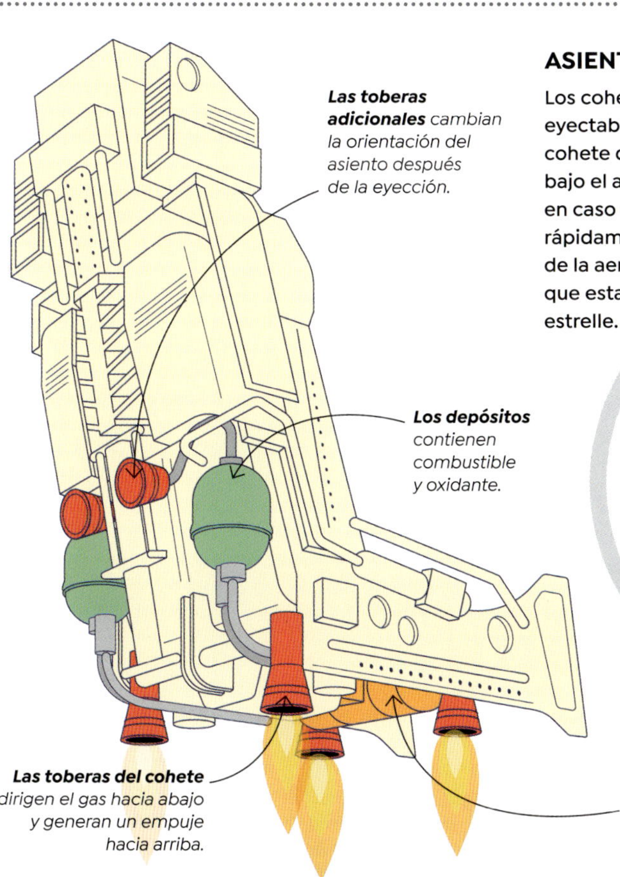

Las toberas adicionales *cambian la orientación del asiento después de la eyección.*

Los depósitos *contienen combustible y oxidante.*

Las toberas del cohete *dirigen el gas hacia abajo y generan un empuje hacia arriba.*

Una botella de ***oxígeno de emergencia*** *permite al piloto respirar a gran altitud.*

HUIDA RÁPIDA

Cuando un asiento eyectable se activa, se eyecta primero la cubierta. Un ordenador en el asiento monitoriza la velocidad y la altitud de la aeronave, y regula la cantidad y la dirección del empuje que proporcionan los motores cohete. La mayoría de los eyectores disponen de un paracaídas y un equipo de supervivencia.

एलवीएम3
एम4
इसरो
ISRO
भारत
INDIA

EFECTO TIRACHINAS ALREDEDOR DE LA TIERRA

Los cohetes necesitan quemar mucho combustible al despegar para huir de la gravedad de la Tierra. Para ahorrar energía, la mayoría aprovechan la rotación del planeta para que los propulse como un tirachinas en la dirección de viaje. La Tierra rota de este a oeste, así que cuando los cohetes despegan hacia el este consiguen un aumento de velocidad. Sin embargo, no todos los cohetes vuelan hacia el este; los que transportan satélites polares se lanzan hacia el sur para alcanzar la órbita adecuada. La mayoría de los puntos de despegue están cerca del ecuador, ya que es donde la superficie de la Tierra rota más rápido (a 1675 km/h). Al principio, los cohetes se lanzan en vertical para atravesar la capa más gruesa de la atmósfera. Después, giran en paralelo a la superficie de la Tierra.

SALIR DE ÓRBITA

Se lanza hacia el este una nave especial destinada a salir de la órbita de la Tierra. A continuación, sale de la atracción de la gravedad de la tierra con un empuje extra del motor.

CABINA DE VUELO
Los astronautas necesitan poder monitorizar y controlar varios sistemas de a bordo de la cápsula tripulada. Las cápsulas modernas, como la del Crew Dragon de SpaceX, disponen de pantallas táctiles que permiten a la tripulación acceder a todos los controles desde un solo panel.

Los módulos solares se despliegan tras el lanzamiento cuando la nave entra en el espacio.

Los propulsores queman combustible para generar chorros de gas más pequeños que los del motor principal para dirigir la nave.

El adaptador une física y electrónicamente el módulo de servicio al de la tripulación.

Un mecanismo umbilical protege las líneas de transferencia y el cableado de alimentación y de datos entre los dos módulos.

Un módulo solar se compone de varios paneles solares que generan electricidad para los distintos sistemas de a bordo.

MÓDULO SOLAR

El agua se almacena en grandes depósitos y se bombea a la cápsula tripulada cuando se necesita.

DEPÓSITOS DE COMBUSTIBLE

El gas que crean los motores de la nave genera propulsión que impulsa la nave hacia delante.

Los depósitos de combustible llevan oxidante y combustible que se mezclan y arden para proporcionar empuje.

Cápsulas tripuladas

Una cápsula tripulada es una nave espacial que lleva astronautas al espacio y luego vuelve. Dotada de avanzados sistemas electrónicos y de varios sistemas de soporte vital, proporciona un hábitat seguro a la tripulación y los protege del frío y la radiación del espacio y del calor extremo que se genera cuando la nave vuelve a entrar en la atmósfera de la Tierra.

MÓDULO DE SERVICIO

Durante la mayor parte del viaje, el módulo tripulado está conectado al módulo de servicio, que es la fuente principal de propulsión, de energía y de varias funciones vitales. También transporta agua y gases respirables.

La cápsula tripulada Orión se compone de 355.056 piezas individuales.

El escudo térmico protege a la nave del excesivo calor que se genera al volver a entrar en la atmósfera de la Tierra.

El traje especial que se lleva dentro de la cápsula proporciona protección durante las partes de mayor riesgo de la misión, como el lanzamiento.

El panel de mandos alberga instrumentos que controlan la cápsula durante el vuelo.

MÓDULO TRIPULADO

El módulo tripulado transporta astronautas de manera segura y cómoda hasta su destino y de vuelta. Durante su regreso a la Tierra, se desengancha del módulo de servicio y cae a la Tierra.

La escotilla de acoplamiento permite a los astronautas viajar desde la cápsula tripulada a otra nave espacial o a una estación espacial.

Entre **la carga** de la cápsula tripulada hay agua, depósitos de combustible y baterías.

El baño, diseñado para usarse en el espacio, utiliza la succión de aire para recoger los desechos en un depósito.

Los asientos son completamente regulables y facilitan que los astronautas lleguen bien al panel de mandos. Se pueden plegar después del lanzamiento para disponer de más espacio.

ESCUDOS TÉRMICOS

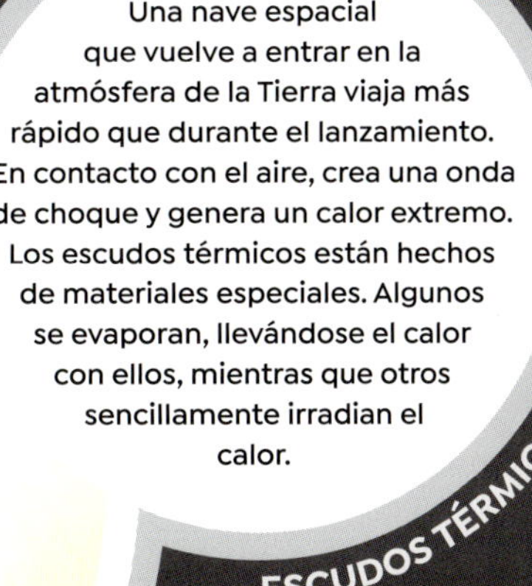

Una nave espacial que vuelve a entrar en la atmósfera de la Tierra viaja más rápido que durante el lanzamiento. En contacto con el aire, crea una onda de choque y genera un calor extremo. Los escudos térmicos están hechos de materiales especiales. Algunos se evaporan, llevándose el calor con ellos, mientras que otros sencillamente irradian el calor.

CAÍDA AL MAR

Al reentrar en la atmósfera de la Tierra, una cápsula tripulada viaja a gran velocidad. Se despliegan paracaídas, y en algunos casos propulsores de cohetes, para ralentizar el descenso, de modo que la cápsula pueda aterrizar de manera segura en el mar... o veces incluso en tierra.

Estación espacial

La cápsula tripulada se separa de la estación

El módulo de servicio se separa

Se disparan los propulsores para ralentizar el descenso

Los escudos térmicos absorben el calor que se crea durante la reentrada

Se despliegan los paracaídas para ralentizar el descenso

La nave de rescate recoge la cápsula y a los astronautas

Aterrizaje en el agua

16 veces al día
la Estación Espacial Internacional orbita alrededor de la Tierra.

PASEOS ESPACIALES

A veces los astronautas tienen que llevar a cabo reparaciones y tareas de mantenimiento fuera de la estación espacial. Además de llevar un traje espacial, tienen que ir sujetos a la estación en todo momento.

Estaciones espaciales

Una estación espacial es una nave de grandes dimensiones donde los astronautas pueden pasar mucho tiempo en el espacio. Suele componerse de varios módulos, como los de los laboratorios científicos donde, a diferencia de la Tierra, se llevan a cabo experimentos en condiciones de gravedad cero.

CAÍDA LIBRE

En el espacio la atracción de la gravedad de la Tierra es mucho más débil que en la superficie. Por eso, como este astronauta de la estación espacial china Tiangong, se puede flotar dentro de una nave espacial y levantar objetos pesados con la punta de los dedos.

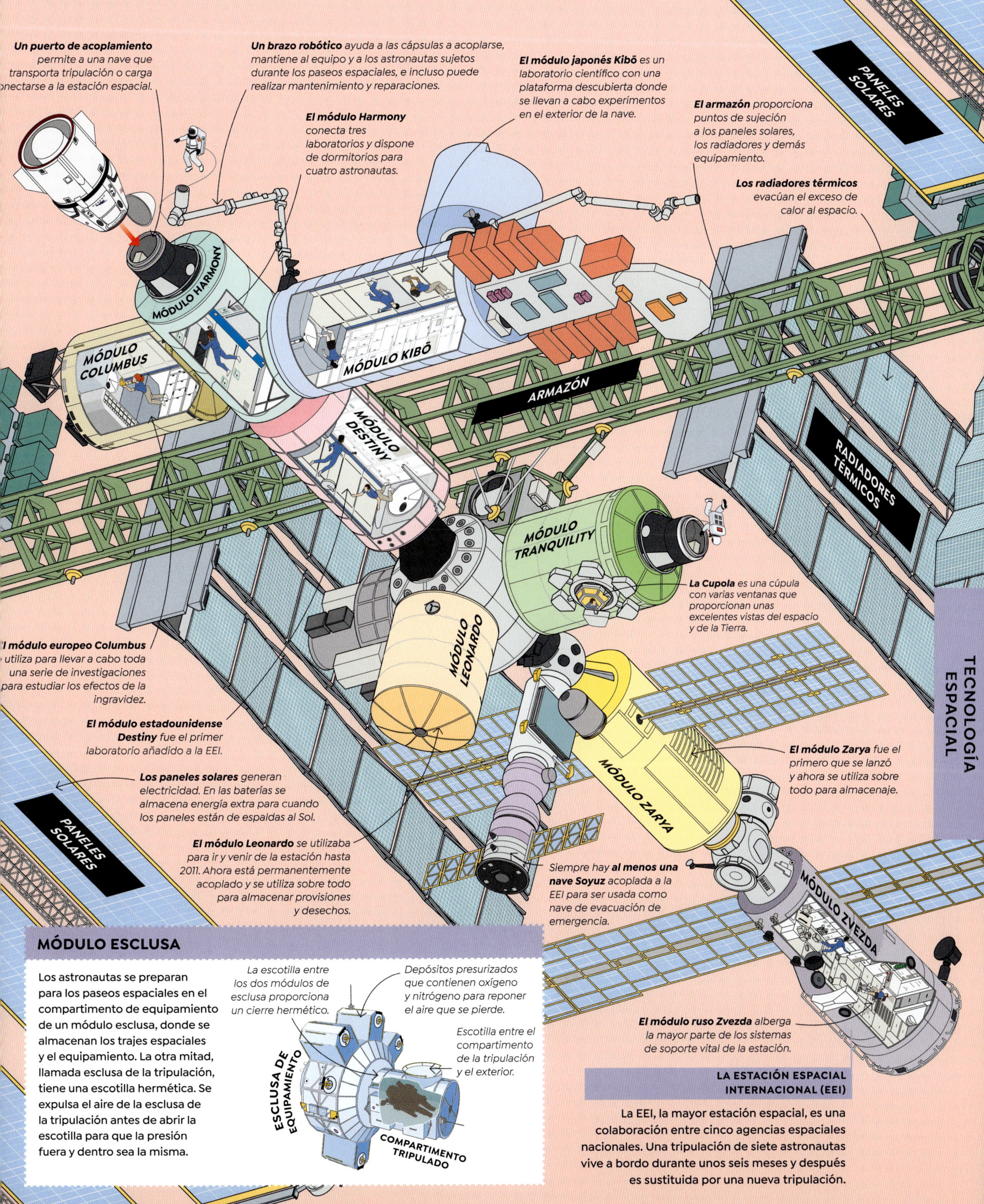

MÓDULO ESCLUSA

Los astronautas se preparan para los paseos espaciales en el compartimento de equipamiento de un módulo esclusa, donde se almacenan los trajes espaciales y el equipamiento. La otra mitad, llamada esclusa de la tripulación, tiene una escotilla hermética. Se expulsa el aire de la esclusa de la tripulación antes de abrir la escotilla para que la presión fuera y dentro sea la misma.

LA ESTACIÓN ESPACIAL INTERNACIONAL (EEI)

La EEI, la mayor estación espacial, es una colaboración entre cinco agencias espaciales nacionales. Una tripulación de siete astronautas vive a bordo durante unos seis meses y después es sustituida por una nueva tripulación.

ATERRIZAJE

Para llegar con éxito a la superficie del planeta o luna objetivo, un róver tiene que hacer un aterrizaje suave. Se han intentado varios enfoques distintos, pero el más común, como el empleado por los róveres Perseverance de la NASA y Zhurong de China, es utilizar paracaídas y cohetes para ralentizar el rápido descenso de la nave desde la órbita hasta algo parecido a la velocidad de una caminata.

La nave entra en la atmósfera a gran velocidad, protegida por el escudo térmico

Se abre un gran paracaídas

La resistencia al aire ralentiza la nave

Se separa el escudo térmico

Se separan la cápsula y el paracaídas

Los cohetes propulsores de un sistema de aterrizaje, llamado sky crane (grúa aérea), ralentizan el descenso

La grúa aérea planea y deja caer el róver

La grúa aérea se aleja volando

El róver aterriza de forma segura

HELICÓPTERO

Se acopló un pequeño helicóptero robótico, Ingenuity, a la parte inferior del róver Perseverance enviado a Marte. Su principal objetivo era probar el vuelo propulsado y controlado en otro planeta, así como buscar zonas que visitar para el róver .

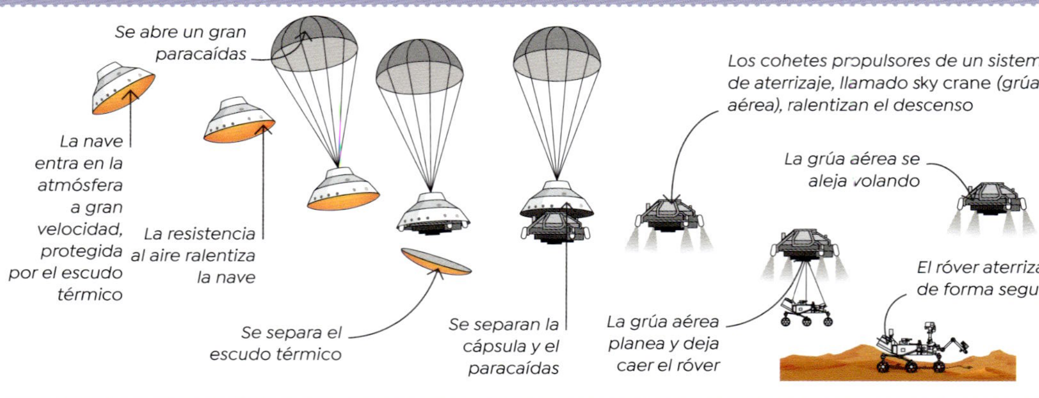

En 2021, China aterrizó su primer róver planetario en Marte. Funcionaba con cuatro paneles solares desplegados y permaneció activo durante un año estudiando las rocas, el suelo y la atmósfera.

RÓVER ZHURONG

Las palas *tienen una gran superficie para producir la suficiente sustentación que haga posible el vuelo en la tenue atmósfera de Marte.*

El panel solar *carga las baterías de a bordo que alimentan las palas, el ordenador, la cámara y el equipo de comunicación.*

Las antenas *se comunican con el róver a través de señales de radio bidireccionales.*

PALA

PANEL SOLAR

SENSORES

Las patas *están hechas de fibra de carbono ligera, resistente y flexible.*

El cuerpo *está dotado de sensores de velocidad y de cámaras que ayudan a la navegación.*

Las muestras *recogidas por el róver se dejan en contenedores sellados para que las recojan futuras misiones.*

Un láser *de un dispositivo de a bordo ayuda a calcular la altitud.*

El helicóptero Ingenuity realizó 72 vuelos y cubrió una distancia total de unos 16 km.

Róveres planetarios

Un róver es un vehículo diseñado para aterrizar en la superficie de un planeta o de una luna. Se puede desplazar, recogiendo rocas y analizando la atmósfera, y envía información a los científicos en la Tierra. Hasta ahora, los róveres solo han aterrizado de manera segura en nuestra propia Luna y en el planeta Marte.

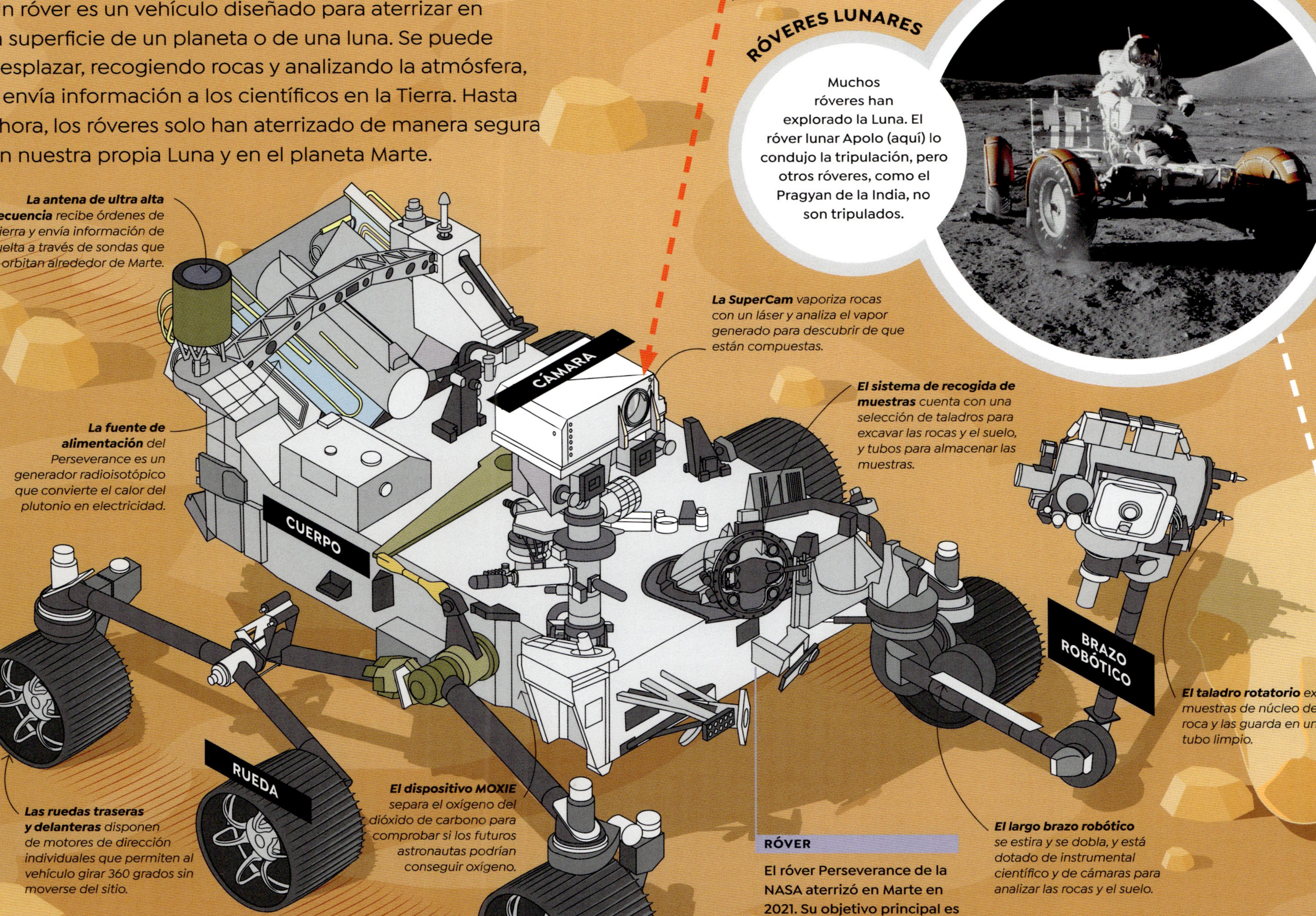

La antena de ultra alta frecuencia *recibe órdenes de la Tierra y envía información de vuelta a través de sondas que orbitan alrededor de Marte.*

La fuente de alimentación *del Perseverance es un generador radioisotópico que convierte el calor del plutonio en electricidad.*

Las ruedas traseras y delanteras *disponen de motores de dirección individuales que permiten al vehículo girar 360 grados sin moverse del sitio.*

El dispositivo MOXIE *separa el oxígeno del dióxido de carbono para comprobar si los futuros astronautas podrían conseguir oxígeno.*

Se pueden enviar ***señales de comunicación*** *al róver desde una distancia de hasta 1 km.*

La SuperCam *vaporiza rocas con un láser y analiza el vapor generado para descubrir de qué están compuestas.*

El sistema de recogida de muestras *cuenta con una selección de taladros para excavar las rocas y el suelo, y tubos para almacenar las muestras.*

El taladro rotatorio *extrae muestras de núcleo de roca y las guarda en un tubo limpio.*

El largo brazo robótico *se estira y se dobla, y está dotado de instrumental científico y de cámaras para analizar las rocas y el suelo.*

RÓVERES LUNARES

Muchos róveres han explorado la Luna. El róver lunar Apolo (aquí) lo condujo la tripulación, pero otros róveres, como el Pragyan de la India, no son tripulados.

RÓVER

El róver Perseverance de la NASA aterrizó en Marte en 2021. Su objetivo principal es buscar señales de vida pasada en Marte y prepararse para misiones tripuladas a Marte.

Telescopios

Un telescopio crea imágenes aumentadas de objetos lejanos recogiendo toda la luz que puede. Dispone de lentes (o espejos) para concentrar la luz y crear una imagen clara. Una apertura grande capta mucha más luz que una pequeña y, por lo tanto, puede producir imágenes de objetos demasiado difusas para el ojo humano.

La mira *se utiliza para alinear el telescopio y el objetivo.*
La distancia focal *es la que hay entre la lente principal (o espejo) y el punto focal.*
El objetivo *es la lente principal (o espejo), que reúne y concentra la luz.*
La lente ocular *aumenta la imagen.*
La apertura *es del tamaño de la lente principal (o espejo).*
Las perillas de ajuste *se usan para regular el foco.*
En el punto focal, *los rayos de luz que entran por el tubo se encuentran y se forma una imagen.*

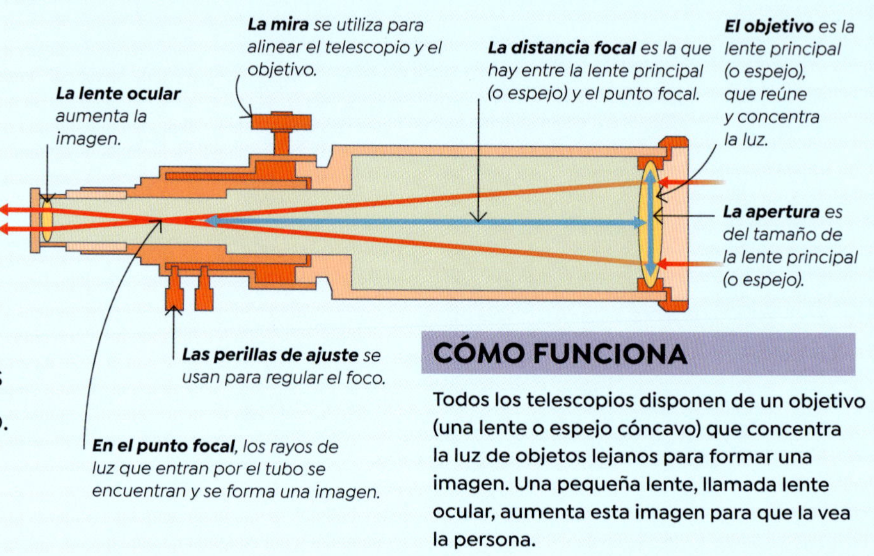

CÓMO FUNCIONA

Todos los telescopios disponen de un objetivo (una lente o espejo cóncavo) que concentra la luz de objetos lejanos para formar una imagen. Una pequeña lente, llamada lente ocular, aumenta esta imagen para que la vea la persona.

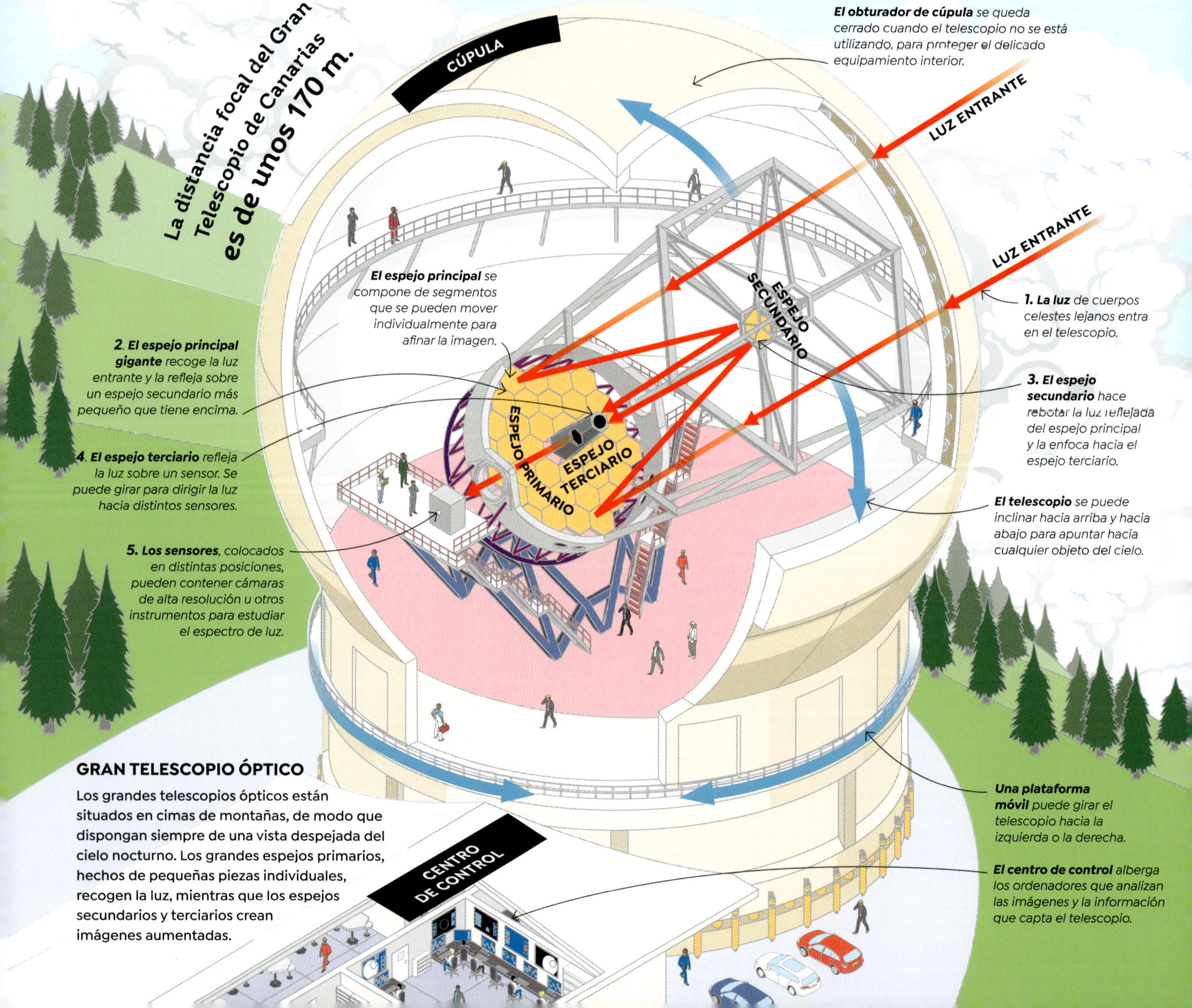

CÚPULA
La distancia focal del Gran Telescopio de Canarias **es de unos 170 m.**
El obturador de cúpula *se queda cerrado cuando el telescopio no se está utilizando, para proteger el delicado equipamiento interior.*
LUZ ENTRANTE
LUZ ENTRANTE
El espejo principal *se compone de segmentos que se pueden mover individualmente para afinar la imagen.*
ESPEJO SECUNDARIO
1. La luz *de cuerpos celestes lejanos entra en el telescopio.*
2. El espejo principal gigante *recoge la luz entrante y la refleja sobre un espejo secundario más pequeño que tiene encima.*
3. El espejo secundario *hace rebotar la luz reflejada del espejo principal y la enfoca hacia el espejo terciario.*
ESPEJO PRIMARIO
ESPEJO TERCIARIO
4. El espejo terciario *refleja la luz sobre un sensor. Se puede girar para dirigir la luz hacia distintos sensores.*
El telescopio *se puede inclinar hacia arriba y hacia abajo para apuntar hacia cualquier objeto del cielo.*
5. Los sensores, *colocados en distintas posiciones, pueden contener cámaras de alta resolución u otros instrumentos para estudiar el espectro de luz.*
Una plataforma móvil *puede girar el telescopio hacia la izquierda o la derecha.*
CENTRO DE CONTROL
El centro de control *alberga los ordenadores que analizan las imágenes y la información que capta el telescopio.*

GRAN TELESCOPIO ÓPTICO

Los grandes telescopios ópticos están situados en cimas de montañas, de modo que dispongan siempre de una vista despejada del cielo nocturno. Los grandes espejos primarios, hechos de pequeñas piezas individuales, recogen la luz, mientras que los espejos secundarios y terciarios crean imágenes aumentadas.

TELESCOPIO REFRACTOR

Estos telescopios utilizan lentes convexas (curvadas hacia fuera) como el objetivo y la mira. Las imágenes que forma un telescopio refractor están invertidas.

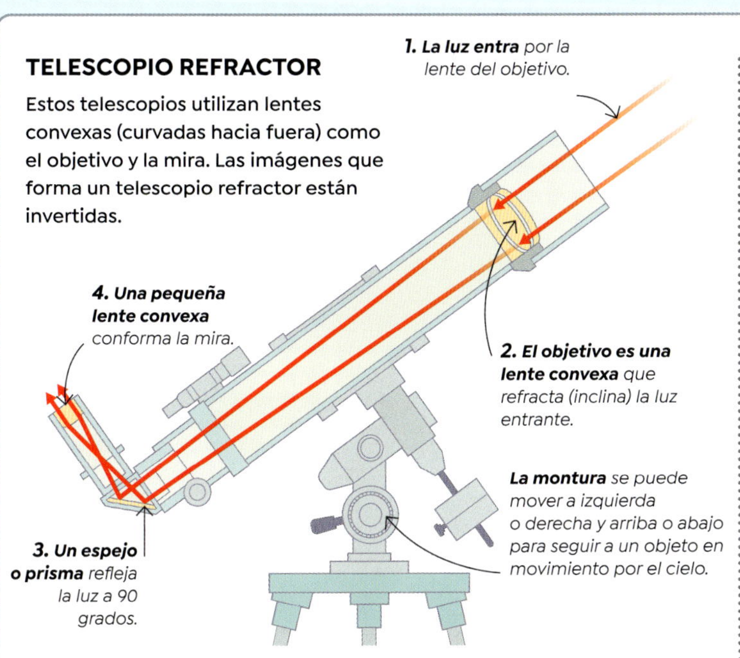

RADIOTELESCOPIOS

Un radiotelescopio utiliza las ondas de radio que emiten los objetos para producir imágenes. Suele tener un enorme plato diseñado para recibir señales de objetos lejanos.

TELESCOPIO REFLECTOR

Un telescopio reflector tiene un espejo primario cóncavo (curvado hacia dentro). Enfoca la luz entrante sobre un espejo secundario, que la refleja de nuevo sobre una mira.

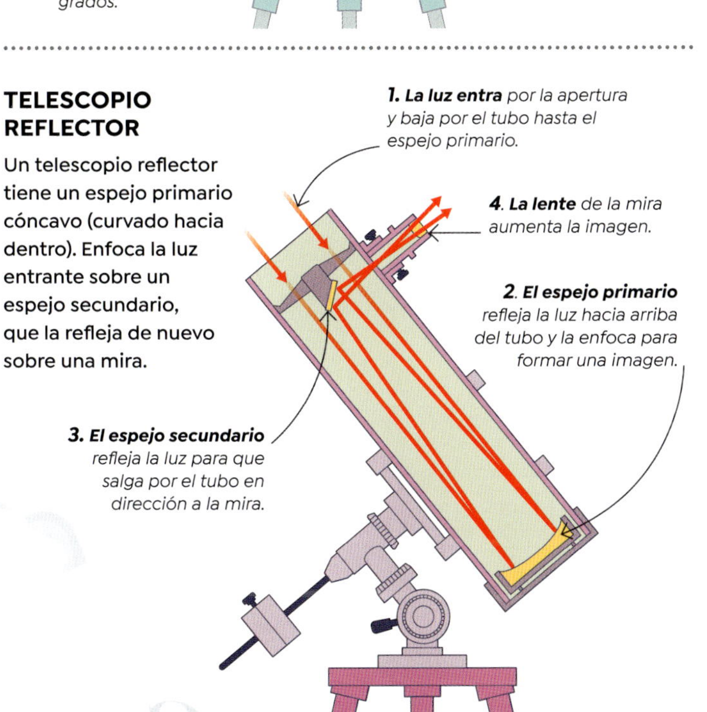

TELESCOPIO CATADIÓPTRICO

Estos telescopios tienen un tubo más corto y utilizan tanto espejos como lentes. La luz entra por una fina lente en el extremo superior. El espejo secundario la dirige hacia la mira a través de un agujero en el espejo primario.

1. La luz entra *por la apertura.*

2. Un espejo primario cóncavo *enfoca la luz entrante en un espejo secundario.*

3. La luz se refleja *en el espejo secundario convexo acoplado a la placa correctora.*

4. Un agujero *en el espejo primario permite que la luz llegue a la mira.*

5. La mira *crea una imagen aumentada.*

Una placa correctora *es una lente que reduce las distorsiones.*

ÓPTICA ADAPTATIVA

Los grandes telescopios utilizan un haz láser y un sensor para medir las turbulencias de aire. Un sensor capta la luz láser dispersada hacia abajo. Un ordenador usa estos datos para regular ligeramente el espejo y crear imágenes nítidas.

El Telescopio Extremadamente Grande, que está ahora en construcción, será capaz de recoger 100 millones de veces más de luz que el ojo humano.

Telescopios espaciales

Junto a la luz visible, los objetos en el espacio también emiten otros tipos de radiación, como rayos X, ondas de radio e infrarrojos. La atmósfera de la Tierra absorbe gran parte de esto, y la turbulencia del aire puede hacer que las imágenes de los telescopios en tierra salgan borrosas y distorsionadas. Un telescopio en el espacio puede proporcionarnos una imagen mucho más nítida.

MÁS ALLÁ DEL ESPECTRO VISIBLE
Esta imagen, generada por el JWST, muestra una región con forma de estrella llamada nube de Rho Ophiuchi. Al combinar datos de sensores visibles e infrarrojos, la imagen muestra detalles que no pueden verse solo con luz visible.

DESPLEGANDO LOS ESPEJOS DEL JAMES WEBB

El cohete Ariane 5 llevó el JWST al espacio en 2021. El espejo primario del telescopio y su estructura de apoyo eran demasiado grandes para caber en la cápsula de carga útil. Así que, en el lanzamiento, la nave se plegó sobre sí misma... y, mientras viajaba hacia su destino, las distintas partes del telescopio se fueron desplegando en una serie de complicadas maniobras.

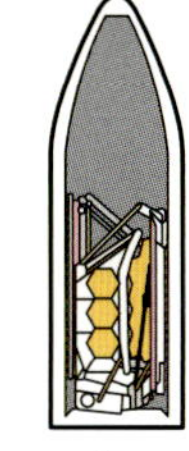

DÍA 1
En el lanzamiento, el JWST se replegó dentro de la cápsula.

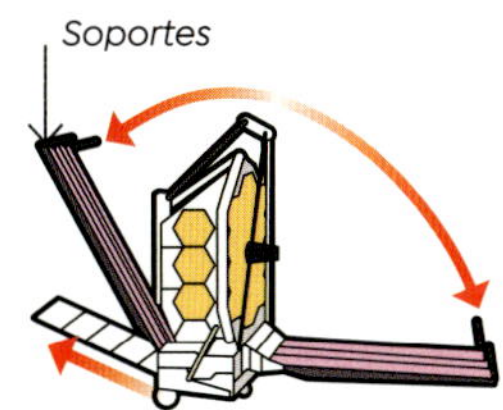

DÍA 3
En el espacio, se desplegaron las estructuras de soporte del parasol.

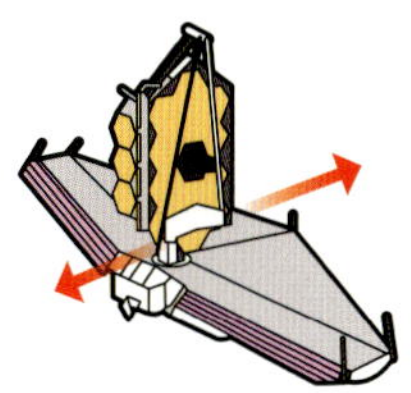

DÍA 6
Se desplegó por completo el parasol.

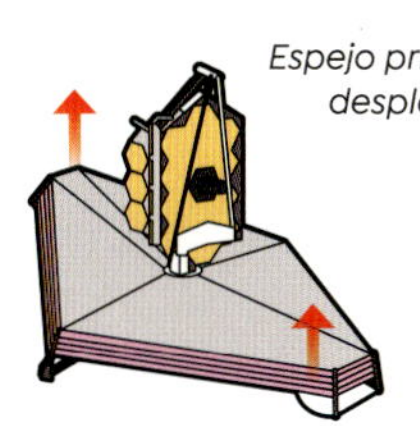

DÍA 9
Las capas del escudo se separaron a lo largo de tres días.

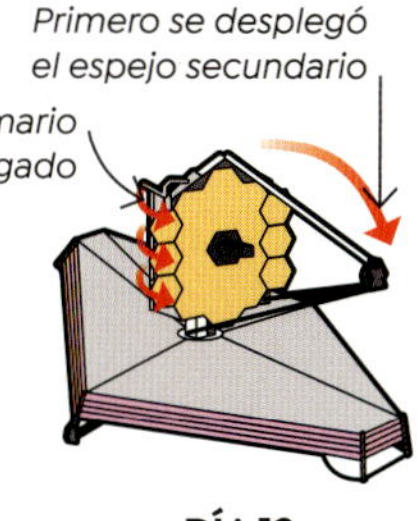

DÍA 12
Se desplegaron los espejos principales.

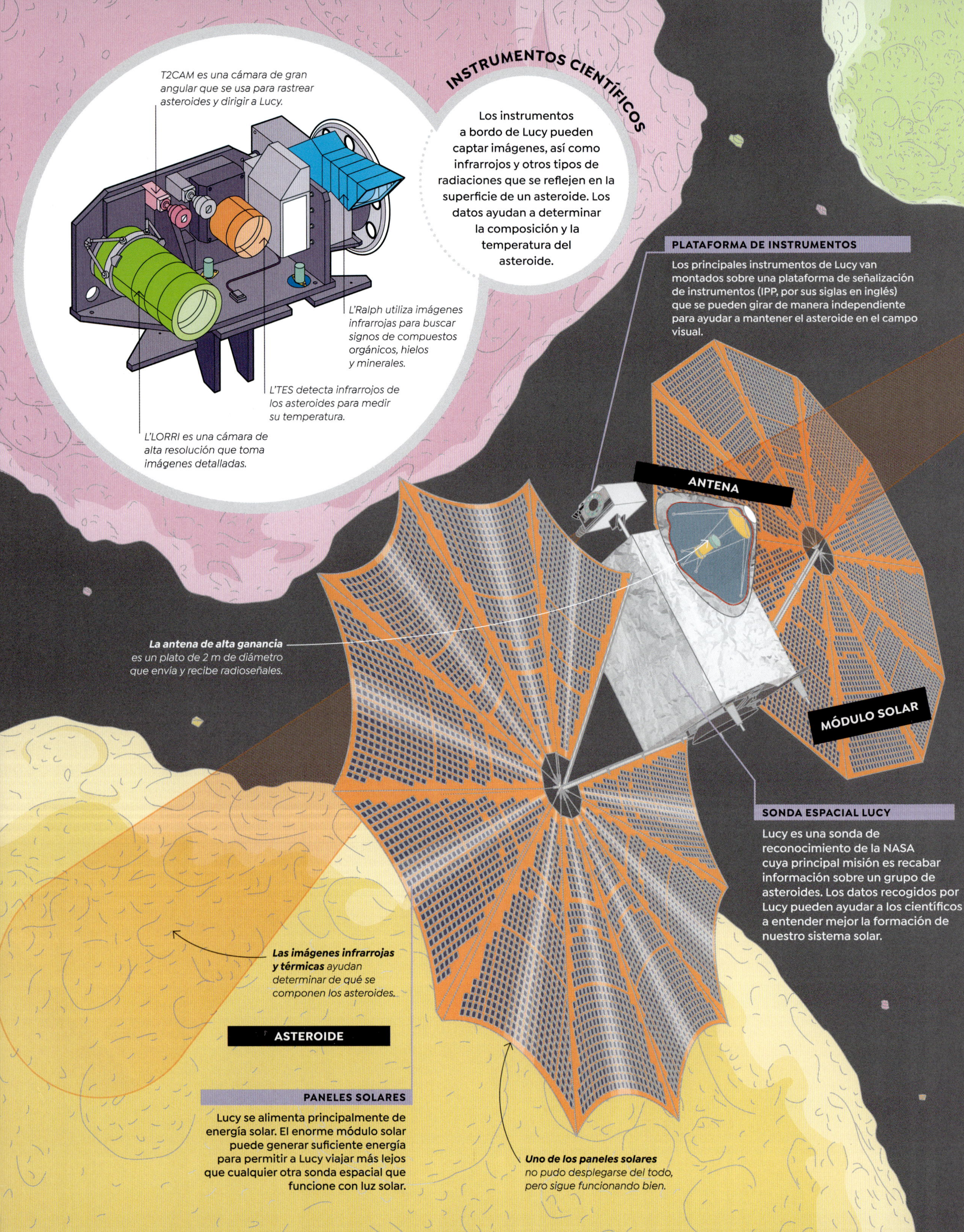
INSTRUMENTOS CIENTÍFICOS
Los instrumentos a bordo de Lucy pueden captar imágenes, así como infrarrojos y otros tipos de radiaciones que se reflejen en la superficie de un asteroide. Los datos ayudan a determinar la composición y la temperatura del asteroide.
T2CAM es una cámara de gran angular que se usa para rastrear asteroides y dirigir a Lucy.
L'Ralph utiliza imágenes infrarrojas para buscar signos de compuestos orgánicos, hielos y minerales.
L'TES detecta infrarrojos de los asteroides para medir su temperatura.
L'LORRI es una cámara de alta resolución que toma imágenes detalladas.
PLATAFORMA DE INSTRUMENTOS
Los principales instrumentos de Lucy van montados sobre una plataforma de señalización de instrumentos (IPP, por sus siglas en inglés) que se pueden girar de manera independiente para ayudar a mantener el asteroide en el campo visual.
ANTENA
La antena de alta ganancia es un plato de 2 m de diámetro que envía y recibe radioseñales.
MÓDULO SOLAR
SONDA ESPACIAL LUCY
Lucy es una sonda de reconocimiento de la NASA cuya principal misión es recabar información sobre un grupo de asteroides. Los datos recogidos por Lucy pueden ayudar a los científicos a entender mejor la formación de nuestro sistema solar.
Las imágenes infrarrojas y térmicas ayudan determinar de qué se componen los asteroides.
ASTEROIDE
PANELES SOLARES
Lucy se alimenta principalmente de energía solar. El enorme módulo solar puede generar suficiente energía para permitir a Lucy viajar más lejos que cualquier otra sonda espacial que funcione con luz solar.
Uno de los paneles solares no pudo desplegarse del todo, pero sigue funcionando bien.

Sondas espaciales

TIERRA

Las señales de Lucy tardan hasta 30 minutos en viajar hacia la Tierra y desde ella.

Las naves espaciales robóticas no tripuladas llamadas sondas espaciales se envían muy lejos en el espacio para explorar planetas y cuerpos celestes más pequeños como lunas y asteroides. Su instrumental envía imágenes y otros datos valiosos. Las sondas funcionan con paneles solares, aunque en la lejanía, donde la luz del Sol es tenue, se alimentan de generadores impulsados por elementos radioactivos.

Cada panel solar de Lucy mide más de 7 m de diámetro.

TRAYECTORIAS DE MISIÓN

Una vez lanzada, una sonda espacial vuela libre por el espacio vacío, casi sin utilizar sus motores cohete para cambiar de velocidad o de dirección. Su ruta se ve afectada por la gravedad del Sol, de los planetas o de otros objetos que encuentre a su paso. Por lo general, unos meses después del lanzamiento, una sonda se aproximará de nuevo a la Tierra para utilizar una "asistencia gravitatoria" cuidadosamente planificada que cambie su velocidad y su dirección.

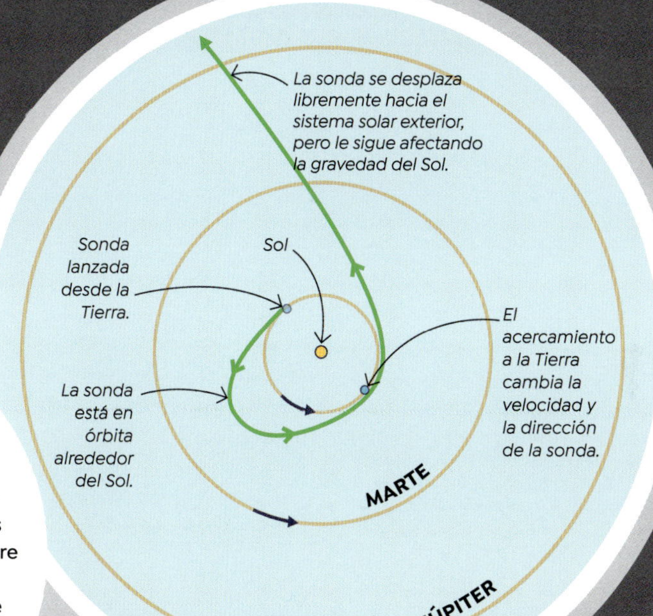

TIPOS DE SONDAS ESPACIALES

Hay muchos tipos de sondas espaciales. La que se elija para una misión concreta dependerá del objeto que visite y del tipo de datos que tenga que recoger. Además de las sondas de vuelo como Lucy, los principales tipos de sonda espacial son orbitales, de descenso y róveres. También hay sondas de impacto, que se estrellan de manera deliberada contra un objeto, y sondas solares que estudian el Sol.

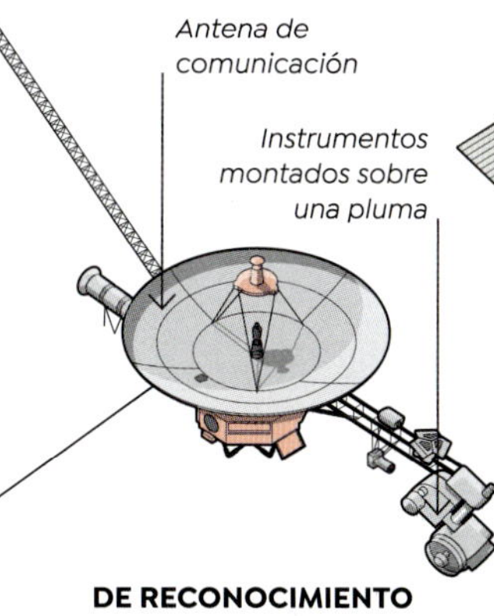

DE RECONOCIMIENTO
Estas sondas vuelan cerca de un objeto sin verse atraídas por la gravedad a la superficie.

Panel solar

ORBITAL
Un orbital estudia un solo objeto en el espacio y se queda en su órbita.

Brazo robótico recoge muestras

DE DESCENSO
Estas naves están diseñadas para aterrizar sobre otro objeto y quedarse en un lugar.

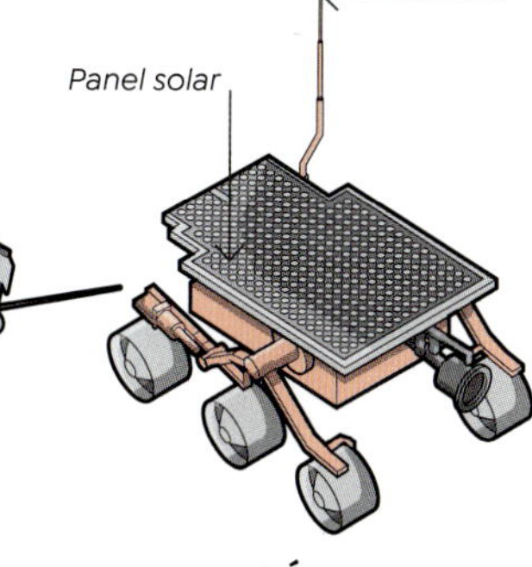

RÓVER
Un róver aterriza y se desplaza por la superficie de un objeto durante meses o años.

Tecnología emergente

Continuamente hay nuevas maneras de usar la tecnología que están surgiendo de laboratorios de investigación al mundo. Entre nuestros problemas más acuciantes está la necesidad de reducir las emisiones de gas de efecto invernadero y evitar que provoquen un cambio climático. La tecnología digital está cambiando de manera especialmente rápida, ya que los dispositivos conectados recogen datos que pueden trabajar con *software* de inteligencia artificial cada vez más sofisticado.

AEROGENERADORES COMPACTOS

Las largas aspas de un aerogenerador convencional ocupan mucho espacio. Las turbinas compactas tienen aspas más pequeñas y ejes de rotor verticales (en vez de horizontales), lo que facilita colocarlas en espacios pequeños de un área urbana.

Las aspas *están dispuestas en un círculo alrededor del eje para que puedan generar electricidad cuando el viento esté soplando desde cualquier dirección.*

Disponer de un eje vertical *significa que la caja de cambios y el generador se pueden colocar cerca del suelo, donde es más fácil su acceso y mantenimiento.*

CAPTURA DIRECTA DE CARBONO DEL AIRE

Esta tecnología elimina el dióxido de carbono (CO_2) de la atmósfera para evitar que contribuya al calentamiento global. El CO_2 se mezcla con agua y después se bombea bajo tierra, donde se almacena en las rocas.

1 ***Grandes ventiladores*** *aspiran de la atmósfera aire que contiene* CO_2

2 ***En el interior del complejo****, se extrae el* CO_2 *del aire cuando entra en contacto con un filtro químico.*

3 ***El aire libre de*** CO_2 *se libera de nuevo en la atmósfera.*

4 ***Una central de energía geotérmica*** *proporciona agua caliente del subsuelo que calienta el filtro, que entonces libera el* CO_2.

5 ***El*** CO_2 *se mezcla con agua y después se bombea en la profundidad del subsuelo, donde se transforma en minerales.*

HORMIGÓN SOSTENIBLE

La fabricación del cemento del hormigón tiene un efecto nocivo en el medioambiente, pero esto puede reducirse sustituyendo algunos de los ingredientes habituales por el CO_2 capturado.

Los electroimanes *del fondo del tren y de la vía se atraen o se repelen entre sí para levantar el tren de la vía y propulsarlo hacia delante.*

SENSORES AGRÍCOLAS

Se pueden insertar diminutos sensores en las plantas para medir la temperatura y los niveles de humedad y de nutrientes. Los sensores envían datos de manera inalámbrica a un ordenador.

TRENES HYPERLOOP

Estos trenes experimentales de alta velocidad están propulsados por imanes y viajan dentro de tubos casi al vacío para reducir la resistencia al aire.

AVIONES ESPACIALES

Un avión espacial es un vehículo que vuela en la atmósfera de la Tierra, después entra en el espacio y acaba volviendo. Mientras está en el espacio, puede viajar mucho más rápido que un avión normal.

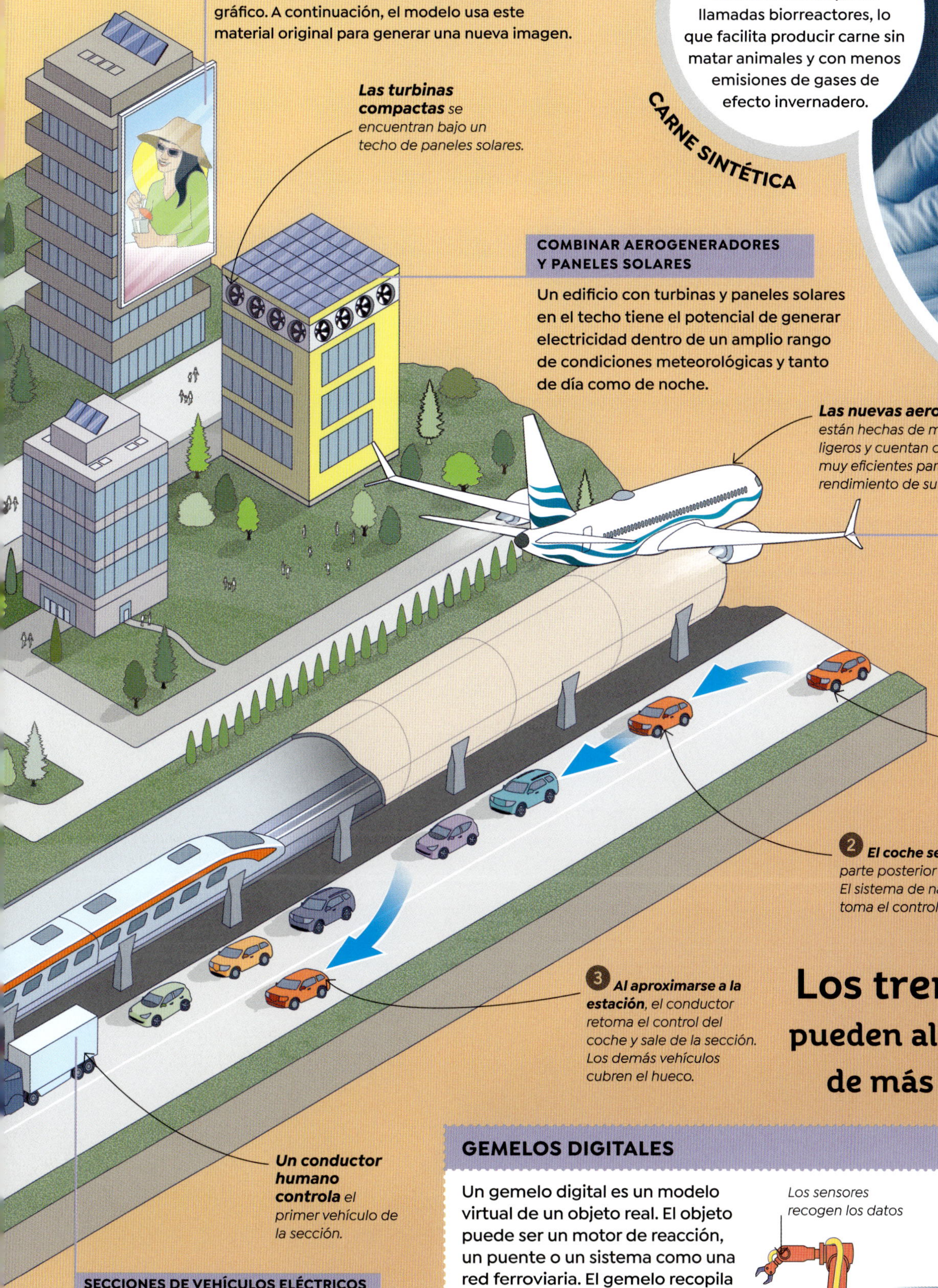

IMÁGENES CREADAS POR IA GENERATIVA

Un modelo de inteligencia artificial (IA) recopila datos de una base de datos de fuentes, entre las que se encuentran fotografías reales y material gráfico. A continuación, el modelo usa este material original para generar una nueva imagen.

CARNE SINTÉTICA

Ahora se puede fabricar carne a partir de células animales en máquinas llamadas biorreactores, lo que facilita producir carne sin matar animales y con menos emisiones de gases de efecto invernadero.

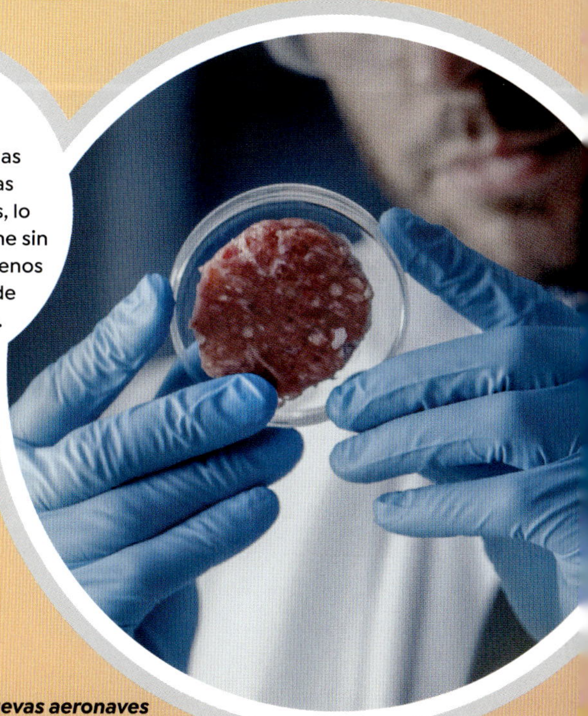

Las turbinas compactas *se encuentran bajo un techo de paneles solares.*

COMBINAR AEROGENERADORES Y PANELES SOLARES

Un edificio con turbinas y paneles solares en el techo tiene el potencial de generar electricidad dentro de un amplio rango de condiciones meteorológicas y tanto de día como de noche.

Las nuevas aeronaves *están hechas de materiales ligeros y cuentan con motores muy eficientes para mejorar el rendimiento de su combustible.*

COMBUSTIBLE DE AVIACIÓN SOSTENIBLE

Las aeronaves son una fuente creciente de emisiones de CO_2, pero estas se pueden reducir mezclando el típico combustible de aviones con biocombustible, o incluso usando solo biocombustible.

1 ***Un conductor*** *indica su destino y el sistema de navegación lo guía hasta la sección más cercana.*

2 ***El coche se incorpora*** *a la parte posterior de la sección. El sistema de navegación toma el control del coche.*

3 ***Al aproximarse a la estación****, el conductor retoma el control del coche y sale de la sección. Los demás vehículos cubren el hueco.*

Los trenes Hyperloop pueden alcanzar velocidades de más de 450 km/h.

Un conductor humano controla *el primer vehículo de la sección.*

SECCIONES DE VEHÍCULOS ELÉCTRICOS

Los coches y los camiones eléctricos viajan más lejos con una sola carga si se mueven en grupos llamados secciones, porque encuentran una menor resistencia al aire. Un sistema informatizado de navegación controla los vehículos de la sección.

GEMELOS DIGITALES

Un gemelo digital es un modelo virtual de un objeto real. El objeto puede ser un motor de reacción, un puente o un sistema como una red ferroviaria. El gemelo recopila datos del objeto (a menudo con sensores) y los utiliza para estudiar, por ejemplo, cómo es su rendimiento, cómo podría ser más eficiente o en cuánto tiempo habría que sustituirlo.

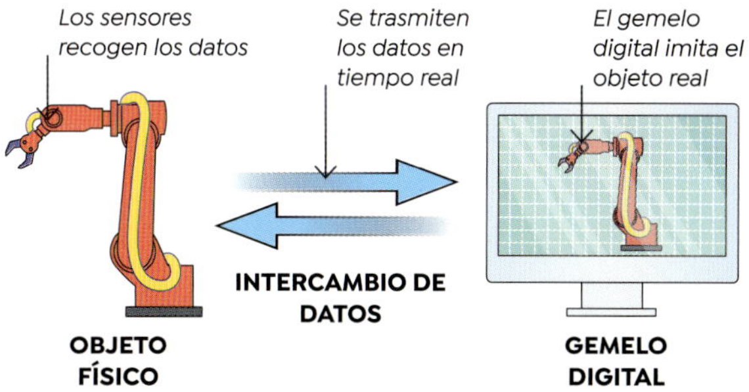

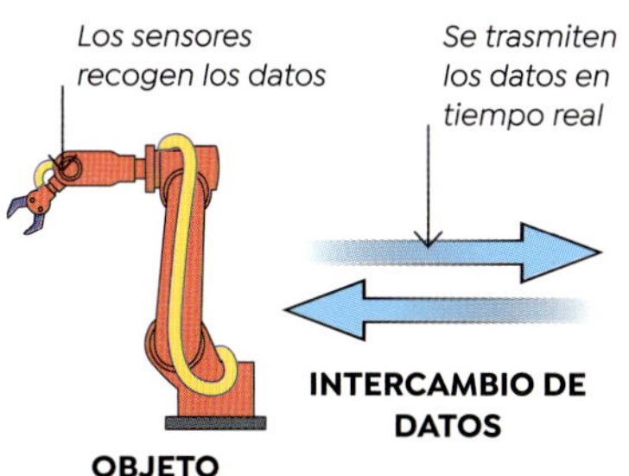

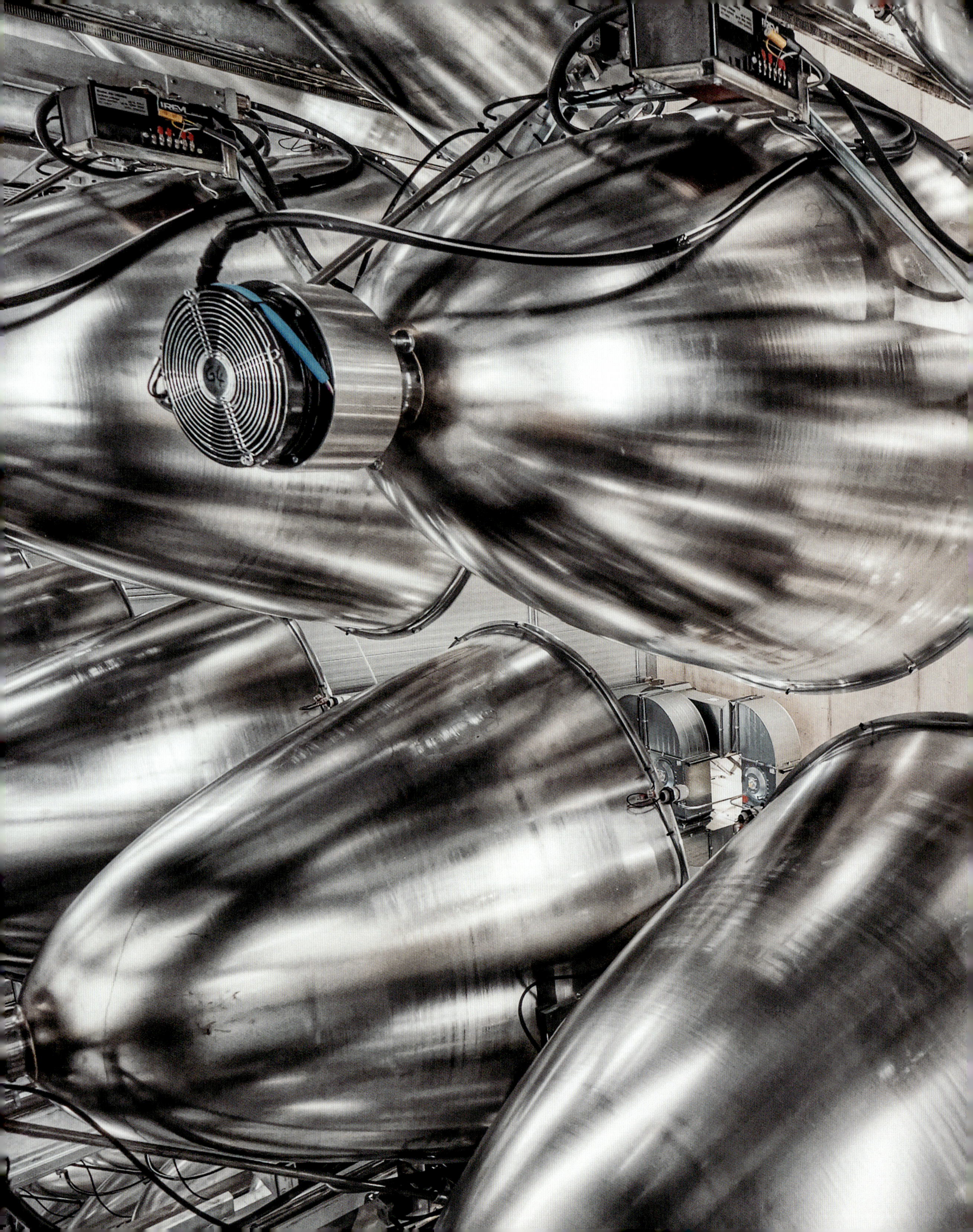
IREM

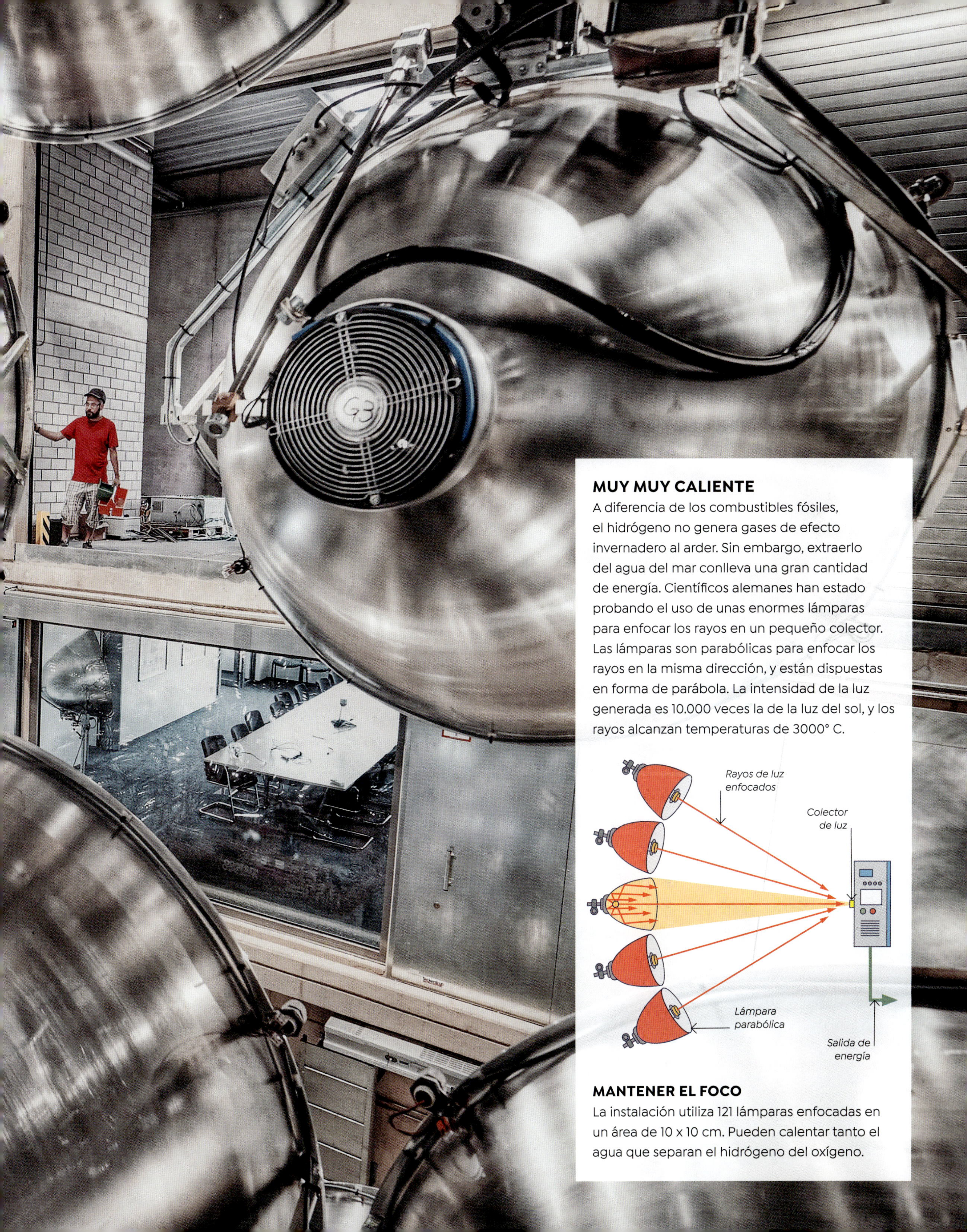

MUY MUY CALIENTE

A diferencia de los combustibles fósiles, el hidrógeno no genera gases de efecto invernadero al arder. Sin embargo, extraerlo del agua del mar conlleva una gran cantidad de energía. Científicos alemanes han estado probando el uso de unas enormes lámparas para enfocar los rayos en un pequeño colector. Las lámparas son parabólicas para enfocar los rayos en la misma dirección, y están dispuestas en forma de parábola. La intensidad de la luz generada es 10.000 veces la de la luz del sol, y los rayos alcanzan temperaturas de 3000° C.

MANTENER EL FOCO

La instalación utiliza 121 lámparas enfocadas en un área de 10 x 10 cm. Pueden calentar tanto el agua que separan el hidrógeno del oxígeno.

Índice

Los números de páginas en **negrita** indican los temas principales

A

B

C

D

E

M

N

O

P

Q

R

S

T

U

V

W

Z

Agradecimientos

DK quiere agradecer a Tom Jackson su ayuda para desarrollar la lista de contenidos; a Katie John la corrección; a Elizabeth Wise la elaboración del índice; a Jess Tapolcai la ayuda en el diseño; y a Rakesh Kumar el diseño de maquetación de la cubierta.

El editor quiere agradecer a las siguientes personas y entidades por haber dado permiso para reproducir sus fotografías:

(Leyenda: a-arriba; b-bajo-debajo; c-centro; d-derecha; e-extremo; i-izquierda; s-superior)

10Dreamstime.com: Patrick Daxenbichler (cb). **13 Dreamstime.com:** Puwadol Jaturawutthichai (sd). **14 Dreamstime.com:** Atiwat Witthayanurut (cib). **Science Photo Library:** Peter Menzel (sc). **15 Getty Images / iStock:** alexey_ds (cia). **17 Dreamstime.com:** Ivan Bondarenko (bi). **Getty Images / iStock:** ivan68 (cdb). **18 Getty Images:** The Image Bank Unreleased / EThamPhoto (sd). **19 Getty Images:** The Image Bank Unreleased / EThamPhoto (bd). **20-21 Alamy Stock Photo:** NurPhoto SRL / Ulrik Pedersen. **22 Dreamstime.com:** Adogslifephoto (cib); Vladimir Zhuravlev (bd). **23 Dreamstime.com:** Adogslifephoto (cb). **24 Science Photo Library:** Steve Gschmeissner (sd). **29 Alamy Stock Photo:** Eric Lafforgue (sc). **Depositphotos Inc:** slowmotiongli (ca). **Dreamstime.com:** Tawatchai Prakobkit (sd). **Shutterstock.com:** touch1976 (bd). **30 123RF.com:** natael (cia/pigeonsx4). **31 Shutterstock.com:** New Africa (bd). **32-33 Science Photo Library:** PLANETOBSERVER (bc). **33 Alamy Stock Photo:** UPI (sd). **34 Dreamstime.com:** Anatoliygleb (cia). **35 Dreamstime.com:** Ivansmuk (cda). **36 Getty Images:** Universal Images Group (sd). **37 Dreamstime.com:** Icefront (bc); Volodymyr Melnyk (bi). **38-39 Getty Images:** Dan Kitwood / Staff. **40 Dreamstime.com:** Putnik (cdb). **NASA:** (bi). **41 Alamy Stock Photo:** Amanda Ahn (sd). **43 Dreamstime.com:** Kaspars Grinvalds (bd). **44 Alamy Stock Photo:** Peter Devlin (si). **46 Dreamstime.com:** Alptraum (cdb); Indigolotos (bd). **Shutterstock.com:** Inked Pixels (cd). **47 Dreamstime.com:** Alptraum (cib). **Shutterstock.com:** Maxx-Studio (sd). **48 Alamy Stock Photo:** imageBROKER.com GmbH & Co. KG / Frank Bienewald (si). **50 Alamy Stock Photo:** PA Images / Ben Birchall (bi). **52-53 AWL Images:** Cahir Davitt. **55 Getty Images:** Photodisc / Reto Nyffenegger / TFA / Ascent. **56 Alamy Stock Photo:** NASA Image Collection (bd). **59 Dreamstime.com:** Audiohead (sd). **60 Dreamstime.com:** Oksana Krasiuk (bd). **62 123RF.com:** smileus (ca/treex2). **Dreamstime.com:** Zerbor (ca, cb/bd). **63 123RF.com:** smileus (cia). **Dreamstime.com:** Zerbor (cda, bi/treex3). **Getty Images:** Photodisc / Don Farrall (cb). **65 Alamy Stock Photo:** Image Professionals GmbH / chmitz, Walter (cd). **66 Dorling Kindersley:** Richard Parry / photo used as reference (cda). **67 Getty Images:** Philip Fong / AFP (bd). **Shutterstock.com:** Mohsen Vaziri (cda). **68 Alamy Stock Photo:** Addictive Stock (bi). **69 Getty Images / iStock:** E+ / SrdjanPav (ci). **70 123RF.com:** wolfhound911 (ci). **Dreamstime.com:** Kuritafsheen (bd). **73 Alamy Stock Photo:** Dino Fracchia (cd). **74 Getty Images / iStock:** E+ / PonyWang (bi). **75 Alamy Stock Photo:** Amiee Stubbs / imageSPACE / Sipa USA (bd). **76 Getty Images:** Wang Gang / Costfoto / Future Publishing (bi). **77 Dreamstime.com:** Christopher John (ci). **80 123RF.com:** smileus (ci/cdb). **81 123RF.com:** smileus (cdb). **Alamy Stock Photo:** Associated Press / Carlos Jasso (sd). **Dreamstime.com:** Zerbor (cb). **82 123RF.com:** smileus (ci). **Getty Images / iStock:** Bilanol (bi); drakuliren (sd). **83 123RF.com:** smileus (bi). **Dreamstime.com:** Zerbor (cb). **Getty Images / iStock:** drakuliren (ca). **84 Getty Images:** Luke MacGregor / Bloomberg (ci). **85 Getty Images:** Alexander Nemenov / AFP (sd). **86-87 Dreamstime.com:** Altitudevs (sc). **87 Science Photo Library:** Patrick Landmann (bd). **89 Getty Images:** STR / AFP (sd). **90 Dreamstime.com:** Ken Backer (cdb/skull). **Getty Images / iStock:** E+ / ZU_09 (si). **Shutterstock.com:** Alberto Masnovo (cdb). **92 Getty Images / iStock:** E+ / Mlenny (bi). **93 Dreamstime.com:** Zerbor (sc). **NASA:** (bd). **95 Dreamstime.com:** Ermess (sc). **Shutterstock.com:** Olha Rohulya (sd). **96 Alamy Stock Photo:** Jochen Tack (cia). **97 Alamy Stock Photo:** Top Photo / Sipa USA (bd). **98 Alamy Stock Photo:** Cavan Images (i). **99 123RF.com:** manine99 (sd). **100 Getty Images / iStock:** E+ / ewg3D (cia). **102 Alamy Stock Photo:** Justin Kase zsixz (bi). **102-103 Dreamstime.com:** Niteen Kasle (sc). **104 Dreamstime.com:** Eq Roy (s). **106 Alamy Stock Photo:** John D. Ivanko (bi). **107 Alamy Stock Photo:** © Rodrigo Reyes Marin / ZUMA Press Wire (sd). **108-109 Getty Images:** AFP / JIJI PRESS / Stringer. **110 Alamy Stock Photo:** Filby Photography (si). **113 Alamy Stock Photo:** dpa picture alliance / Guido Kirchner (sd). **114-115 Dreamstime.com:** Junior Braz (sc). **115 Alamy Stock Photo:** Buy my stock picture (bd). **117 Alamy Stock Photo: Associated Press / Ted S. Warren (t). Getty Images:** Hearst Newspapers / The San Francisco Chronicle / Paul Chinn (bd). **118-119 Getty Images:** Valery Hache / AFP. **120 Alamy Stock Photo:** Wendy Connett. **121 Alamy Stock Photo:** Washington Imaging (cia). **122 Alamy Stock Photo:** Agencja Fotograficzna Caro (bi). **124 Alamy Stock Photo:** qaphotos.com (si). **125 Getty Images / iStock:** quinntheislander (sd). **126-127 Getty Images:** Qiu Xinsheng / VCG. **130 Getty Images:** Octavio Passos / Stringer (sd). **131 Alamy Stock Photo:** PA Images / Tim Goode (sd). **132 Dreamstime.com:** Sergey Uryadnikov / Surz01 (cia). **133 Getty Images / iStock:** viavado (si). **134-135 Alamy Stock Photo:** Cultura Creative RF / Francesco Meroni. **136 Alamy Stock Photo:** pbpgalleries (sd). **138 123RF.com:** natael (pigeonsx3). **139 Alamy Stock Photo:** fStop Images GmbH / Caspar Benson (sd). **Getty Images / iStock:** Anton Minin (bd). **140-141 Alamy Stock Photo:** dpa picture alliance. **143 123RF.com:** Ievgen Kovalev / genjok (bi). **Dorling Kindersley:** Neil Fletcher (bi/Pigeon); David Tipling (ebi). **Dreamstime.com:** Andreyi Armiagov (sd). **144 Alamy Stock Photo:** Fabian Sommer / dpa picture alliance (bi); Iain Masterton (ci). **Dreamstime.com:** Passakorn Umpornmaha (sd). **145 Dreamstime.com:** Passakorn Umpornmaha (bi). **146-147 Getty Images:** Quinn Rooney / Staff. **149 Getty Images:** DigitalVision / Monty Rakusen (sd). **150 Alamy Stock Photo:** Robert Haas / Sddeutsche Zeitung Photo (si). **153 Alamy Stock Photo:** Zoonar / zhang zhiwei (sd). **154 Alamy Stock Photo:** Roberto Moiola (t). **156 Alamy Stock Photo:** Dieter Wanke (bc). **158 Dreamstime.com:** 111camellia (cb/Sharkx4). **159 Depositphotos Inc:** igor.kardasov.gmail.com (bd). **160 Dreamstime.com:** Vladvitek (cda). **Getty Images / iStock:** andyKRAKOVSKI (cb). **161 Alamy Stock Photo:** Stocktrek Images (cb). **163 Alamy Stock Photo:** National Geographic / Album (td). **Phillips, B.T., Becker, K.P., Kurumaya, S. et al. A Dexterous, Glove-Based Teleoperable Low-Power Soft Robotic Arm for Delicate Deep-Sea Biological Exploration. Sci Rep 8, 14779 (2018). https://doi.org/10.1038/s41598-018-33138-y:** Phillips, B.T., Becker, K.P., Kurumaya, S. et al. A Dexterou,Sci Rep 8, 14779 (2018) (cb). **165 Dreamstime.com:** Maksym Fesenko (sd). **166 AirTeamImages.com:** AirTeamImages (sc). **167 AirTeamImages.com:** AirTeamImages (ci). **168-169 ESA:** NASA / Chris Gunn. **170 Getty Images / iStock:** E+ / guvendemir (ci). **171 Dorling Kindersley:** Chris Gomersall Photography (bi). **Dreamstime.com:** VanderWolfImages (cda). **172 Alamy Stock Photo:** Cavan Images (si). **174 123RF.com:** janskoda (bd). **Alamy Stock Photo:** Ed Buziak (c); GH Photos (sd). **Dreamstime.com:** Volodymyr Byrdyak (cdb). **176-177 Alamy Stock Photo:** Westend61 GmbH / Martin Moxter. **180 Getty Images / iStock:** Nikada (cdb). **181 Alamy Stock Photo:** Signal Photos (bd). **182-183 Alamy Stock Photo:** Associated Press / Uncredited. **184 NASA:** SpaceX (si). **185 NASA:** (bi). **186 Alamy Stock Photo:** Xinhua (bd). **NASA:** (si). **188 Alamy Stock Photo:** Xinhua (bc). **189 Getty Images:** Michael Ochs Archives / Donaldson Collection / NASA (si). **191 123RF.com:** nsit0108 (sd). **NOIRLab:** International Gemini Observatory (bi). **192 NASA:** CXC & J. Vaughan (bd). **193 ESA:** NASA, CSA, STScI, K. Pontoppidan (STScI), A. Pagan (STScI) (t). **196 NASA:** Ken Ulbrich (bi). **197 Science Photo Library:** GORODENKOFF PRODUCTIONS (sd). **198-199 Science Photo Library:** Christian Lunig